Olfert · Investition

Kompendium der
praktischen Betriebswirtschaft

Herausgeber: Prof. Dipl.-Kfm. Klaus Olfert

Investition

von
Prof. Dipl.-Kfm. Klaus Olfert

3., durchgesehene und verbesserte Auflage

FRIEDRICH KIEHL VERLAG GMBH
LUDWIGSHAFEN (RHEIN)

CIP-Kurztitelaufnahme der Deutschen Bibliothek

Olfert, Klaus:
Investition / von Klaus Olfert. — 3., durchgesehene
u. verb. Aufl. — Ludwigshafen (Rhein) : Kiehl, 1985.
 (Kompendium der praktischen Betriebswirtschaft)
ISBN 3-470-70473-2

ISBN 3 470 70473 2 · 1985
© Friedrich Kiehl Verlag GmbH, Ludwigshafen (Rhein), 1977
Alle Rechte vorbehalten. Ohne Genehmigung des Verlages ist es nicht gestattet, das Buch oder Teile daraus nachzudrucken oder auf fotomechanischem Weg zu vervielfältigen, auch nicht für Unterrichtszwecke.
Herstellung: Hain-Druck KG, Meisenheim/Glan

Kompendium der praktischen Betriebswirtschaft

Das Kompendium der praktischen Betriebswirtschaft soll dazu dienen, das allgemein anerkannte und praktisch verwertbare Grundlagenwissen der modernen Betriebswirtschaftslehre praxisgerecht, übersichtlich und einprägsam zu vermitteln.

Dieser Zielsetzung gerecht zu werden ist gemeinsames Anliegen des Herausgebers und der Autoren, die durch ihr Wirken an Universitäten und Fachhochschulen, bei Schulungen von Führungskräften sowie in entsprechenden Positionen der Praxis vielfältige Kenntnisse und Erfahrungen sammeln konnten.

Das Kompendium der praktischen Betriebswirtschaft umfaßt mehrere Bände, die einheitlich gestaltet sind und stets aus zwei Teilen bestehen:

— Der Textteil ist systematisch gegliedert. Viele Beispiele und Abbildungen erleichtern die Wissensvermittlung. Zahlreiche Kontrollfragen mit Lösungshinweisen auf die verwendete und weiterführende Literatur.

— Der Übungsteil umfaßt eine Vielzahl von Aufgaben und Fällen, denen sich ausführliche Lösungen anschließen.

Als praxisorientierte Fachbuchreihe wendet sich das Kompendium der praktischen Betriebswirtschaft vor allem an:

— Studierende der Universitäten, Fachhochschulen, betriebswirtschaftlichen Institute und Akademien, denen eine systematische Einführung in die betriebswirtschaftlichen Teilgebiete vermittelt werden soll, die eine praktische Umsetzbarkeit gewährleistet.

— Praktiker in den Unternehmen, die sich innerhalb ihres Tätigkeitsfeldes weiterbilden, sich einen fundierten Einblick in benachbarte Bereiche verschaffen oder sich eines umfassenden betrieblichen Handbuches bedienen wollen.

Für Anregungen, die der weiteren Verbesserung der Fachbuchreihe dienen, bin ich dankbar.

Klaus Olfert
Herausgeber

Benutzungshinweis

1
2
3
.
.
.
38
39
40

Diese Zahlen im Textteil verweisen auf den Übungsteil am Schluß des Buches.

Vorwort zur 3. Auflage

Die zweite Auflage des Buches wurde wiederum positiv aufgenommen, so daß die Vorlage einer dritten Auflage rasch notwendig wurde.

Das Buch wurde durchgesehen, die Anregungen von Lesern und Fachkollegen aufgegriffen.

Neckargemünd, im Mai 1985

Klaus Olfert

Vorwort zur 2. Auflage

Die erste Auflage wurde wesentlich überarbeitet und erweitert, einzelne Kapitel neu geordnet. Dabei wurde wiederum besonderer Wert darauf gelegt, daß die Ausführungen übersichtlich, klar und verständlich sowie die investitionsmathematischen Teile möglichst einfach nachzuvollziehen sind.

Bei der Investitionsplanung werden die einzelnen Stufen eines typischen Planungsprozesses im Investitionsbereich, die Investitionskontrolle sowie die besonderen Informationsprobleme und Verfahren zu ihrer Lösung beschrieben. Es wird auf die Simultanplanung und Sukzessivplanung sowie auf den Kapitalbedarf eingegangen.

Die statischen Investitionsrechnungen zur Beurteilung von Sachinvestitionen werden in einem weiteren Kapitel dargestellt. Trotz der vielfältigen Kritik an der Eignung statischer Investitionsrechnungen wird auf eine umfassende Beschreibung nicht verzichtet, da diese Verfahren in der betrieblichen Praxis häufig Anwendung finden.

Ebenfalls ausführlich werden die dynamischen Investitionsrechnungen zur Beurteilung von Sachinvestitionen in einem weiteren Kapitel behandelt.

Ein besonderes Kapitel ist den Investitionsrechnungen zur Beurteilung von Finanzinvestitionen gewidmet. Darin werden grundlegende Fragen der Bewertung von Unternehmen erörtert und die Verfahren zur Bewertung von Unternehmen beschrieben. Außerdem erfolgt die Darstellung von Ansätzen zur Analyse an Aktien und von Verfahren zur Ermittlung der Effektivverzinsung von festverzinslichen Wertpapieren.

Da die Beurteilung von Investitionen nicht nur ein quantitatives Problem ist, sondern auch qualitative Kriterien berücksichtigt werden sollten, werden im letzten Kapitel die Nutzwertrechnungen behandelt. Es wird dabei vor allem auf mögliche Bewertungskriterien und Bewertungsmaßstäbe eingegangen und gezeigt, wie die Nutzenmessung für eine Investition durchgeführt wird.

Die Kontrollfragen und der Übungsteil wurden wesentlich erweitert, um den Lernerfolg zu erhöhen.

Mein Dank gilt der Phönix Gummiwerke AG, Hamburg, für die Bereitschaft, ihre Investitions-Formulare zum Abdruck zur Verfügung zu stellen.

Für Anregungen und Kritik bin ich auch weiterhin dankbar.

Neckargemünd, im Mai 1982

Klaus Olfert

Inhaltsverzeichnis

Vorwort 7
Inhaltsverzeichnis 9
Symbolverzeichnis 14

A. Grundlagen 15

1. Investition 16
   1.1 Investitionsprozesse 17
       1.1.1 Erfolgskomponente 19
       1.1.2 Liquiditätskomponente 19
       1.1.3 Risikokomponente 24
   1.2 Investitionsarten 25
       1.2.1 Objektbezogene Investitionen 25
       1.2.2 Wirkungsbezogene Investitionen 26
       1.2.3 Sonstige Investitionen 28
   1.3 Investitionsrechnungen 29
       1.3.1 Statische Investitionsrechnungen 29
       1.3.2 Dynamische Investitionsrechnungen 30
       1.3.3 Nutzwertrechnungen 30
   1.4 Investitionsentscheidungen 31
       1.4.1 Einzelinvestition 31
       1.4.2 Auswahlproblem 31
       1.4.3 Ersatzproblem 32

2. Finanzierung 32
   2.1 Beteiligungsfinanzierung 34
   2.2 Fremdfinanzierung 35
   2.3 Innenfinanzierung 35

Kontrollfragen 37

B. Investitionsplanung 40

1. Einzelplanung 41
   1.1 Prozeß 42
       1.1.1 Anregung der Investition 43
       1.1.2 Beschreibung des Investitionsproblems 45
       1.1.3 Festlegung der Bewertungskriterien 47
             1.1.3.1 Quantitative Bewertungskriterien 48
             1.1.3.2 Qualitative Bewertungskriterien 49
       1.1.4 Festlegung der Begrenzungsfaktoren 50
       1.1.5 Ermittlung der Investitionsalternativen 51
             1.1.5.1 Sammlung der Investitionsalternativen .. 51
             1.1.5.2 Schaffung von Investitionsalternativen . 52
       1.1.6 Vorauswahl der Investitionsalternativen 54

1.1.7 Bewertung der Investitionsalternativen 55
  1.1.8 Bestimmung der vorteilhaftesten Investitionsalternative 56
  1.1.9 Realisierung der Investition 57
  1.1.10 Kontrolle der Investition 57
 1.2 Formulare 59
 1.3 Probleme 63
  1.3.1 Anschaffungskosten/-ausgaben 64
  1.3.2 Rest(erlös)wert/Liquidationserlös 64
  1.3.3 Gewinn/Überschuß 65
  1.3.4 Nutzungsdauer 65
  1.3.5 Kalkulationszinssatz 66
 1.4 Lösungsansätze 67
  1.4.1 Korrekturverfahren 68
  1.4.2 Sensitivitätsanalyse 69
  1.4.3 Risikoanalyse 70
  1.4.4 Entscheidungsbaum-Verfahren 71

2. Gesamtplanung 74
 2.1 Simultanplanung 75
  2.1.1 Kapitaltheoretische Ansätze 76
  2.1.2 Produktionstheoretische Ansätze 76
 2.2 Sukzessivplanung 77
  2.2.1 Planung des Kapitalbedarfes 78
   2.2.1.1 Elemente 79
   2.2.1.2 Einflußfaktoren 81
    — Prozeßanordnung 81 — Beschäftigung 83 — Leistungsprogramm 84 — Unternehmensgröße 84 — Prozeßgeschwindigkeit 85
   2.2.1.3 Ermittlung 87
    — Anlagekapitalbedarf 87 — Umlaufkapitalbedarf 88
  2.2.2 Planung der Kapitaldeckung 89
   2.2.2.1 Anpassung des Investitionsplanes 90
   2.2.2.2 Anpassung des Finanzierungsplanes 92
Kontrollfragen 94

C. Statische Investitionsrechnungen zur Beurteilung von
   Sachinvestitionen 99

1. Kostenvergleichsrechnung 101
 1.1 Auswahlproblem 104
  1.1.1 Kostenvergleich pro Periode 104
  1.1.2 Kostenvergleich pro Leistungseinheit 107
  1.1.3 Kritische Auslastung 109
 1.2 Ersatzproblem 111
  1.2.1 Kostenvergleich pro Periode 113
  1.2.2 Kostenvergleich pro Leistungseinheit 114
 1.3 Eignung 116

2. Gewinnvergleichsrechnung 117
   2.1 Einzelinvestition 118
   2.2 Auswahlproblem 119
      2.2.1 Gewinnvergleich pro Periode 120
      2.2.2 Gewinnvergleich pro Leistungseinheit 121
      2.2.3 Kritische Auslastung 122
   2.3 Ersatzproblem 123
      2.3.1 Gewinnvergleich pro Periode 125
      2.3.2 Gewinnvergleich pro Leistungseinheit 126
   2.4 Eignung 127
3. Rentabilitätsvergleichsrechnung 128
   3.1 Einzelinvestition 131
   3.2 Auswahlproblem 132
   3.3 Ersatzproblem 134
   3.4 Eignung 135
4. Amortisationsvergleichsrechnung 135
   4.1 Einzelinvestition 137
   4.2 Auswahlproblem 138
   4.3 Ersatzproblem 140
   4.4 Eignung 141

Kontrollfragen 143

D. Dynamische Investitionsrechnungen zur Beurteilung von Sachinvestitionen 147

1. Finanzwirtschaftliche Begriffe 148
   1.1 Barwert 148
   1.2 Endwert 150
   1.3 Jahreswert 152
2. Kapitalwertmethode 154
   2.1 Einzelinvestition 155
   2.2 Auswahlproblem 158
   2.3 Ersatzproblem 159
   2.4 Eignung 162
3. Interne Zinsfuß-Methode 163
   3.1 Einzelinvestition 165
   3.2 Auswahlproblem 168
   3.3 Ersatzproblem 170
   3.4 Eignung 170
4. Annuitätenmethode 171
   4.1 Einzelinvestition 172
   4.2 Auswahlproblem 175
   4.3 Ersatzproblem 176
   4.4 Eignung 179

Kontrollfragen 180

E. Investitionsrechnungen zur Beurteilung von Finanzinvestitionen. 184
1. Unternehmen 184
   1.1 Bewertungsproblem 185
       1.1.1 Bewertungsprinzipien 186
       1.1.2 Bewertungsauffassungen 186
   1.2 Bewertungstechniken 188
       1.2.1 Einzelbewertung 188
       1.2.2 Gesamtbewertung 188
   1.3 Bewertungsansätze 189
       1.3.1 Liquidationswert 190
       1.3.2 Reproduktionswert 190
       1.3.3 Ertragswert 192
       1.3.4 Firmenwert 194
   1.4 Bewertungsverfahren 196
       1.4.1 Ertragswert-Verfahren 196
       1.4.2 Substanzwert-Verfahren 199
       1.4.3 Mittelwert-Verfahren 201
       1.4.4 Übergewinn-Verfahren 204
2. Aktien 206
   2.1 Fundamentalanalyse 209
   2.2 Technische Analyse 212
3. Festverzinsliche Wertpapiere 215
   3.1 Einfache Effektivverzinsung 217
   3.2 Finanzmathematisch korrigierte Effektivverzinsung . 219
   3.3 Finanzmathematische Effektivverzinsung 220

Kontrollfragen 222

F. Nutzwertrechnungen zur Beurteilung von Investitionen 225
1. Bewertungskriterien 227
   1.1 Arten 228
       1.1.1 Wirtschaftliche Bewertungskriterien 228
       1.1.2 Technische Bewertungskriterien 229
       1.1.3 Soziale Bewertungskriterien 229
       1.1.4 Rechtliche Bewertungskriterien 230
   1.2 Grundsätze 230
       1.2.1 Operationalität 230
       1.2.2 Hierarchiebezogenheit 232
       1.2.3 Unterschiedlichkeit 233
       1.2.4 Nutzenunabhängigkeit 233
2. Bewertungsmaßstäbe 234
   2.1 Nominale Skalierung 234
   2.2 Ordinale Skalierung 235
   2.3 Kardinale Skalierung 235

Inhaltsverzeichnis

    2.3.1 Intervallskalierung 235
    2.3.2 Verhältnisskalierung 236
3. Nutzenmessung 236
  3.1 Kriterien-Gewichtung 237
    3.1.1 Paarvergleich 238
    3.1.2 Stufenvergleich 240
  3.2 Teilnutzen-Bestimmung 240
    3.2.1 Ordinalskalierung 241
    3.2.2 Kardinalskalierung 243
  3.3 Nutzwert-Ermittlung 245
    3.3.1 Ordinalskalierung 245
    3.3.2 Kardinalskalierung 246
4. Eignung 247
Kontrollfragen 249

Anhang 253

Gesamtliteraturverzeichnis 261

Stichwortverzeichnis 273

Übungsteil 279

Symbolverzeichnis

a	=	Jährliche Ausgaben		R	=	Rentabilität, durchschnittliche jährliche Verzinsung
a_0	=	Anschaffungswert, Ausgabebetrag		RK	=	Rückzahlungskurs
a_{BI}	=	Jährliche Betriebs- und Instandhaltungsausgaben		RW	=	Restwert, Rückzahlungsbetrag
a_d	=	Durchschnittliche jährliche Ausgaben		SW	=	Substanzwert
A	=	Anschaffungskosten		t	=	Zeit, Periode, Laufzeit
A_0	=	Barwert der Ausgaben		t_f	=	Tilgungsfreie Laufzeit
AK	=	Ausgabekurs		t_m	=	Mittlere Laufzeit
B	=	Jährliche Betriebskosten, Betriebskosten pro Periode		t_{max}	=	Höchst zulässige Amortisationszeit
C_0	=	Kapitalwert		t_w	=	Amortisationszeit
C_a	=	Abgezinste Ausgaben		$ü$	=	Jährlicher Überschuß
C_e	=	Abgezinste Einnahmen		UW	=	Unternehmenswert
d	=	Annuität		v	=	Umfang der Vergleichsperiode
D	=	Durchschnittlicher Kapitaleinsatz		x	=	Menge
e	=	Jährliche Einnahmen		x_{kr}	=	Kritische Menge
e_d	=	Durchschnittliche jährliche Einnahmen		Z	=	Jährliche Zinsen, Zinsen pro Periode
E	=	Erträge (pro Periode)		ZEW	=	Zukunftserfolgswert
E_0	=	Barwert der Einnahmen				
g	=	Gewinn pro Stück				
G	=	Jährlicher Gewinn		**Indices:**		
i	=	Zinssatz (dezimal), Kalkulationszinssatz, Kapitalisierungszinsfuß		A	=	Altes Investitionsobjekt
				N	=	Neues Investitionsobjekt
i_{min}	=	geforderte Mindestverzinsung		n	=	Nutzungsdauer
k	=	Kosten pro Stück		d	=	Durchschnittliche(r) ...
k_v	=	Variable Kosten pro Stück		kr	=	Kritische(r) ...
K	=	Jährliche Kosten, Kosten pro Periode		v	=	Variable(r) ...
K_0	=	Barwert, Gegenwartswert, Wert im Zeitpunkt to		f	=	Fixe(r) ...
K_f	=	Jährliche fixe Kosten		max	=	Höchst zulässige(r) ...
KD	=	Kapitalkosten pro Periode, Kapitaldienst		min	=	Mindest geforderte(r) ...
K_n	=	Endwert, Wert im Zeitpunkt t_n		s	=	Soforterneuerung, Erneuerung in t_0
KD	=	Kapitaldienst		k	=	Erneuerung kommende Periode (t_1)
l	=	Durchschnittliche Verringerung des Liquidationserlöses		e	=	Einnahmen
				a	=	Ausgaben
L	=	Liquidationserlös		I	=	Alternatives Investitionsobjekt 1
L_{AV}	=	Liquidationserlös am Anfang der Vergleichsperiode		II	=	Alternatives Investitionsobjekt 2
n	=	Nutzungsdauer in Jahren		III	=	Alternatives Investitionsobjekt 3
L_{EV}	=	Liquidationserlös am Ende der Vergleichsperiode		0	=	Zeitpunkt 0, Beginn der Vergleichsperiode
p	=	Preis pro Stück		1	=	Periode t_1
r	=	Interner Zinsfuß (erwartete Rendite), Effektiv-Zinssatz		2	=	Periode t_2
r_{appr}	=	approximative Rendite (Näherungswert)		3	=	Periode t_3

A. Grundlagen

Unternehmen werden zu dem Zwecke betrieben, Leistungen zu erstellen. Dies geschieht durch die Kombination der elementaren Produktionsfaktoren
- Arbeit
- Betriebsmittel
- Werkstoffe

im Rahmen eines güterwirtschaftlichen Prozesses, der es notwendig macht, daß diese Produktionsfaktoren beschafft und planvoll eingesetzt werden. Die Zeitdauer dieses Prozesses kann erheblich sein.

Um die Bereitstellung der für den güterwirtschaftlichen Prozeß erforderlichen Güter nach Art, Menge und Zeit sorgen sich die entsprechenden Abteilungen des Unternehmens, beispielsweise:

- Die **Materialwirtschaft** hat die Materialien – Rohstoffe, Hilfsstoffe, Betriebsstoffe, Zulieferteile, Waren – bereitzustellen.
- Die **Fertigungswirtschaft** hat sich mit den Betriebsmitteln – Maschinen, maschinelle Anlagen, Vorrichtungen – zu befassen.
- Die **Personalwirtschaft** hat die kaufmännischen und gewerblichen Mitarbeiter bereitzustellen und zu betreuen.

Die Beschaffung der Produktionsfaktoren und der Absatz der betrieblichen Leistungen sind aber nicht nur Elemente eines güterwirtschaftlichen Prozesses, sondern erfordern ebenso einen **finanzwirtschaftlichen Prozeß**, denn für die zu beschaffenden Produktionsfaktoren fallen Ausgaben an, die betrieblichen Leistungen führen zu Einnahmen.

Die Planung, Steuerung und Kontrolle der Einnahmen und Ausgaben wird im Unternehmen durch die **Finanzwirtschaft** sichergestellt, die drei Funktionen zu erfüllen hat:

(1) **Kapitalbeschaffung**

Sie stellt die Finanzierung dar und hat zur Aufgabe, das Unternehmen mit dem erforderlichen Kapital zu versorgen.

(2) **Kapitalverwendung**

Sie stellt die Investition dar und dient dazu, das beschaffte Kapital im Unternehmen einzusetzen, was grundsätzlich in folgenden Phasen geschehen kann:
- Das Kapital fließt dem Unternehmen zu.
- Das Kapital wird zur Leistungserstellung eingesetzt.
- Die Leistungen werden durch Absatz wieder zu Kapital.

(3) **Kapitalverwaltung**

Sie umfaßt alle Tatbestände, die mit einer rationellen Führung der finanzwirtschaftlichen Prozesse zusammenhängen, insbesondere

- Gestaltung des Zahlungsverkehrs
- Gestaltung des Kreditverkehrs

Die Finanzwirtschaft stellt in kleineren und mittleren Unternehmen häufig keinen eigenen Bereich dar, sondern ist vielfach dem Rechnungswesen angegliedert. Teilweise kann dies auch bei großen Unternehmen festgestellt werden. Es hat sich dort aber zunehmend als vorteilhaft erwiesen, die Finanzwirtschaft — gleichberechtigt neben den übrigen betrieblichen Bereichen — als selbständige Abteilung zu führen. Dabei erfolgt in den USA seit langem und seit einiger Zeit auch in Deutschland eine **Funktionsteilung** im finanzwirtschaftlichen Bereich:

- Der **Treasurer** ist für die Planung, Steuerung und Kontrolle der Zahlungsmittel und der Kapitalstruktur verantwortlich.

- Der **Controller** trägt die Verantwortung für die Planung, Steuerung und Kontrolle der Kommunikation und des Planungsprozesses selbst.

Die jüngste Entwicklung in den USA läßt erkennen, daß die Stellung des Controllers im Bereich der Finanzwirtschaft zunehmend stärker wird.

1. Investition

Unter einer Investition wird in der Betriebswirtschaftslehre sehr Unterschiedliches verstanden. Zusammenfassend lassen sich aber folgende Investitionsbegriffe nennen:

- Der **vermögensbestimmte Investitionsbegriff** geht von der Umwandlung des Kapitals in Vermögen aus, wobei der Vermögensbegriff unterschiedlich weit gefaßt wird:
  - Anlagevermögen zur Produktion
  - zuzüglich Umlaufvermögen zur Produktion
  - zuzüglich die der Leistungsverwertung dienenden Aktiva
  - zuzüglich sonstigen Anlagevermögens
  - zuzüglich sonstigen Umlaufvermögens

  Der am weitesten gefaßte vermögensbestimmte Investitionsbegriff bezieht sich auf alle Vermögenswerte, die auf der Aktiv-Seite der Bilanz enthalten sind.

- Der **kombinationsbestimmte Investitionsbegriff** umfaßt die Kombination der beschafften Investitionsobjekte zu einer neuen Produktionsausrüstung und die Eingliederung der beschafften Investitionsobjekte.

  Die ausschließliche Berücksichtigung des leistungswirtschaftlichen Aspektes läßt den kombinationsbestimmten Investitionsbegriff für die betriebliche Praxis als zu eng erscheinen.

- Der **zahlungsbestimmte Investitionsbegriff** wird unterschiedlich weit gefaßt und beruht auf den Ausgaben für Vermögensteile, die sein können:
  - Sach-Anlagevermögen
  - Sach-Umlaufvermögen

1. Investition

— zuzüglich Finanz-Anlagevermögen
— zuzüglich Finanz-Umlaufvermögen
— zuzüglich Dienstleistungen

Damit wird der finanzwirtschaftliche Aspekt berücksichtigt, was **vorteilhaft** erscheint.

Der zahlungsbestimmte Investitionsbegriff kann dem vermögensbestimmten Investitionsbegriff — bei weiter Auslegung beider Begriffe — nahekommen.

Im folgenden sollen näher behandelt werden:

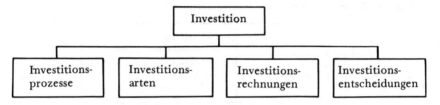

1.1 Investitionsprozesse

Die Investitionsprozesse, welche die zeitliche Abfolge des Investierens darstellen, können grundsätzlich bestimmte, typische Verläufe aufweisen:

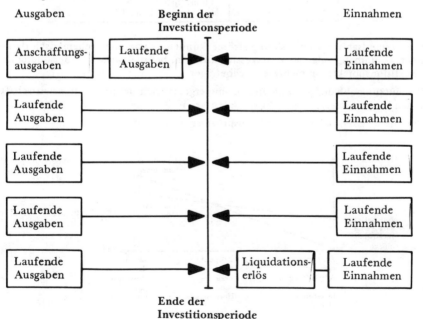

Wie zu sehen ist, beginnen die Investitionsprozesse mit der ersten Ausgabe, die für die Beschaffung des einzelnen Investitionsobjektes erforderlich ist. Es folgen laufende Ausgaben, beispielsweise für Löhne und Materialien.

Das auf diese Weise gebundene Kapital wird nach und nach wieder freigesetzt, indem die mit Hilfe des Investitionsobjektes erstellten Leistungen abgesetzt werden, wodurch Einnahmen bewirkt werden. Die letzte Einnahme aus dem jeweiligen Investitionsobjekt kann der Liquidationserlös sein.

Die über den Absatzmarkt erfolgende Wiederfreisetzung der durch das Investitionsobjekt gebundenen Mittel wird **Desinvestition** genannt.

Kern unterscheidet vier Arten von Wertbewegungen:

Bestands- abhängige Zahlungsströme	Anschaffung des Investitionsobjektes
	Desinvestition des Investitionsobjektes
Nutzungs- abhängige Zahlungsströme	Laufende Ausgaben
	Laufende Einnahmen aus Absatzerlösen

Die **bestandsabhängigen Zahlungsströme** können — wie oben schematisch dargestellt — einmalig oder aber sukzessive erfolgen, beispielsweise bei Bezahlung des Investitionsobjektes in mehreren Teilbeträgen.

Die **nutzungsabhängigen Zahlungsströme** ergeben sich bei produktionswirtschaftlichen Investitionen grundsätzlich sukzessiver Weise.

Graphisch lassen sich die Investitionsprozesse darstellen:

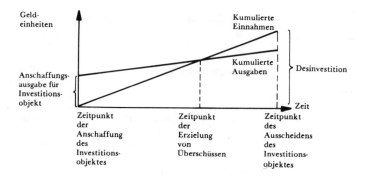

1. Investition

Die Investitionsprozesse haben aus der Sicht des Investors drei **Komponenten**, denen Beachtung geschenkt werden sollte:
- **Erfolgskomponente**
- **Liquiditätskomponente**
- **Risikokomponente**

Sie werden im folgenden dargestellt.

1.1.1 Erfolgskomponente

Jede Investition soll zum Erfolg des Unternehmens beitragen. Die Erfolgskomponente legt offen, inwieweit die Investition einen Beitrag zum Erfolg des Unternehmens zu leisten vermag.

Die Höhe des Erfolges läßt sich mit Hilfe der **Investitionsrechnungen** messen. Der Erfolg einer Investition wird dabei grundsätzlich um so höher bewertet, je größer der aus der Investition resultierende Überschuß ist.

Beispiel: 1979 wurden zwei Investitionsobjekte beschafft, die 1985 ausschieden. Investitionsobjekt I verursachte Ausgaben von insgesamt 860.000 DM und erwirtschaftete Einnahmen von insgesamt 840.000 DM. Investitionsobjekt II verursachte Ausgaben von insgesamt 790.000 DM und erwirtschaftete Einnahmen von insgesamt 910.000 DM.

Das sehr vereinfachte Beispiel zeigt, daß das Investitionsobjekt II nicht nur das vorteilhaftere Investitionsobjekt mit einem Überschuß von insgesamt 120.000 DM ist. Es ist auch zu erkennen, daß das Investitionsobjekt I eine Fehlinvestition darstellt, da es zu keinem Überschuß, sondern zu einem Verlust von insgesamt 20.000 DM geführt hat.

1.1.2 Liquiditätskomponente

Die Liquidität ist eine unabdingbare Voraussetzung für den Bestand des Unternehmens, die gewährleistet sein muß. Die Prozesse von Investition und Desinvestition beeinflussen indessen die **Liquidität** des Unternehmens, unter der verstanden werden kann:

(1) **Absolute Liquidität**

Die absolute Liquidität ist die Eigenschaft von Vermögensteilen, als Zahlungsmittel verwendet oder in Zahlungsmittel umgewandelt zu werden. Danach wird einem Vermögensgegenstand eine um so höhere Liquidität zugesprochen, je rascher er sich in Zahlungsmittel umwandeln läßt.

Es erscheint unzweckmäßig, diesen Tatbestand als Liquidität zu bezeichnen. Vielmehr sollte hier von **Liquidierbarkeit** gesprochen werden, der durchaus praktische Bedeutung zuzumessen ist.

Für die Beurteilung der Liquidierbarkeit gilt es, zwei Gesichtspunkte zu beachten:

- Zunächst ist die **Liquidierungsdauer** festzustellen. Das ist der Zeitraum zwischen der Entscheidung zur Liquidierung eines Vermögensgegenstandes und dem Eingang des Liquidationserlöses.

Tendenziell kann unterstellt werden, daß die Liquidierungsdauer um so niedriger sein kann, je „weiter unten" ein Vermögensgegenstand in der Bilanz ausgewiesen wird:

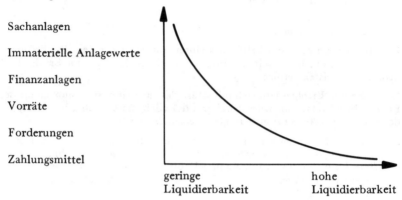

Sachanlagen

Immaterielle Anlagewerte

Finanzanlagen

Vorräte

Forderungen

Zahlungsmittel

geringe Liquidierbarkeit   hohe Liquidierbarkeit

Die vorangegangenen Ausführungen lassen den Schluß zu, daß anlageintensive Unternehmen im Hinblick auf die Liquidierbarkeit von Vermögensteilen eine geringere Elastizität aufweisen als umlaufintensive Unternehmen.

- Neben der Liquidierungsdauer gilt es, den **Liquidierungsbetrag** festzustellen. Das ist der Geldbetrag, mit dem als Liquidationserlös zu rechnen ist.

Der Liquidierungsbetrag läßt sich nicht ohne Berücksichtigung der Situation, in der das Unternehmen sich befindet, und der Marktsituation ermitteln.

Die Kenntnis der absoluten Liquidität bzw. der Liquidierbarkeit der Vermögensgegenstände ist für die Leitung des finanzwirtschaftlichen Bereiches von Interesse und zur Sicherung des Unternehmensbestandes zweifellos nützlich. Allerdings reichen diese Informationen nicht aus, um den Bestand des Unternehmens wirklich gewährleisten zu können.

(2) **Relative Liquidität**

Zur Sicherung des Unternehmensbestandes erweist es sich als notwendig, die Kapitalseite der Bilanz mit in die Betrachtung einzubeziehen. Dies kann auf unterschiedliche Weise erfolgen. Es bieten sich als Beurteilungskriterien für die finanzwirtschaftliche Lage des Unternehmens an:

- Die **statische Liquidität**, welche das Verhältnis beschreibt, das zwischen Zahlungsmitteln und den fälligen Verbindlichkeiten besteht.

1. Investition

Kurzfristige **Liquiditätsgrade** sollen dazu dienen, die Flüssigkeit des Unternehmens im Hinblick auf seine Zahlungsverpflichtungen zu beurteilen:

- **Liquidität 1. Grades**

  Sie stellt die greifbaren Zahlungsmittel den kurzfristigen Verbindlichkeiten gegenüber:

$$\text{Liquidität 1. Grades} = \frac{\text{Zahlungsmittelbestand}}{\text{Kurzfristige Verbindlichkeiten}} \cdot 100$$

Als Zahlungsmittelbestand gelten folgende Positionen: Kasse, Bundesbank, Postscheck, Guthaben bei Kreditinstituten, diskontfähige Wechsel, Schecks.

Kurzfristige Verbindlichkeiten sind Verbindlichkeiten aus Warenlieferungen und Leistungen, Schuldwechsel, Schulden bei Kreditinstituten, erhaltene Anzahlungen, Dividenden, wenn diese Positionen innerhalb von 3 Monaten fällig werden.

- **Liquidität 2. Grades**

  Hier werden über den Zahlungsmittelbestand hinaus noch fungible Wertpapiere und kurzfristige Forderungen einbezogen, sofern diese innerhalb von 3 Monaten fällig werden.

$$\text{Liquidität 2. Grades} = \frac{\text{Kurzfristiges Umlaufvermögen}}{\text{Kurzfristige Verbindlichkeiten}} \cdot 100$$

- **Liquidität 3. Grades**

  Es erfolgt eine Ausweitung auf das gesamte Umlaufvermögen, d.h. als Positionen werden nun noch die Vorräte an Roh-, Hilfs- und Betriebsstoffen sowie unfertigen, fertigen Erzeugnissen und Waren einbezogen:

$$\text{Liquidität 3. Grades} = \frac{\text{Gesamtes Umlaufvermögen}}{\text{Kurzfristige Verbindlichkeiten}} \cdot 100$$

Die Erwartungen, die in die Aussagekraft der Liquiditätsgrade gelegt werden, erweisen sich als nicht erfüllbar. Dies zum einen, weil die Liquidität nur zu einem einzigen Zeitpunkt gemessen wird und unmittelbar vor oder nach diesem Zeitpunkt völlig anders aussehen kann. Zum anderen, weil die Liquiditätsgrade zu eng mit der Bilanz verknüpft sind. Ob das Unternehmen liquide ist, läßt sich aus einzelnen aktiven und passiven Bilanzpositionen nicht ohne weiteres entnehmen:

- Die genauen Fälligkeiten der einbezogenen Bilanzpositionen sind nicht bekannt.
- Die Verbindlichkeiten enthalten nicht alle zu leistenden Ausgaben.
- Die einbezogenen Bilanzpositionen unterliegen der Bewertung.

Mit Hilfe der statischen Liquidität lassen sich demnach keine hinreichend genauen Aussagen machen, um den Bestand des Unternehmens kontinuierlich gewährleisten zu können.

● **Die dynamische Liquidität, die nicht bilanzbezogen und zeitpunktbeschränkt ist.**

Die Liquidität muß ständig, d.h. in allen Zeitpunkten des Unternehmenslebens vorhanden sein. Illiquidität gefährdet den Bestand des Unternehmens. So wird nach der Konkursordnung als Konkursgrund angesehen,

- wenn bei einer OHG oder KG Zahlungsunfähigkeit vorliegt;
- wenn bei einer AG, KGaA oder GmbH Zahlungsunfähigkeit und Überschuldung vorliegen.

Zahlungsunfähigkeit ist das auf dem Mangel an Zahlungsmitteln beruhende dauernde Unvermögen des Schuldners, seine fälligen Geldschulden noch im wesentlichen zu erfüllen. **Überschuldung** liegt vor, wenn das Vermögen die Schulden nicht mehr deckt.

Mit Hilfe der dynamischen Liquidität ist es möglich, das Unternehmen finanzwirtschaftlich in geeigneter Weise zu steuern. Dabei soll — mit *Witte* — unter der Liquidität die **Fähigkeit des Unternehmens** verstanden werden, **die zu einem Zeitpunkt zwingend fälligen Zahlungsverpflichtungen uneingeschränkt erfüllen zu können**, die zu jedem Zeitpunkt seines Bestehens gegeben sein muß.

Praktisch bedeutet dies, daß die so beschriebene Liquidität folgenden Erfordernissen gerecht zu werden hat:

- Es sind sämtliche Einnahmen und Ausgaben zu berücksichtigen.
- Die Zahlungsströme sind in geeigneter Weise — unter Verwendung von Finanzplänen — zu erfassen.

Damit wird es möglich, nicht nur die momentane Liquidität festzustellen, die auf einen bestimmten Tag bezogen ist, sondern auch die Periodenliquidität planerisch zu ermitteln, wodurch offengelegt werden kann, inwieweit die Liquidität künftig gefährdet oder ungefährdet ist.

Die dynamische Liquidität kann mit Hilfe von zahlungsstromorientierten Liquiditätsrechnungen analysiert werden:

- **Cash Flow**

   Grundsätzlich lassen sich zwei Arten des Cash Flow unterscheiden:

1. Investition

Cash Flow im engeren Sinne

Der Cash Flow im engeren Sinne entspricht den innerhalb der Rechnungsperiode des Unternehmens erwirtschafteten Mitteln, die zur Erhöhung des Eigenkapitals verwendet wurden und in denen aufwandgerechte Abschreibungen enthalten sind.

> Nichtentnommener Gewinn
> + neugebildete Rücklagen
> + Abschreibungen
> + Pauschalwertberichtigungen
>
> = Cash Flow im engeren Sinne

Cash Flow im weiteren Sinne

Demgegenüber will der Cash Flow im weiteren Sinne nicht mehr allein die aus Selbstfinanzierung stammdenen Mittel erfassen, sondern zudem auch fremdfinanzierte Mittel, die bis zum Zeitpunkt ihrer Inanspruchnahme im Unternehmen verbleiben. Leitgedanke ist, sämtliche Liquiditätszuflüsse zu erfassen.

> Bilanzgewinn (ohne Gewinnvortrag)
> + Anteile Dritter
> + Erhöhung der Rücklagen
> − Rücklagenauflösung
> + Abschreibungen auf das Anlagevermögen
> + Erhöhung der langfristigen Rückstellungen
> + Wertberichtigung auf das Umlaufvermögen
> + Außerordentliche Aufwendungen
> − Außerordentliche Erträge
>
> = Cash Flow im weiteren Sinne

- **Kapitalflußrechnung**

   Da die herkömmliche Beständebilanz nur unzureichend zur Darstellung finanzwirtschaftlicher Vorgänge in der Lage ist, setzt man zur Finanzanalyse die Kapitalflußrechnung ein. Hier werden Mittelverwendung und Mittelherkunft in Form einer Bewegungsbilanz einander gegenübergestellt.

   Im Gegensatz zur Beständebilanz stellt die Bewegungsbilanz keine Zeitpunktrechnung, sondern eine Zeitraumrechnung dar, in der die Veränderungen der Bilanzpositionen während einer Rechnungsperiode aufgezeigt werden.

Die Bewegungsbilanz weist auf der Aktivseite die Mittelverwendung, auf der Passivseite die Mittelherkunft aus:

Mittelverwendung	Bewegungsbilanz	Mittelherkunft
Aktivmehrungen Passivminderungen		Aktivminderungen Passivmehrungen

Da die Bewegungsbilanz die Bestandsveränderungen erfaßt, ist sie primär als Mittel zu sehen, finanzwirtschaftliche Vorgänge aufzuzeigen und zudem als Nebenprodukt den Erfolg der Unternehmenstätigkeit zu offenbaren.

1.1.3 Risikokomponente

Die Risikokomponente kommt dadurch zum Ausdruck, daß die den Investitionsobjekten planerisch zugerechneten Werte von Kosten und Erträgen bzw. Ausgaben und Einnahmen dem tatsächlichen Verlauf entsprechen oder davon abweichen können.

Praktisch bezieht sich die Risikokomponente damit auf zwei **Risiken**:

(1) **Erfolgsrisiko**

Darunter ist die Gefahr zu verstehen, daß der Erfolg nicht planmäßig eintritt. Sie kann sich grundsätzlich ergeben als:

- **Betragsmäßiges Risiko**, wenn die gesamten Kosten bzw. Ausgaben über den gesamten Erträgen bzw. Einnahmen liegen.
- **Zeitmäßiges Risiko**, wenn die gesamten Kosten bzw. Ausgaben zwar geringer sind als die gesamten Erträge bzw. Einnahmen, letztere sich aber über einen größeren Zeitraum verteilen als geplant.

Aus der Realisierung des Erfolgsrisikos ergibt sich unmittelbar das Liquiditätsrisiko.

(2) **Liquiditätsrisiko**

Darunter ist die Gefahr zu verstehen, daß die Desinvestition nicht oder nur verzögert erfolgt. Wie beim Erfolgsrisiko, sind entsprechend zu unterscheiden:

- **Betragsmäßiges Risiko**, wenn die Liquidität des Unternehmens durch eine nicht vollständige Desinvestition gefährdet wird, die auch nicht durch eine Verlängerung der Investitionsperiode herbeigeführt werden kann, weil das Investitionsobjekt nicht länger nutzbar ist.
- **Zeitmäßiges Risiko**, wenn eine vollständige Desinvestition während der geplanten Investitionsperiode zwar nicht möglich ist, aber durch eine Verlängerung der Investitionsperiode — verzögert — bewirkt werden kann, weil das Investitionsobjekt noch nutzbar ist.

Das Liquiditätsrisiko ist für das Unternehmen um so gravierender, je höher der Anteil von Fremdkapital für die Beschaffung des Investitionsobjektes ist, das normalerweise planmäßig zurückzuzahlen ist.

1.2 Investitionsarten

Für die betriebliche Praxis läßt sich eine Vielzahl von Investitionsarten unterscheiden, als deren wichtigste die

- objektbezogenen Investitionen
- wirkungsbezogenen Investitionen
- sonstigen Investitionen

im folgenden erörtert werden sollen.

1.2.1 Objektbezogene Investitionen

Als objektbezogene Investitionen lassen sich nennen:

(1) **Sachinvestitionen**

Darunter sind Investitionen zu verstehen, die am Leistungsprozeß des Unternehmens direkt beteiligt sind, beispielsweise als Maschinen, oder den Leistungsprozeß ermöglichen, beispielsweise als Gebäude.

Sachinvestitionen* werden — den Investitionsbegriffen entsprechend — unterschiedlich weit definiert. Am umfassendsten sind unter Sachinvestitionen zu verstehen:

- Gesamtes Sachanlagevermögen
- Sachgüter des Umlaufvermögens
- Dienstleistungen zur Erfüllung des Betriebszweckes

Die durch die Sachinvestitionen verursachten Ausgaben bzw. Kosten sind relativ einfach feststellbar. Dagegen kann es sich als schwierig erweisen, die durch die Sachinvestitionen bewirkten Einnahmen bzw. Erträge genau zu erfassen.

Beispiel: Eine Fräsmaschine wird im Rahmen eines mehrstufigen, komplexen Fertigungsprozesses eingesetzt. Es ist ohne große Schwierigkeiten möglich, die von dieser Fräsmaschine verursachten Ausgaben bzw. Kosten zu ermitteln. Welchen Anteil diese Fräsmaschine an den Einnahmen bzw. Erträgen des Unternehmens hat, ist wegen der Mehrstufigkeit und Komplexität des Fertigungsprozesses unmittelbar überhaupt nicht und mittelbar nicht ohne weiteres festzustellen.

(2) **Finanzinvestitionen**

Darunter sind Investitionen zu verstehen, die sich auf das Finanzanlagevermögen des Unternehmens beziehen.

---

* Sie werden auch leistungswirtschaftliche Investitionen, produktionswirtschaftliche Investitionen, Realinvestitionen genannt.

Finanzinvestitionen* können dementsprechend sein:

- **Forderungsrechte**, die sich beispielsweise aus Bankguthaben, festverzinslichen Wertpapieren, gewährten Darlehen ergeben.
- **Beteiligungsrechte**, die sich beispielsweise auf Aktien und sonstige Beteiligungen an Unternehmen beziehen.

Wie bei den Sachinvestitionen, lassen sich die Ausgaben für die Finanzinvestitionen eindeutig zurechnen. Im Gegensatz zu den Sachinvestitionen ist es bei den Finanzinvestitionen normalerweise aber auch möglich, die Einnahmen genau zuzurechnen, weil die Investitionsobjekte abgrenzbar sind.

(3) **Immaterielle Investitionen**

Darunter sind Investitionen zu verstehen, die sich vor allem auf drei Bereiche beziehen und dazu dienen, das Unternehmen wettbewerbsfähig zu halten bzw. seine Wettbewerbsfähigkeit zu stärken:

- **Personalbereich**, durch den Investitionen in geeignete Mitarbeiter, Aus- und Fortbildungsinvestitionen sowie Sozialinvestitionen erfolgen.
- **Forschungs- und Entwicklungsbereich**, in dem die Schaffung neuer Erzeugnisse und neuer, günstigerer Fertigungsverfahren als Investitionen erfolgen.
- **Absatzbereich**, der werbende und imageverbessernde Investitionen vornimmt.

Allen immateriellen Investitionen ist gemeinsam, daß die durch sie verursachten Kosten bzw. Ausgaben mehr oder weniger genau erfaßt werden können. Hingegen gibt es heute kaum geeignete Verfahren, die es ermöglichen, den Investitionen Erträge bzw. Einnahmen zuzurechnen.

1.2.2 Wirkungsbezogene Investitionen

Nach ihrer Wirkung lassen sich die folgenden Investitionen unterscheiden:

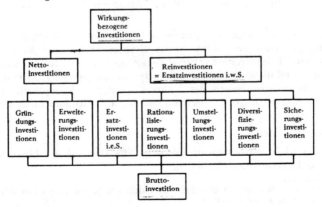

---

* Sie werden auch finanzwirtschaftliche Investitionen oder Nominalinvestitionen genannt.

1. Investition

Nettoinvestitionen sind Investitionen, die sich zusammensetzen können aus:

- **Gründungsinvestitionen***, die bei der Gründung eines Unternehmens oder beim Kauf eines Unternehmens — und danach im Unternehmen nie mehr — anfallen.
- **Erweiterungsinvestitionen**, welche der Vergrößerung eines vorhandenen Leistungspotentials oder der Schaffung eines neuen Leistungspotentials dienen, wodurch sich die Kapazität des Unternehmens erhöht.

Reinvestitionen sind Investitionen, die ein Wiederauffüllen des während einer Periode durch Gebrauch oder Verbrauch oder durch sonstige Umstände verminderten Bestandes an Produktionsfaktoren darstellen und sein können:

- **Ersatzinvestitionen** im engeren Sinne, die dazu dienen, die Leistungsfähigkeit des Unternehmens zu erhalten, indem nicht mehr nutzbare Investitionsobjekte durch neue gleichartige Investitionsobjekte ersetzt werden.

  Beispiel: Eine ausscheidende Fräsmaschine wird durch eine neue Fräsmaschine ersetzt, die im wesentlichen über die gleichen technischen Daten verfügt.

- **Rationalisierungsinvestitionen**, welche der Steigerung der Leistungsfähigkeit des Unternehmens dienen, indem vorhandene Investitionsobjekte durch neue Investitionsobjekte ersetzt werden, die technisch verbessert sind.

  Beispiel: Die zuvor angesprochene ausscheidende Fräsmaschine wird durch eine neue teilautomatisierte Fräsmaschine ersetzt, die über eine höhere Kapazität verfügt und in der Lage ist, eine verbesserte Oberflächengüte der Werkstücke zu erreichen.

- **Umstellungsinvestitionen**, die auf mengenmäßigen Verschiebungen im Fertigungsprogramm beruhen, ohne daß das Fertigungsprogramm in seiner sachlichen Zusammensetzung eine Veränderung erfährt.

  Beispiel: Ein Unternehmen fertigt drei Produkte A, B und C. Für die Produkte sind teilweise unterschiedliche Maschinen erforderlich. Im letzten Jahr setzte sich der Umsatz zusammen aus:

  Produkt A: 25 %   Produkt B: 40 %   Produkt C: 35 %

  In diesem Jahr hat sich die Absatzlage zugunsten von Produkt A (45 %) und zu Lasten von Produkt B (20 %) verändert. Umstellungsinvestitionen werden erforderlich, um dem erhöhten Fertigungsbedarf des Produktes A gerecht zu werden.

- **Diversifizierungsinvestitionen**, die eine Veränderung des Absatzprogrammes oder/und der Absatzorganisation des Unternehmens bewirken. Das Unternehmen will sich damit einen neuen Markt erschließen, wobei erfahrungsgemäß vorrangig eine Streuung des Risikos erfolgen soll.

  Beispiel: Die oben erwähnte ausscheidende Fräsmaschine wird nicht wieder als solche ersetzt, sondern für den durch Desinvestition zurückgewonnenen Geld-

---

* Sie werden auch Anfangsinvestitionen, Erstinvestitionen, Errichtungsinvestitionen, Neuinvestitionen genannt.

betrag wird eine Abfüllanlage für ein neu aufgenommenes Produkt angeschafft, das in keinem unmittelbaren Zusammenhang mit den sonstigen seither gefertigten Produkten des Unternehmens steht.

- **Sicherungsinvestitionen**, die vorgenommen werden, um den Bestand des Unternehmens sicherzustellen, indem beispielsweise eine
  - Beteiligung an einem Rohstoffbetrieb
  - Investition in Forschung und Entwicklung
  - Investition in Werbemaßnahmen
  - Investition in Umweltschutzmaßnahmen

erfolgt.

Die **Bruttoinvestition** ergibt sich aus den Nettoinvestitionen und Reinvestitionen, stellt also die Gesamtheit der in einer Wirtschaftsperiode erfolgenden Investitionen dar.

1.2.3 Sonstige Investitionen

Als weitere Arten von Investitionen lassen sich vor allem unterscheiden:

(1) **Investorbezogene Investitionen**

- Investitionen der Unternehmen
- Investitionen der öffentlichen Haushalte
- Investitionen der privaten Haushalte

(2) **Umschlagbezogene Investitionen**

- Schnell umschlagende Investitionen
  (Rohstoffe, Handelswaren usw.)
- Langsam umschlagende Investitionen
  (Grundstücke, Beteiligungen usw.)

Dazwischen liegen Investitionen, die sich auf mittlere Frist umschlagen, beispielsweise Maschinen, Fahrzeuge.

(3) **Umfangbezogene Investitionen**

- Routineinvestitionen
  (Investitionen kleineren Umfangs)
- Unternehmenspolitische Investitionen
  (Investitionen größeren Umfangs)

(4) **Häufigkeitsbezogene Investitionen**

- Einzelinvestitionen
  (Investitionen ohne Wiederholung)
- Investitionsfolgen
  (Wiederholte Investitionen)
- Investitionsketten
  (Nacheinander wiederholte Investitionen)

1. Investition

(5) **Abhängigkeitsbezogene Investitionen**
- Isolierte Investitionen
  (Investitionen ohne Auswirkungen auf andere Funktionsbereiche)
- Interdependente Investitionen
  (Investitionen mit Auswirkungen auf andere Funktionsbereiche)

1.3 Investitionsrechnungen

Die Investitionen werden vom Unternehmen unter Anlegung wirtschaftlicher, aber auch technischer, rechtlicher und sozialer Maßstäbe vorgenommen, die zeigen sollen, inwieweit sie zur Erreichung der Unternehmensziele beitragen, insbesondere auch in welchem Umfang sie ein

- Erfolgsrisiko
- Liquiditätsrisiko

in sich bergen. Zu diesem Zwecke werden die Investitionsrechnungen verwendet:

- **Statische Investitionsrechnungen**
- **Dynamische Investitionsrechnungen**
- **Nutzwertrechnungen**

Ihre grundlegenden Merkmale sollen im folgenden gezeigt werden, ausführlich erfolgt ihre Darstellung in den Kapiteln C, D, E und F.

1.3.1 Statische Investitionsrechnungen

Statische Investitionsrechnungen werden in der betrieblichen Praxis häufig eingesetzt, da sie relativ einfach zu handhaben sind. Ihre Eignung, Informationen über die Vorteilhaftigkeit von Investitionen zu vermitteln, wird indessen unterschiedlich beurteilt. Die Gründe hierfür sind in ihren besonderen **Merkmalen** zu sehen:

- Sie beziehen sich lediglich auf eine Periode.
- Sie berücksichtigen keine Interdependenzen.
- Sie basieren auf Kosten und Erträgen.

Nach den unterschiedlichen **Kriterien** zur Beurteilung der Vorteilhaftigkeit von Investitionsobjekten lassen sich als statische Investitionsrechnungen nennen:

- Kostenvergleichsrechnung
- Gewinnvergleichsrechnung
- Rentabilitätsvergleichsrechnung
- Amortisationsvergleichsrechnung

Die statischen Investitionsrechnungen können geeignet sein, die Vorteilhaftigkeit von abgrenzbaren, gleichartigen Investitionsobjekten auf der Grundlage repräsentativer oder durchschnittlicher Werte festzustellen.

1.3.2 Dynamische Investitionsrechnungen

Dynamische Investitionsrechnungen werden in der betrieblichen Praxis weniger häufig eingesetzt als statische Investitionsrechnungen, da sie schwerer zu handhaben sind als diese. Ihre Eignung, Informationen über die Vorteilhaftigkeit von Investitionen zu vermitteln, ist indessen zweifellos positiver zu beurteilen als bei den statischen Investitionsrechnungen. Die Gründe hierfür sind in ihren besonderen **Merkmalen** zu sehen:

- Sie beziehen sich auf alle Nutzungsperioden.
- Sie bedienen sich finanzmathematischer Methoden.
- Sie basieren auf Einnahmen und Ausgaben.

Nach den unterschiedlichen **Kriterien** zur Beurteilung der Vorteilhaftigkeit von Investitionsobjekten lassen sich als dynamische Investitionsrechnungen nennen:

- Kapitalwertmethode
- Interne Zinsfuß-Methode
- Annuitätenmethode

Die dynamischen Investitionsrechnungen können geeignet sein, die Vorteilhaftigkeit von abgrenzbaren Investitionsobjekten festzustellen.

1.3.3 Nutzwertrechnungen

Die Vorteilhaftigkeit von Investitionen hängt von einer Vielzahl von Faktoren ab, die im Einzelfall sehr unterschiedlich sein können:

- Wirtschaftliche Faktoren
- Technische Faktoren
- Rechtliche Faktoren
- Soziale Faktoren

Das bedeutet, daß die traditionellen — statischen und dynamischen — Investitionsrechnungen für eine zweckentsprechende Investitionsentscheidung nicht ausreichen, weil sie lediglich in der Lage sind, monetär quantifizierbare Bewertungskriterien zu berücksichtigen, indem sie vor allem mit Kosten und Erträgen bzw. Ausgaben und Einnahmen rechnen.

Die Grenzen dieser traditionellen Investitionsrechnungen liegen zunächst dort, wo eine Quantifizierung der Bewertungskriterien nicht möglich ist. Praktisch indessen sind die Grenzen noch enger gezogen, da es eine ganze Reihe an sich quantifizierbarer Bewertungskriterien gibt, die aber keinen Eingang in die traditionellen Investitionsrechnungen finden. Hierfür gibt es insbesondere zwei Gründe:

- Die traditionellen Investitionsrechnungen sollen möglichst einfach anwendbar sein. Eine Aufnahme weiterer quantifizierbarer Bewertungskriterien würde ihre Komplexität — möglicherweise beträchtlich — erhöhen.
- Die Tatsache, daß Bewertungskriterien quantifizierbar sind, sagt noch nichts darüber aus, welcher Aufwand für die Quantifizierung notwendig ist. Er kann gegebenenfalls wirtschaftlich unvertretbar hoch sein.

Unbeschadet dessen ist zu fordern, daß Investitionsrechnungen nicht darauf beschränkt sein dürfen, die Vorteilhaftigkeit von Investitionen lediglich unter Anlegung quantifizierter Bewertungskriterien zu ermitteln. Es muß vielmehr gewährleistet sein, daß in eine Investitionsentscheidung alle bedeutsamen Bewertungskriterien Eingang finden.

Die Nutzwertrechnungen können geeignet sein, den Mangel der traditionellen Investitionsrechnungen durch **qualitative Bewertung** — auch von quantifizierbaren Kriterien — zu überwinden und eine umfassende Beurteilung von Investitionsobjekten zu gewährleisten. Sie ermöglichen es, alternative Investitionsobjekte unter Berücksichtigung verschiedener Ziele des Investors ihrer Vorteilhaftigkeit nach einzuordnen. Maßstäbe der Vorteilhaftigkeit sind die Nutzwerte der alternativen Investitionsobjekte.

1.4 Investitionsentscheidungen

Die Entscheidungen, vor denen ein Investor steht, und die unter Verwendung von Investitionsrechnungen getroffen werden sollten, können sich grundsätzlich auf drei **Problemkreise** beziehen:
- **Einzelinvestition**
- **Auswahlproblem**
- **Ersatzproblem**

Sie sollen im folgenden kurz erläutert werden; ausführlich wird auf sie in den Kapiteln C und D eingegangen. Um die genannten Entscheidungsprobleme lösen zu können, bedarf es — wie im Kapitel B dargestellt — einer sorgsamen Investitionsplanung.

1.4.1 Einzelinvestition

Bei der Einzelinvestition geht es um die Entscheidung, die Vorteilhaftigkeit eines einzelnen Investitionsobjektes zu beurteilen, für welches es keine Alternativen gibt.

Beispiel: Eine bestimmte, für die Fertigung notwendige Spezialmaschine wird nur von einem einzigen Unternehmen angeboten.

Das bedeutet, daß die Investitionsentscheidung nicht zwischen mehreren, gleichartigen Investitionsobjekten erfolgt, sondern lediglich im Hinblick darauf, inwieweit das betrachtete Investitionsobjekt als vorteilhaft anzusehen ist oder nicht. Bei mangelnder Vorteilhaftigkeit wird das Investitionsobjekt nicht beschafft.

1.4.2 Auswahlproblem

Für die meisten Investitionsentscheidungen ist als typisch anzusehen, daß es mehrere alternative Investitionsobjekte gibt, unter denen nach dem Gesichtspunkt der Vorteilhaftigkeit ausgewählt werden kann.

Beispiel: Eine Drehmaschine mit bestimmten, für die Fertigung erforderlichen technischen Daten wird von fünf Herstellern angeboten.

Es ist zu beachten, daß jenes alternative Investitionsobjekt, welches als das vorteilhafteste ermittelt wurde, eine Vorteilhaftigkeit aufweist, die zu den übrigen alternativen Investitionsobjekten relativ größer ist. Damit ist aber noch keineswegs gesagt, daß dieses Investitionsobjekt auch als absolut vorteilhaft bezeichnet werden kann und damit die Investition vorgenommen werden sollte.

Beispielsweise ist denkbar, daß eine vom Unternehmen festgelegte Mindestrentabilität auch vom vorteilhaftesten Investitionsobjekt nicht erreicht wird.

1.4.3 Ersatzproblem

Beim Ersatzproblem geht es um die Frage, wann es als vorteilhaft angesehen werden kann, ein in Nutzung befindliches, technisch durchaus weiter verwendbares Investitionsobjekt durch ein neues, gleichartiges Investitionsobjekt zu ersetzen.

Gründe für den Ersatz eines Investitionsobjektes können sein:
- Steigende Reparaturkosten
- Steigende Ausschußquote
- Fallende quantitative Kapazität
- Fallende qualitative Kapazität
- Fallende Produktqualität

In der betrieblichen Praxis ist diese Entscheidung häufig besonders schwierig. Auch in der Theorie gibt es keine völlig abgesicherten Überlegungen dazu, welcher Zeitpunkt des Ersatzes optimal ist.

2. Finanzierung

Um Investitionen ermöglichen zu können, bedarf das Unternehmen der Finanzierung. Hierunter versteht man die **Kapitalbeschaffung**, nicht nur in Form von Geld, sondern auch durch Einbringung von Sachgütern oder Rechten.

Die Passiv-Seite der Bilanz gibt Auskunft über die Art und den Umfang des beschafften Kapitals; die Aktiv-Seite läßt erkennen, welche Arten von Gütern von den Kapitalgebern bereitgestellt wurden.

Die Kapitalbeschaffung erfolgt in der betrieblichen Praxis überwiegend durch Zuführung von Geld. Ist dies nicht der Fall und werden Sachgüter oder Rechte zugeführt, dann fallen Finanzierung und Investition in einem Zeitpunkt zusammen.

Die Finanzierung erfolgt mit Hilfe von:
- **Eigenkapital**, das sich aus
  - den in der Bilanz ausgewiesenen Geschäftsanteilen
  - den in der Bilanz ausgewiesenen Rücklagen
  - dem in der Bilanz ausgewiesenen Gewinnvortrag
  - den in der Bilanz nicht erkennbar ausgewiesenen stillen Reserven durch Unterbewertung der Aktiv-Seite bzw. Überbewertung der Passiv-Seite

  zusammensetzt und besonders folgende Eigenschaften aufweist:

2. Finanzierung

Kriterium	Eigenschaft
Rechtsverhältnis	Es besteht ein Beteiligungsverhältnis.
Fristigkeit	Es ist eine unbefristete Bereitstellung anzunehmen.
Verzinsung	Es besteht kein Anspruch auf Verzinsung.
Steuerliche Absetzbarkeit	Eigenkapitalzinsen sind steuerlich nicht absetzbar.
Gewinnbeteiligung	Es erfolgt eine Beteiligung am erwirtschafteten Gewinn.
Mitbestimmung	Es besteht ein Mitbestimmungsrecht des Kapitalgebers.
Kapitalsicherung	Es handelt sich um garantierendes Kapital.
Geldentwertung	Sie wird vom Eigenkapitalgeber getragen.
Interessenlage	Es ist ein Interesse am Unternehmenserhalt anzunehmen.

- **Fremdkapital**, das die Gesamtheit der Schulden darstellt und besteht aus:
  - **Rückstellungen**, die durch das Merkmal der Ungewißheit zum Zeitpunkt der Bilanzerstellung gekennzeichnet sind. Die Ungewißheit kann sich auf den Verpflichtungsgrad und/oder die Höhe der Schuld beziehen.

  Rückstellungen können, trotz ihrer eindeutigen rechtlichen Zuordnung zum Fremdkapital, unter Finanzierungsaspekten den Charakter von Eigenkapital annehmen, wenn sie langfristig gebildet werden. Charakteristisch hierfür sind die Pensionsrückstellungen, die dem Unternehmen – mit gewissen Einschränkungen – über Jahre hinweg zur Verfügung stehen können.

  - **Verbindlichkeiten**, die im Gegensatz zu den Rückstellungen betragsmäßig und terminlich genau festgelegt sind.

Das Fremdkapital kann kurzfristiger, mittelfristiger oder langfristiger Natur sein. Es hat vornehmlich folgende **Eigenschaften**:

Kriterium	Eigenschaften
Rechtsverhältnis	Es besteht ein Schuldverhältnis.
Fristigkeit	Es besteht eine befristete Bereitstellung.
Verzinsung	Es besteht ein Anspruch auf Verzinsung.
Steuerliche Absetzbarkeit	Fremdkapitalzinsen sind steuerlich absetzbar.
Gewinnbeteiligung	Es erfolgt keine Beteiligung am erwirtschafteten Gewinn.
Mitbestimmung	Ein Mitbestimmungsrecht ist grundsätzlich nicht gegeben.
Kapitalsicherung	Es handelt sich um garantiertes Kapital.
Geldentwertung	Sie wird vom Fremdkapitalgeber getragen.
Interessenlage	Es ist ein Interesse am eigenen Erhalt anzunehmen.

Mit der Finanzierung erfolgt die Gestaltung der **Eigenkapital-Fremdkapital-Struktur** des Unternehmens. Welche Relation zwischen Eigenkapital und Fremdkapital bestehen sollte, kann nicht allgemein gesagt werden, auch wenn **vertikale Finanzierungsregeln** existieren, die beispielsweise fordern, Eigenkapital und Fremdkapital sollten in ihrer Höhe gleich sein.

Für Investitionen ist aber nicht nur das Volumen des verfügbaren Kapitals und dessen Struktur von Bedeutung. Es ist auch zu betrachten, welche Investition mit welchem Kapital finanziert werden kann, d.h. wie sich die **Vermögen-Kapital-Struktur** gestaltet. Diese Überlegung findet in den **horizontalen Finanzierungsregeln** ihren Niederschlag:

- Die **goldene Finanzierungsregel** besagt, daß kurzfristige Finanzierungsmittel nur kurzfristig gebunden und langfristige Mittel auch langfristig angelegt werden sollen.
- Die **goldene Bilanzregel** fordert, daß das Anlagevermögen und die dauernd gebundenen Teile des Umlaufvermögens mit langfristigem Kapital zu finanzieren sind.

Nachdem wesentliche Zusammenhänge zwischen Investition und Finanzierung deutlich gemacht wurden, soll kurz auf die Möglichkeiten der Finanzierung eingegangen werden. Es lassen sich unterscheiden:

Im folgenden soll eingegangen werden auf die
- Beteiligungsfinanzierung
- Fremdfinanzierung
- Innenfinanzierung

2.1 Beteiligungsfinanzierung

Unter Beteiligungsfinanzierung versteht man die **Zuführung von Eigenkapital** in eine bestehende Gesellschaft von außen, wobei die zugeführten Mittel sein können:

2. Finanzierung

- Geldeinlagen, die am häufigsten geleistet werden; Probleme der Bewertung ergeben sich nicht.
- Sacheinlagen, wenn beispielsweise ein Kraftfahrzeug oder eine Maschine eingebracht wird; dabei entsteht das Problem der realistischen Bewertung der Sacheinlage.
- Rechte, die beispielsweise Patente oder Wertpapiere sein können; auch in diesem Falle tauchen Bewertungsprobleme auf.

Die Zuführung des Eigenkapitals von außen kann durch bereits der Gesellschaft zugehörende Gesellschafter erfolgen, die ihren Anteil am Eigenkapital erhöhen, oder es werden neue Gesellschafter aufgenommen, die Eigenkapital einbringen.

2.2 Fremdfinanzierung

Die Fremdfinanzierung ist die **Beschaffung von Fremdkapital**. Das müssen nicht notwendigerweise finanzielle Mittel sein, beispielsweise in Form eines Bankkredites. Möglich ist auch, daß dem Unternehmen Sachgüter zugeführt werden, die jedoch nicht sofort zu bezahlen sind, also nicht unmittelbar einen Abfluß finanzieller Mittel bewirken.

Fremdkapital wird üblicherweise nur zur Verfügung gestellt, wenn das Unternehmen entsprechende **Sicherheiten** zu bieten bereit ist, beispielsweise:

- Bürgschaft, Eigentumsvorbehalt, Pfandrecht, Sicherungsübereignung, Sicherungsabtretung, Grundpfandrecht

Die Fremdfinanzierung kann **kurzfristig** erfolgen, wobei es die folgenden Möglichkeiten gibt:

- Lieferantenkredit, Kundenkredit, Kontokorrentkredit, Diskontkredit, Akzeptkredit, Lombardkredit, Avalkredit, Rembourskredit, Negoziationskredit, Factoring, Forfaiting

Es ist aber auch möglich, die Fremdfinanzierung **langfristig** vorzunehmen, vor allem als:

- Darlehen, Schuldscheindarlehen, Industrieobligation, Wandelschuldverschreibung, Optionsanleihe, Gewinnschuldverschreibung, Leasing, Franchising

2.3 Innenfinanzierung

Die Innenfinanzierung ist eine Form der **Beschaffung finanzieller Mittel aus eigener Kraft.** Sie bezieht sich auf Eigenkapital und Fremdkapital.

Möglichkeiten der Innenfinanzierung sind:

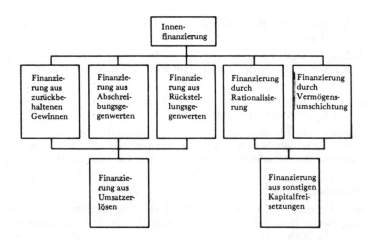

Die **Finanzierung aus zurückbehaltenen Gewinnen**, die auch als Selbstfinanzierung bezeichnet wird, geht in zwei Schritten vor sich:
- Gewinnerzielung als notwendige Voraussetzung
- Gewinnverwendung zu Investitionszwecken

Sie erfolgt als **offene Selbstfinanzierung**, wenn das Zurückbehalten von Gewinnen aus der Bilanz ersichtlich ist, und als **stille Selbstfinanzierung**, wenn durch Bilanzierungs- oder Bewertungsakte nicht aus der Bilanz erkennbare stille Reserven gebildet werden.

Bei der **Finanzierung aus Abschreibungsgegenwerten** geht es um zwei Aspekte:
- Durch die Abschreibungsgegenwerte, die dem Unternehmen über den Absatz zufließen, tritt zunächst ein **Kapitalfreisetzungseffekt** ein.
- Durch sofortige Reinvestition der rückfließenden Abschreibungsbeträge gleichwertiger Investitionsobjekte kommt es zu einem **Kapazitätserweiterungseffekt**, der eine Erhöhung der Kapazität um das 1,5 bis 1,8fache bewirken kann, ohne daß zusätzliches Kapital in das Unternehmen gelangen muß.

Die **Finanzierung aus Rückstellungsgegenwerten** ist dadurch möglich, daß der Aufwand für die Rückstellungen sofort verrechnet wird, die Ausgaben aber erst später erfolgen. Während des dazwischen liegenden Zeitraumes steht dem Unternehmen das Geld zur Verfügung, sofern über den Umsatzprozeß auch tatsächlich Einnahmen zugeflossen sind.

Die **Finanzierung durch Rationalisierung** ist gegeben, wenn durch Verringerung des Kapitaleinsatzes bei gleichem Produktions- und Umsatzvolumen eine Freisetzung finanzieller Mittel erreicht wird.

Die **Finanzierung durch Vermögensumschichtung** erfolgt, indem Vermögenswerte in liquide Form überführt werden. Man spricht in diesem Zusammenhang auch von Substitutionsfinanzierung.

KONTROLLFRAGEN

(1) Nennen Sie die elementaren Produktionsfaktoren!
(2) Erläutern Sie, was unter dem güterwirtschaftlichen und dem finanzwirtschaftlichen Prozeß zu verstehen ist und in welchem Zusammenhang beide Prozesse stehen!
(3) Welche Funktionen hat die Finanzwirtschaft im Unternehmen wahrzunehmen?
(4) Worin bestehen die Aufgaben von Treasurer und Controller?
(5) Welche Investitionsbegriffe lassen sich unterscheiden?
(6) Schildern Sie, wie Investitionsprozesse typischerweise ablaufen!
(7) Was versteht man unter Desinvestition?
(8) Nennen Sie die Komponenten, durch welche Investitionsprozesse aus der Sicht des Investors beeinflußt werden!
(9) Erläutern Sie, was unter der Erfolgskomponente zu verstehen ist!
(10) Was versteht man unter absoluter Liquidität?
(11) Erläutern Sie die Arten der relativen Liquidität und ihre Eignung, Aussagen über die wirtschaftliche Situation des Unternehmens machen zu können!
(12) Was ist unter Zahlungsunfähigkeit und Überschuldung zu verstehen?
(13) Welcher Tatbestand wird durch die Risikokomponente zum Ausdruck gebracht und auf welche Risiken bezieht sie sich?
(14) Nennen und erläutern Sie die Arten objektbezogener Investitionen!
(15) Wie ist die Zurechenbarkeit von Kosten bzw. Ausgaben und Erträgen bzw. Einnahmen bei den einzelnen Arten objektbezogener Investitionen zu beurteilen?
(15) Worauf können sich Finanzinvestitionen beziehen?
(16) Nennen Sie Beispiele für immaterielle Investitionen!
(17) Stellen Sie in einem Schema dar, welche wirkungsbezogenen Investitionen unterschieden werden können!
(18) Worin unterscheiden sich Nettoinvestitionen und Reinvestitionen?
(19) Grenzen Sie die Begriffe von Reinvestition, Rationalisierungsinvestition, Umstellungsinvestition, Diversifizierungsinvestition und Sicherungsinvestition gegeneinander ab!
(20) Erläutern Sie, was unter der Bruttoinvestition zu verstehen ist!
(21) Welche investorbezogenen Investitionen können unterschieden werden?
(22) Nennen Sie die Arten der umschlagbezogenen Investitionen!
(23) Welche umfangbezogenen Investitionen gibt es?

(24) Welche häufigkeitsbezogenen Investitionen lassen sich unterscheiden?
(25) Nennen Sie abhängigkeitsbezogene Investitionen!
(26) Wozu dienen Investitionsrechnungen?
(27) Welche Arten von Investitionsrechnungen können unterschieden werden?
(28) Erläutern Sie, was unter den statischen Investitionsrechnungen zu verstehen ist und durch welche Merkmale sie gekennzeichnet sind!
(29) Nennen Sie die Arten der statischen Investitionsrechnungen!
(30) Wozu können statische Investitionsrechnungen geeignet sein?
(31) Erläutern Sie, was unter den dynamischen Investitionsrechnungen zu verstehen ist und durch welche Merkmale sie gekennzeichnet sind!
(32) Nennen Sie die Arten der dynamischen Investitionsrechnungen!
(33) Wozu können dynamische Investitionsrechnungen geeignet sein?
(34) Welche Möglichkeiten bieten die Nutzwertrechnungen bei der Beurteilung von Investitionen?
(35) Welche Gründe gibt es, an sich quantifizierbare Bewertungskriterien in Nutzwertrechnungen qualitativ zu erfassen?
(36) Wozu können Nutzwertrechnungen geeignet sein?
(37) Nennen Sie die Problemkreise, auf welche die Investitionsentscheidungen sich beziehen können!
(38) Was versteht man unter einer Einzelinvestition?
(39) Erläutern Sie das Auswahlproblem!
(40) Kann angenommen werden, daß die vorteilhafteste Investitionsalternative immer auch realisiert wird?
(41) Worum geht es beim Ersatzproblem?
(42) Nennen Sie Gründe, welche den Ersatz eines Investitionsobjektes bedingen können!
(43) Was versteht man unter der Finanzierung?
(44) In welchen Formen kann die Kapitalbeschaffung erfolgen?
(45) Was versteht man unter Eigenkapital und Fremdkapital?
(46) Stellen Sie tabellarisch anhand geeigneter Kriterien die wichtigsten Unterscheidungsmerkmale von Eigenkapital und Fremdkapital dar!
(47) Welche Bedeutung haben Eigenkapital-Fremdkapital-Strukturen und Vermögen-Kapital-Strukturen für das Unternehmen?
(48) Erläutern Sie, was unter der Beteiligungsfinanzierung zu verstehen ist!
(49) Nennen Sie die wichtigsten Arten der kurzfristigen und langfristigen Fremdfinanzierung!
(50) Welche Möglichkeiten der Innenfinanzierung können unterschieden werden?

LÖSUNGSHINWEISE

Frage	Seite	Frage	Seite	Frage	Seite
(1)	15	(18)	27	(35)	30
(2)	15	(19)	27	(36)	31
(3)	15 f.	(20)	28	(37)	31
(4)	16	(21)	28	(38)	31
(5)	16 f.	(22)	28	(39)	31 f.
(6)	17 f.	(23)	28	(40)	32
(7)	18	(24)	28	(41)	32
(8)	19	(25)	29	(42)	32
(9)	19	(26)	29	(43)	32
(10)	19 f.	(27)	29	(44)	32
(11)	20 ff.	(28)	29	(45)	32 f.
(12)	22	(29)	29	(46)	32 f.
(13)	24 f.	(30)	29	(47)	33 f.
(14)	25	(31)	30	(48)	34 f.
(15)	25 f.	(32)	30	(49)	35
(16)	26	(33)	30	(50)	35 f.
(17)	26	(34)	30		

B. Investitionsplanung

Als Investitionsplanung kann die planerische Tätigkeit im finanzwirtschaftlichen Bereich des Unternehmens bezeichnet werden. Es ist aber auch möglich, daß unter Investitionsplanung eine organisatorische Einheit innerhalb des Unternehmens angesehen wird:

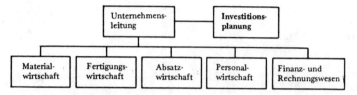

Als Tätigkeit ist die **Planung** zunächst durch drei Merkmale gekennzeichnet:
- Sie ist ein gedanklicher Prozeß.
- Sie liegt vor der Ausführung.
- Sie ist auf zukünftiges Handeln gerichtet.

Diese Merkmale können – bei weiter Auslegung des Planungsbegriffes – ergänzt werden, wobei die Planung dann noch Realisierung und Kontrolle der beschlossenen Pläne einschließt. Damit ergibt sich allgemein ein fünfstufiges **Phasenschema**:

Anregungs-phase	Ein Investitionsproblem wird aufgeworfen, das einer Lösung bedarf. In einer Ursachenanalyse wird das Problem geklärt, wobei es genau beschrieben wird, eine umfassende Analyse der Ausgangssituation und eine Ermittlung der für die Problemlösung relevanten Bewertungskriterien und Begrenzungsfaktoren erfolgt.
Such-phase	Die möglichen Investitionsalternativen werden ermittelt und ihre Konsequenzen beschrieben. Danach erfolgt gegebenenfalls eine Präzisierung der Bewertungskriterien und eine Bewertung der Investitionsalternativen.
Entscheidungs-phase	Die aus der Suchphase als zulässig erkannten Investitionsalternativen werden in eine Rangordnung gebracht, die günstigste Investitionsalternative wird bestimmt.
Realisierungs-phase	Die Realisation der Investition wird angeordnet und durchgeführt.
Kontroll-phase	Die Durchführungsergebnisse (Ist-Werte) der Investition werden festgestellt und mit den Entscheidungsergebnissen (Soll-Werten) verglichen. Abweichungen werden analysiert.

1. Einzelplanung

Investitionen bedürfen einer sorgfältigen Planung, da sie die wirtschaftliche und technische Entwicklung des Unternehmens in besonderer Weise beeinflussen:
- Sie verursachen meist langfristige fixe Kosten.
- Sie legen meist das Fertigungsprogramm langfristig fest.
- Sie sind meist Träger des technischen Fortschrittes.

Auffassungen, die darauf hinzielen, eine umfassende Investitionsplanung nur für große Unternehmen und/oder nur für hochwertige Investitionen vorzuschlagen, werden der Bedeutung der Investitionsplanung in keiner Weise gerecht. Vielmehr ist in jedem Unternehmen sicherzustellen, daß

- zweckdienliche **Verfahren** der Investitionsbewertung eingesetzt werden,
- eine geeignete **Organisation** der Investitionsplanung erfolgt.

Während in größeren Unternehmen die Investitionsplanung — wie oben dargestellt — durch eine Stabstelle betrieben wird, die häufig als **Investitionsplanung** bezeichnet wird und der die Investitionsanträge grundsätzlich vorzulegen sind, die aber auch die Investitionskontrolle vornimmt, kann es sich in kleineren Unternehmen anbieten, stattdessen **Investitionsausschüsse** einzusetzen, die bei Bedarf zusammentreten und erfahrungsgemäß vor allem aus Vertretern der Bereiche

- Materialwirtschaft
- Fertigungswirtschaft
- Finanzwirtschaft
- Absatzwirtschaft

bestehen, gegebenenfalls unter Hinzuziehung von

- Sicherheitsbeauftragten
- Juristen
- Betriebsärzten
- Betriebsratsmitgliedern

Die Investitionsplanung soll im folgenden dargestellt werden als:

1. Einzelplanung

Die Einzelplanung bezieht sich auf die einzelne Investition und dient dazu, deren Vorteilhaftigkeit festzustellen, sie zu realisieren und zu kontrollieren.
Im folgenden werden bei der Einzelplanung betrachtet:

- Prozeß
- Formulare
- Probleme
- Lösungsansätze

1.1 Prozeß

Typischerweise stehen in der betrieblichen Praxis meist mehrere Alternativen zur Auswahl, um eine Investition zu bewirken. Der Fall, daß für eine Investition lediglich ein einziges in Betracht kommendes Objekt vorhanden ist, kommt erfahrungsgemäß weniger häufig vor.

Deshalb sollen — in Anlehnung an das oben beschriebene Phasenschema der Planung — als Stufen der **Investitionsplanung** beispielhaft unterschieden werden:

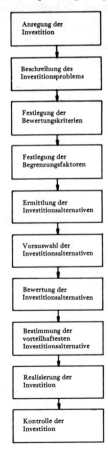

1. Einzelplanung

Die einzelnen Stufen der Investitionsplanung werden in der betrieblichen Praxis grundsätzlich nacheinander in Angriff genommen. Dabei kann es aber vorkommen, daß der Planungsprozeß in einer bestimmten Stufe abgebrochen und in einer früheren Stufe wieder aufgenommen wird, wenn sich bei der Planung Schwierigkeiten ergeben.

1.1.1 Anregung der Investition

Die Anregung zu einer Investition ist Ausgangspunkt der Investitionsplanung. Sie kann aus dem Unternehmen oder von außerhalb des Unternehmens kommen:

(1) **Unternehmensinterne Anregung**

Die Anregung zu einer Investition ist von allen Unternehmensbereichen möglich, besonders aber

- Von der **Fertigungswirtschaft**, die beispielsweise
  - das Nutzungsende
  - die Qualitätsverschlechterung
  - die Kapazitätsabnahme
  - die Kostensteigerung
  - die Reparaturanfälligkeit
  - den Ersatzteilbedarf

  einer vorhandenen Maschine erkennt

  oder

  - wiederholte Terminüberschreitungen
  - wiederholte Engpaßsituationen
  - wiederholt erforderliche Überstunden

  feststellt, die auf einer unzureichenden Kapazität des Maschinenparks beruhen,

  oder

  - Fachartikel
  - Anzeigen
  - Prospekte
  - Angebote

  zur Kenntnis erhält, die Hinweise auf verbesserte Betriebsmittel geben,

  oder

  - neue Fertigungsverfahren
  - neue Materialien

  einsetzen will.

- Von der **Forschung und Entwicklung**, die Anregungen gewinnen kann, beispielsweise durch:

- Erkenntnisse praktischer Forschungs- und Entwicklungstätigkeit
- Studium der Fachliteraur
- Erfahrungsaustausch der Fachleute
- Beobachten der Entwicklung von Schutzrechten

● Von der **Absatzwirtschaft**, die durch ihren Kontakt mit dem Handel, den Absatzhelfern* und den Endverbrauchern oder Endverwendern der Produkte sowie durch Anstrengungen der Marktforschung beispielsweise erkennen kann:

- Aktivitäten der Konkurrenz
- Erwartungen des Handels
- Erwartungen der Absatzhelfer
- Einstellungen der Endverbraucher
- Einstellungen der Endverwender
- Veränderungen des Marktes
- Verschiebungen des Absatzprogrammes

● Vom **Rechnungswesen**, das Veränderungen der Kosten- und Ertragsstruktur erkennen kann, die sich beispielsweise durch

- veränderte Personalkosten
- veränderte Materialkosten
- veränderte Verkaufsmengen
- veränderte Verkaufspreise

ergeben.

● Von der **Investitionsplanung** oder von dem **Investitionsausschuß**, die nicht nur die Aufgabe haben, aus dem Unternehmen kommende Anregungen zu Investitionen im Zusammenwirken mit den entsprechenden Abteilungen einer Prüfung zu unterziehen, sondern die auch selbst Anregungen zu Investitionen geben sollen.

● Vom **Vorschlagwesen**, bei dem die Mitarbeiter des Unternehmens aufgerufen — teilweise auch verpflichtet — sind, Verbesserungsvorschläge und schutzfähige Erfindungen einzubringen, für die vom Unternehmen vielfach Vergütungen gezahlt werden bzw. nach dem Arbeitnehmererfindungs-Gesetz gezahlt werden müssen.

Sie können sich vor allem beziehen auf:

- Verfahrensgestaltung
- Arbeitsplatzgestaltung
- Arbeitsablaufgestaltung

(2) **Unternehmensexterne Anregung**

Die Anregung zu einer Investition ist auch von außerhalb des Unternehmens möglich, beispielsweise:

---

* Das sind u.a. Handelsvertreter, Kommissionäre, Handelsmakler, Spediteure, Frachtführer, Lagerbetriebe, Banken, Versicherungen.

1. Einzelplanung 45

- Von **Marktpartnern**, die als Handel, Absatzhelfer, Endverwender und Endverbraucher auf das Unternehmen einwirken.
- Von **Beratungsunternehmen**, die — als Forschungsinstitute, Ingenieurbüros usw. — technisch oder — als Marktforschungsinstitute, Werbeagenturen usw. — wirtschaftlich orientiert sein können.
- Vom **Gesetzgeber**, der durch Erlaß neuer Vorschriften — Unfallschutz, Umweltschutz usw. — Initiator von Investitionen ist.

Die Anregung zu einer Investition kann — wie zu sehen ist — aus vielen Quellen kommen und entsprechend alle Bereiche des Unternehmens betreffen.

Beispiel: Die Metall GmbH stellt 8 verschiedene Produktarten her, die teilweise auf universellen, teilweise auf spezialisierten Maschinen gefertigt werden.

Der Fertigungsplan ist nach den Angaben des Absatzbereiches erstellt und sieht für dieses Jahr folgende **Fertigungsmengen pro Monat** vor:

Produktart	Produktmenge Stück/Monat
A	8.000
B	12.000
C	10.000
D	8.000
E	18.000
F	4.000
G	9.000
H	2.000

Der Absatzbereich informiert Ende April, daß sich die monatlichen Absatzmengen der Produkte D und G — durch Konkurrenzaktivitäten bedingt — um jeweils 1.000 Stück vermindern werden. Andererseits ist ein Großabnehmer für das Produkt F gefunden worden, der ab Mitte des Jahres zusätzlich 2.000 Stück/Monat abnehmen wird.

Diese Information ist als Anregung für die Investitionsplanung zu verstehen, die näher zu untersuchen ist.

1.1.2 Beschreibung des Investitionsproblems

Die Anregung der Investition, die in allgemeiner Weise erfolgt ist, bedarf der Konkretisierung, um feststellen zu können, ob investitionsbezogene Maßnahmen zu ergreifen sind und wie diese gegebenenfalls auszusehen haben.

Dies geschieht durch eine möglichst umfassende Beschreibung des Investitionsproblems, die folgende **Informationen** enthalten sollte:

- Darstellung des Investitionsproblems
- Begründung des Investitionsproblems

- Dringlichkeit der Investition
- Vorteile der Investition
- Nachteile der Investition

Beispiel: Der Betriebsleiter gibt auf Grund der veränderten Prognose des Absatzbereiches am 15. Mai folgende — vereinfachte — Stellungnahme ab:

Das Produkt D wird auf drei Universalmaschinen und einer Spezialmaschine gefertigt; letztere kann nicht zur Herstellung anderer Produkte eingesetzt werden. Das Produkt G wird ausschließlich auf Spezialmaschinen gefertigt, die ebenfalls nicht zur Herstellung sonstiger Produkte zu verwenden sind.

Das Produkt F wird auf zwei Universalmaschinen — einer Drehmaschine und einer Fräsmaschine — und drei Spezialmaschinen gefertigt. Die drei Spezialmaschinen verfügen über eine ausreichende Kapazitätsreserve, um die Leistungssteigerung auf 6.000 Stück/Monat zu ermöglichen. Durch verminderten Bedarf für das Produkt D ist die Fräsmaschine ebenfalls in der Lage, die Mehrfertigung bei Produkt F zu realisieren. Es muß aber darauf hingewiesen werden, daß damit bei den genannten Maschinen die Kapazitätsgrenzen erreicht sind. Eine weitere, auch geringe Erhöhung der Fertigungszahlen wird bei diesen Maschinen ohne zusätzliche Investition nicht möglich sein.

Die erhöhten Fertigungszahlen des Produktes F sind mit der vorhandenen Drehmaschine nicht realisierbar. Hier ist eine entsprechende **Investition** vorzunehmen, die folgende Daten aufweist:

1 Universaldrehmaschine
(Termin: 20. Juni)

   Technische Daten:

   ....

   ....

   ....

1 Energieanschluß
(Termin: 20. Juni)

1 Dreher
(Termin: 1. Juli)

Aufstellung und Installation der Drehmaschine müssen bis zum 25. Juni abgeschlossen sein.

Die Investition ist **dringlich**.

Sie ermöglicht es, die beim Ausfall von Spezialdrehmaschinen durch Wartung oder Reparatur immer wieder auftretenden Kapazitätsprobleme durch eine Kapazitätsreserve von 30 % besser bewältigen zu können.

Damit ist das Investitionsproblem exakt beschrieben und begründet.

1. Einzelplanung

1.1.3 Festlegung der Bewertungskriterien

Mit der Beschreibung des Investitionsproblems ist bekannt, worüber eine Entscheidung getroffen werden muß. Um aber die Entscheidung vornehmen zu können, bedarf es der Festlegung geeigneter Bewertungskriterien.

Diese sind aus den Zielen des Unternehmens abzuleiten, die sein können:

(1) **Formalziele**

Sie stellen die übergeordneten Unternehmensziele dar, beispielsweise:

- **Gewinnstreben**, das seinen Ausdruck im Wunsch des Unternehmens findet, einen bestimmten Mindestgewinn oder einen möglichst hohen Gewinn pro Jahr zu erwirtschaften.

- **Umsatzstreben**, das einen bestimmten Mindestumsatz oder einen möglichst hohen Umsatz, auf den Markt bezogen gegebenenfalls auch einen bestimmten Mindest-Marktanteil oder einen möglichst hohen Marktanteil, erreichen will.

- **Wachstumsstreben**, das in einer bestimmten Steigerung — insbesondere von Gewinn oder Umsatz — besteht, aber auch Prestigeüberlegungen beinhalten kann.

- **Sicherheitsstreben**, bei welchem das Unternehmen — häufig in Verbindung mit dem Wachstumsstreben — seinen Bestand sichern will, indem es einen Risikoausgleich zu schaffen versucht.

- **Sozialstreben**, welches den Menschen als soziales Wesen und seine Umwelt in den unternehmerischen Planungen angemessen berücksichtigt.

(2) **Sachziele**

Die Formalziele lassen sich praktisch nur realisieren, wenn sie in Sachziele umgesetzt werden. Das sind Ziele, die sich unmittelbar auf betriebliche Handlungen beziehen.

So kann das als **Gewinnstreben** bezeichnete Formalziel möglicherweise zu folgenden Sachzielen führen:

- **Verbesserung der Erlössituation**, beispielsweise durch Steigerung des Absatzes auf Grund von werbenden und verkaufsfördernden Maßnahmen oder durch Variation der Erzeugnisse.

- **Verbesserung der Kostensituation**, beispielsweise durch Kostendegression auf Grund des Einsatzes wirtschaftlicher arbeitender Betriebsmittel oder durch Übernahme vor- oder nachgelagerter Fertigungsstufen.

- **Beseitigung innerbetrieblicher Engpässe**, beispielsweise durch eine Verbesserung des Arbeitsablaufes oder durch Veränderung der Unternehmensgröße.

- **Ausnutzung steuerlicher Möglichkeiten**, beispielsweise durch Schaffung von Abschreibungsmöglichkeiten oder durch Ausnutzung von Investitionszulagen.

Die aus den Zielen des Unternehmens abzuleitenden Bewertungskriterien lassen sich unterscheiden in:

- **Quantitative Bewertungskriterien**, die nachfolgend im Überblick beschrieben und dem Inhalt nach ausführlich in den Kapiteln C, D, E behandelt werden.
- **Qualitative Bewertungskriterien**, die in den Nutzwertrechnungen berücksichtigt und im Kapitel F näher dargestellt werden.

1.1.3.1 Quantitative Bewertungskriterien

Quantitative Bewertungskriterien sind Maßstäbe der Vorteilhaftigkeit von Investitionen, die bei den **traditionellen Investitionsrechnungen** verwendet werden. Es ist darauf hinzuweisen, daß auch andere als die dort zugrunde gelegten Kriterien quantifizierbar wären, in der betrieblichen Praxis aber — besonders aus Gründen der Vereinfachung oder Erleichterung — eine Quantifizierung nicht erfolgt.

Quantifizierte Bewertungskriterien sind vor allem:

- **Kosten**, deren Höhe mit Hilfe der Kostenvergleichsrechnung, einer statischen Investitionsrechnung, ermittelt werden.
- **Gewinn**, dessen Höhe auf der Grundlage der Gewinnvergleichsrechnung, einer statischen Investitionsrechnung, festgestellt wird.
- **Rentabilität**, deren Ausmaß unter Verwendung des Gewinnes und des durchschnittlich gebundenen Kapitals mit Hilfe der Rentabilitätsvergleichsrechnung, einer statischen Investitionsrechnung, ermittelt wird.
- **Amortisationszeit**, die im Rahmen der Amortisationsvergleichsrechnung, einer statischen Investitionsrechnung, offenlegt, in welcher Zeit die Überschüsse aus einer Investition den Kapitaleinsatz decken.
- **Kapitalwert**, der sich auf der Grundlage der Kapitalwertmethode, einer dynamischen Investitionsrechnung, als Differenz der Barwerte von Einnahmen und Ausgaben ergibt.
- **Interner Zinsfuß**, dessen Höhe mit Hilfe der Internen Zinsfuß-Methode, einer dynamischen Investitionsrechnung, als der Zinssatz ermittelt wird, der beim Abzinsen einer Einnahmenreihe und Ausgabenreihe zu einem Kapitalwert von Null führt.
- **Annuität**, die im Rahmen der Annuitätenmethode, einer dynamischen Investitionsrechnung, zeigt, wie hoch die jährlich gleich transformierten Überschüsse einer Investition sind.

Nach einer Untersuchung von *Grabbe* finden die genannten quantitativen Bewerlungskriterien in der betrieblichen Praxis folgende Anwendung:

1. Einzelplanung

Bewertungs- kriterium	Prozentzahl der anwendenden Unternehmen*
Amortisationszeit	77 %
Interner Zinsfuß	40 %
Rentabilität	29 %
Kosten	24 %
Kapitalwert	20 %
Gewinn	9 %
Annuität	6 %

Neben den genannten quantitativen Bewertungskriterien gibt es noch weitere, spezielle Kriterien, die sich auf die **Unternehmensbewertung** beziehen, vor allem:

- **Zukunftserfolgswert**, der auf der Grundlage einer dynamischen Investitionsrechnung die zukünftigen Gewinne der Investition abzinst.

- **Zukunftssubstanzwert**, der mit Hilfe einer dynamischen Investitionsrechnung den Barwert der Ausgaben eines zu beurteilenden, existierenden Unternehmens mit dem Barwert der Ausgaben für ein neu zu errichtendes, gleichartiges Unternehmen vergleicht.

Beispiel: Die zu beschaffende Universaldrehmaschine könnte nach folgenden quantitativen Bewertungsfaktoren beurteilt werden:

- Amortisationszeit
- Interner Zinsfuß

1.1.3.2 Qualitative Bewertungskriterien

Qualitative Bewertungskriterien sind Maßstäbe der Vorteilhaftigkeit von Investitionen, die nicht quantifiziert werden sollen oder können und in den Nutzwertrechnungen verwendet werden.

Es lassen sich vor allem die folgenden qualitativen Bewertungskriterien unterscheiden:

- **Wirtschaftliche Bewertungskriterien**

  Beispiel: Die zu beschaffende Universaldrehmaschine könnte den wirtschaftlichen Bewertungskriterien

  - Garantie
  - Kundendienst
  - Kulanz
  - Zuverlässigkeit

  unterzogen werden.

---

* Die Prozentzahlen ergeben insgesamt mehr als 100 %, weil viele Unternehmen mehrere der Bewertungskriterien nebeneinander verwenden.

- **Technische Bewertungskriterien**

  Beispiel: Die zu beschaffende Universaldrehmaschine könnte nach den technischen Bewertungskriterien
  - Genauigkeitsgrad
  - Kapazitätsreserve
  - Werkstückdimension
  - Störunanfälligkeit

  beurteilt werden.

- **Soziale Bewertungskriterien**

  Beispiel: Die zu beschaffende Universaldrehmaschine könnte unter den sozialen Bewertungskriterien
  - Ästhetik
  - Umweltfreundlichkeit

  betrachtet werden.

- **Rechtliche Bewertungskriterien**

  Hier wird die rechtliche Zulässigkeit beurteilt, die alternativen Investitionsobjekte zu realisieren.

Die qualitativen Bewertungskriterien können — ihrer Bedeutung entsprechend — zusätzlich **gewichtet** werden. Damit wird der Tatsache Rechnung getragen, daß nicht alle qualitativen Bewertungskriterien zur Beurteilung der alternativen Investitionsobjekte die gleiche Bedeutung haben.

1.1.4 Festlegung der Begrenzungsfaktoren

Neben den Bewertungskriterien, die daraufhin untersucht werden, ob sie mehr oder weniger erfüllt sind, gibt es meist Begrenzungsfaktoren für die Investitionsentscheidung. Das sind Nebenbedingungen, die unbedingt erfüllt sein müssen, wenn die Investitionsalternative als zulässig angesehen werden soll.

Investitionsalternativen, welche den Begrenzungsfaktoren nicht uneingeschränkt entsprechen, sind für das Unternehmen grundsätzlich uninteressant, weiterverfolgt zu werden. Sie scheiden bei der Vorauswahl der Investitionsalternativen aus.

Die Begrenzungsfaktoren können

- wirtschaftlicher
- technischer
- sozialer
- rechtlicher

Art sein, wie bei den Bewertungsfaktoren dargestellt. Es ist auch möglich, daß einzelne Bewertungskriterien im speziellen Fall als Begrenzungsfaktoren wirken. Beispielsweise kann vom Unternehmen eine bestimmte Rentabilität der Investitionsalternativen vorausgesetzt werden, deren Nichterreichen die betreffende Investitionsalternative einer weiteren Untersuchung entzieht; oder eine Investition muß

1. Einzelplanung 51

innerhalb eines bestimmten Zeitraums zwingend erfolgen, was bedeutet, daß eine sonst vorteilhafte Investitionsalternative unzulässig ist, wenn sie nicht innerhalb dieses Zeitraumes beschaffbar ist.

Beispiel: Für die zu beschaffende Universaldrehmaschine sollen als Begrenzungsfaktoren angenommen werden:
- Technische Daten
- Lieferzeit
- Unfallverhütungsvorschriften

1.1.5 Ermittlung der Investitionsalternativen

Der Festlegung geeigneter Bewertungskriterien schließt sich die Ermittlung der möglichen Investitionsalternativen an. Je nach Art des Investitionsproblems kann die Ermittlung der möglichen Investitionsalternativen durch
- Sammlung der Investitionsalternativen
- Schaffung der Investitionsalternativen

erfolgen.

1.1.5.1 Sammlung der Investitionsalternativen

Bezieht sich die Investition auf standardisierte Objekte, wie beispielsweise die oben angesprochene Universaldrehmaschine, ist es lediglich erforderlich, sich unter Ausnutzung aller zweckdienlich erscheinenden Quellen einen Überblick zu verschaffen, der Aufschluß über die möglichen Investitionsalternativen gibt.

Quellen können beispielsweise sein:
- Kataloge
- Preislisten
- Prospekte
- Fachzeitschriften
- Zeitungen
- Branchenhandbücher
- Bezugsquellenverzeichnisse
- Lieferantenkarteien
- Messen
- Ausstellungen

Beispiel: Für die zu beschaffende Universaldrehmaschine werden vom Unternehmen 8 mögliche Alternativen zusammengetragen:

Alternative Nr.	Hersteller/ Lieferer	Preis DM
I	Maschinenbau GmbH	19.260
II	Müller Drehmaschinen	18.790
III	Gebrüder Neumaier	20.043
IV	Werkzeugmaschinen AG	25.217
V	Pfälzische Maschinenfabrik GmbH	18.310
VI	Universalmaschinen GmbH	26.050
VII	Adolf Schmidt & Co.	21.009
VIII	Spezialmaschinen GmbH	24.910

Die als möglich erkannten Investitionsalternativen werden im nächsten Schritt auf ihre Zulässigkeit hin überprüft.

1.1.5.2 Schaffung von Investitionsalternativen

Handelt es sich bei der angestrebten Investition nicht um ein standardisiertes Objekt, wie oben beispielhaft dargestellt, sondern um ein komplexes, möglicherweise auch technologisch neuartiges Objekt, genügt die Sammlung von Informationen meist nicht. Problemlösungen müssen erarbeitet werden.

Zur Schaffung von Investitionsalternativen dienen bestimmte Verfahren, die sich in der betrieblichen Praxis bewährt haben:

(1) **Brainstorming**

Beim Brainstorming handelt es sich um die Schaffung kreativer Leistungen durch eine in einer Gruppensitzung ungehemmte Diskussion.

Die Gruppe sollte maximal 10 Teilnehmer mit möglichst unterschiedlichen Kenntnissen und Erfahrungen umfassen, denen das zu diskutierende Thema bzw. Problem frühzeitig und möglichst genau vorzugeben ist.

Die Gruppensitzung beginnt mit der Bekanntgabe der Sitzungsregeln, der sich der Austausch der Ideen anschließt, die zu protokollieren sind. Die Sitzungsdauer sollte 30 Minuten nicht übersteigen.

Grundregeln der Sitzung sind:
- Keine Kritik
- Quantität vor Qualität
- Weiterentwicklung der Ideen
- Freier Lauf der Phantasie
- Freier Lauf der Assoziation
- Keine Killerphasen

Die bei der Gruppensitzung entwickelten Ideen sind anschließend daraufhin zu überprüfen, ob sie unmittelbar, mittelbar oder nicht verwertbar sind.

(2) **Methode 635**

Die Methode 635 ist mit dem Brainstorming verwandt. Bei ihr schreiben anläßlich einer Gruppensitzung

- 6 Gruppenmitglieder
- 3 Vorschläge auf, die
- 5 mal weiterentwickelt werden.

Dafür sind geeignete Vordrucke bereitzustellen. Die Vordrucke mit den drei Lösungsalternativen werden jeweils den Nachbarn weitergegeben, welche die Lösungsalternativen weiterentwickeln. Bei fünfmaliger Weitergabe der Vordrucke und entsprechender Weiterentwicklung der Lösungsalternativen ergeben sich 108 mögliche Lösungen.

Die Auswertung der Lösungsalternativen erfolgt wie beim Brainstorming.

(3) **Morphologische Methode**

Die morphologische Methode dient der möglichst vollständigen Erfassung aller Lösungsalternativen und der Prüfung ihrer Kombinationsmöglichkeiten.

Das Investitionsproblem ist möglichst allgemein festzulegen, damit Lösungsmöglichkeiten nicht von vornherein ausgeschlossen werden.

Der Ablauf der morphologischen Methode erfolgt:

- Aufstellung eines morphologischen Kasten
- Festlegung der Funktionen des Investitionsobjektes
- Eintragung der Funktionen in der Vertikalen
- Für jede Funktion getrennte Suche nach Lösung
- Eintragung der alternativen Lösungen in der Horizontalen
- Kombination der alternativen Lösungen
- Auswahl der optimalen Lösung

Beispiel: Konstruktion einer Kaffeemaschine nach *Geschka* (Beschränkung auf 3 Lösungsalternativen)

Funktionen	Lösungsalternativen		
	1	2	3
Wasser kochen	Heizplatte (außen)	Heizspirale (innen)	Induktionserhitzung
Kaffee filtern	Filterpapier	poröses Material	Zentrifuge
Kaffee warmhalten	Wärmezufuhr	Isolierung	Wärmehaube
Kaffee ausschenken	Zweitbehälter zum Ausgießen	Pumpe zum Ausgeben	Hahn zum Ausschenken

		Alternative 1	Alternative 2
kochen	=	Heizplatte	Heizspirale
filtern	=	poröses Material	Filterpapier
wärmen	=	Wärmehaube	Isolierung
ausschenken	=	Hahn	Zweitbehälter

Die zusammengestellten Investitionsalternativen, die gesammelt oder geschaffen wurden, sind zweckmäßigerweise auf entsprechenden Formularen systematisch festzuhalten und — soweit vorhanden — an die Investitionsplanung weiterzugeben, durch die eine zentrale Bearbeitung erfolgen kann.

1.1.6 Vorauswahl der Investitionsalternativen

Die möglichen Investitionsalternativen — im Beispiel waren es 8 Maschinen — sind auf ihre Vorteilhaftigkeit hin zu untersuchen. Aus Kosten- und Zeitgründen erscheint es aber nicht zweckmäßig, unmittelbar nach der Ermittlung der möglichen Investitionsalternativen alle diese einer umfassenden Untersuchung zu unterziehen.

Erfahrungsgemäß gibt es häufig einzelne Investitionsalternativen, welche den **Begrenzungsfaktoren** wirtschaftlicher, technischer, sozialer und rechtlicher Art, denen die Investition unterliegt, nicht gerecht werden. Als Begrenzungsfaktoren sind bekanntlich jene Kriterien anzusehen, deren Nichterfüllung die betreffende Investitionsalternative aus der weiteren Betrachtung fallen läßt. Dabei wird eine Investitionsalternative bereits dann ausgeschieden, wenn lediglich ein Begrenzungsfaktor — von möglicherweise mehreren — nicht erfüllt ist.

Die Vorauswahl kann — sofern vorhanden — von der Investitionsplanung im Zusammenwirken mit den betroffenen Abteilungen erfolgen.

Beispiel: Für die zu beschaffende Universaldrehmaschine wurden bei Formulierung des Investitionsproblems am 15.05. des Jahres die technischen Daten genannt. Die Verfügbarkeit der Maschine wurde auf den 20.06. des Jahres terminiert, die Einhaltung der Unfallverhütungsvorschriften gefordert.

Diese Daten sind als Begrenzungsfaktoren anzusehen, die unbedingt erfüllt sein müssen. Es ergibt sich am 18.05. des Jahres folgendes Bild:

Alternative Nr.	Technische Daten	Lieferzeit	Unfallverhütungsvorschriften
I	erfüllt	3 Wochen	erfüllt
II	erfüllt	2 Wochen	erfüllt
III	erfüllt	6 Wochen	erfüllt
IV	erfüllt	5 Wochen	erfüllt
V	erfüllt	4 Wochen	erfüllt
VI	nicht erfüllt	2 Wochen	erfüllt
VII	erfüllt	3 Wochen	erfüllt
VIII	erfüllt	2 Wochen	erfüllt

1. Einzelplanung

Die Investitionsalternativen III und IV entfallen, weil ihre Lieferfristen zu lang sind; die Investitionsalternative VI wird ebenfalls nicht weiterverfolgt, da sie den technischen Erfordernissen nicht gerecht wird.

1.1.7 Bewertung der Investitionsalternativen

Die zulässigen Investitionsalternativen werden schließlich einer eingehenden Beurteilung unterzogen, wobei die oben festgelegten Bewertungskriterien zugrunde gelegt werden.

Dies geschieht mit Hilfe der traditionellen Investitionsrechnungen und — für die nicht quantifizierten Bewertungskriterien — unter Verwendung der Nutzwertrechnungen.

Beispiel: Als Bewertungskriterien und zulässige Investitionsalternativen haben sich für die Universaldrehmaschine bis jetzt ergeben:

Bewertungs- kriterium	Alternative I	Alternative II	Alternative V	Alternative VII	Alternative VIII
Amortisationszeit Interner Zinsfuß					
Garantie Kundendienst Zuverlässigkeit Kulanz					
Genauigkeitsgrad Kapazitätsreserve Werkstückdimension Störunanfälligkeit					
Ästhetik Umweltfreundlichkeit					
Wertzahl					

Die Investitionsalternativen sind nun in ihrer Vorteilhaftigkeit zu beurteilen, wobei sich bei den ersten beiden Kriterien reale Zahlen ergeben, die übrigen Kriterien werden mit Punkten bewertet:

5 Punkte sehr gut   (erfüllt)
4 Punkte gut   (erfüllt)
3 Punkte befriedigend   (erfüllt)
2 Punkte ausreichend   (erfüllt)
1 Punkt   mangelhaft   (erfüllt)
0 Punkte ungenügend   (erfüllt)

Bewertungs- kriterium	Alternative I	Alternative II	Alternative V	Alternative VII	Alternative VIII
Amortisationszeit Interner Zinsfuß	4,4 Jahre 12,0 %	4,9 Jahre 11,4 %	4,1 Jahre 11,8 %	3,6 Jahre 13,8 %	3,8 Jahre 12,4 %
Garantie Kundendienst Zuverlässigkeit Kulanz	3 5 4 4	2 4 3 3	2 4 3 3	4 4 5 5	4 3 4 5
Genauigkeitsgrad Kapazität Werkstückdimension Störunanfälligkeit	3 4 5 2	3 4 4 4	4 4 5 5	4 5 4 4	4 5 4 4
Ästhetik Umweltfreundlichkeit	3 4	3 4	5 4	3 5	4 4
Wertzahl	37	34	39	43	41

Es ist darauf hinzuweisen, daß die qualitativen Bewertungskriterien zusätzlich noch gewichtet sein könnten, worauf hier verzichtet wird.

1.1.8 Bestimmung der vorteilhaftesten Investitionsalternative

Die Bewertung der Investitionsalternativen ermöglicht es, die vorteilhafteste Investitionsalternative zu bestimmen. Das geschieht, indem die bewerteten Investitionsalternativen in eine Rangordnung gebracht werden.

Beispiel:

Kriterium	Rang 1	Rang 2	Rang 3	Rang 4	Rang 5
Amortisationszeit Interner Zinsfuß	VII VII	VIII VIII	V I	I V	II II
Wertzahl	VII	VIII	V	I	II

Die vorteilhafteste Investitionsalternative ist die Alternative VII.

Die Erstellung einer endgültigen Rangordnung und damit die Bestimmung der vorteilhaftesten Investitionsalternative kann sich in der betrieblichen Praxis schwieriger gestalten, wenn die Rangfolge der einzelnen abschließenden Bewertungskriterien jeweils unterschiedlich ist. In diesem Fall muß eine sorgsame Abwägung, gegebenenfalls die Beschaffung zusätzlicher Informationen erfolgen.

Mit der Bestimmung der vorteilhaftesten Investitionsalternative ist die Planung im engeren Sinne abgeschlossen; es folgt die Realisierung.

1. Einzelplanung

1.1.9 Realisierung der Investition

Die Realisierung der Investition erfolgt auf Grund des Beschlusses, die Investition vorzunehmen, der grundsätzlich gefaßt werden kann durch:

- **Unternehmensleitung**, vor allem in kleineren Unternehmen und/oder ab einer bestimmten, festgelegten Investitionssumme.
- **Investitionsplanung** als Stabstelle der Unternehmensleitung.
- **Investitionsausschuß** als Gremium, das zu diesem Zwecke zusammenkommt.
- **Abteilungsleitung** des Bereiches, in welchem die Investition vorgenommen werden soll, insbesondere wenn die Investition einen bestimmten, durch die Unternehmensleitung festgelegten Betrag nicht übersteigt und/oder wenn die Investition innerhalb eines durch die Unternehmensleitung genehmigten Budgets liegt.

Ist im Unternehmen geregelt, bis zu welchem Betrag eine Investition auf einer bestimmten Entscheidungsebene verabschiedet werden darf, beispielsweise kleinere Investitionen durch die Abteilungsleitung, ohne daß sie durch die Investitionsplanung, den Investitionsausschuß oder die Unternehmensleitung genehmigt werden müssen, besteht die Gefahr, daß Investitionsobjekte, welche diese Grenzen überschreiten, in mehrere Teile zerlegt werden, um die übergeordneten Instanzen nicht in das Genehmigungsverfahren einbeziehen zu müssen.

Der Beschluß, eine beantragte Investition vorzunehmen, ist dem Antragsteller und den mit dem Vollzug des Beschlusses befaßten Stellen des Unternehmens mitzuteilen.

1.1.10 Kontrolle der Investition

Die vom Unternehmen realisierte Investition ist einer Kontrolle zu unterziehen. Hierfür gibt es drei Gründe:

- **Abweichungen** zwischen den planerisch erfaßten und den sich tatsächlich ergebenden Daten sollen festgestellt werden.

  Beispiele: Die Materialkosten liegen höher als geplant, weil die angeschaffte Maschine eine geringere Werkstoffausbeute ermöglicht als erwartet; die Störanfälligkeit der Maschine ist höher als erwartet; die Anschaffungskosten der Maschine sind höher als geplant.

- **Anpassungsmaßnahmen** der sich tatsächlich ergebenden Daten – der Ist-Werte – an die planerisch erfaßten Daten – die Soll-Werte – sollen ermöglicht werden, sofern dies noch durchführbar ist.

  Beispiele: Die geringere Werkstoffausbeute kann gegebenenfalls durch Veränderungen in Fertigungsablauf oder durch Ersetzen von Maschinenteilen behoben werden; die Störanfälligkeit kann eventuell durch Ersetzen bestimmter Maschinenteile ausgeschaltet werden; die höheren Anschaffungskosten lassen sich dagegen kaum durch nachträgliche Anpassungsmaßnahmen korrigieren.

- Erfahrungswerte sollen für künftige Planungen gewonnen werden, um realistischere Daten ansetzen zu können und sicherzustellen, daß Datenmanipulationen nicht möglich sind.

Beispiele: Die mit einer bestimmten Art von Maschinen erzielte Werkstoffausbeute bietet die Grundlage für künftige Planungen; das gleiche gilt für die Störanfälligkeit und die damit verbundenen Reparaturkosten, die für die Zukunft zu schätzen sind; bei den Anschaffungskosten zeigen die Erfahrungswerte, mit welchen Nebenkosten gegebenenfalls noch zu rechnen ist.

Die Investitionskontrolle kann als **individuelle Kontrolle** erfolgen, die sich auf die einzelne Investition bezieht. Dabei sind die gleichen Bewertungskriterien zugrundezulegen, wie sie in der Planung verwendet wurden. Nur so ist es möglich, eine konkrete Vergleichbarkeit herbeizuführen.

Beispiel: Wurde die anzuschaffende Maschine quantitativ anhand ihrer Amortisationszeit und ihres internen Zinsfußes beurteilt, sind diese Kriterien auch für die Kontrolle anzulegen.

Die Investitionskontrolle ist auch als **summarische Kontrolle** durchführbar, bei welcher alle Investitionen von Teilbereichen oder des gesamten Unternehmens zusammengefaßt werden. Dies geschieht vor allem mit Hilfe von Bewegungsbilanzen.

Die Kontrolle der Investition kann grundsätzlich zu verschiedenen Zeitpunkten erfolgen. Es ist möglich, die Kontrolle nur ein einziges Mal oder mehrfach vorzunehmen. Für die Häufigkeit der Kontrolle sollte ausschlaggebend sein, inwieweit eine mehrfache Kontrolle zweckmäßig und wirtschaftlich vertretbar ist. Um gegebenenfalls noch Anpassungsmaßnahmen beim Investitionsobjekt vornehmen zu können, wäre eine frühzeitige Kontrolle zweckmäßig. Eine Kontrolle, die erst beim Ausscheiden des Investitionsobjektes erfolgt, erscheint vielfach zu spät und weniger nützlich.

Lüder schlägt als **Zeitpunkte der Kontrolle** vor:

- Ende der geplanten Anlaufperiode.
- Zeitpunkte, in denen verbesserte, funktionsgleiche Investitionsobjekte verfügbar werden.
- Zeitpunkte, in denen größere Reparaturen erforderlich werden.
- Zeitpunkte, in denen Programmumstellungen für das betreffende Investitionsobjekt vorgenommen werden sollen.
- Ende der Amortisationszeit.
- Ende von Gewährleistungs- oder Garantiefristen.
- Zeitpunkte, in denen zusätzliche Investitionsobjekte angeschafft werden sollen.
- Ende der geplanten wirtschaftlichen Nutzungsdauer.

1. Einzelplanung

B. Investitionsplanung

Investitionsantrag — Blatt 3

Investitionsprogramm	Pos. Nr.	Investitions-Nr.	Genehmig. gruppe	Invest.- gruppe	Investitionsbetrag DM

Text (kurze Beschreibung des Vorhabens):

Inventar-Nr.	Aufstellungsort	für Abteilung	Datum des Antrages
Geb.	Gesch.		

Zahlungsplan

Die Zahlungstermine sind Grundlage der Finanzvorschau und daher möglichst genau zu planen. Eintretende Änderungen sind der Betriebsabrechnung sofort zu melden.

vom Datum der Genehmigung an gerechnet (_____)

Lfd. Nr.	Art der Leistung	Betrag DM	Fälligkeiten											
			im 1. Monat	im 2. Monat	im 3. Monat	im 4. Monat	im 5. Monat	im 6. Monat	im 7. Monat	im 8. Monat	im 9. Monat	im 10.-12. Monat	im 13.-15. Monat	im 16.-18. Monat	nach 1½ Jahren
1															
2															
3															
4															
5															
6															
7															
8															
9															
10															
11															
12															
13															
14															
15															
16															
17															
18															
19															
20															
21															
22															
23															
24															
25															
	Summe														

1. Einzelplanung

Investitionsantrag — Blatt 5

Investitionsprogramm	Pos. Nr.		Investitions-Nr.		Genehmig.-gruppe	Invest.-gruppe	Investitionsbetrag DM

Text (kurze Beschreibung des Vorhabens):

Inventar-Nr.	Aufstellungsort		für Abteilung	Datum des Antrages
	Geb.	Gesch.		

Kaufmännische Beurteilung
(Marktanalysen, Umsatz- und Gewinnerwartung, Wirtschaftlichkeits- und Amortisationsermittlung etc., gegebenenfalls Anlagen)

Investitionsantrag — Blatt 4

Investitionsprogramm	Pos. Nr.		Investitions-Nr.		Genehmig.-gruppe	Invest.-gruppe	Investitionsbetrag DM

Text (kurze Beschreibung des Vorhabens):

Inventar-Nr.	Aufstellungsort		für Abteilung	Datum des Antrages
	Geb.	Gesch.		

Wirtschaftlichkeitsberechnung der Technik
(Darstellung der quantitativen Auswirkung nach Zeit, Menge, Material, Personalaufwand etc. gegebenenfalls Vergleichszahlen und Anlagen)

B. Investitionsplanung

INVESTITIONSKONTROLLE

Investitionsprogramm	Pos. Nr.	Investitions-Nr.	Genehmig. gruppe	Invest. gruppe	Investitionsbetrag DM

Text (kurze Beschreibung des Vorhabens):

Inventar-Nr.	Aufstellungsort		für Abteilung	Datum des Antrages
	Geb.	Gesch.		

Antrag genehmigt am:

Investitionsaufwand
Genehmigter Betrag   DM
Abgerechneter Betrag (lt. Notiz Betriebsabrechnung vom   DM
Ober-/Unterschreitung   DM

Einhaltung der geplanten Liefer- und Zahlungstermine

Beurteilung der techn. Ausführung

Wirtschaftlichkeitsrechnung

Verzinsung   Soll   %   Amortisation   Soll
           Ist   %   Ist

Datum: gez. ....
            Unterschrift:

Investitionsantrag   Blatt 6

Investitionsprogramm	Pos. Nr.	Investitions-Nr.	Genehmig. gruppe	Invest. gruppe	Investitionsbetrag DM

Text (kurze Beschreibung des Vorhabens):

Inventar-Nr.	Aufstellungsort		für Abteilung	Datum des Antrages
	Geb.	Gesch.		

Zusammenfassung

Investitionsort
Investitionsbetrag
jährl. Gewinn / Ersparnis
jährl. Rückfluß (nach St.)
Amortisationszeit
Mindestamortisationsteil
(Vergleichswert unter Berücksichtigung der geforderten Kapitalverzinsung)

Baubeginn
Beendigung

Finanzierung aus:

Bewilligung nach Teilbeträgen und Terminen

Termin	19	19	19	19	19	Gesamt
DM						

genehmigt, den   19

1. Einzelplanung

1.3 Probleme

Die Planung einer Investition läßt sich — wie beschrieben — in verschiedenen Stufen vornehmen, wobei es sich als zweckmäßig erweist, wenn der Prozeß der Planung formularmäßig durchgeführt wird. Organisatorisch ist die Investitionsplanung ohne größere Schwierigkeiten realisierbar.

Bei der Darstellung des Prozesses der Planung wurde unterstellt, daß die **Informationen** vorliegen bzw. beschaffbar sind, die für die Beurteilung der Vorteilhaftigkeit eines Investitionsobjektes benötigt werden. Dies ist in der betrieblichen Praxis aber meist nicht ohne weiteres der Fall, insbesondere wenn es gilt, die quantitativen Investitionsrechnungen mit Daten zu füllen.

Wie bei jeder Planung, so sind auch bei der Investitionsplanung verschiedene **Daten** zu unterscheiden, die geprägt sein können von:

- **Sicherheit**, bei welcher die Daten eindeutig und bekannt sind. Von ihr auszugehen, ist in einem marktwirtschaftlichen System unrealistisch, da vollkommene Voraussicht unterstellt wird.

- **Ungewißheit**, die dadurch gekennzeichnet ist, daß nicht bekannt ist, welche Werte die Daten annehmen werden. Sie ist durch die Entwicklung des Marktes geprägt, die nicht oder nur bedingt im Entscheidungsbereich des Unternehmens liegt, aber auch dadurch, daß Handlungen des Unternehmens in ihren Auswirkungen nicht ohne weiteres berechenbar sind. Die Ungewißheit ist grundsätzlich um so größer, je länger sich der Planungszeitraum erstreckt. Sie kann im übrigen in zwei **Formen** auftreten:

— Als **Risiko**, bei welchem eine bedingte Ungewißheit darüber herrscht, wie die Daten sich entwickeln werden. Sie läßt sich überbrücken, indem objektive Wahrscheinlichkeiten über die Entwicklung der Daten ermittelt werden. Das ist möglich, wenn Informationen aus der Vergangenheit vorliegen, die nutzbar gemacht werden können.

— Als **Unsicherheit**, bei welcher die Ungewißheit vollkommen ist, also keine objektiven Wahrscheinlichkeiten ermittelbar sind. Es ist denkbar, daß überhaupt keine Wahrscheinlichkeiten über die Entwicklung der Daten gebildet werden können. Möglich ist aber auch, daß subjektive Wahrscheinlichkeiten, welche die persönliche Einschätzung des Planers wiedergeben, zugrundegelegt werden.

Wenn die Vorteilhaftigkeit eines Investitionsobjektes im Rahmen der Investitionsplanung quantitativ durch Investitionsrechnungen beurteilt werden soll, gilt es, sich mit den folgenden Problemen zu befassen:

- **Anschaffungskosten/-ausgaben**
- **Rest(erlös)wert/Liquidationserlös**
- **Gewinn/Überschuß**
- **Nutzungsdauer**
- **Kalkulationszinssatz**

1.3.1 Anschaffungskosten/-ausgaben

Die mit der Beschaffung eines Investitionsobjektes verbundenen Kosten bzw. Ausgaben lassen sich informationsmäßig ohne besondere Schwierigkeiten ermitteln. Es ist lediglich darauf zu achten, daß ihre Feststellung im erforderlichen **Umfang** erfolgt:

- Grundlage ist zunächst der **Nettopreis** des Investitionsobjektes:

> Angebotspreis
> − Rabatt
> − Bonus
> + Mindermengenzuschlag
>
> = Zielpreis
> − Skonto
>
> = Barpreis
> + Verpackung
> + Fracht
> + Rollgeld
> + Versicherung
> + Zoll
>
> = Nettopreis

- Dazu können noch Kosten bzw. Ausgaben kommen, die anfallen, um das Investitionsobjekt nutzen zu können, beispielsweise:

  − **Projektierungskosten** für in Zusammenhang mit dem Investitionsobjekt stehende Entwürfe, Untersuchungen, Gutachten usw.

  − **Umbaukosten** für die Änderung und Verlegung vorhandener Wirtschaftsgüter.

  − **Installationskosten** für Aufstellung, Einbau, Energieanschluß usw.

  − **Anlaufkosten** für Inbetriebnahme, Probeläufe, Einarbeitung usw.

Das Investitionsobjekt muß nicht immer von außen beschafft, sondern kann auch selbst hergestellt werden; insofern sind die **Herstellungskosten** bzw. die **Ausgaben für die Herstellung** anzusetzen.

1.3.2 Rest(erlös)wert/Liquidationserlös

In den Investitionsrechnungen sind nicht nur die Anschaffungskosten bzw. die für die Anschaffung erforderlichen Ausgaben zu berücksichtigen, sondern auch der Betrag, der für das Investitionsobjekt zu bekommen ist, wenn es ausscheidet.

Bei den statischen Investitionsrechnungen wird dieser Betrag meist als Restwert bzw. Resterlöswert, bei den dynamischen Investitionsrechnungen üblicherweise als Liquidationserlös bezeichnet.

1. Einzelplanung

Dieser Betrag ist zu schätzen, was wegen des meist mehrere Jahre zu überbrückenden Zeitraumes schwierig ist; kann angenommen werden, daß der Rest(erlös)wert oder Liquidationserlös den Abbaukosten für das ausscheidende Investitionsobjekt entspricht, ist es möglich, auf seinen Ansatz zu verzichten.

1.3.3 Gewinn/Überschuß

Während der Zeit seiner Nutzung bewirkt das Investitionsobjekt Erträge und Kosten, deren Differenz bei den statischen Investitionsrechnungen als Gewinn bezeichnet wird bzw. Einnahmen und Ausgaben, deren Differenz bei den dynamischen Investitionsrechnungen der Überschuß ist. Sie sind grundsätzlich für jedes einzelne Nutzungsjahr planerisch zu erfassen.

Die **Zurechnung** erweist sich in der betrieblichen Praxis jedoch als **schwierig**:

- **Gewinne** bzw. **Überschüsse** lassen sich wegen mangelnder Information in ihrer Höhe nicht ohne weiteres auf die einzelnen Nutzungsjahre projizieren.
- **Erträge** bzw. **Einnahmen** können einzelnen Investitionsobjekten nicht ohne weiteres zugerechnet werden, wenn Abhängigkeiten zwischen den Produktionsfaktoren bestehen, beispielsweise bei mehrstufigen, komplexen Produktionsprozessen.
- **Kosten** bzw. **Ausgaben** sind einzelnen Investitionsobjekten eher zurechenbar, wenngleich auch hier Probleme zu sehen sind, sofern Abhängigkeiten zwischen den Produktionsfaktoren bestehen.

1.3.4 Nutzungsdauer

Die Nutzungsdauer eines Investitionsobjektes, die bei der quantitativen Ermittlung seiner Vorteilhaftigkeit festgelegt werden muß, ist der Zeitraum, in dem das Investitionsobjekt zweckentsprechend verwendet werden kann. Grundsätzlich lassen sich unterscheiden:

- **Technische Nutzungsdauer**, die den Zeitraum umfaßt, in welchem das Investitionsobjekt maximal genutzt werden kann. Sie ist schwer bestimmbar und hängt davon ab, inwieweit man bereit ist, Kosten für Reparaturen in Kauf zu nehmen. Eine Maschine, die immer wieder repariert und mit Ersatzteilen versehen wird, kann über Jahrzehnte hinweg technisch genutzt werden.
- **Wirtschaftliche Nutzungsdauer**, die den Zeitraum umfaßt, in welchem das Investitionsobjekt unter ökonomischen Gesichtspunkten genutzt werden kann. Sie liegt grundsätzlich unter der technischen Nutzungsdauer und endet beispielsweise dann, wenn die Reparatur einer Maschine zwar technisch problemlos, wirtschaftlich aber nicht mehr vertretbar ist.

Einflußfaktoren der wirtschaftlichen Nutzungsdauer sind vor allem:

— der **technische Verschleiß** des Investitionsobjektes, der durch seine Nutzung, aber auch außerhalb seiner Nutzung — beispielsweise durch Rosten — erfolgt;

- die **technische Entwicklung**, die dazu führt, daß neue für die spezielle Problemlösung geeignete Investitionsobjekte auf den Markt kommen, die kostengünstiger, vielfältiger oder qualitativ besser arbeiten;
- die **wirtschaftliche Entwicklung**, die Güter nicht mehr oder nicht mehr in gleich hohem Umfang absetzbar macht, welche mit Hilfe eines Investitionsobjektes erstellt werden.

● **Betriebsgewöhnliche Nutzungsdauer**, die den Zeitraum umfaßt, der für das einzelne Investitionsobjekt von der Finanzverwaltung als grundsätzlich typisch festgelegt ist. Sie läßt sich der entsprechenden AfA-Tabelle entnehmen.

● **Rechtliche Nutzungsdauer**, die den Zeitraum umfaßt, den ein Investitionsobjekt durch rechtsverbindliche Vereinbarung für den Investor nutzbar ist, auch wenn das Investitionsobjekt technisch und/oder wirtschaftlich weiter nutzbar wäre.

Die Verwendung der technischen Nutzungsdauer zur quantitativen Beurteilung der Vorteilhaftigkeit eines Investitionsobjektes macht Schwierigkeiten. Einerseits ist die technische Nutzungsdauer grundsätzlich größer als die wirtschaftliche Nutzungsdauer, andererseits erfordert ihre Feststellung das Vorliegen statistischer Daten als Erfahrungswerte.

Auch die betriebsgewöhnliche Nutzungsdauer bietet keine hinreichend genauen Informationen, da es sich hier nur um einen standardisierten, nicht auf den speziellen Einzelfall bezogenen Wert handelt.

Die rechtliche Nutzungsdauer läßt sich in bestimmten Fällen — nämlich bei fest vereinbarten Nutzungsfristen — zur Beurteilung der Vorteilhaftigkeit eines Investitionsobjektes gut heranziehen, beispielsweise bei gewährten Darlehen, vergebenen Lizenzen, gemieteten Gebäuden.

Überwiegend wird man sich zur Beurteilung der Vorteilhaftigkeit eines Investitionsobjektes an der wirtschaftlichen Nutzungsdauer orientieren müssen, für die es allerdings kein gesichertes Verfahren ihrer Ermittlung gibt, auch wenn theoretisch Ansätze entwickelt worden sind. Letztlich muß der Versuch gemacht werden, den technischen Verschleiß sowie die technische und wirtschaftliche Entwicklung gedanklich vorwegzunehmen, wobei aktuelle Sachinformationen und Erfahrungswerte der Vergangenheit hilfreich sein können.

1.3.5 Kalkulationszinssatz

Der Kalkulationszinssatz dient dazu, die Finanzierungskosten für ein Investitionsobjekt bei der Beurteilung seiner Vorteilhaftigkeit zu erfassen. Woran sich die Höhe des Kalkulationszinssatzes orientieren sollte, wird vielfach diskutiert. Möglichkeiten sind:

● Orientierung am **Kapitalmarktzins**, wobei dieser als Untergrenze für die Festlegung des Kalkulationszinssatzes anzusehen ist, weil die Kapitalbindung im Investitionsobjekt ein zusätzliches Risiko darstellt, das zu berücksichtigen wäre.

- Orientierung am **Branchenzins**, der sich als durchschnittliche Rendite in der betreffenden Branche darstellt.
- Orientierung am **Unternehmenszins**, der sich als durchschnittliche Rendite für langfristig im Unternehmen gebundenes Kapital ergibt.

Daneben können **subjektive Erwartungen** des Investors zur Feststellung der Höhe des Kalkulationszinssatzes führen. Dies ist allerdings nicht unproblematisch, wenn die Erwartungen nicht auf einer gesicherten Basis beruhen.

Der Kapitalmarktzins kann eine vertretbare Grundlage für die Festlegung des Kalkulationszinssatzes sein, vor allem dann, wenn ein Investitionsobjekt weitgehend eigen- oder fremdfinanziert ist. Bei einer Eigenfinanzierung würde der Habenzinssatz, bei einer Fremdfinanzierung der Sollzinssatz des Kapitalmarktes gewählt werden können.

Liegt dagegen eher eine gemischte Finanzierung vor, welche unternehmenstypisch ist, beispielsweise 60 % Fremdfinanzierung und 40 % Eigenfinanzierung, kann der Unternehmenszins die Grundlage für den Kalkulationszinssatz sein.

Der Branchenzins muß nicht geeignet sein, als Orientierung für den Kalkulationszinssatz zu dienen, da die unternehmensspezifischen Gegebenheiten vom Branchendurchschnitt abweichen können.

In der betrieblichen Praxis wird vielfach ein bestimmter Kalkulationszinssatz festgelegt, der von der im Einzelfall praktizierten Finanzierung unabhängig ist. *Grabbe* berichtet, daß nur 10 % von ihm befragter Unternehmen bereit gewesen seien, ihre Kalkulationszinssätze offenzulegen, sie verwendeten Kalkulationszinssätze zwischen 8 % und 15 %.

Wie zu sehen ist, lassen sich Ausgangspunkte für die Festlegung des Kalkulationszinssatzes durchaus feststellen. Problematisch wird es aber, wenn das mit der Investition verbundene Risiko berücksichtigt werden soll, was zu fordern ist.

1.4 Lösungsansätze

Zur Bewältigung der dargestellten Probleme, die sich vor allem aus den unzureichenden Informationen über die in der Zukunft liegenden Daten ergeben, sind in der betrieblichen Praxis, aber auch in der Theorie verschiedene Verfahren entwickelt worden, die helfen sollen, die Ungewißheit zu überbrücken.

Es lassen sich vor allem

- **Korrekturverfahren**
- **Sensitivitätsanalyse**
- **Risikoanalyse**
- **Entscheidungsbaumverfahren**

unterscheiden, auf welche im folgenden eingegangen wird.

1.4.1 Korrekturverfahren

Beim Korrekturverfahren wird die Ungewißheit, von welcher die Daten geprägt sind, überbrückt, indem diese mit

- Risikozuschlägen
- Risikoabschlägen

versehen werden. Dadurch wird dem Grundsatz eines vorsichtigen Planansatzes Rechnung getragen.

Das Korrekturverfahren wird vor allem bei folgenden **Daten** eingesetzt:

- Beim **Kalkulationszinssatz**, wenn dieser sich in seiner Höhe an der Ungewißheit orientiert, die mit dem Investitionsobjekt verbunden ist. Es können mehrere Risikokategorien gebildet werden, die mit unterschiedlichen Risikozuschlägen versehen werden, beispielsweise:

Risiko-kategorie	Ausmaß des Risikos	Vorläufiger Kalkulations-zinssatz	Risiko-zuschlag	Kalkulations-zinssatz
I	Kein Risiko	10 %	0 %	10 %
II	Geringes Risiko	10 %	2 %	12 %
III	Mittleres Risiko	10 %	6 %	16 %
IV	Hohes Risiko	10 %	12 %	22 %

Ein Investitionsobjekt wird einer Risikokategorie zugeordnet und deren Kalkulationszinssatz in der Investitionsrechnung angesetzt. Dabei bietet es sich an, für wesensgleiche Gruppen von Investitionsobjekten operationale Kriterien festzulegen, die es ermöglichen, die Zuordnung in eine Risikokategorie problemlos vorzunehmen.

Weitere Möglichkeiten der Korrektur können auch die **doppelte Diskontierung** und die **Diskontierung mit ansteigenden Zinssätzen** sein.

- Bei der **Nutzungsdauer**, indem diese um so kürzer angesetzt wird, je höher die Ungewißheit eingeschätzt wird, beispielsweise:

Technische Nutzungsdauer	10 Jahre
Wirtschaftliche Nutzungsdauer	8 Jahre
− Risikoabschlag	2 Jahre
= Angesetzte Nutzungsdauer	6 Jahre

- Beim **Rest(erlös)wert** bzw. **Liquidationserlös**, indem dieser um so niedriger angesetzt wird, je höher die Ungewißheit eingeschätzt wird, beispielsweise:

1. Einzelplanung

```
Erwarteter Rest(erlös)wert/Liquidationserlös    8.000 DM
— Risikoabschlag                                2.000 DM
= Angesetzter Rest(erlös)wert/Liquidationserlös 6.000 DM
```

- Bei Gewinnen bzw. **Überschüssen**, indem diese um so niedriger angesetzt werden, je höher die Ungewißheit eingeschätzt wird. Dabei können die Kosten bzw. Ausgaben mit Risikozuschlägen und/oder die Erträge bzw. Einnahmen mit Risikoabschlägen versehen werden. Es ist aber möglich, die wahrscheinlichen Kosten bzw. Ausgaben und Erträge bzw. Einnahmen zu erfassen und den Risikoabschlag erst bei der Ermittlung der Gewinne bzw. Überschüsse anzusetzen.

Beispiel:

	Wahrscheinlicher Wert 1986	Korrektur um 5 %	Korrigierter Wert 1986
Erträge bzw. Einnahmen	900.000	− 45.000	855.000
— Kosten bzw. Ausgaben	700.000	+ 35.000	735.000
= Gewinne bzw. Überschüsse	200.000		120.000

Das Korrekturverfahren wird in der betrieblichen Praxis bevorzugt angewendet. Dies ist in seiner relativ **einfachen Handhabung** begründet. Indessen hat das Korrekturverfahren mehrere **Nachteile**:

- Die Risikozuschläge und/oder Risikoabschläge erfolgen nicht auf analytischer Grundlage, sondern lediglich summarisch.
- Die Risikozuschläge und/oder Risikoabschläge lassen sich in ihrer Höhe nicht objektivieren, da entsprechende Maßstäbe fehlen.
- Die Risikozuschläge und/oder Risikoabschläge können — bei Anwendung auf mehrere Daten — zu einer Negativ-Kumulation führen und ein Investitionsobjekt dadurch „totrechnen".
- Die Risikozuschläge und/oder Risikoabschläge können sich auf Daten beziehen, die an sich nicht in besonderer Weise unsicher sind.

1.4.2 Sensitivitätsanalyse

Als Sensitivitätsanalyse werden verschiedene Verfahren bezeichnet, mit deren Hilfe man Erkenntnisse darüber zu gewinnen vermag, wie empfindlich ein durch ein investitionsrechnerisches Verfahren ermitteltes Ergebnis ist, wenn sich darin eingehende Daten verändern.

Der Sensitivitätsanalyse stehen grundsätzlich zwei **Rechenverfahren** zur Verfügung:

- **Die Ergebnis-Änderungs-Rechnung**, wenn ermittelt werden soll, wie sich das Ergebnis einer Investitionsrechnung bei Variation eines Eingabewertes verändert.

  In Anlehnung an *Blohm/Lüder* lassen sich folgende Schritte zur Durchführung der Ergebnis-Änderungs-Rechnung nennen:
  - Auswahl der als unsicher erachteten Eingabewerte.
  - Aufstellung der mathematischen Funktion des betreffenden Verfahrens der Investitionsrechnung unter Berücksichtigung der Abhängigkeiten zwischen den Eingabewerten.
  - Festlegung der Höhe der Abweichungen bei den Eingabewerten.
  - Bestimmung der Ergebnis-Änderung bei Änderung der einzelnen Eingabewerte und Konstellationen.

- **Die Kritische Werte-Rechnung**, wenn ermittelt werden soll, wie sich ein oder mehrere Eingabewerte verändern dürfen, ohne daß sich das Ergebnis außerhalb einer bestimmten, vorgegebenen Wertspanne bewegt.

  In Anlehnung an *Blohm/Lüder* ist folgende Vorgehensweise möglich:
  - Auswahl des oder der Eingabewerte, deren kritische(r) Wert(e) ermittelt werden sollen.
  - Aufstellung der mathematischen Funktion des betreffenden Verfahrens der Investitionsrechnung.
  - Auflösung der mathematischen Funktion nach dem Eingabewert bzw. den Eingabewerten, die als kritisch angesehen werden.

Mit Hilfe der Sensitivitätsanalyse läßt sich zwar das Problem der Ungewißheit nicht umfassend und eindeutig lösen. Das Verfahren gibt andererseits aber einen wertvollen **Einblick in die Struktur eines Investitionsobjektes** und in die Auswirkungen der Ungewißheit.

Sensitivitätsanalysen werden in der betrieblichen Praxis in geringem Umfang eingesetzt.

1.4.3 Risikoanalyse

Als Risikoanalyse werden verschiedene Verfahren zusammengefaßt, deren Zweck die **Gewinnung einer Wahrscheinlichkeitsverteilung** für die in ein Verfahren der Investitionsrechnung eingehenden Eingabewerte ist.

Die Risikoanalyse stellt ein theoretisch interessantes Modell dar, mit dem sich unter anderem

- *Blohm/Lüder*
- *Cohen*

- *Heider*
- *Hertz*
- *Hillier*
- *Mertens*
- *Miriani/Schmidt*
- *Müller-Merbach*

befassen, auf die verwiesen werden soll. Für die betriebliche Praxis hat die Risikoanalyse **keine Bedeutung** erlangt.

1.4.4 Entscheidungsbaum-Verfahren

Das Entscheidungsbaum-Verfahren kann vorzugsweise bei einem mehrstufigen Investitions-Planungsprozeß eingesetzt werden, der durch Ungewißheit gekennzeichnet ist.

Grundlage für das Entscheidungsbaum-Verfahren ist der Entscheidungsbaum, mit dessen Hilfe der Planungsprozeß klar und übersichtlich dargestellt werden kann. Dabei soll — nach *Däumler* — der optimale Weg durch den Entscheidungsbaum gesucht werden, der

- vom Ursprung des Entscheidungsbaumes
- über verschiedene Zufallsereignisknoten
- zu den Endpunkten führt.

Die Endpunkte werden durch die erwarteten Überschüsse (ü) charakterisiert, welche mit bestimmten Wahrscheinlichkeiten (w) erreicht werden.

Der Erläuterung des Entscheidungsbaum-Verfahrens soll folgendes **Beispiel** von *Perridon/Steiner* dienen:

Ein Unternehmen steht vor der Entscheidung, ein neu zu fertigendes Erzeugnis

- vollautomatisch zu fertigen
  (Alternative A)
- in Lohnauftrag fertigen zu lassen
  (Alternative B)

Die Alternative A erfordert einen Kapitaleinsatz von 1,8 Mio. DM, die Alternative B einen Kapitaleinsatz von 1,1 Mio. DM.

Die maximale Fertigungsmenge liegt bei A wesentlich höher als bei B und hat damit höhere Gewinnerwartungen, andererseits erfordert A eine höhere minimale Fertigungsmenge als B, um Verluste zu vermeiden.

Es müssen außerdem **Folgeentscheidungen** getroffen werden:

- Soll eine Einführung des Produktes im Ausland erfolgen?
- Soll der Absatz des Produktes durch eine Werbemaßnahme verbessert werden?
- Soll eine Zusatzinvestition realisiert werden?

Mit Hilfe des **rollback-Verfahrens** erfolgt eine Optimierung vom Prozeßende her. Dabei wird jeweils diejenige Alternative, die den höheren Erwartungswert aufweist, als die vorteilhaftere angesehen.

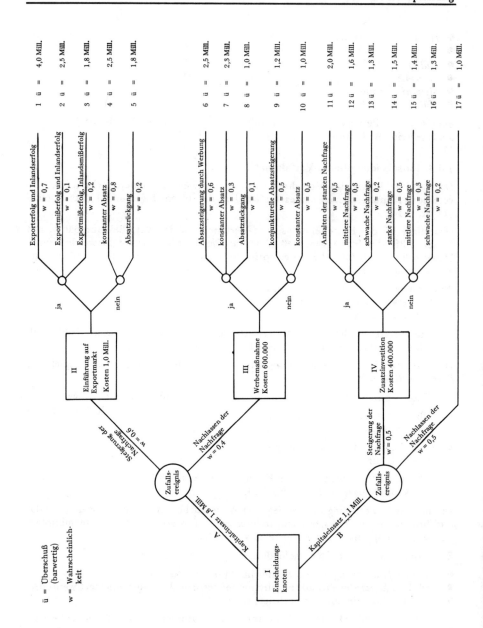

1. Einzelplanung

(1) Entscheidung in Knoten II

Einführung des Erzeugnisses		
Überschüsse für Ergebnisknoten II	Wahrscheinlichkeit	Erwartungswert
1 4.000.000	· 0,7 =	2.800.000
2 2.500.000	· 0,1 =	250.000
3 1.800.000	· 0,2 =	360.000
– Zusätzliche Kosten		3.410.000 1.000.000
		2.410.000

Keine Einführung des Erzeugnisses		
4 2.500.000	· 0,8 =	2.000.000
5 1.800.000	· 0,2 =	360.000
		2.360.000

Die Einführung des Erzeugnisses im Ausland ist vorteilhaft.

(2) Entscheidung in Knoten III

Durchführung einer Werbemaßnahme		
Überschüsse für Ergebnisknoten III	Wahrscheinlichkeit	Erwartungswert
6 2.500.000	· 0,6 =	1.500.000
7 2.300.000	· 0,3 =	690.000
8 1.000.000	· 0,1 =	100.000
– Kosten für Werbung		2.290.000 600.000
		1.690.000

Keine Durchführung einer Werbemaßnahme		
9 1.200.000	· 0,5 =	600.000
10 1.000.000	· 0,5 =	500.000
		1.100.000

Die Durchführung der Werbemaßnahme ist vorteilhaft.

(3) Entscheidung in Knoten IV

Durchführung der Zusatzinvestition		
Überschüsse für Ergebnisknoten IV	Wahrscheinlichkeit	Erwartungswert
11 2.000.000	· 0,5 =	1.000.000
12 1.600.000	· 0,3 =	480.000
13 1.300.000	· 0,2 =	260.000
– Kosten		1.740.000 400.000
		1.340.000

Keine Durchführung der Zusatzinvestition				
14	1.500.000	0,5	=	750.000
15	1.400.000	0,3	=	420.000
16	1.300.000	0,2	=	260.000
				1.430.000

Die Durchführung der Zusatzinvestition ist **nicht** vorteilhaft.

(4) **Entscheidung in Knoten I**

Alternative A				
Zufallsereignis	Erwartungswert des Überschusses	Wahrscheinlichkeit		Erwartungswert
Steigerung der Nachfrage	2.410.000	0,6	=	1.446.000
Nachlassen der Nachfrage	1.690.000	0,4	=	676.000
				2.122.000
− Kapitaleinsatz A				1.800.000
				322.000

Alternative B				
Steigerung der Nachfrage	1.430.000	0,5	=	715.000
Nachlassen der Nachfrage	1.000.000	0,5	=	500.000
				1.215.000
− Kapitaleinsatz B				1.100.000
				115.000

Die Alternative A ist vorteilhafter als die Alternative B.

Das Entscheidungsbaum-Verfahren wird in der betrieblichen Praxis nur in geringem Umfang eingesetzt, und dann auch nur in großen Unternehmen. Es geht von einigen **Voraussetzungen,** wie

- Risikoneutralität des Investors
- Quantifizierbarkeit der Wahrscheinlichkeiten
- Quantifizierbarkeit der Überschüsse

aus, die bei der praktischen Anwendung nicht ohne weiteres unterstellt werden können.

2. Gesamtplanung

Die Investitionsplanung wurde bisher auf das einzelne Investitionsobjekt bezogen, das im Hinblick auf seine Vorteilhaftigkeit — gegebenenfalls auch im Vergleich zu anderen, alternativen Investitionsobjekten — zu beurteilen war. In der betriebli-

2. Gesamtplanung

chen Praxis ist die Problemstellung indessen komplexer, weil es dort nicht nur um die Vornahme einzelner, isolierter Investitionen geht, sondern gilt, ganze **Investitionsprogramme** zu realisieren.

Es handelt sich im Unternehmen um eine Gesamtplanung, die auf unterschiedliche Weise durchgeführt werden kann:

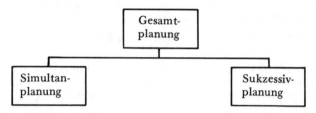

Beide Möglichkeiten, die Gesamtplanung durchzuführen, sollen im folgenden erläutert werden.

2.1 Simultanplanung

Unter einer Simultanplanung versteht man die gleichzeitige Planung der Einnahmen und Ausgaben, die sich auf sämtliche Investitionsobjekte des Unternehmens bezieht. Dabei werden die einzelnen Investitionsobjekte in bezug auf ihre Vorteilhaftigkeit beurteilt und das **optimale Investitionsprogramm** zusammengestellt.

Das Kriterium, woran das Optimum sich auszurichten hat, kann unterschiedlicher Art sein, beispielsweise:

- Kapitalwert
- Endvermögen

Die Simultanplanung ist mit Hilfe der Verfahren des **Operations Research** möglich. Dabei ist eine Zielfunktion zu erstellen, welche die komplexen betrieblichen Interdepenzen widerspiegelt; außerdem sind Nebenbedingungen zu formulieren.

Die Erstellung von Zielfunktion und Nebenbedingungen ist schwierig; als noch problematischer erweist sich vielfach aber, die nach Art und Genauigkeit erforderlichen Informationen zu beschaffen, mit denen das mathematische Modell ausgefüllt werden muß.

In der Theorie werden vor allem zwei **Arten** von Ansätzen bei der Simultanplanung unterschieden:

- **Kapitaltheoretische Ansätze**
- **Produktionstheoretische Ansätze**

Auf sie soll kurz eingegangen werden; sie haben jedoch für die betriebliche Praxis keine Bedeutung.

2.1.1 Kapitaltheoretische Ansätze

Die kapitaltheoretischen Ansätze der Simultanplanung sollen dazu dienen, **optimale Investitions- und Finanzierungsprogramme** mit Hilfe von Operations Research-Verfahren simultan zu ermitteln. Sie enthalten alle zur Verfügung stehenden alternativen Investitionsobjekte und Finanzierungsformen als Variable, die in die Zielfunktion eingehen. Die Beziehungen der einzelnen Variablen untereinander werden in den Nebenbedingungen ausgedrückt.

In der Literatur gibt es mehrere **Vorschläge** für kapitaltheoretische Ansätze, beispielsweise:

- Das **Einperioden-Modell** von *Albach*, in dessen Zielfunktionen die einzelnen Investitionsvorhaben mit ihren positiven Kapitalwerten und die verschiedenen Finanzierungsmöglichkeiten mit ihren negativen Kapitalwerten eingehen.

  Ziel des Modells ist es, diejenigen Investitionsobjekte und Finanzierungsmaßnahmen auszuwählen, welche zu einem maximalen Kapitalwert führen. Dabei gelten als Nebenbedingungen:
  - Erhaltung des finanziellen Gleichgewichtes
  - gegebene Absatzbedingungen

- Der **Ansatz** von *Hax*, der eine andere Zielfunktion zugrundelegt. Sie ist auf die Maximierung des Endvermögens gerichtet. Im Vergleich zum *Albach*'schen Modell hat der Ansatz von *Hax* zwei **Vorteile**:
  - Verzicht auf einen Kalkulationszinssatz
  - Berücksichtigung mehrerer Perioden

  Das Problem betrieblicher Interdependenzen wird aber auch durch diesen Ansatz nicht gelöst.

2.1.2 Produktionstheoretische Ansätze

Die produktionstheoretischen Ansätze der Simultanplanung beziehen sich darauf, **optimale Investitions- und Produktionsprogramme** mit Hilfe von Operations Research-Verfahren simultan zu ermitteln.

Die Ansätze berücksichtigen und erfassen den untrennbaren Zusammenhang zwischen der Investitionsplanung und der Produktionsplanung, der sich vielfach daraus ergibt, daß Entscheidungen im Produktionsbereich auch den Investitionsbereich betreffen. Umgekehrt gibt es viele Fälle, bei denen Entscheidungen über Investitionen zu Auswirkungen im Produktionsbereich führen.

Als Variable gehen in die Modelle, die unter anderem von
- *Förster-Henn*
- *Jacob*
- *Swoboda*

vorgeschlagen werden, die Produktions- und Investitionsvariablen ein.

2.2 Sukzessivplanung

In der betrieblichen Praxis wird die Investitionsplanung normalerweise als Sukzessivplanung durchgeführt. Dabei wird mit einem Teilplan begonnen, dem ausschlaggebende Bedeutung zugemessen wird; nach und nach werden dann die übrigen Teilpläne entwickelt, also auch der Investitionsplan.

Die Sukzessivplanung kann wie folgt dargestellt werden:

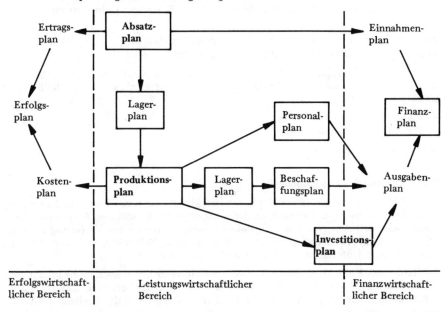

Wie zu sehen ist, gibt es besonders zwei Pläne, die für den Investitionsplan als Grundlage dienen können:

(1) **Absatzplan**

In den meisten Fällen dient der Absatzplan des Unternehmens als Ausgangsplan. Er enthält die Absatzerwartungen für die zu betrachtende Wirtschaftsperiode, die auch als **Primärbedarf** bezeichnet werden können und den Bedarf an Fertigerzeugnissen darstellen. Aus dem Primärbedarf werden der Sekundärbedarf und Tertiärbedarf abgeleitet.

Der Absatzplan ist nicht geeignet, als Ausgangsplan verwendet zu werden, wenn in einem Teilbereich des Unternehmens ein **Engpaß** besteht. In diesem Fall muß planerisch vom Engpaßbereich ausgegangen werden.

Beispiel: Wenn ein kapazitativer, personeller oder finanzieller Engpaß besteht, nützt es nichts, von Absatzerwartungen auszugehen, die zwar den Möglichkeiten des Marktes entsprechen, sich aber wegen des Engpasses nicht ausschöpfen lassen.

(2) **Produktionsplan**

Im Produktionsplan ist der aus dem Primärbedarf abzuleitende **Sekundärbedarf** — der Bedarf an Rohstoffen und Werkstoffen — und der **Tertiärbedarf** — der Bedarf an Hilfsstoffen, Betriebsstoffen, Werkzeugen — enthalten. Außerdem zeigt sich, welche Investitionen bei den Betriebsmitteln notwendig werden.

Diese Ausführungen gelten nicht für **Finanzinvestitionen**, die sich wesentlich an unternehmenspolitischen Zielsetzungen orientieren.

Für die Investitionsplanung ist es erforderlich zu wissen, wie hoch der Kapitalbedarf des Unternehmens ist und ob bzw. wie er gedeckt werden kann. Deshalb muß im folgenden auf die

- Planung des Kapitalbedarfes
- Planung der Kapitaldeckung

näher eingegangen werden.

2.2.1 Planung des Kapitalbedarfes

Jedes Unternehmen hat einen Kapitalbedarf, der dadurch entsteht, daß Ausgaben vom Unternehmen zu leisten sind, beispielsweise für Maschinen, Rohstoffe, Personal, ohne daß zum gleichen Zeitpunkt Einnahmen hieraus zur Verfügung stehen. Diese erfolgen grundsätzlich erst zu einem späteren Zeitpunkt, nachdem die Erzeugnisse vom Unternehmen gefertigt und abgesetzt worden sind.

Die **Höhe** des Kapitalbedarfes hängt von der Höhe der Ausgaben und Einnahmen sowie von deren zeitlichem Abstand voneinander ab. Das bedeutet, daß der Kapitalbedarf des Unternehmens sich insgesamt vergrößert, wenn der zeitliche Abstand zwischen bestimmten Ausgaben und den damit verbundenen Einnahmen erhöht wird.

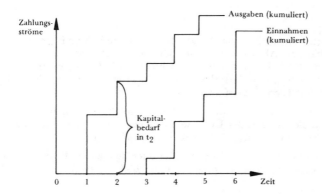

2. Gesamtplanung

Wie aus dem Schaubild ersichtlich ist, ergibt sich der Kapitalbedarf durch Subtraktion der kumulierten Einnahmen von den kumulierten Ausgaben in einem bestimmten Zeitpunkt:

$$\text{Kapitalbedarf} = \text{Kumulierte Ausgaben} - \text{Kumulierte Einnahmen}$$

Wie bereits dargelegt, besteht in der betrieblichen Praxis die Schwierigkeit, die Ausgaben und Einnahmen annähernd genau vorherzusagen. Häufig bedient man sich hierfür der Prognosen:

- **Pragmatische Prognosen** sind Verfahren der Vorhersage, bei denen die Erfahrung, Erwartung, Intuition, Meinung und Bildung des Planenden im Vordergrund stehen und entscheidend für den Ansatz der Plangrößen sind.

- **Kausale Prognosen** stellen Verfahren dar, mittels derer die künftige Entwicklung einer Plangröße aus dem Verlauf einer anderen Plangröße abgeleitet wird, wobei unterstellt wird, daß beide Zeitreihen in einem Ursache-Wirkungs-Verhältnis stehen.

- **Extrapolierende Prognosen** sind Verfahren, bei denen von der Entwicklung einer Plangröße in der Vergangenheit auf die Entwicklung dieser Plangröße für die Zukunft geschlossen wird. Dies bedingt, daß eine gewisse Kontinuität der Plangröße über einen längeren Zeitpunkt hinweg gegeben war; eine stark schwankende oder sporadische Entwicklung in der Vergangenheit kann keine geeignete Grundlage dafür sein, künftige Entwicklungen extrapolierend abzuschätzen.

Dagegen bieten konstante, trendbeeinflußte oder saisonabhängige Verläufe der Planungsgrößen in der Vergangenheit eine gute Grundlage, um sich extrapolierender Prognosen zu bedienen, die vor allem

— Mittelwert-Verfahren
— Exponentielle Glättung
— Trendrechnung

sein können, wie von *Olfert* näher dargestellt.

2.2.1.1 Elemente

Wie gezeigt wurde, können zwei Elemente unterschieden werden, die den Kapitalbedarf beeinflussen:

- Die **Ausgaben**, die sich beziehen können auf:

Sachanlagen	Ausgaben für den Erwerb von Grundstücken, Gebäuden, Maschinen, maschinellen Anlagen, Betriebs- und Geschäftsausstattung, Anlagen im Bau, Anzahlungen auf Anlagen als Bestandteilen des Anlagevermögens.

Immaterielle Anlagen	Ausgaben für die Beschaffung von Konzessionen, Patenten, Lizenzen, Markenrechten, Urheberrechten, Werksrechten, Gebrauchsmustern, Warenzeichen, Zuteilungsquoten, Syndikatsrechten, Nutzungsrechten, Erfindungen, Rezepten, Geheimverfahren u.ä.
Finanzanlagen	Ausgaben für den Erwerb von Beteiligungen und Wertpapieren bzw. für die Gewährung von Ausleihungen.
Material	Ausgaben für den Erwerb von Rohstoffen, Hilfsstoffen, Betriebsstoffen, Zulieferteilen und Waren.
Personal	Ausgaben für Löhne, Gehälter, Sozialkosten (Arbeitgeberanteil zur Rentenversicherung, Krankenversicherung, Arbeitslosenversicherung; gesetzliche Unfallversicherung), sonstige Personalkosten.
Steuern/Abgaben	Ausgaben für Steuern vom Einkommen, vom Ertrag und vom Vermögen, für sonstige Steuern sowie für steuerliche Abgaben.
Eigenkapital	Ausgaben für die Tilgung von Eigenkapitalteilen.
Fremdkapital	Ausgaben für die Tilgung von Fremdkapitalteilen.
Zinsen/Provisionen/Gewinne	Ausgaben für die Finanzierungsvorgänge, wie laufende Zinsen, Bereitstellungszinsen, zinsähnliche Kosten, Bereitstellungsprovisionen, Gewinnausschüttungen.
Sonstige	Ausgaben, die in den übrigen Positionen nicht enthalten sind, beispielsweise für Energie, Instandhaltung, Reparaturen, Versicherungen, Entwicklung, Werbung, Vertrieb, Miete.

- Die **Einnahmen**, die sich beziehen können auf:

Umsätze	Einnahmen aus dem Verkauf von Erzeugnissen und Handelswaren.
Sachanlagen	Einnahmen aus dem Verkauf von Grundstücken, Gebäuden, Maschinen, maschinellen Anlagen, Betriebs- und Geschäftsausstattung als Bestandteile des Anlagevermögens.
Immaterielle Anlagen	Einnahmen aus der Abgabe von Konzessionen, Patenten, Lizenzen, Markenrechten, Urheberrechten, Werksrechten, Gebrauchsmustern, Warenzeichen, Zuteilungsquoten, Syndikatsrechten, Nutzungsrechten, Erfindungen, Rezepten, Geheimverfahren u.ä.
Finanzanlagen	Einnahmen aus dem Verkauf von Beteiligungen und Wertpapieren bzw. aus der Tilgung gewährter Ausleihungen.
Eigenkapital	Einnahmen aus der Aufnahme von Eigenkapital.
Fremdkapital	Einnahmen aus der Aufnahme von Fremdkapital.
Zinsen/Provisionen/Gewinne	Einnahmen aus den Finanzierungsvorgängen, Beteiligungen, Wertpapieren, gewährten Ausleihungen.

2. Gesamtplanung

Sonstige	Einnahmen, die in den übrigen Positionen nicht enthalten sind, beispielsweise für Vermietung, Verkauf von Abfallstoffen, Steuererstattungen.

2.2.1.2 Einflußfaktoren

Es lassen sich mehrere Faktoren nennen, die auf die Höhe des Kapitalbedarfes von Einfluß sind. Soweit sie im Verantwortungsbereich des Unternehmens liegen, unterscheidet *Gutenberg:*

- Prozeßanordnung
- Beschäftigung
- Leistungsprogramm
- Unternehmensgröße
- Prozeßgeschwindigkeit

Außerhalb des Verantwortungsbereiches des Unternehmens liegt der Faktor **Preishöhe**, der ebenfalls den Kapitalbedarf in seiner Höhe beeinflußt. Fallen die Preise der zu beschaffenden Güter, dann mindert sich grundsätzlich auch der Kapitalbedarf, da die Ausgaben für eine bestimmte Bezugsmenge sinken. Bei Preissteigerungen treten entgegengesetzte Wirkungen ein.

Die Höhe des Kapitalbedarfes kann unternehmensintern durch mengenmäßige oder zeitmäßige Variationen verändert werden:

Einflußfaktor	Veränderung
Prozeßanordnung	mengenmäßig
Beschäftigung	mengenmäßig
Leistungsprogramm	mengenmäßig
Unternehmensgröße	mengenmäßig
Prozeßgeschwindigkeit	zeitmäßig

2.2.1.2.1 Prozeßanordnung

Als betrieblicher **Prozeß** wird die zeitlich fixierte Abfolge güter- und finanzwirtschaftlicher Vorgänge verstanden, die von der Beschaffung der Einsatzgüter bis zum Absatz der Erzeugnisse reicht:

- Beschaffung der Materialien
- Lagerung der Materialien
- Fertigung
- Lagerung der Erzeugnisse
- Absatz der Erzeugnisse

Mit der Beschaffung der Materialien sind Ausgaben verbunden; ebenso fallen Ausgaben bei der Lagerung der Materialien, der Fertigung und bei der Lagerung der Erzeugnisse an; schließlich verursacht der Absatz ebenfalls Ausgaben; nach erfolgtem Absatz fließen dem Unternehmen Einnahmen zu.

Aus dieser Betrachtung wird ersichtlich, daß das Unternehmen sich zwecks Minimierung des Kapitalbedarfes bemühen sollte, die betrieblichen Prozesse optimal anzuordnen. Es gibt drei grundsätzliche **Gestaltungsmöglichkeiten**, derer sich das Unternehmen bedienen kann:

- Die betrieblichen Prozesse werden **zeitlich nebeneinander** angeordnet, d.h. mehrere Prozesse beginnen und enden jeweils zur gleichen Zeit.

  Bei dieser Vorgehensweise steigt der Kapitalbedarf zu Beginn des ersten Prozesses beträchtlich an, da Ausgaben anfallen, ohne daß zunächst Einnahmen zu verzeichnen sind. Diese kommen erst mit dem Verkauf der gefertigten Güter in das Unternehmen, wobei sie den Kapitalbedarf unmittelbar absinken lassen.

  Beispiel: Die Metallbau GmbH erstellt gleichartige Maschinen, wobei stets drei Maschinen zeitlich nebeneinander gefertigt werden. Pro Maschine fallen in den Wochen 1, 2, 3 Ausgaben von 5.000 DM, 7.500 DM, 1.500 DM an; der betriebliche Prozeß dauert jeweils 5 Wochen; in der Woche 6 erfolgen die Einnahmen in Höhe von 14.000 DM pro Maschine.

Woche Prozeß	1	2	3	4	5	6	7	8	9	10	11	12	13	14	15
1 – 3	15.000	22.500	4.500	–	–	42.000									
4 – 6						15.000	22.500	4.500	–	–	42.000				
7 – 9											15.000	22.500	4.500	–	–
Kumulierte Ausgaben	15.000	37.500	42.000	42.000	42.000	57.000	79.500	84.000	84.000	84.000	99.000	121.500	126.000	126.000	126.000
Kumulierte Einnahmen	0	0	0	0	0	42.000	42.000	42.000	42.000	42.000	84.000	84.000	84.000	84.000	84.000
Kapitalbedarf	15.000	37.500	42.000	42.000	15.000	37.500	42.000	42.000	42.000	15.000	37.500	42.000	42.000	42.000

- Die betrieblichen Prozesse werden **zeitlich gestaffelt** angeordnet, d.h. wenn ein Prozeß bis zu einem gewissen Punkt fortgeschritten ist, beginnt der nächste Prozeß.

  Die Höhe des Kapitalbedarfes wird sich bei dieser überlappenden Anordnung im Vergleich zu der zeitlich nebeneinanderliegenden Anordnung vermindern. Die Extremwerte des Kapitalbedarfes werden abgebaut, da Einnahmen aus abgeschlossenen Prozessen erfolgen, wenn Ausgaben für folgende Prozesse anfallen. Es erfolgt eine Nivellierung des Kapitalbedarfes.

  Beispiel: Die Metallbau GmbH erstellt gleichartige Maschinen, wobei stets dann eine neue Maschine gebaut wird, wenn sich die derzeit gefertigte Maschine in der Woche 3 befindet. Ausgaben, Einnahmen und Prozeßdauer entsprechen dem vorangegangenen Beispiel.

2. Gesamtplanung

Woche / Prozeß	1	2	3	4	5	6	7	8	9	10	11	12	13	14	15
1	5.000	7.500	1.500	–	–	14.000									
2			5.000	7.500	1.500	–	–	14.000							
3					5.000	7.500	1.500	–	–	14.000					
4							5.000	7.500	1.500	–	–	14.000			
5									5.000	7.500	1.500	–	–	14.000	
6											5.000	7.500	1.500	–	–
7													5.000	7.500	1.500
Kumulierte Ausgaben	5.000	12.500	19.000	26.500	33.000	40.500	47.000	54.500	61.000	68.500	75.000	82.500	89.000	96.500	98.000
Kumulierte Einnahmen	0	0	0	0	0	14.000	14.000	28.000	28.000	42.000	42.000	56.000	56.000	70.000	70.000
Kapitalbedarf	5.000	12.500	19.000	26.500	33.000	26.500	33.000	26.500	33.000	26.500	33.000	26.500	33.000	26.500	28.000

- Die betrieblichen Prozesse werden zeitlich **nacheinander** angeordnet, d.h. der Beginn eines neuen Prozesses setzt voraus, daß der bisherige Prozeß abgeschlossen ist.

Für die Höhe des Kapitalbedarfes bedeutet dies, daß er sich auf niedrigem Niveau bewegen wird, da den Ausgaben für den jeweils neu zu beginnenden Prozeß Einnahmen aus dem beendeten Prozeß gegenüberstehen.

Beispiel: Die Metallbau GmbH erstellt gleichartige Maschinen, wobei immer nur eine Maschine Gegenstand des betrieblichen Prozesses ist. Ausgaben, Einnahmen und Prozeßdauer entsprechen den beiden vorangegangenen Beispielen.

Woche / Prozeß	1	2	3	4	5	6	7	8	9	10	11	12	13	14	15
1	5.000	7.500	1.500	–	–	14.000									
2						5.000	7.500	1.500	–	–	14.000				
3											5.000	7.500	1.500	–	–
Kumulierte Ausgaben	5.000	12.500	14.000	14.000	14.000	19.000	26.500	28.000	28.000	28.000	33.000	40.500	42.000	42.000	42.000
Kumulierte Einnahmen	0	0	0	0	0	14.000	14.000	14.000	14.000	14.000	28.000	28.000	28.000	28.000	28.000
Kapitalbedarf	5.000	12.500	14.000	14.000	14.000	5.000	12.500	14.000	14.000	14.000	5.000	12.500	14.000	14.000	14.000

2.2.1.2.2 Beschäftigung

Unter Beschäftigung wird die tatsächliche Nutzung des Leistungsvermögens eines Unternehmens verstanden. Variationen der Beschäftigung können Auswirkungen auf die Höhe des Kapitalbedarfes haben.

Die Beschäftigung kann grundsätzlich auf drei Arten variiert werden:

(1) **Quantitative Anpassung**

Von ihr spricht man, wenn das Unternehmen die Zahl seiner Arbeitsplätze verändert. Bei einer Erhöhung der Zahl von Arbeitsplätzen ist mit einem erhöhten Kapitalbedarf zu rechnen. Indessen muß mit einer Verminderung der Zahl von Arbeitsplätzen nicht unbedingt ein entsprechend großes Absinken des Kapitalbedarfes einhergehen, da die nicht genutzten Arbeitsplätze möglicherweise nicht abgebaut werden. Es ist jedoch anzunehmen, daß die Ausgaben für Teile des Umlaufvermögens abnehmen, was eine Verminderung des Kapitalbedarfes bewirkt.

(2) **Intensitätsmäßige Anpassung**

Bei dieser Art der Anpassung wird die Beschäftigung durch eine Variation der Prozeßgeschwindigkeit verändert, ohne daß die Zahl der Arbeitsplätze oder der Umfang der Arbeitszeit verändert wird. Inwieweit eine Veränderung der **Prozeßgeschwindigkeit** auch zu einer Variation beim Kapitalbedarf führen kann, wird noch dargelegt.

(3) **Zeitliche Anpassung**

Hierunter versteht man die Variation der Beschäftigung durch Veränderung der Arbeitszeit, wobei die Zahl der Arbeitsplätze und die Prozeßgeschwindigkeit als konstant angesehen werden. Die Höhe des Kapitalbedarfes kann sich bei den laufenden Ausgaben, wie Löhnen, Vorräten, Energie, nicht aber bei den arbeitsplatzbezogenen Ausgaben ändern.

2.2.1.2.3 Leistungsprogramm

Bei einer Veränderung im Leistungsprogramm ist wichtig festzustellen, ob die im Unternehmen vorhandene Kapazität qualitativ und quantitativ ausreicht, um die Veränderung realisieren zu können. Ist dies der Fall, wird grundsätzlich nicht mit einem merklichen Ansteigen oder Absinken des Kapitalbedarfes zu rechnen sein.

Besteht ein Substitutionsverhältnis zwischen einem bisher gefertigten Erzeugnis und einem künftig zu erstellenden Erzeugnis, wäre es denkbar, daß aus dem Verkauf des auslaufenden Erzeugnisses dem Unternehmen noch Einnahmen zufließen, die für Ausgaben verwendet werden, welche das neue Erzeugnis betreffen.

Werden neue Erzeugnisse in das Leistungsprogramm aufgenommen, für die Kapazitäten nicht zur Verfügung stehen, ergibt sich eine Erhöhung des Kapitalbedarfes, die erheblich sein kann. Dagegen ist nicht unbedingt eine merkliche Verminderung des Kapitalbedarfes festzustellen, wenn Erzeugnisse aus dem Leistungsprogramm eliminiert werden, die freiwerdenden Kapazitäten aber weiter bestehen bleiben; u.U. sinken lediglich die Ausgaben für Güter des Umlaufvermögens.

2.2.1.2.4 Unternehmensgröße

Die Veränderung der Unternehmensgröße führt in der Regel zu einer Veränderung in der Höhe des Kapitalbedarfes. Insbesondere wird dies während der Übergangsphase von einer Unternehmensgröße zur anderen festzustellen sein.

Über die Höhe und zeitliche Verteilung der Veränderung des Kapitalbedarfes können keine konkreten Aussagen gemacht werden.

2. Gesamtplanung

2.2.1.2.5 Prozeßgeschwindigkeit

Die bisher besprochenen Einflußgrößen auf die Höhe des Kapitalbedarfes
- Prozeßanordnung
- Beschäftigung
- Leistungsprogramm
- Unternehmensgröße

waren mengenmäßiger Natur. Die Prozeßgeschwindigkeit dagegen berücksichtigt die Zeitkomponente.

Unter Prozeßgeschwindigkeit wird der zeitliche Bedarf, den der einzelne betriebliche Prozeß benötigt, verstanden. Die Höhe der Prozeßgeschwindigkeit und die Höhe des Kapitalbedarfes stehen in engem Verhältnis zueinander. Je größer die Prozeßgeschwindigkeit ist, um so näher liegen die Ausgaben und Einnahmen zeitlich beieinander, was eine Minderung des Kapitalbedarfes zur Folge haben kann.

Bei zeitlich nebeneinander angeordneten Prozessen nimmt die Dauer der Kapitalbindung ab, wenn die Prozeßgeschwindigkeit erhöht wird. Der Kapitalbedarf vermindert sich aber nur dann, wenn freiwerdende Kapazitäten anderweitig Verwendung finden oder liquidiert werden.

Bei zeitlich gestaffelt angeordneten Prozessen kann eine Verminderung des Kapitalbedarfes erreicht werden, wenn die erhöhte Prozeßgeschwindigkeit die Einnahmen vorverlagert, so daß sie vor den Ausgaben liegen.

Eine Steigerung der Prozeßgeschwindigkeit ist sowohl im güterwirtschaftlichen Bereich als auch im finanzwirtschaftlichen Bereich möglich:

- Im güterwirtschaftlichen Bereich ist eine Beschleunigung der Prozeßgeschwindigkeit — insbesondere durch eine Verkürzung der Verweilzeiten bei der Fertigung und Lagerung — erreichbar, sofern diese Möglichkeiten technisch nicht schon ausgeschöpft sind.

    Beispiel: Die Erstellung eines Gutes verursacht an den Tagen 1, 2, 3 Ausgaben von 2.000 DM, 1.500 DM, 1.000 DM und am Tag 7 eine Einnahme von 4.500 DM. Der einzelne betriebliche Prozeß dauert 6 Tage. Jeweils ab dem 4. Tag wird mit der Erstellung eines neuen Gutes begonnen.

    Durch Rationalisierungsmaßnahmen im Bereich des Lagers sollen die Güter dem Verkauf zwei Tage früher zur Verfügung stehen, wodurch die Einnahmen bereits am Tag 5 erfolgen.

Kapitalbedarf **vor** der Rationalisierungsmaßnahme:

Tag / Prozeß	1	2	3	4	5	6	7	8	9	10	11	12	13	14
1	2.000	1.500	1.000	–	–	–	4.500							
2				2.000	1.500	1.000	–	–	–	4.500				
3							2.000	1.500	1.000	–	–	–	4.500	
4										2.000	1.500	1.000	–	–
Kumulierte Ausgaben	2.000	3.500	4.500	6.500	8.000	9.000	11.000	12.500	13.500	15.500	17.000	18.000	18.000	18.000
Kumulierte Einnahmen	0	0	0	0	0	0	4.500	4.500	4.500	9.000	9.000	9.000	13.500	13.500
Kapitalbedarf	2.000	3.500	4.500	6.500	8.000	9.000	6.500	8.000	9.000	6.500	8.000	9.000	4.500	4.500

Kapitalbedarf **nach** der Rationalisierungsmaßnahme:

Tag / Prozeß	1	2	3	4	5	6	7	8	9	10	11	12	13	14
1	2.000	1.500	1.000	–	4.500									
2			2.000	1.500	1.000	–	4.500							
3					2.000	1.500	1.000	–	4.500					
4							2.000	1.500	1.000	–	4.500			
5									2.000	1.500				
Kumulierte Ausgaben	2.000	3.500	4.500	6.500	8.000	9.000	11.000	12.500	13.500	15.500	17.000	18.000	20.000	21.500
Kumulierte Einnahmen	0	0	0	0	4.500	4.500	4.500	9.000	9.000	9.000	13.500	13.500	13.500	18.000
Kapitalbedarf	2.000	3.500	4.500	6.500	3.500	4.500	6.500	3.500	4.500	6.500	3.500	4.500	6.500	3.500
Verringerung des Kapitalbedarfes	0	0	0	0	4.500	4.500	0	4.500	4.500	0	4.500	4.500	– 2.000	1.000

- Im **finanzwirtschaftlichen Bereich** kann die Prozeßgeschwindigkeit vor allem eine Veränderung erfahren, indem sich die Zahlungsgewohnheiten der Kunden oder die Zahlungsbedingungen der Lieferanten wandeln.

  Eine Steigerung der Prozeßgeschwindigkeit ist allerdings nur dann wirklich realisierbar, wenn der Markt dies erlaubt. Ist es beispielsweise branchenüblich, daß Kundenzahlungen innerhalb einer Frist von vier Wochen geleistet werden, erscheint es für das Unternehmen nicht ohne weiteres möglich, eine vierzehntägige Zahlungsfrist zu verlangen, wenn es nicht Gefahr laufen will, Kunden zu verlieren.

2.2.1.3 Ermittlung

Der Kapitalbedarf des Unternehmens muß hinreichend genau ermittelt werden, um die Liquidität des Unternehmens sichern zu können. Grundsätzlich können zwei Möglichkeiten der Ermittlung des Kapitalbedarfes genutzt werden:

- Die Ermittlung des Kapitalbedarfes ist kontinuierlich unter Verwendung eines **Finanzplanes** möglich.
- Vor allem bei Gründungs- und Erweiterungsphasen der Unternehmen bedient man sich der **Kapitalbedarfsrechnung**, die in der Lage ist, den Kapitalbedarf auf relativ einfache Weise als Näherungswert zu ermitteln.

Auf die Kapitalbedarfsrechnung soll näher eingegangen werden. Sie findet in der Praxis häufig Anwendung, wobei sie die in sie gesetzten Erwartungen nur dann zu erfüllen in der Lage ist, wenn sie unternehmensspezifisch oder zumindest branchenspezifisch aufgebaut ist.

Die Kapitalbedarfsrechnung wird in zwei Schritten durchgeführt:

- Ermittlung des Anlagekapitalbedarfes
- Ermittlung des Umlaufkapitalbedarfes

Anlagekapitalbedarf und Umlaufkapitalbedarf ergeben zusammen den Gesamtkapitalbedarf. Mit der Unterteilung in die beiden Bedarfe wird der Tatsache Rechnung getragen, daß Anlagevermögen und Umlaufvermögen unterschiedliche Eigenschaften — besonders unter zeitlichem Bezug — aufweisen.

2.2.1.3.1 Anlagekapitalbedarf

Der Anlagekapitalbedarf ist der Kapitalbedarf, der durch das Anlagevermögen des Unternehmens verursacht wird und dazu dient, die Betriebsbereitschaft des Unternehmens sicherzustellen.

Um den Anlagekapitalbedarf ermitteln zu können, sind die Anschaffungskosten für die Anlagegüter festzustellen; diese lassen sich aus dem Investitionsplan entnehmen. Die für die Anlagegüter zu leistenden Ausgaben werden addiert, beispielsweise in folgender Form:

Grundstücke	280.000 DM
Gebäude	420.000 DM
Maschinen	80.000 DM
Betriebs- und Geschäftsausstattung	30.000 DM
Anlagekapitalbedarf	810.000 DM

Wird die Kapitalbedarfsrechnung aus Anlaß der Gründung des Unternehmens erstellt, werden noch Ausgaben für die Gründung und Ingangsetzung des Geschäftsbetriebes anzusetzen sein.

2.2.1.3.2 Umlaufkapitalbedarf

Der Umlaufkapitalbedarf ist der Kapitalbedarf, der durch das Umlaufvermögen des Unternehmens verursacht wird und dazu dient, die Durchführung des Leistungsprozesses sicherzustellen.

Die Ermittlung des Umlaufkapitalbedarfes gestaltet sich schwieriger als beim Anlagekapitalbedarf. Das ist insbesondere darin begründet, daß die täglichen Ausgaben und die Dauer ihrer Bindung nicht ohne weiteres ermittelbar sind.

Der Umlaufkapitalbedarf kann grundsätzlich mit Hilfe zweier Methoden ermittelt werden:

(1) Kumulative Methode

Bei dieser Methode werden zunächst die durchschnittlichen täglichen Ausgaben erfaßt:

Rohstoffe	2.500 DM
Hilfsstoffe	500 DM
Betriebsstoffe	250 DM
Löhne	6.000 DM
Gemeinkosten	4.750 DM
Durchschnittliche tägliche Ausgaben	14.000 DM

Der nächste Schritt besteht darin, die zeitliche Bindung der Ausgaben zu berücksichtigen:

Durchschnittliche Rohstoff-Lagerdauer	10 Tage
Durchschnittliche Fertigungsdauer	2 Tage
Durchschnittliche Fertigwaren-Lagerdauer	8 Tage
Durchschnittliche Kundenzieldauer	20 Tage
Kapitalgebundenheit	40 Tage

Der Umlaufkapitalbedarf ergibt sich aus:

$$\text{Umlaufkapitalbedarf} = \text{Kapitalgebundenheit} \cdot \text{Durchschnittliche tägliche Ausgaben}$$

$$= 40 \cdot 14.000 \text{ DM}$$

$$= 560.000 \text{ DM}$$

Der ermittelte Umlaufkapitalbedarf kann nur so genau sein, wie die angewendete Methode es ermöglicht. Die Tatsache, daß Ausgaben zu unterschiedlichen Zeitpunkten und in verschiedenen Abständen zu leisten sind, findet hier keine hinreichende Berücksichtigung.

(2) **Elektive Methode**

Bei dieser Methode erfolgt eine detailliertere Untergliederung der Ausgaben nach Teilprozessen, wodurch es möglich wird, den Umlaufkapitalbedarf auf der Grundlage von Teil-Kapitalgebundenheiten zu berechnen:

Teilprozeß	Durchschnittliche tägliche Ausgaben	Durchschnittliche Bindungsfristen	Teilbedarf
Beschaffung	3.800 DM	40	152.000 DM
Lagerung der Rohstoffe	1.200 DM	35	42.000 DM
Fertigung	6.000 DM	35	210.000 DM
Lagerung der Erzeugnisse	800 DM	25	20.000 DM
Absatz	1.000 DM	20	20.000 DM
Umlaufkapitalbedarf			444.000 DM

Mit der elektiven Methode kann der Umlaufkapitalbedarf genauer ermittelt werden als mit der kumulativen Methode; indes wird es auch mit der elektiven Methode nicht leicht sein, präzise Aussagen sicherzustellen.

Der gesamte Kapitalbedarf ergibt sich aus der Addition von Anlagekapitalbedarf und Umlaufkapitalbedarf:

Anlagekapitalbedarf		810.000 DM		810.000 DM
Umlaufkapitalbedarf	zu (1)	560.000 DM	zu (2)	444.000 DM
Kapitalbedarf		1.370.000 DM		1.254.000 DM

2.2.2 Planung der Kapitaldeckung

Die Kapitaldeckung wird im Rahmen der Finanzplanung ermittelt. Grundlage ist der **Finanzplan**, der beispielsweise folgendes Aussehen haben kann:

Finanzplan vom 01.01.1986 bis 31.12.1986

Beträge in Tsd. DM	Januar		Februar		März		...
	Plan	Ist	Plan	Ist	Plan	Ist	
A. Zahlungsmittel-Anfangsbestand							
Einnahmen Umsätze Sachanlagen Immaterielle Anlagen Finanzanlagen Eigenkapital Fremdkapital Zinsen/Provisionen/Gewinne Sonstige							
B. Gesamte Einnahmen							
Ausgaben Sachanlagen Immaterielle Anlagen Finanzanlagen Material Personal Steuern/Abgaben Eigenkapital Fremdkapital Zinsen/Provisionen/Gewinne Sonstige							
C. Gesamte Ausgaben							
D. Zahlungsmittel-Schlußbestand (A+B−C)							

Die Einnahmen-Seite gibt Auskunft über die Finanzierung, die Ausgaben-Seite über die Investition.

2.2.2.1 Anpassung des Investitionsplanes

Der Bedarf an Investitionen ergibt sich aus der Ausgaben-Seite des Finanzplanes. Wie gezeigt wurde, dient grundsätzlich der Absatzplan als Ausgangspunkt dazu, den Bedarf an Investitionen zu ermitteln. Ergänzend ist der Bedarf an Finanzinvestitionen festzustellen, der nicht unmittelbar auf Absatzüberlegungen, sondern auf unternehmenspolitischen Zielsetzungen beruht.

Da die Kapitaldeckung normalerweise einen Engpaß im Unternehmen darstellt, gilt es, den Bedarf an Investitionen zweigleisig zu ermitteln:

2. Gesamtplanung

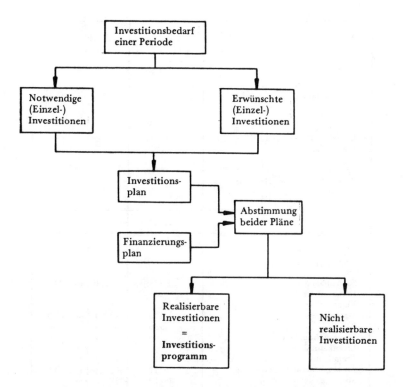

In das Investitionsprogramm müssen alle notwendigen Investitionen aufgenommen werden; soweit der Finanzierungsplan es erlaubt, sind außerdem möglichst viele erwünschte, aber nicht notwendige Investitionen im Investitionsprogramm zu berücksichtigen.

Dabei erweist es sich als Vorteil, daß die **Dringlichkeit** der einzelnen Investitionen in der Planungsstufe „Beschreibung des Investitionsproblems" dargelegt wurde. Notwendige Investitionen können von lediglich erwünschten Investitionen getrennt werden; für die erwünschten Investitionen läßt sich eine Präferenzordnung aufstellen, mit deren Hilfe rasch festgelegt werden kann, welche erwünschte Investition im Investitionsprogramm zu berücksichtigen ist.

Unter der Annahme, daß der Finanzierungsplan es ermöglicht, alle notwendigen Investitionen und einen begrenzten Teil der erwünschten Investitionen zu realisieren, ist der **vorläufige Planansatz** zu revidieren, beispielsweise:

Tsd. DM	Vorläufiger Ansatz 1986	Revidierter Ansatz 1986		
Finanzierungsplan				
— Einnahmen —				
Umsätze	1.455			
Sachanlagen	15			
Immaterielle Anlagen	22			
Finanzanlagen	48			
Eigenkapital	0			
Fremdkapital	410			
Zinsen/Provisionen/Gewinne	8			
Sonstige	6			
	1.964			
Investitionsplan				
— Ausgaben —				
Sachanlagen	850	— 110	→	740
Immaterielle Anlagen	85	— 40	→	45
Finanzanlagen	110	— 25	→	85
Material	440	— 30	→	410
Personal	530	— 40	→	490
Steuern/Abgaben	63	— 5	→	58
Eigenkapital	0		→	0
Fremdkapital	119	— 10	→	109
Zinsen/Provisionen/Gewinne	41	— 23	→	18
Sonstige	12	— 3	→	9
	2.250	— 286	→	1.964

Vereinfachend wurde bei der Revision des Investitionsplanes unterstellt, daß die Veränderung des Investitionsplanes nicht zu Veränderungen beim Finanzierungsplan führt, was in der betrieblichen Praxis nicht ohne weiteres angenommen werden kann.

2.2.2.2 Anpassung des Finanzierungsplanes

Im Unternehmen kann aber auch die Situation auftreten, daß mit den vorläufig geplanten finanziellen Mitteln der Bedarf an notwendigen Investitionen nicht gedeckt werden kann.

2. Gesamtplanung

In diesen Fällen wäre die Liste der als notwendig gemeldeten Investitionen nochmals zu überprüfen und festzustellen, ob einzelne Investitionen nicht doch noch verschiebbar sind. Ist das nicht oder nicht im für die Finanzierung erforderlichen Umfang möglich, wird das Unternehmen nicht umhin können, den **Finanzierungsplan** entsprechend **anzupassen**, beispielsweise:

Tsd. DM	Vorläufiger Ansatz 1986		Revidierter Ansatz 1986
Finanzierungsplan			
– Einnahmen –			
Umsätze	1.455		1.455
Sachanlagen	15		15
Immaterielle Anlagen	22		22
Finanzanlagen	48		48
Eigenkapital	0	+ 10	10
Fremdkapital	410	+ 83	493
Zinsen/Provisionen/Gewinne	8		8
Sonstige	6		6
	1.964	+ 93	2.057
Investitionsplan			
– Ausgaben –			
Sachanlagen	780		
Immaterielle Anlagen	50		
Finanzanlagen	85		
Material	430		
Personal	510		
Steuern/Abgaben	58		
Eigenkapital	0		
Fremdkapital	109		
Zinsen/Provisionen/Gewinne	23		
Sonstige	12		
	2.057		

Veränderungen beim Finanzierungsplan können in der betrieblichen Praxis zu Veränderungen im Investitionsplan führen, was hier aus Gründen der Vereinfachung unberücksichtigt geblieben ist.

KONTROLLFRAGEN

(1) Was kann unter der Investitionsplanung verstanden werden?
(2) Durch welche Merkmale ist die Planung gekennzeichnet?
(3) Nennen und erläutern Sie die Phasen der Planung!
(4) Weshalb bedürfen Investitionen einer sorgfältigen Planung?
(5) Welche Aufgabe haben Investitionsausschüsse und wer kann in ihnen vertreten sein?
(6) In welchen Einzelstufen wird die Investitionsplanung typischerweise vorgenommen?
(7) Welche Unternehmensbereiche sind besonders geeignet, Anregungen für Investitionen zu geben?
(8) Nennen Sie Merkmale, welche in der Fertigungswirtschaft auf die Notwendigkeit einer Investition hindeuten!
(9) Welche Merkmale zeigen bei den übrigen unternehmensinternen Quellen die Notwendigkeit einer Investition an?
(10) Welche unternehmensexternen Quellen gibt es, die eine Investition anregen können?
(11) Wozu dient die Beschreibung des Investitionsproblems?
(12) Welche Informationen sollten in der Beschreibung des Investitionsproblems enthalten sein?
(13) Woraus sind die Bewertungskriterien für eine Investition abzuleiten?
(14) Erläutern Sie, was unter Formalzielen zu verstehen ist, und geben Sie Beispiele!
(15) Was versteht man unter Sachzielen und weshalb müssen sie aus den Formalzielen abgeleitet werden?
(16) Geben Sie Beispiele für Sachziele!
(17) Was versteht man unter quantitativen Bewertungskriterien?
(18) Nennen Sie die wichtigsten quantifizierten Bewertungskriterien und erläutern Sie diese kurz!
(19) Bringen Sie diese Bewertungskriterien in eine Rangordnung, welche die Häufigkeit ihrer Verwendung in der betrieblichen Praxis zeigt!
(20) Welche quantifizierten Bewertungskriterien lassen sich für die Unternehmensbewertung heranziehen?
(21) Nennen Sie vier Gruppen von qualitativen Bewertungskriterien!
(22) Geben Sie für jede der Gruppen beispielhaft drei qualitative Bewertungskriterien an!
(23) Wozu dient die Gewichtung von qualitativen Bewertungskriterien?

Kontrollfragen

(24) Welche Bedeutung haben Begrenzungsfaktoren für die Beurteilung einer Investition?
(25) Welcher Art können die Begrenzungsfaktoren sein?
(26) Nennen Sie die zwei Möglichkeiten zur Ermittlung von Investitionsalternativen!
(27) In welchen Fällen kann die Ermittlung von Investitionsalternativen durch deren Sammlung erfolgen?
(28) Welche Quellen bieten sich für die Sammlung von Investitionsalternativen vor allem an?
(29) Wann ist die Schaffung von Investitionsalternativen erforderlich?
(30) Nennen Sie die wichtigsten Verfahren zur Schaffung von Investitionsalternativen!
(31) Wie geht das Brainstorming vor sich?
(32) Welche Grundregeln müssen bei Brainstorming beachtet werden?
(33) Beschreiben Sie, wie die Methode 635 durchgeführt wird!
(34) Stellen Sie die morphologische Methode nach ihrem Wesen und Ablauf dar!
(35) Wie erfolgt die Vorauswahl der Investitionsalternativen?
(36) Welche Rechnungen werden für die Bewertung der Investitionsalternativen eingesetzt?
(37) In welcher Weise wird die Bestimmung der vorteilhaftesten Investitionsalternative vorgenommen?
(38) Wie und durch wen kann die Realisierung der Investition erfolgen?
(39) Welche Gefahr kann bestehen, wenn die Unternehmensleitung die Entscheidung über Investitionen bis zu einer bestimmten Höhe an die betreffenden Abteilungsleitungen delegiert?
(40) Wem ist der Beschluß, eine beantragte Investition vorzunehmen, von dem oder den Beschlußfassenden mitzuteilen?
(41) Welche Gründe gibt es, Investitionen nach ihrer Realisierung einer Kontrolle zu unterziehen?
(42) Was versteht man unter individueller und summarischer Investitionskontrolle?
(43) Welche Überlegungen sind anzustellen, wenn festgelegt werden soll, wann und wie oft eine Investitionskontrolle vorgenommen wird?
(44) Welche Zeitpunkte während der Nutzung einer Investition bieten sich für die Kontrolle an?
(45) Sehen Sie die Investitionsformulare kritisch in bezug auf die bisher erfolgte Darstellung des Investitionsprozesses durch!

(46) Worin besteht das zentrale Problem der Investitionsplanung?
(47) Beschreiben Sie, welche Daten es entsprechend ihrer unterschiedlichen Genauigkeit gibt!
(48) Worin liegt der Unterschied zwischen risikobehafteten und unsicheren Daten?
(49) Worauf ist bei der Erfassung der Anschaffungskosten/-ausgaben zu achten?
(50) Inwieweit läßt sich der Rest(erlös)wert/Liquidationserlös eines Investitionsobjektes abschätzen?
(51) Unter welcher Annahme kann in den Investitionsrechnungen auf den Ansatz des Rest(erlös)wertes/Liquidationserlöses verzichtet werden?
(52) Weshalb erweist sich die Zurechnung der Gewinne/Überschüsse eines Investitionsobjektes häufig als schwierig?
(53) Welche Arten von Nutzungsdauern können unterschieden werden?
(54) Welchen Einflußfaktoren unterliegt die wirtschaftliche Nutzungsdauer?
(55) Untersuchen Sie die Arten der Nutzungsdauer im Hinblick darauf, welche sich für den Ansatz in den Investitionsrechnungen eignet!
(56) Erläutern Sie, woran sich der in den Investitionsrechnungen anzusetzende Kalkulationszinssatz orientieren kann!
(57) Untersuchen Sie die Eignung der zuvor genannten Zinssätze für die Investitionsrechnungen!
(58) Was versteht man unter dem Korrekturverfahren?
(59) Erläutern Sie die Vorgehensweise beim Korrekturverfahren!
(60) Worin liegt der Vorteil des Korrekturverfahrens?
(61) Beschreiben Sie die Nachteile, von welchen das Korrekturverfahren geprägt ist!
(62) Was versteht man unter der Sensitivitätsanalyse?
(63) Welche Fragen können mit Hilfe der Sensitivitätsanalyse geklärt werden und welche Rechenverfahren bieten sich hierfür an?
(64) Was ist unter der Risikoanalyse zu verstehen?
(65) Beschreiben Sie das Entscheidungsbaum-Verfahren!
(66) Was ist das rollback-Verfahren?
(67) Wie ist die Einsetzbarkeit des Entscheidungsbaum-Verfahrens in der betrieblichen Praxis zu beurteilen?
(68) Erläutern Sie, was unter der Simultanplanung zu verstehen ist!
(69) Welche Kriterien der Optimierung werden bei der Simultanplanung unterschieden?
(70) Beschreiben Sie die kapitaltheoretischen Ansätze der Simultanplanung kurz!

Kontrollfragen

(71) Was versteht man unter den produktionstheoretischen Ansätzen der Simultanplanung?
(72) Welche Bedeutung hat die Simultanplanung für die betriebliche Praxis?
(73) Wie geht man bei der Sukzessivplanung vor?
(74) Welche Bedeutung hat der Absatzplan bei der Sukzessivplanung?
(75) Wodurch entsteht ein Kapitalbedarf?
(76) Wovon hängt die Höhe des Kapitalbedarfes grundsätzlich ab?
(77) Stellen Sie dar, welche Einnahmen und Ausgaben in einem Unternehmen vor allem anfallen!
(78) Nennen Sie die Einflußfaktoren des Kapitalbedarfes!
(79) Welche Möglichkeiten gibt es, den Kapitalbedarf mit Hilfe einer unterschiedlichen Prozeßanordnung zu beeinflussen?
(80) Auf welche Arten kann die Beschäftigung variiert werden, um den Kapitalbedarf zu verändern?
(81) Welche Überlegungen sind bei der Veränderung des Leistungsprogrammes anzustellen, wenn der Kapitalbedarf damit beeinflußt werden soll?
(82) Inwieweit ist die Unternehmensgröße geeignet, eine Veränderung des Kapitalbedarfes zu bewirken?
(83) Wie kann der Kapitalbedarf durch Variation der Prozeßgeschwindigkeit im güterwirtschaftlichen Bereich beeinflußt werden?
(84) Bietet sich auch der finanzwirtschaftliche Bereich an, einen veränderten Kapitalbedarf durch Variation der Prozeßgeschwindigkeit herbeizuführen?
(85) Welche Möglichkeiten gibt es grundsätzlich, den Kapitalbedarf zu ermitteln?
(86) Beschreiben Sie, wie der Anlagekapitalbedarf errechnet werden kann!
(87) Wie kann die Ermittlung des Umlaufkapitalbedarfes erfolgen?
(88) In welcher Weise wird die Planung der Kapitaldeckung durchgeführt?
(89) Zeigen Sie, wie der Investitionsplan gegebenenfalls an die zur Verfügung stehenden Finanzmittel angepaßt werden kann!
(90) Welche Überlegungen sind anzustellen, wenn der Wert der unbedingt notwendigen Investitionen über dem Wert der zur Verfügung stehenden Finanzmittel liegt?

LÖSUNGSHINWEISE

Frage	Seite	Frage	Seite	Frage	Seite
(1)	40	(31)	52	(61)	69
(2)	40	(32)	52	(62)	69
(3)	40	(33)	53	(63)	70
(4)	41	(34)	53 f.	(64)	70
(5)	41	(35)	54	(65)	71
(6)	42	(36)	55	(66)	71
(7)	43 f.	(37)	56	(67)	74
(8)	43	(38)	57	(68)	75
(9)	43 f.	(39)	57	(69)	75
(10)	44 f.	(40)	57	(70)	76
(11)	45	(41)	57 f.	(71)	76
(12)	45 f.	(42)	58	(72)	77
(13)	47	(43)	58	(73)	77
(14)	47	(44)	58	(74)	77
(15)	47	(45)	59 ff.	(75)	78
(16)	47	(46)	63	(76)	78
(17)	48	(47)	63	(77)	79 ff.
(18)	48	(48)	63	(78)	81
(19)	49	(49)	64	(79)	81 f.
(20)	49	(50)	64 f.	(80)	83 f.
(21)	49 f.	(51)	65	(81)	84
(22)	49 f.	(52)	65	(82)	84
(23)	50	(53)	65 f.	(83)	85
(24)	50	(54)	65 f.	(84)	86
(25)	50	(55)	66	(85)	87
(26)	51	(56)	66 f.	(86)	87
(27)	51	(57)	67	(87)	88
(28)	51	(58)	68	(88)	89 f.
(29)	52	(59)	68 f.	(89)	90 f.
(30)	52 f.	(60)	69	(90)	92 f.

C. Statische Investitionsrechnungen zur Beurteilung von Sachinvestitionen

Die statischen Investitionsrechnungen werden in der betrieblichen Praxis häufig eingesetzt, da sie relativ einfach zu handhaben sind. Ihre Eignung, Informationen über die Vorteilhaftigkeit von Investitionen zu vermitteln, wird indessen unterschidlich beurteilt. Die Gründe hierfür sind in den besonderen **Merkmalen** der statischen Investitionsrechnungen zu sehen:

- Sie beziehen sich lediglich auf eine Periode.
- Sie berücksichtigen keine Interdependenzen.
- Sie basieren auf Kosten und Erträgen.

Die Beschränkung der statischen Investitionsrechnungen auf **eine Periode** kann ihre Einsetzbarkeit beeinflussen, je nachdem, welche Periode für die Beurteilung der Investitionen herangezogen wird:

- Ist die **Anfangsperiode**, das erste Nutzungsjahr von Investitionsobjekten, die Grundlage für die Investitionsentscheidung, muß die Eignung der statischen Investitionsrechnungen bezweifelt werden, die Vorteilhaftigkeit der Investitionsobjekte feststellen zu können, denn die Anfangsperiode ist üblicherweise nicht repräsentativ für die Gesamtheit der Nutzungsperioden.

  So können sich beispielsweise Materialkosten und Personalkosten, Ausbringungsmengen sowie Kosten für Instandhaltungen im Zeitablauf — teilweise erheblich — verändern. Wenn die Investitionsentscheidung dennoch unter Verwendung von Daten gefällt wird, die für die Anfangsperiode gelten, kann der Grund nur darin gesehen werden, daß zeitlich weiterreichende Daten nicht zu ermitteln sind.

- Die Eignung der statischen Investitionsrechnungen ist positiver zu bewerten, wenn anstelle der Anfangsperiode von einer **Repräsentativperiode** ausgegangen wird, die für die Investitionsobjekte typische Daten aufweist. Welche Periode typisch ist, kann nicht generell gesagt werden, sondern ist vom einzelnen Investitionsobjekt und seiner spezifischen Nutzung abhängig.

- Eine weitere Verbesserung können die statischen Investitionsrechnungen erfahren, wenn der Investitionsentscheidung eine **Durchschnittsperiode** zugrundegelegt wird, die sich ergibt, indem die Ermittlung der Daten für alle Nutzungsperioden getrennt vorgenommen und aus den Ergebnissen das arithmetische Mittel gebildet wird.

  Voraussetzung ist, daß die in die Investitionsrechnungen einfließenden Daten nicht stark schwanken, denn das arithmetische Mittel sagt nichts über die unterschiedliche Bedeutung der Daten im Zeitablauf aus:

100 C. Statische Investitionsrechnungen zur Beurteilung von Sachinvestitionen

Periode	1 DM	2 DM	3 DM	4 DM	5 DM	Arithmetisches Mittel
Gewinn aus Investition I	20.000	17.000	14.000	11.000	8.000	14.000
Gewinn aus Investition II	8.000	11.000	14.000	17.000	20.000	14.000

Gewinne aus einer Investition sind für das Unternehmen um so positiver zu bewerten, je früher sie höchstmöglich erzielt werden. Das bedeutet für das obige Beispiel, daß die Investition I vorteilhafter ist als die Investition II, obgleich das arithmetische Mittel beider Investitionen den gleichen Wert aufweist.

Die Eignung der statischen Investitionsrechnungen zur Beurteilung der Vorteilhaftigkeit von Investitionsobjekten hängt auch davon ab, daß **betriebliche Interdependenzen** nicht in erheblichem Umfang bestehen; d.h. es muß eine gewisse Kontinuität in der Entwicklung der in die statischen Investitionsrechnungen eingehenden Daten gegeben sein, die durch Einflüsse der übrigen Funktionsbereiche des Unternehmens nicht (zu) stark beeinträchtigt wird.

Schließlich ist festzustellen, daß die statischen Investitionsrechnungen mit den traditionell im Rechnungswesen erfaßten Größen — **Kosten** und **Erträgen** — arbeiten, nicht aber mit Einnahmen und Ausgaben, wie die genaueren dynamischen Investitionsrechnungen.

Statische Investitionsrechnungen können geeignet sein, die **Vorteilhaftigkeit von abgrenzbaren, gleichartigen Investitionsobjekten auf der Grundlage repräsentativer oder durchschnittlicher Werte** festzustellen.

Nach den unterschiedlichen Kriterien zur Beurteilung der Vorteilhaftigkeit von Investitionsobjekten lassen sich als statische Investitionsrechnungen vor allem nennen:

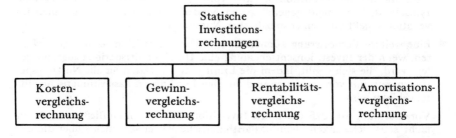

Eine weitere — teilweise dynamisierte — Investitionsrechnung ist die **MAPI-Methode**. Sie findet in der betrieblichen Praxis keine größere Verwendung, weshalb auf eine ausführliche Darstellung verzichtet wird.

1. Kostenvergleichsrechnung

Die Kostenvergleichsrechnung ist das einfachste Verfahren der statischen Investitionsrechnung. Sie dient dazu, Investitionsobjekte auf ihre Vorteilhaftigkeit hin miteinander zu vergleichen, indem sie die von ihnen verursachten Kosten einander gegenüberstellt. Dasjenige Investitionsobjekt ist das vorteilhaftere bzw. vorteilhafteste, welches die geringeren bzw. geringsten Kosten verursacht:

$$K_I \lesseqgtr K_{II}$$

Die **Erträge**, die durch die Investitionsobjekte verursacht werden, bleiben bei der Kostenvergleichsrechnung **unberücksichtigt**. Das bedeutet, daß gleich hohe Erträge der zu vergleichenden Investitionsobjekte zu unterstellen sind, um eine Vergleichbarkeit herbeizuführen. Diese Voraussetzung kann bei Rationalisierungsinvestitionen erfüllt sein, bei anderen Investitionen ist sie aber häufig nicht gegeben.

Der Umfang der in die Kostenvergleichsrechnung einzubeziehenden Kostenarten ist nicht unumstritten. In betrieblicher Praxis und Literatur wird diskutiert, ob es notwendig ist, alle in Zusammenhang mit den Investitionsobjekten stehenden Kostenarten beim Kostenvergleich zu berücksichtigen, oder ob es ausreicht, den Kostenvergleich lediglich auf diejenigen Kostenarten zu beschränken, die bei den zu vergleichenden Investitionsobjekten in unterschiedlicher Höhe anfallen.

Beispiel: Die Maschinenbau GmbH beabsichtigt, eine neue Fräsmaschine zu beschaffen. Drei Angebote unterschiedlicher Fabrikate liegen vor, die gleich hohe Personalkosten und Materialkosten verursachen, sich bei den übrigen Kosten aber unterscheiden.

Teilweise wird die Auffassung vertreten, daß ein Vergleich der voneinander abweichenden Kosten ausreiche, um die Vorteilhaftigkeit der zu vergleichenden Investitionsobjekte hinreichend beurteilen zu können. Indessen sollte in der betrieblichen Praxis grundsätzlich nicht darauf verzichtet werden, einen **umfassenden, differenzierten Kostenvergleich** vorzunehmen, in dem sämtliche bedeutsamen Kostenarten enthalten sind, da die relative Bedeutung von Kostenunterschieden mit dem Einbeziehen von wenigen oder vielen Kostenarten in den Kostenvergleich variiert.

Außerdem zwingt ein umfassender, differenzierter Kostenvergleich dazu, daß die Entscheidungsträger sich mit allen wichtigen Kostenarten eingehend beschäftigen müssen und weniger zu Globalurteilen gelangen, die auf Erfahrungswerten, nicht aber auf präzisen Erhebungen beruhen.

Die wesentlichen **Kostenarten**, die in den Kostenvergleich einbezogen werden sollten, sind:

(1) **Kapitalkosten**

Als Kapitalkosten sind zwei Kostenarten zu nennen:

- Die **kalkulatorischen Abschreibungen**, die für die Wertminderung materieller und immaterieller Gegenstände des Anlagevermögens in der Rechnungsperiode als Kosten angesetzt werden. Ihre Höhe wird auf unterschiedliche Weise ermittelt, je nachdem, ob linear, degressiv oder nach Leistung abgeschrieben wird. Üblicherweise geht man in der Investitionsrechnung von der linearen Abschreibung aus, bei der jede Periode der voraussichtlichen Nutzung des Investitionsobjektes gleichmäßig mit kalkulatorischen Abschreibungen belastet wird:

$$b = \frac{A - RW}{n}$$

  b = Abschreibungen pro Periode
  A = Anschaffungskosten
  RW = Restwert
  n = Nutzungsdauer

- Die **kalkulatorischen Zinsen**, die angesetzt werden, um das im Unternehmen befindliche betriebsnotwendige Kapital zu verzinsen. Sie werden zweckmäßigerweise auf der Grundlage des Durchschnittswertes — das sind die halben Anschaffungskosten des Investitionsobjektes zuzüglich eines gegebenenfalls vorhandenen Restwertes — ermittelt:

$$Z = \frac{A + RW}{2} \cdot i$$

  Z = Zinsen pro Periode
  A = Anschaffungskosten
  RW = Restwert
  i = Kalkulationszinssatz

Die Kapitalkosten pro Periode, die auch als **Kapitaldienst** bezeichnet werden, ergeben sich als Summe aus den kalkulatorischen Abschreibungen und den kalkulatorischen Zinsen:

$$KD = \frac{A - RW}{n} + \frac{A + RW}{2} \cdot i$$

(2) **Betriebskosten**

Als Betriebskosten lassen sich vor allem die folgenden Kostenarten nennen:

- **Personalkosten**, die sein können:

  Löhne als vertragsmäßiges Entgelt, das der Arbeitgeber dem Arbeiter für geleistete Arbeit zu zahlen verpflichtet ist, wobei ein Zeitlohn, Akkordlohn oder Prämienlohn vereinbart sein kann.

1. Kostenvergleichsrechnung

Gehälter als vertragsmäßiges Entgelt, das der Arbeitgeber dem kaufmännischen oder technischen Angestellten als Zeitlohn zu zahlen verpflichtet ist.

Sozialleistungen, die der Arbeitgeber auf Grund gesetzlicher Vorschriften — gesetzliche Sozialleistungen — oder freiwilliger Vereinbarungen — freiwillige Sozialleistungen — zu leisten verpflichtet ist.

- **Materialkosten**, die sich beziehen können auf:

  Fertigungsstoffe, die als Hauptbestandteile unmittelbar in die Erzeugnisse eingehen, beispielsweise Rohstoffe, Werkstoffe.

  Hilfsstoffe, die ebenfalls unmittelbar in die Erzeugnisse eingehen, jedoch nicht als Hauptbestandteile, beispielsweise Schrauben, Nieten, Nägel.

  Betriebsstoffe, die nicht in die Erzeugnisse eingehen, sondern mittelbar oder unmittelbar bei der Herstellung der Erzeugnisse verbraucht werden, beispielsweise Schmierstoffe.

- **Instandhaltungskosten**, die sein können:

  Instandsetzungskosten, die zur Herstellung der Funktionsfähigkeit des Investitionsobjektes anfallen.

  Inspektionskosten, die für das Feststellen und Beurteilen des gegenwärtigen Zustandes des Investitionsobjektes anfallen.

  Wartungskosten, die durch das Bewahren der Funktionsfähigkeit des Investitionsobjektes anfallen, indem Hilfsstoffe ersetzt oder ergänzt werden sowie ein Reinigen und Pflegen, Ein- und Nachstellen des Investitionsobjektes erfolgt.

- **Raumkosten**, die anteilig vor allem aus den Abschreibungen, Zinsen, Personalkosten, Instandhaltungskosten, Energiekosten für die Räume bestehen können.

- **Energiekosten**, die unter anderem durch den Verbrauch von Strom, Gas, Dampf, Druckluft, Wasser, Öl, Benzin entstehen können.

- **Werkzeugkosten**, die für Handwerkzeuge, Meßwerkzeuge und Maschinenwerkzeuge entstehen können.

Kapitalkosten und Betriebskosten sind die gesamten periodenbezogenen Kosten, die ein Investitionsobjekt verursacht:

$$\boxed{K = KD + B}$$ oder $$\boxed{K = \frac{A - RW}{n} + \frac{A + RW}{2} \cdot i + B}$$

K = Kosten pro Periode
KD = Kapitaldienst pro Periode
B = Betriebskosten pro Periode

104 C. Statische Investitionsrechnungen zur Beurteilung von Sachinvestitionen

Diese Kosten stellen den Maßstab zur Beurteilung der Vorteilhaftigkeit von Investitionsobjekten dar, die sich bei der Kostenvergleichsrechnung auf zwei Probleme beziehen kann:

Einzelinvestitionen können mit Hilfe der Kostenvergleichsrechnung hinsichtlich ihrer Vorteilhaftigkeit nicht beurteilt werden.

1.1 Auswahlproblem

Das Auswahlproblem stellt sich, wenn mehrere alternative Investitionsobjekte vorhanden sind, von denen das kostengünstigere bzw. kostengünstigste zu bestimmen ist. Der Kostenvergleich kann auf unterschiedliche Weise erfolgen:
- **Kostenvergleich pro Periode**
- **Kostenvergleich pro Leistungseinheit**

Ist die voraussichtlich genutzte mengenmäßige Leistung – nicht die Kapazität als maximal mögliche Leistung – der alternativen Investitionsobjekte gleich hoch, genügt ein Kostenvergleich pro Periode. Es ist in diesem Falle aber ebenso möglich, einen Kostenvergleich pro Leistungseinheit vorzunehmen. Beide Vorgehensweisen führen zum gleichen Ergebnis.

Der Kostenvergleich pro Periode ist hingegen nicht durchführbar, wenn die voraussichtlich genutzte mengenmäßige Leistung der alternativen Investitionsobjekte unterschiedlich hoch ist. Hier bietet ausschließlich der Kostenvergleich pro Leistungseinheit hinreichend genaue Ergebnisse.

1.1.1 Kostenvergleich pro Periode

Der Kostenvergleich pro Periode kann bei voraussichtlich **gleich hohen Leistungen** der alternativen Investitionsobjekte auf zweifache Weise erfolgen:

(1) **Tabellarischer Kostenvergleich**

Der tabellarische Kostenvergleich, für den in der betrieblichen Praxis unternehmensspezifische **Formulare** verwendet werden sollten, zeichnet sich durch seine Übersichtlichkeit aus.

Die **Grundstruktur** für die Ermittlung der Kosten pro Periode läßt sich wie folgt darstellen:

1. Kostenvergleichsrechnung

		Investitions-objekt I	Investitions-objekt II
Leistung	Stück/Jahr	......	......
Fixe Kosten	DM/Jahr	......	......
Variable Kosten	DM/Jahr	......	......
Gesamte Kosten	DM/Jahr	......	......
Kostendifferenz I - II	DM/Jahr	......	

Beispiel: Zwei alternative Investitionsobjekte sind zu vergleichen. Investitionsobjekt I arbeitet halbautomatisch, Investitionsobjekt II dagegen nicht. Die Investitionsobjekte weisen folgende Daten auf:

		Investitions-objekt I	Investitions-objekt II
Anschaffungskosten	DM	200.000	100.000
Restwert	DM	0	0
Nutzungsdauer	Jahre	10	10
Auslastung*	Stück/Jahr	20.000	20.000
Zinssatz	%	10	10
Abschreibungen	DM/Jahr	20.000	10.000
Zinsen	DM/Jahr	10.000	5.000
Raumkosten	DM/Jahr	1.000	1.000
Instandhaltungskosten	DM/Jahr	2.000	2.000
Gehälter**	DM/Jahr	10.000	10.000
Sonstige fixe Kosten	DM/Jahr	4.000	2.000
Fixe Kosten	DM/Jahr	47.000	30.000
Löhne**	DM/Jahr	90.000	110.000
Materialkosten	DM/Jahr	190.000	200.000
Energiekosten	DM/Jahr	5.000	5.500
Werkzeugkosten	DM/Jahr	7.000	7.500
Sonstige variable Kosten	DM/Jahr	3.000	3.000
Variable Kosten	DM/Jahr	295.000	326.000
Gesamte Kosten	DM/Jahr	342.000	356.000
Kostendifferenz I-II	DM/Jahr	− 14.000	

---

* Werden mehrere Erzeugnisse auf den alternativen Investitionsobjekten gefertigt, ist die Maschinenlaufzeit in Std./Jahr zu verwenden.

** Einschließlich Nebenkosten (Sozialleistungen).

Dem Investitionsobjekt I ist der Vorzug zu geben, da es um 14.000 DM/Jahr weniger Kosten verursacht als das Investitionsobjekt II.

(2) **Mathematischer Kostenvergleich**

Hier findet die **Ingenieurformel** Anwendung, die — für zwei alternative Investitionsobjekte — folgendes Aussehen hat:

- **ohne** Berücksichtigung eines Restwertes

$$B_I + \frac{A_I}{2} \cdot i + \frac{A_I}{n_I} \lesseqgtr B_{II} + \frac{A_{II}}{2} \cdot i + \frac{A_{II}}{n_{II}}$$

- **mit** Berücksichtigung eines Restwertes

$$B_I + \frac{A_I + RW_I}{2} \cdot i + \frac{A_I - RW_I}{n_I} \lesseqgtr B_{II} + \frac{A_{II} + RW_{II}}{2} \cdot i + \frac{A_{II} - RW_{II}}{n_{II}}$$

A = Anschaffungskosten
B = Betriebskosten pro Periode
RW = Restwert
n = Nutzungsdauer
i = Kalkulationszinssatz
I = Investitionsobjekt I
II = Investitionsobjekt II

Für das obige Beispiel läßt sich die Vorteilhaftigkeit der alternativen Investitionsobjekte nach der Ingenieurformel errechnen:

Investitionsobjekt I

$$B_I + \frac{A_I}{2} \cdot i + \frac{A_I}{n_I}$$

1.000 + 2.000 + 10.000 + 4.000 +
+ 90.000 + 190.000 + 5.000 +
+ 7.000 + 3.000 +
$+ \frac{200.000}{2} \cdot 0{,}10 + \frac{200.000}{10}$
= 342.000 DM
==========

Investitionsobjekt II

$$B_{II} + \frac{A_{II}}{2} \cdot i + \frac{A_{II}}{n_{II}}$$

1.000 + 2.000 + 10.000 + 2.000 +
+ 110.000 + 200.000 + 5.500 +
+ 7.500 + 3.000 +
$+ \frac{100.000}{2} \cdot 0{,}10 + \frac{100.000}{10}$
= 356.000 DM
==========

$$K_I < K_{II}$$

1. Kostenvergleichsrechnung

Dem Investitionsobjekt I ist der Vorzug zu geben, da es um 14.000 DM geringere Kosten verursacht als das Investitionsobjekt II.

Würde ein Restwert beim Investitionsobjekt I von 12.000 DM, beim Investitionsobjekt II von 10.000 DM zu berücksichtigen sein, dann ergäbe sich folgendes Bild:

Investitionsobjekt I

$$B_I + \frac{A_I + RW_I}{2} \cdot i + \frac{A_I - RW_I}{n_I}$$

1.000 + 2.000 + 10.000 + 4.000 +
+ 90.000 + 190.000 + 5.000 +
+ 7.000 + 3.000 +

$$+ \frac{200.000 + 12.000}{2} \cdot 0{,}10 +$$

$$+ \frac{200.000 - 12.000}{10}$$

= 341.400 DM

Investitionsobjekt II

$$B_{II} + \frac{A_{II} + RW_{II}}{2} \cdot i + \frac{A_{II} - RW_{II}}{n_{II}}$$

1.000 + 2.000 + 10.000 + 2.000 +
+ 110.000 + 200.000 + 5.500 +
+ 7.500 + 3.000 +

$$+ \frac{100.000 + 10.000}{2} \cdot 0{,}10 +$$

$$+ \frac{100.000 - 10.000}{10}$$

= 355.500 DM

$$K_I < K_{II}$$

Beim Anfallen eines Restwertes für beide Investitionsobjekte verändert sich die Entscheidung, dem Investitionsobjekt I den Vorzug zu geben, nicht. Das Investitionsobjekt II verursacht um 14.100 DM mehr Kosten pro Periode als das Investitionsobjekt I.

1.1.2 Kostenvergleich pro Leistungseinheit

Der Kostenvergleich alternativer Investitionsobjekte muß sich auf die einzelne Leistungseinheit beziehen, wenn die voraussichtlich genutzte mengenmäßige **Leistung** — nicht die Kapazität — der alternativen Investitionsobjekte **unterschiedlich hoch** ist.

Beispiel: Wenn ein Investitionsobjekt I eine Kapazität von 20.000 Stück/Jahr, ein Investitionsobjekt II dagegen eine Kapazität von 22.000 Stück/Jahr aufweist, aber feststeht, daß in beiden Fällen lediglich 18.000 Stück/Jahr genutzt werden, ist ein Kostenvergleich pro Leistungseinheit nicht erforderlich.

Die Kapazität alternativer Investitionsobjekte kann nur dann als Grundlage für den Kostenvergleich dienen, wenn das Unternehmen beabsichtigt, das Leistungsvermögen der alternativen Investitionsobjekte in vollem Umfang auszunutzen. Damit sind die voraussichtlich genutzten mengenmäßigen Leistungen mit den Kapazitäten der alternativen Investitionsobjekte identisch.

C. Statische Investitionsrechnungen zur Beurteilung von Sachinvestitionen

Die **Eignung** des Kostenvergleiches pro Leistungseinheit zur Beurteilung der Vorteilhaftigkeit alternativer Investitionsobjekte ist nicht unumstritten, erscheint jedoch gegeben, wenn folgende **Voraussetzungen** erfüllt sind:

- Die mit Hilfe der alternativen Investitionsobjekte zu fertigenden Erzeugnisse sind ähnlich oder gleich.
- Die Preise der zu fertigenden Erzeugnisse sind in ihrer Höhe nicht von der Absatzmenge abhängig.

Während beim Kostenvergleich pro Periode eine Aufteilung der Kosten in fixe und variable Kosten nicht erforderlich ist, muß diese Unterscheidung beim Kostenvergleich pro Leistungseinheit erfolgen, wenn die voraussichtlich genutzte mengenmäßige Leistung bei den alternativen Investitionsobjekten unterschiedlich hoch ist.

Die **Grundstruktur** für die Ermittlung der Kosten pro Leistungseinheit läßt sich wie folgt darstellen:

		Investitionsobjekt I	Investitionsobjekt II
Leistung	Stück/Jahr	.....	.....
Fixe Kosten	DM/Jahr	.....	.....
	DM/Stück*	.....	.....
Variable Kosten	DM/Jahr	.....	.....
	DM/Stück*	.....	.....
Gesamte Kosten	DM/Jahr	.....	.....
	DM/Stück*	.....	.....
Kostendifferenz I-II	DM/Stück	.....	

Beispiel: Zwei alternative Investitionsobjekte sind zu vergleichen. Ihre Daten sind der nachstehenden Tabelle zu entnehmen.

---

* Kosten pro Stück = Kosten pro Jahr : Leistung pro Jahr

1. Kostenvergleichsrechnung

		Investitions-objekt I		Investitions-objekt II	
Anschaffungskosten	DM	180.000		240.000	
Restwert	DM	0		0	
Nutzungsdauer	Jahre	8		8	
Auslastung	Stück/Jahr	35.000		40.000	
Zinssatz	%	10		10	
Abschreibungen	DM/Jahr	22.500		30.000	
Zinsen	DM/Jahr	9.000		12.000	
Raumkosten	DM/Jahr	2.000		2.000	
Instandhaltungskosten	DM/Jahr	2.200		2.500	
Gehälter	DM/Jahr	8.000		9.000	
Sonstige fixe Kosten	DM/Jahr	3.000		3.500	
Fixe Kosten	DM/Jahr	46.700		59.000	
	DM/Stück		1,33		1,48
Löhne	DM/Jahr	70.000		40.000	
	DM/Stück		2,00		1,00
Materialkosten	DM/Jahr	140.000		152.000	
	DM/Stück		4,00		3,80
Energiekosten	DM/Jahr	7.700		11.200	
	DM/Stück		0,22		0,28
Werkzeugkosten	DM/Jahr	4.550		5.600	
	DM/Stück		0,13		0,14
Sonstige variable Kosten	DM/Jahr	2.100		3.200	
	DM/Stück		0,06		0,08
Variable Kosten	DM/Jahr	224.350		212.000	
	DM/Stück		6,41		5,30
Gesamte Kosten	DM/Jahr	271.050		271.000	
	DM/Stück		7,74		6,78
Kostendifferenz I-II	DM/Stück		+ 0,96		

Dem Investitionsobjekt II ist der Vorzug zu geben, da es um 0,96 DM/Stück weniger Kosten verursacht als das Investitionsobjekt I.

Die variablen Kosten müssen nicht notwendigerweise — wie im Beispiel — in DM/Jahr ausgewiesen werden, sondern können gegebenenfalls unmittelbar in DM/Stück erfaßt werden.

1.1.3 Kritische Auslastung

Um eine Investitionsentscheidung vornehmen zu können, genügt der Kostenvergleich pro Periode oder pro Leistungseinheit häufig nicht. Das wird besonders dann der Fall sein, wenn die Auslastung des Investitionsobjektes nicht als (weitgehend) sicheres Datum anzusehen ist, und um so größere Bedeutung haben, je unterschiedlicher fixe und variable Kosten der Investitionsobjekte sind bzw. sich entwickeln, beispielsweise:

C. Statische Investitionsrechnungen zur Beurteilung von Sachinvestitionen

- Investitionsobjekt I verursacht hohe fixe Kosten, dagegen relativ geringe variable Kosten, da es halbautomatisch arbeitet.
- Investitionsobjekt II verursacht merklich niedrigere fixe Kosten, aber relativ hohe variable Kosten, da es nicht automatisiert ist.

In den genannten Fällen wird es notwendig sein, die kritische Auslastung zu ermitteln, die dadurch gekennzeichnet ist, daß die Kosten der alternativen Investitionsobjekte gleich hoch sind. Entsprechend sind die Kostenfunktionen beider alternativer Investitionsobjekte gleichzusetzen:

$$K_I = K_{fI} + k_{vI} \, x$$

$$K_{II} = K_{fII} + k_{vII} \, x$$

$$\boxed{K_{fI} + k_{vI} x = K_{fII} + k_{vII} x}$$

oder

$$\boxed{x_{kr} = \frac{K_{fII} - K_{fI}}{k_{vI} - k_{vII}}}$$

x_{kr} = Kritische Auslastung
K = Kosten pro Periode
K_f = Fixe Kosten
k_v = Variable Kosten
I = Investitionsobjekt I
II = Investitionsobjekt II

Beispiel: Es soll die kritische Auslastung der Investitionsobjekte I und II aus dem Beispiel zum Kostenvergleich pro Periode — Seite 105 — ermittelt werden.

		Investitions-objekt I	Investitions-objekt II
Fixe Kosten	DM/Jahr	47.000	30.000
Variable Kosten	DM/Jahr	295.000	326.000
Gesamte Kosten	DM/Jahr	342.000	356.000
Kostendifferenz I - II	DM/Jahr	− 14.000	

Um die Kostengleichung zu erstellen, sind die variablen Kosten von DM/Jahr auf DM/Stück umzurechnen.

1. Kostenvergleichsrechnung

$$K_{fI} + k_{vI}x = K_{fII} + k_{vII}x$$

$$47.000 + 14{,}75\,x = 30.000 + 16{,}30\,x$$

$$x = 10.968$$

Graphisch läßt sich die kritische Auslastung — auch ohne Umrechnung von DM/Jahr auf DM/Stück — wie folgt darstellen:

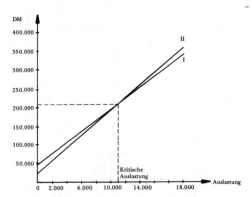

Die **Feststellung** aus dem Kostenvergleich pro Periode — Seite 106 —, daß das Investitionsobjekt I die kostengünstigere Alternative darstellen würde, ist nur solange zutreffend, als die Auslastung des Investitionsobjektes über 10.968 Stück/Jahr liegt.

1.2 Ersatzproblem

Die Kostenvergleichsrechnung kann nicht nur zur Lösung des Auswahlproblems bei alternativen Investitionsobjekten eingesetzt werden. Es ist auch möglich, mit ihrer Hilfe die Frage zu klären, ob es wirtschaftlicher ist, ein in Betrieb befindliches, noch nutzbares Investitionsobjekt durch ein neues Investitionsobjekt zu ersetzen und wann der geeignete Ersatzzeitpunkt ist.

Über die rechnerische Vorgehensweise gibt es **unterschiedliche Auffassungen,** die sich wie folgt zusammenfassen lassen:

- Beim Kostenvergleich werden die Kapital- und Betriebskosten des alten Investitionsobjektes den Kapital- und Betriebskosten des neuen Investitionsobjektes gegenübergestellt.

- Beim Kostenvergleich werden lediglich die Betriebskosten des alten Investitionsobjektes den Kapital- und Betriebskosten des neuen Investitionsobjektes gegenübergestellt.

C. Statische Investitionsrechnungen zur Beurteilung von Sachinvestitionen

Da die Kostenvergleichsrechnung die Aufgabe hat, die **künftig anfallenden Kosten** miteinander zu vergleichen, wird in jüngster Zeit immer mehr davon ausgegangen, auf den Ansatz der Kapitalkosten des alten Investitionsobjektes beim Kostenvergleich zu verzichten, auch wenn das Investitionsobjekt noch über einen Restbuchwert verfügt. Diese Vorgehensweise ist damit zu begründen, daß dem Kostenvergleich nur jener Werteverzehr zugrundegelegt werden sollte, der nach dem Zeitpunkt der Investitionsentscheidung gegeben ist, worunter der Restbuchwert — und damit die sich rechnerisch ergebenden Kapitalkosten — des alten Investitionsobjektes nicht fällt, der ein aus früheren Schätzungen resultierender Wert ist.

Gibt es für das alte Investitionsobjekt — unabhängig von dem möglicherweise vorhandenen Restbuchwert — einen **Resterlöswert**, also einen Liquidationswert zum Ersatzzeitpunkt, so ist er zu berücksichtigen, da er kostenmäßig für die Vergleichsperiode bedeutsam ist. Entsprechend sind in den Kostenvergleich einzubeziehen:

- Die durchschnittliche **Verringerung des Liquidationserlöses**, mit welcher das alte Investitionsobjekt zu belasten ist. Dabei wird der Resterlöswert zum Beginn und zum Ende der Vergleichsperiode ermittelt und die Differenz aus beiden Werten durch die Zahl der buchmäßig noch zu nutzenden Zahl der Jahre — das ist die Vergleichsperiode — dividiert:

$$l = \frac{L_{AV} - L_{EV}}{v}$$

l = Durchschnittliche Verringerung des Liquidationserlöses
L_{AV} = Liquidationserlös (Resterlöswert) am Anfang der Vergleichsperiode
L_{EV} = Liquidationserlös (Resterlöswert) zum Ende der Vergleichsperiode
v = Umfang der Vergleichsperiode

Beispiel: Ein Investitionsobjekt könnte 8 Jahre genutzt werden. Nach 5 Jahren soll überprüft werden, ob ein Ersatz vorteilhaft ist. Der Resterlöswert zum Ende des 5. Jahres würde 18.000 DM betragen; als Resterlöswert nach der geschätzten Nutzungsdauer von 8 Jahren werden 9.000 DM erwartet.

Die durchschnittliche Verringerung des Liquidationserlöses des zu ersetzenden Investitionsobjektes würde mit jährlich

$$l = \frac{18.000 - 9.000}{3} = 3.000 \text{ DM}$$

anzusetzen sein.

- Die **kalkulatorischen Zinsen** auf das noch gebundene Kapital, die auf der Grundlage des Resterlöswertes zum Anfang der Vergleichsperiode zu ermitteln sind, da sie bei einer Weiternutzung des Investitionsobjektes berechtigterweise angesetzt werden müssen. Ein Resterlöswert zum Ende der Vergleichsperiode ist ebenfalls zu berücksichtigen:

1. Kostenvergleichsrechnung

$$Z = \frac{L_{AV} + L_{EV}}{2} \cdot i$$

Z = Zinsen pro Periode
L_{AV} = Liquidationserlös (Resterlöswert) am Anfang der Vergleichsperiode
L_{EV} = Liquidationserlös (Resterlöswert) zum Ende der Vergleichsperiode
i = Kalkulationszinssatz

Beispiel: Unter der Annahme, daß die im vorangegangenen Beispiel genannten Werte weiter gültig sind und der kalkulatorische Zinssatz bei 10 % liegt, ergeben sich als durchschnittlich jährlich anfallende kalkulatorische Zinsen:

$$\frac{18.000 + 9.000}{2} \cdot 0{,}10 = \underline{\underline{1.350 \text{ DM}}}$$

Wie beim Auswahlproblem, läßt sich die Kostenvergleichsrechnung auch beim Ersatzproblem durchführen mit Hilfe eines

- **Kostenvergleiches pro Periode**
- **Kostenvergleiches pro Leistungseinheit**

Erweist sich eine Ersatzinvestition auf Grund des Kostenvergleiches für ein bestimmtes Jahr als nicht vorteilhaft, kann der Kostenvergleich für das nächste Jahr, gegebenenfalls für die nächsten Jahre — jeweils getrennt — wiederum vorgenommen werden, um den geeigneten Ersatzzeitpunkt zu bestimmen.

1.2.1 Kostenvergleich pro Periode

Ein Kostenvergleich pro Periode kann erfolgen, wenn das alte Investitionsobjekt und das neue Investitionsobjekt über eine gleich hohe mengenmäßige Auslastung verfügen.

Die **Grundstruktur** für die Ermittlung der Kosten pro Periode läßt sich darstellen:

		Altes Investitionsobjekt	Neues Investitionsobjekt
Leistung	Stück/Jahr	.....	.....
Nutzungsdauer	Jahre	.....	.....
Restnutzungsdauer	Jahre	.....	
Resterlöswert am Anfang der Vergleichsperiode	DM	.....	
Resterlöswert am Ende der Vergleichsperiode	DM	.....	
Abschreibungen	DM/Jahr	—	.....
Verringerung des Liquidationswertes	DM/Jahr	.....	—
Zinsen	DM/Jahr	.....	.....
Sonstige fixe Kosten	DM/Jahr	.....	.....
Fixe Kosten	DM/Jahr	.....	.....
Variable Kosten	DM/Jahr	.....	.....
Gesamte Kosten	DM/Jahr	.....	.....
Kostendifferenz A-N	DM/Jahr	.....	

Beispiel: Ein Investitionsobjekt ist seit 8 Jahren im Einsatz. Seine Nutzungsdauer ist auf 10 Jahre veranschlagt. Das Unternehmen erhält ein Angebot über ein weiterentwickeltes, funktionsgleiches Investitionsobjekt, wobei das alte Investitionsobjekt in Zahlung gegeben werden könnte. Die Daten sind der Tabelle zu entnehmen.

		Altes Investitionsobjekt	Neues Investitionsobjekt
Anschaffungskosten	DM	*170.000*	245.000
Restwert	DM	*10.000*	5.000
Nutzungsdauer	Jahre	*10*	10
Auslastung	Stück/Jahr	20.000	20.000
Zinssatz	%	10	10
Restnutzungsdauer	Jahre	2	–
Resterlöswert Ende des 8. Jahres	DM	25.000	–
Resterlöswert Ende des 10. Jahres	DM	*5.000*	–
Abschreibungen	DM/Jahr	–	24.000
Verringerung des Liquidationswertes	DM/Jahr	10.000	–
Zinsen	DM/Jahr	3.000	12.500
Raumkosten	DM/Jahr	1.500	1.400
Instandhaltungskosten	DM/Jahr	2.775	1.975
Gehälter	DM/Jahr	8.500	8.500
Sonstige fixe Kosten	DM/Jahr	3.300	2.800
Fixe Kosten	DM/Jahr	29.075	51.175
Löhne	DM/Jahr	82.000	74.000
Materialkosten	DM/Jahr	166.000	151.000
Energiekosten	DM/Jahr	5.500	5.000
Werkzeugkosten	DM/Jahr	8.800	7.900
Sonstige variable Kosten	DM/Jahr	6.000	5.400
Variable Kosten	DM/Jahr	268.300	243.300
Gesamte Kosten	DM/Jahr	297.375	294.475
Kostendifferenz A-N	DM/Jahr	+ 2.900	

Der Kostenvergleich läßt erkennen, daß es vorteilhaft ist, das alte Investitionsobjekt zum Ende des 8. Jahres durch das neue Investitionsobjekt zu ersetzen.

Die in der Tabelle *kursiv* ausgedruckten Zahlen sind für den Kostenvergleich ohne Bedeutung.

1.2.2 Kostenvergleich pro Leistungseinheit

Der Kostenvergleich muß sich dann notwendigerweise auf die einzelne Leistungseinheit beziehen, wenn die mengenmäßige Auslastung des alten und des neuen Investitionsobjektes unterschiedlich sind.

Die **Grundstruktur** des Kostenvergleiches ist die gleiche, wie sie für den Kostenvergleich pro Periode dargestellt wurde; sie bezieht sich lediglich auf die einzelne Leistungseinheit:

1. Kostenvergleichsrechnung

		Altes Investitionsobjekt	Neues Investitionsobjekt
Leistung	Stück/Jahr	.....	.....
Nutzungsdauer	Jahre	.....	.....
Restnutzungsdauer	Jahre	.....	—
Resterlöswert am Anfang der Vergleichsperiode	DM	.....	—
Resterlöswert am Ende der Vergleichsperiode	DM	.....	—
Abschreibungen	DM/Stück		.....
Verringerung des Liquidationswertes	DM/Stück	....	—
Zinsen	DM/Stück	....	.....
Sonstige fixe Kosten	DM/Stück	....	.....
Fixe Kosten	DM/Stück	.....	.....
Variable Kosten	DM/Stück	.....	.....
Gesamte Kosten	DM/Stück	.....	.....
Kostendifferenz A-N	DM/Stück	.....	

Beispiel: Ein Investitionsobjekt ist seit 6 Jahren im Einsatz. Seine Nutzungsdauer ist auf 10 Jahre veranschlagt, seine Auslastung beträgt 15.000 Stück/Jahr. Dem Unternehmen wird ein verbessertes Investitionsobjekt angeboten, dessen Auslastung mit 20.000 Stück/Jahr angesetzt werden kann. Die übrigen Daten sind der Tabelle zu entnehmen.

116 C. Statische Investitionsrechnungen zur Beurteilung von Sachinvestitionen

		Altes Investitionsobjekt	Neues Investitionsobjekt
Anschaffungskosten	DM	*180.000*	260.000
Restwert	DM	*0*	0
Nutzungsdauer	Jahre	10	10
Auslastung	Stück/Jahr	*15.000*	20.000
Zinssatz	%	10	10
Restnutzungsdauer	Jahre	4	–
Resterlöswert Ende 6. Jahr	DM	10.000	–
Resterlöswert Ende 10. Jahr	DM	0	–
Abschreibungen	DM/Stück	0,17	1,30
Zinsen	DM/Stück	0,03	0,65
Raumkosten	DM/Stück	0,10	0,08
Instandhaltungskosten	DM/Stück	0,14	0,12
Gehälter	DM/Stück	0,53	0,47
Sonstige fixe Kosten	DM/Stück	0,22	0,19
Fixe Kosten	DM/Stück	1,19	2,81
Löhne	DM/Stück	5,33	4,99
Materialkosten	DM/Stück	9,20	9,13
Energiekosten	DM/Stück	0,23	0,20
Werkzeugkosten	DM/Stück	0,29	0,25
Sonstige variable Kosten	DM/Stück	0,36	0,29
Variable Kosten	DM/Stück	15,41	14,86
Gesamte Kosten	DM/Stück	16,60	17,67
Kostendifferenz A-N	DM/Stück	– 1,07	

Es ist zu erkennen, daß es nicht vorteilhaft ist, das alte Investitionsobjekt zum Ende des 6. Jahres ausscheiden zu lassen, da es um 1,07 DM/Stück geringere Kosten verursacht als das neue Investitionsobjekt.

1.3 Eignung

Die Kostenvergleichsrechnung ist ein in der betrieblichen Praxis gerne verwendetes Verfahren der statischen Investitionsrechnung. *Grabbe* berichtet, daß rund 24 % befragter Unternehmen die Kostenvergleichsrechnung einsetzen, um die Vorteilhaftigkeit von Investitionen zu ermitteln.

Der **Vorteil** der Kostenvergleichsrechnung ist zweifellos in der relativ einfachen Anwendbarkeit dieses Verfahrens zu sehen.

Mehrere **Nachteile** schränken die Eignung der Kostenvergleichsrechnung indessen ein:

- **Kurzfristigkeit des Kostenvergleiches,** der üblicherweise für ein Jahr erfolgt und damit Entwicklungen im Zeitablauf unberücksichtigt läßt. Besonders problematisch ist er, wenn er sich auf das erste Jahr der Nutzung der Investitionsobjekte bezieht. Wird er für eine Repräsentativperiode oder eine Durchschnittsperiode durchgeführt, verbessert sich seine Aussagekraft.

- **Auflösbarkeit der Kosten,** die gegebenenfalls mit ihren fixen und variablen Bestandteilen zu ermitteln sind, beispielsweise auch, um die Kostenfunktionen zu erstellen, was sich in der betrieblichen Praxis vielfach als recht schwierig erweist.

- **Nichtberücksichtigung der Erträge,** die damit für alle alternativen Investitionsobjekte als gleich hoch angesehen werden müssen, und die sich im Zeitablauf nicht oder bei allen alternativen Investitionsobjekten nur gleichartig verändern dürfen.

- **Nichtberücksichtigung des Kapitaleinsatzes,** dessen Einbeziehung – in Verbindung mit den Erträgen – erst offenlegt, inwieweit eine Investition wirklich rentabel ist. Mit dem Kostenvergleich wird lediglich die kostenminimale Investition ermittelt, ohne daß deren Rentabilität ausreichend hoch sein muß.

2. Gewinnvergleichsrechnung

Die Gewinnvergleichsrechnung stellt eine Erweiterung der Kostenvergleichsrechnung durch Einbeziehung der Erträge dar, die – im Gegensatz zu der Annahme bei der Kostenvergleichsrechnung – für die einzelnen Investitionsobjekte unterschiedlich hoch sein können, wofür es vor allem zwei **Gründe** gibt:

- Die alternativen Investitionsobjekte können sich in ihrer **quantitativen Leistungsfähigkeit** unterscheiden und deshalb beim gleichen Ertrag pro Stück einen um so höheren Ertrag pro Periode erbringen, je mehr Stück pro Periode gefertigt werden, sofern der Absatzmarkt die Erzeugnisse zu einem unveränderten Preis aufnimmt.

- Die alternativen Investitionsobjekte können sich in ihrer **qualitativen Leistungsfähigkeit** unterscheiden und dadurch ermöglichen, einen unterschiedlich hohen Ertrag pro Stück und – bei gleich hoher Mengenleistung – einen entsprechend unterschiedlich hohen Ertrag pro Periode zu erwirtschaften, sofern es für die unterschiedlichen Qualitäten einen Absatzmarkt gibt.

Beide Gründe können einzeln oder gemeinsam gegeben sein, beispielsweise bei Ersatz- und Erweiterungsinvestitionen, aber auch bei Rationalisierungsinvestitionen.

Durch die Einbeziehung der durch die Investitionsobjekte erwirtschafteten Erträge läßt sich die Vorteilhaftigkeit der Investitionen besser beurteilen als bei der Kostenvergleichsrechnung. Denn ein noch so kostengünstiges Investitionsobjekt muß nicht notwendigerweise auch einen Gewinn bringen.

Als **Gewinn** wird bei der Gewinnvergleichsrechnung allgemein die Differenz aus Kosten und Erträgen verstanden:

$$G = E - K$$

G = Gewinn
E = Erträge
K = Kosten

Mit Hilfe der Gewinnvergleichsrechnung läßt sich ein **einzelnes Investitionsobjekt** im Hinblick auf seine Vorteilhaftigkeit beurteilen. Diese ist gegeben, wenn der Gewinn größer oder gleich Null ist:

$$G \geq 0$$

Außerdem kann die Vorteilhaftigkeit **alternativer Investitionsobjekte** festgestellt werden, wobei das Investitionsobjekt das vorteilhaftere bzw. vorteilhafteste ist, das den größeren bzw. größten Gewinn erzielt:

$$G_I \gtreqless G_{II}$$

Schließlich ist es möglich, den **geeigneten Ersatzzeitpunkt** eines Investitionsobjektes mit Hilfe der Gewinnvergleichsrechnung zu ermitteln.

Dementsprechend kann die Gewinnvergleichsrechnung eingesetzt werden für:

2.1 Einzelinvestition

Die Gewinnvergleichsrechnung ist geeignet, ein einzelnes Investitionsobjekt danach zu beurteilen, ob es vorteilhaft ist. Davon kann dann ausgegangen werden, wenn es keinen Verlust erwirtschaftet, d.h. der Gewinn mindestens Null ist.

2. Gewinnvergleichsrechnung

Die Ermittlung der Vorteilhaftigkeit erfolgt vorzugsweise tabellarisch:

	DM
Erträge	.....
Fixe Kosten	.....
Variable Kosten	.....
Gesamte Kosten	.....
Gewinn	.....

Beispiel: Ein Investitionsobjekt verursacht fixe Kosten pro Periode von 20.000 DM und variable Kosten pro Periode von 30.000 DM. Die Auslastung beträgt 10.000 Stück pro Periode, die zum Preis von 8,50 DM pro Stück verkauft werden können.

		DM	
Erträge	DM/Jahr		85.000
Fixe Kosten	DM/Jahr	20.000	
Variable Kosten	DM/Jahr	30.000	
Gesamte Kosten	DM/Jahr		50.000
Gewinn	DM/Jahr		35.000

Die Investition ist vorteilhaft, da sie einen Gewinn von 35.000 DM pro Periode erzielt.

Die Ermittlung der Vorteilhaftigkeit eines Investitionsobjektes kann auch — in entsprechender Weise — pro Leistungseinheit erfolgen.

2.2 Auswahlproblem

Das Auswahlproblem stellt sich, wenn mehrere alternative Investitionsobjekte vorhanden sind, von denen das gewinnträchtigere bzw. gewinnträchtigste zu bestimmen ist. Bei voraussichtlich gleicher mengenmäßig genutzter Leistung der alternativen Investitionsobjekte kann ein

- **Gewinnvergleich pro Periode**
- **Gewinnvergleich pro Leistungseinheit**

vorgenommen werden. Beide Rechnungen führen zum gleichen Ergebnis.

Ist die voraussichtliche mengenmäßig genutzte Leistung der alternativen Investitionsobjekte unterschiedlich hoch, kommt nur ein Gewinnvergleich pro Periode in Betracht, um die Vorteilhaftigkeit der Investitionsobjekte beurteilen zu können.

Die **Grundstruktur** der tabellarisch durchgeführten Gewinnvergleichsrechnung hat folgendes Aussehen:

	Investitions-objekt I	Investitions-objekt II
Leistung	.....	.....
Erträge	.....	.....
Fixe Kosten Variable Kosten	....	....
Gesamte Kosten	.....	.....
Gewinn	.....	.....
Gewinndifferenz I - II	.....	

2.2.1 Gewinnvergleich pro Periode

Der Gewinnvergleich pro Periode ist **zweckmäßig**, wenn die alternativen Investitionsobjekte voraussichtlich mit gleich hoher mengenmäßiger Leistung genutzt werden.

Beispiel: Zwei alternative Investitionsobjekte sind zu vergleichen, die folgende Daten aufweisen:

		Investitions-objekt I	Investitions-objekt II
Anschaffungskosten	DM	105.000	100.000
Restwert	DM	0	0
Nutzungsdauer	Jahre	10	10
Auslastung	Stück/Jahr	20.000	20.000
Zinssatz	%	10	10
Erträge	DM/Jahr	360.000	360.000
Fixe Kosten Variable Kosten	DM/Jahr DM/Jahr	32.000 280.000	29.000 285.000
Gesamte Kosten	DM/Jahr	312.000	314.000
Gewinn	DM/Jahr	48.000	46.000
Gewinndifferenz I - II	DM/Jahr	+ 2.000	

Wie zu sehen ist, erweist sich das Investitionsobjekt I — bei gleicher Auslastung beider Investitionsobjekte — als vorteilhafter, da es um 2.000 DM mehr Gewinn zu erwirtschaften vermag als das Investitionsobjekt II.

2. Gewinnvergleichsrechnung

Weisen die alternativen Investitionsobjekte — entgegen der vorangegangenen Annahme — unterschiedlich hohe mengenmäßige Leistungen auf, ist es **notwendig**, sich des Gewinnvergleiches pro Periode zu bedienen.

Beispiel: Ein Investitionsobjekt I erwirtschaftet bei einer Auslastung von 10.000 Stück/Jahr einen Ertrag von 220.000 DM/Jahr; die Kosten betragen 185.000 DM/Jahr. Ein alternatives Investitionsobjekt II erwirtschaftet lediglich einen Ertrag von 198.000 DM/Jahr bei Kosten von 164.000 DM/Jahr; die Auslastung ist kapazitätsbedingt auf 9.000 Stück/Jahr beschränkt.

		Investitionsobjekt I	Investitionsobjekt II
Auslastung	Stück/Jahr	10.000	9.000
Erträge	DM/Jahr	220.000	198.000
Kosten	DM/Jahr	185.000	164.000
Gewinn	DM/Jahr	35.000	34.000
Gewinndifferenz I - II	DM/Jahr	+ 1.000	

Das Investitionsobjekt I ist das vorteilhaftere, da es einen Gewinn erwirtschaftet, der pro Periode um 1.000 DM höher liegt als beim Investitionsobjekt II.

2.2.2 Gewinnvergleich pro Leistungseinheit

Der Gewinnvergleich alternativer Investitionsobjekte kann pro Leistungseinheit erfolgen, wenn die mengenmäßig genutzte Leistung der alternativen Investitionsobjekte gleich hoch ist.

Beispiel: Die beim Gewinnvergleich pro Periode dargestellte Rechnung mit gleicher Auslastung der alternativen Investitionsobjekte — Seite 120 — soll entsprechend auf die Leistungseinheit bezogen werden.

			Investitionsobjekt I		Investitionsobjekt II	
Anschaffungskosten		DM	105.000		100.000	
Restwert		DM	0		0	
Nutzungsdauer		Jahre	10		10	
Auslastung		Stück/Jahr	20.000		20.000	
Zinssatz		%	10		10	
Erträge	360.000 : 20.000	DM/Stück		18,00		18,00
Fixe Kosten	32.000 : 20.000	DM/Stück	1,60			
	29.000 : 20.000	DM/Stück			1,45	
Variable Kosten	280.000 : 20.000	DM/Stück	14,00			
	285.000 : 20.000	DM/Stück			14,25	
Gesamte Kosten		DM/Stück		15,60		15,70
Gewinn		DM/Stück		2,40		2,30
Gewinndifferenz I - II		DM/Stück		+ 0,10		

Wie bereits beim Gewinnvergleich pro Periode, erweist sich das Investitionsobjekt I — bei gleicher Auslastung beider Investitionsobjekte — auch beim Vergleich pro

122 C. Statische Investitionsrechnungen zur Beurteilung von Sachinvestitionen

Leistungseinheit in entsprechender Weise vorteilhaft, da es um 0,10 DM/Stück mehr Gewinn zu erwirtschaften vermag als das Investitionsobjekt II.

Ist die voraussichtliche mengenmäßig genutzte Leistung der alternativen Investitionsobjekte unterschiedlich hoch, kommt ein Gewinnvergleich pro Leistungseinheit nicht in Betracht, da er zu **falscher Beurteilung** führt.

2.2.3 Kritische Auslastung

Vielfach kann die mengenmäßige Leistung der alternativen Investitionsobjekte nicht genau festgelegt werden, da sie sich insbesondere an den Möglichkeiten zu orientieren hat, die der Markt bietet. Verbindlich liegen lediglich die technischen Daten der Investitionsobjekte vor, die unter anderem Aufschluß über die Kapazitätsgrenzen geben.

Es ist dann zweckmäßig, die kritische Auslastung zu ermitteln, bei welcher die durch die alternativen Investitionsobjekte erwirtschafteten Gewinne gleich hoch sind. Hierzu sind die Gewinnfunktionen der alternativen Investitionsobjekte gleichzusetzen:

$$G_I = p_I x - k_{vI} x - K_{fI}$$

$$G_{II} = p_{II} x - k_{vII} x - K_{fII}$$

$$\boxed{p_I x - k_{vI} x - K_{fI} = p_{II} x - k_{vII} x - K_{fII}}$$

G = Gewinn
x_{kr} = Kritische Auslastung
p = Preis
K_f = Fixe Kosten
k_v = Variable Kosten

Beispiel: Zwei alternative Investitionsobjekte weisen folgende Daten auf:

		Investitionsobjekt I	Investitionsobjekt II
Kapazität	Stück/Jahr	20.000	20.000
Erträge	DM/Stück	18,00	18,00
Fixe Kosten	DM/Jahr	32.500	29.000
Variable Kosten	DM/Stück	14,00	14,25

2. Gewinnvergleichsrechnung

$$G_I = 18x - 14x - 32.500$$
$$G_{II} = 18x - 14{,}25x - 29.000$$
$$18x - 14x - 32.500 = 18x - 14{,}25x - 29.000$$
$$x_{kr} = 14.000$$

Graphisch läßt sich die kritische Menge wie folgt darstellen:

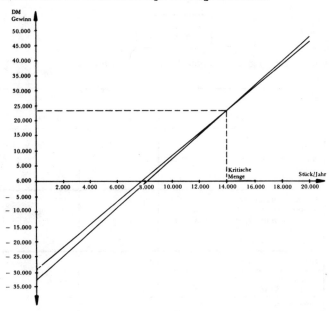

Wie zu erkennen ist, liegt die kritische Menge bei 14.000 Stück/Jahr. Beträgt die Auslastung der alternativen Investitionsobjekte weniger als 14.000 Stück/Jahr, dann ist das Investitionsobjekt I das vorteilhaftere; bei einer Auslastung von mehr als 14.000 Stück/Jahr wäre das Investitionsobjekt II vorzuziehen.

2.3 Ersatzproblem

Die Gewinnvergleichsrechnung kann nicht nur zur Lösung des Auswahlproblems bei alternativen Investitionsobjekten eingesetzt werden. Es ist auch möglich, mit ihrer Hilfe die Frage zu klären, ob es wirtschaftlicher ist, ein in Betrieb befindliches, noch nutzbares Investitionsobjekt durch ein neues Investitionsobjekt zu ersetzen und wann der geeignete Ersatzzeitpunkt ist.

Was den Ansatz der Kosten bei der Gewinnvergleichsrechnung betrifft, so gelten die entsprechenden Ausführungen zur Kostenvergleichsrechnung. Den dort genannten Kosten des alten und neuen Investitionsobjektes werden die Erträge aus diesen Objekten gegenübergestellt. Als Kriterium der Vorteilhaftigkeit gilt der Gewinn, der vor der Ersatzinvestition erzielt wird bzw. nach der Ersatzinvestition zu erwarten ist:

$$G_A \lesseqgtr G_N$$

Für den Gewinnvergleich gilt die folgende **Grundstruktur**:

	Altes Investitionsobjekt	Neues Investitionsobjekt
Anschaffungskosten Restwert Nutzungsdauer Auslastung Zinssatz	....	....

Restnutzungsdauer
Resterlöswert
  zu Beginn der Restnutzungsdauer
Resterlöswert
  am Ende der Restnutzungsdauer
	.....
	
	.....
	
	.....	

Erträge	.....	.....
Fixe Kosten Variable Kosten	....	....
Gesamte Kosten	.....	.....
Gewinn	.....	.....
Gewinndifferenz A-N	.....	

Der Gewinnvergleich zur Lösung des Ersatzproblems kann bei voraussichtlich gleicher mengenmäßig genutzter Leistung des alten und neuen Investitionsobjektes durchgeführt werden als:
- **Gewinnvergleich pro Periode**
- **Gewinnvergleich pro Leistungseinheit**

Erweist sich eine Ersatzinvestition auf Grund des Gewinnvergleiches für ein bestimmtes Jahr als nicht vorteilhaft, kann der Gewinnvergleich für das nächste Jahr, gegebenenfalls für die nächsten Jahre — jeweils getrennt — wiederum vorgenommen werden, um den geeigneten Ersatzzeitpunkt zu bestimmen.

2. Gewinnvergleichsrechnung

2.3.1 Gewinnvergleich pro Periode

Ist die voraussichtlich genutzte Leistung des alten und neuen Investitionsobjektes gleich hoch, kann ein Gewinnvergleich pro Periode erfolgen. Bei unterschiedlich hoher Leistung beider Investitionsobjekte führt ausschließlich der Gewinnvergleich pro Periode zu einem geeigneten Ergebnis.

Beispiel: Es ist Ende des 8. Jahres zu prüfen, ob ein altes, 10 Jahre nutzbares Investitionsobjekt durch ein neues Investitionsobjekt ersetzt werden soll. Der Verkaufspreis einer Produkteinheit beträgt beim alten Investitionsobjekt 18,50 DM, beim neuen Investitionsobjekt wegen verbesserter Oberflächengüte 19,50 DM. Im übrigen gelten folgende Daten:

		Altes Investitionsobjekt	Neues Investitionsobjekt
Anschaffungskosten	DM	170.000	245.000
Restwert	DM	10.000	5.000
Nutzungsdauer	Jahre	10	10
Auslastung	Stück/Jahr	20.000	20.000
Zinssatz	%	10	10
Restnutzungsdauer	Jahre	2	–
Resterlöswert Ende 8. Jahr	DM	25.000	–
Resterlöswert Ende 10. Jahr	DM	5.000	–
Erträge	DM/Jahr	370.000	390.000
Fixe Kosten	DM/Jahr	29.075	51.175
Variable Kosten	DM/Jahr	268.300	243.300
Gesamte Kosten	DM/Jahr	297.375	294.475
Gewinn	DM/Jahr	72.625	95.525
Gewinndifferenz A-N	DM/Jahr	– 22.900	

Es lohnt sich, das alte Investitionsobjekt auszusondern und das neue Investitionsobjekt zu beschaffen, da es einen um 22.900 DM höheren Gewinn erwirtschaftet.

Bei unterschiedlich hoher Leistung des alten und des neuen Investitionsobjektes wird der Gewinnvergleich stets pro Periode durchgeführt.

Beispiel: Zwei Investitionsobjekte sind im Hinblick auf ihre Vorteilhaftigkeit zu vergleichen, die Daten sind der Tabelle zu entnehmen.

		Altes Investitionsobjekt	Neues Investitionsobjekt
Anschaffungskosten	DM	210.000	380.000
Restwert	DM	10.000	20.000
Nutzungsdauer	Jahre	10	10
Auslastung	Stück/Jahr	40.000	60.000
Zinssatz	%	10	10
Restnutzungsdauer	Jahre	4	–
Resterlöswert Ende 6. Jahr	DM	60.000	–
Resterlöswert Ende 10. Jahr	DM	20.000	–
Erträge	DM/Jahr	220.000	330.000
Abschreibungen	DM/Jahr	–	36.000
Verringerung des Liquidationswertes	DM/Jahr	10.000	
Zinsen	DM/Jahr	4.000	20.000
Sonstige fixe Kosten	DM/Jahr	6.000	15.000
Fixe Kosten	DM/Jahr	20.000	71.000
Löhne	DM/Jahr	70.000	25.000
Materialkosten	DM/Jahr	105.000	135.000
Sonstige variable Kosten	DM/Jahr	15.000	10.000
Variable Kosten	DM/Jahr	190.000	170.000
Gesamte Kosten	DM/Jahr	210.000	241.000
Gewinn	DM/Jahr	10.000	89.000
Gewinndifferenz A-N	DM/Jahr	– 79.000	

Die Anschaffung des neuen, leistungsstärkeren Investitionsobjektes ist zu befürworten, da es einen um 79.000 DM höheren Gewinn erwirtschaftet als das alte Investitionsobjekt.

2.3.2 Gewinnvergleich pro Leistungseinheit

Ist die genutzte Leistung von altem und neuem Investitionsobjekt gleich hoch, dann kann der Gewinnvergleich auf der Grundlage der Leistungseinheit vorgenommen werden.

Bei unterschiedlicher Höhe der genutzten Leistung von altem und neuem Investitionsobjekt ist ein Gewinnvergleich pro Leistungseinheit nicht geeignet.

Beispiel: Die beim Gewinnvergleich pro Periode untersuchten Investitionsobjekte gleicher Leistung — Seite 125 — werden dem Gewinnvergleich pro Leistungseinheit unterzogen.

2. Gewinnvergleichsrechnung

		Altes Investitionsobjekt		Neues Investitionsobjekt	
Anschaffungskosten	DM	170.000		245.000	
Restwert	DM	10.000		5.000	
Nutzungsdauer	Jahre	10		10	
Auslastung	Stück/Jahr	20.000		20.000	
Zinssatz	%	10		10	
Restnutzungsdauer	Jahre	2		–	
Resterlöswert Ende 8. Jahr	DM	25.000		–	
Resterlöswert Ende 10. Jahr	DM	5.000		–	
Erträge 370.000 : 20.000	DM/Stück		18,50		
390.000 : 20.000	DM/Stück				19,50
Fixe Kosten 29.075 : 20.000	DM/Stück	1,45			
51.175 : 20.000	DM/Stück			2,56	
Variable Kosten 268.300 : 20.000	DM/Stück	13,42			
243.300 : 20.000	DM/Stück			12,17	
Gesamte Kosten	DM/Stück		14,87		14,73
Gewinn	DM/Stück		3,63		4,77
Gewinndifferenz A–N	DM/Stück		–1,14		

Eine Neuinvestition ist zu empfehlen, da mit ihr ein Stückgewinn erwirtschaftet wird, der um 1,14 DM höher liegt als beim alten Investitionsobjekt und die – bei gleicher Leistung beider Investitionsobjekte – einen entsprechend höheren Jahresgewinn aufweist.

2.4 Eignung

Die Gewinnvergleichsrechnung wird in der betrieblichen Praxis weniger eingesetzt als die Kostenvergleichsrechnung, obwohl sie positiver zu beurteilen ist, da sie nicht nur die Kostenseite, sondern auch die Ertragseite beim Investitionsobjekt berücksichtigt. *Grabbe* berichtet, daß sich rund 9 % befragter Unternehmen der Gewinnvergleichsrechnung bedienen, um die Vorteilhaftigkeit von Investitionen zu beurteilen.

Mehrere **Nachteile** schränken die Eignung der Gewinnvergleichsrechnung indessen ein:

- **Kurzfristigkeit des Gewinnvergleiches,** der üblicherweise für ein Jahr erfolgt und damit Entwicklungen im Zeitablauf unberücksichtigt läßt. Besonders problematisch ist er, wenn er sich auf das erste Jahr der Nutzung der Investitionsobjekte bezieht. Wird er für eine Repräsentativperiode oder eine Durchschnittsperiode durchgeführt, verbessert sich seine Aussagekraft.

- **Auflösbarkeit der Kosten**, die gegebenenfalls mit ihren fixen und variablen Bestandteilen zu ermitteln sind, beispielsweise auch um die Kostenfunktionen zu erstellen, was sich in der betrieblichen Praxis vielfach als recht schwierig erweist.

- **Zurechenbarkeit der Erträge**, die hinsichtlich eines einzelnen Investitionsobjektes problematisch sein kann, beispielsweise wenn das zu erstellende Produkt auf mehreren Maschinen gefertigt wird. Ein Ertragsanteil ist dann häufig nur mit Hilfe von Hilfskonstruktionen zurechenbar.

- **Nichtberücksichtigung des Kapitaleinsatzes**, dessen Einbeziehung erst offenlegt, inwieweit eine Investition wirklich rentabel ist. Mit dem Gewinnvergleich wird lediglich die gewinnmaximale Investition ermittelt, ohne daß deren Rentabilität ausreichend hoch sein muß.

3. Rentabilitätsvergleichsrechnung

Während bei der Kostenvergleichsrechnung und Gewinnvergleichsrechnung ein wesentlicher Kritikpunkt ist, daß nur eine relative Vorteilhaftigkeit von Investitionen — ohne Berücksichtigung des erforderlichen Kapitaleinsatzes — ermittelt werden kann, ermöglicht die Rentabilitätsvergleichsrechnung, eine **absolute Vorteilhaftigkeit** von Investitionen festzustellen. Dabei geht die Rentabilitätsvergleichsrechnung grundsätzlich von den Ergebnissen der Kostenvergleichsrechnung und Gewinnvergleichsrechnung aus.

In der Literatur, aber auch in der betrieblichen Praxis gibt es eine Vielzahl von Vorschlägen, wie die Rentabilität von Investitionen zu ermitteln ist*. Sie unter-

---

* Von einer relativen Rentabilität geht *Terborgh* aus, der die von ihm entwickelte **MAPI-Methode** vorschlägt, um feststellen zu können, ob der Ersatz eines Investitionsobjektes zum jetzigen Zeitpunkt oder erst in der nächsten Periode vorteilhafter ist.

Dabei wird der Zustand bei Durchführung der Investition mit dem Zustand verglichen, der ohne die Investition bestehen würde. Entscheidungskriterium ist die relative Rentabilität, die bei Ersatz des alten Investitionsobjektes in der nächsten Periode erzielt werden kann. Mit dieser Kennzahl wird die Dringlichkeit der Investition für das Unternehmen gemessen.

Die **relative Rentabilität** wird ermittelt:

$$r = \frac{(2) + (3) - (4) - (5)}{(1)}$$

3. Rentabilitätsvergleichsrechnung

scheiden sich vor allem darin, daß die in die Rentabilitätsformel eingehenden Größen des Gewinnes und des Kapitaleinsatzes voneinander abweichend definiert werden.

Unter der Zielsetzung, mit Hilfe der Rentabilitätsvergleichsrechnung die **durchschnittliche jährliche Verzinsung** des eingesetzten Kapitals von Investitionsobjekten zu ermitteln, gilt:

$$\boxed{R = \frac{G}{D} \cdot 100}$$

oder

(1) = **Erforderliches Kapital**
Das sind die Anschaffungskosten des neuen Investitionsobjektes abzüglicher freigesetzter und/oder vermiedener Kapitalbeträge (Liquidationserlöse, ersparte Großreparaturen).

(2) = **Laufender Betriebsgewinn des nächsten Jahres**
Das ist die Summe aus der Ertragssteigerung und der Verminderung der laufenden Kosten infolge der Investition.

(3) = **Vermiedener Kapitalverkehr des nächsten Jahres**
Das ist die Verminderung des Liquidationserlöses der vorhandenen Anlage bei Weiterbeschäftigung im nächsten Jahr plus der Anteil an Ausgaben für etwa notwendig werdende Großreparaturen bei Weiterverwendung.

(4) = **Eintretender Kapitalverzehr des nächsten Jahres**
Das ist die Differenz zwischen den Barwerten der Rückflüsse zu Beginn des 1. und des 2. Jahres; dies entspricht dem Kapitalverzehr der neuen Anlage im nächsten Jahr und wird mit Hilfe der MAPI-Diagramme festgestellt.

(5) = **Ertragssteuerbetrag des nächsten Jahres**
Das ist der zusätzlich entstehende Anfall von Ertragsteuern infolge der Realisierung der Investition.

Der Einsatz der MAPI-Methode geht so vor sich, daß in zugehörigen MAPI-Formularen die erforderlichen Werte eingetragen werden, worauf sich die Ermittlung des MAPI-Dringlichkeitswertes anschließt. Je höher die relative Rentabilität einer Investition ist, um so dringlicher wird die Investition eingestuft.

Die MAPI-Methode ist ein statisches Investitionsrechnungsverfahren mit dynamischen Elementen, das für die betriebliche Praxis keine große Bedeutung mehr hat. Sie unterstellt **unrealistische Entwicklungen:**

- Zunehmenden relativen Gewinn
- Normierbare Gewinnverläufe
- Gleichartigkeit der Kostenwirtschaftlichkeit

$$R = \frac{E - K}{D} \cdot 100$$

R = Rentabilität
G = Gewinn pro Periode
E = Erträge pro Periode
K = Kosten pro Periode
D = Durchschnittlicher Kapitaleinsatz

Der **durchschnittliche Gewinn** ist als zusätzlicher, durch die Investition verursachter Gewinn zu verstehen, der nach überwiegender Auffassung nicht durch kalkulatorische Zinsen gemindert sein darf, da sich ansonsten statt der durchschnittlichen jährlichen Verzinsung lediglich die über den kalkulatorischen Zins hinausgehende Verzinsung ergeben würde.

Bei Rationalisierungsinvestitionen tritt der durchschnittliche zusätzliche Gewinn als durchschnittliche zusätzliche Kostenersparnis in Erscheinung.

Wie der durchschnittliche Gewinn, ist auch der **durchschnittliche Kapitaleinsatz** als zusätzlicher Kapitaleinsatz anzusehen, bei dem ein möglicher Liquidationserlös abgezogen und eine gegebenenfalls investitionsbedingte Erweiterung des Umlaufvermögens hinzugerechnet werden muß.

Der **Ansatz** des durchschnittlichen Kapitaleinsatzes erfolgt nach überwiegender Auffassung in folgender Weise:

- **Nicht abnutzbare Anlagegüter** — beispielsweise Grundstücke — werden mit den Anschaffungskosten angesetzt, da sie am Ende der Investitionsperiode nicht verbraucht sind.
- **Umlaufvermögen** — beispielsweise investitionsbedingte zusätzliche Fertigungsstoffe — werden ebenfalls mit den Anschaffungskosten angesetzt.
- **Abnutzbare Anlagegüter** — beispielsweise Maschinen — werden mit den halben Anschaffungskosten angesetzt.

Nach der Rentabilitätsvergleichsrechnung ist ein **einzelnes Investitionsobjekt** vorteilhaft, wenn seine Rentabilität der vom Unternehmen festgelegten Mindestrentabilität entspricht oder über ihr liegt:

$$R \geq R_{min}$$

Bei mehreren **alternativen Investitionsobjekten** ist das Investitionsobjekt das vorteilhaftere bzw. vorteilhafteste, das die höhere bzw. höchste Rentabilität aufweist:

$$R_I \lesseqgtr R_{II}$$

3. Rentabilitätsvergleichsrechnung

Schließlich ist es mit Hilfe der Rentabilitätsvergleichsrechnung möglich, Aussagen über die Vorteilhaftigkeit von **Ersatzinvestitionen** zu vermitteln. Dementsprechend kann die Rentabilitätsvergleichsrechnung eingesetzt werden für:

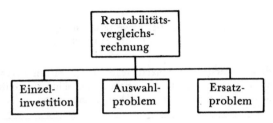

3.1 Einzelinvestition

Die Rentabilitätsvergleichsrechnung ist geeignet, ein einzelnes Investitionsobjekt danach zu beurteilen, ob es vorteilhaft ist. Davon kann ausgegangen werden, wenn es die vom Unternehmen festgelegte Mindestrentabilität erreicht oder übersteigt.

Beispiel: Es ist zu prüfen, ob ein Investitionsobjekt angeschafft werden soll, das 90.000 DM kostet und 6 Jahre nutzbar ist. Bei einer Auslastung von 20.000 Stück/Jahr betragen die über die Abschreibungen und Zinsen hinausgehenden fixen Kosten 5.000 DM/Jahr, die variablen Kosten 72.000 DM/Jahr. Erträge lassen sich in Höhe von 112.300 DM erzielen. Als Mindestrentabilität sind 40 % festgelegt.

	DM	
Erträge		112.300
Abschreibungen Zinsen Sonstige fixe Kosten	15.000 — 5.000	
Fixe Kosten Variable Kosten	20.000 72.000	
Gesamte Kosten		92.000
Gewinn		20.300

$$R = \frac{E - K}{D} \cdot 100$$

$$R = \frac{112.300 - 92.000}{45.000} \cdot 100$$

$$R = 45{,}11\,\%$$

Die Investition ist vorteilhaft, da das Investitionsobjekt eine um über 5 % höhere Rentabilität erwirtschaftet als vom Unternehmen gefordert.

3.2 Auswahlproblem

Das Auswahlproblem tritt vor allem bei Erweiterungsinvestitionen und Diversifikationsinvestitionen auf. Dabei geht es um die Frage des erzielbaren zusätzlichen Gewinnes.

Beispiel: Neben dem zunächst als Einzelinvestition geprüften Investitionsobjekt soll noch ein zweites Investitionsobjekt alternativ auf seine Vorteilhaftigkeit hin untersucht werden. Die Daten sind der Tabelle zu entnehmen.

		Investitionsobjekt I	Investitionsobjekt II
Anschaffungskosten	DM	90.000	88.020
Restwert	DM	0	0
Nutzungsdauer	Jahre	6	6
Auslastung	Stück/Jahr	20.000	23.000
Zinssatz	%	10	10
Erträge		112.300	114.230
Abschreibungen		15.000	14.670
Zinsen		–	–
Sonstige fixe Kosten		5.000	4.000
Fixe Kosten		20.000	18.670
Variable Kosten		72.000	70.000
Gesamte Kosten		92.000	88.670
Gewinn		20.300	25.560

$$R = \frac{E - K}{D} \cdot 100$$

$$R_I = \frac{112.300 - 92.000}{45.000} \cdot 100 = 45{,}11\ \%$$

$$R_{II} = \frac{114.230 - 88.670}{44.010} \cdot 100 = 58{,}08\ \%$$

Das Investitionsobjekt II ist vorteilhafter als das Investitionsobjekt I, da es eine um 12,97 % höhere Rentabilität aufweist.

Kalkulatorische Zinsen blieben im Beispiel unberücksichtigt; wäre der Gewinn aus einer Gewinnvergleichsrechnung übernommen worden, hätten die kalkulatorischen Zinsen dem dort ausgewiesenen Gewinn hinzugerechnet werden müssen.

3. Rentabilitätsvergleichsrechnung

Dem Rentabilitätsvergleich liegen zwei **Einschränkungen** zugrunde:
- Die Anschaffungskosten der alternativen Investitionsobjekte müssen gleich oder ähnlich hoch sein.
- Die Nutzungsdauern der alternativen Investitionsobjekte müssen gleich oder ähnlich hoch sein.

Sind Anschaffungskosten oder/und Nutzungsdauern der alternativen Investitionsobjekte unterschiedlich hoch, müssen sie vergleichbar gemacht werden, um falsche Schlüsse zu vermeiden. Dies geschieht mit Hilfe einer **Differenzinvestition**.

Beispiele: Die Anschaffungskosten des Investitionsobjektes I betragen 80.000 DM, des Investitionsobjektes II lediglich 50.000 DM; es ist eine reale oder fiktive Differenzinvestition zu unterstellen, die mit 30.000 DM angesetzt wird.

Die Nutzungsdauer des Investitionsobjektes A beträgt 8 Jahre, des Investitionsobjektes B lediglich 5 Jahre; auch hier ist eine reale oder fiktive Differenzinvestition zu unterstellen, welche die bei B fehlenden 3 Jahre ergänzt.

Beispiel: Das Investitionsobjekt I aus dem Beispiel von Seite 132 wird überraschend im Preis gesenkt. Es kostet jetzt nur noch 66.000 DM anstelle 90.000 DM. Damit verbleibt eine Differenz von 88.080 DM $-$ 66.000 DM = 22.020 DM zwischen beiden alternativen Investitionsobjekten, für die eine Differenzinvestition zu berücksichtigen ist. Einzeldaten der Differenzinvestition liegen nicht vor; es ist lediglich bekannt, daß sie einen Gewinn von 5.000 DM erwirtschaftet.

		Investitionsobjekt I		Differenzinvestition	Investitionsobjekt II	
Anschaffungskosten	DM		66.000	22.020		88.020
Restwert	DM		0			0
Nutzungsdauer	Jahre		6			6
Auslastung	Stück/Jahr		20.000			23.000
Zinssatz	%		10			10
Erträge	DM/Jahr		112.300			114.230
Abschreibungen	DM/Jahr	11.000			14.670	
Zinsen	DM/Jahr	—		—	—	
Sonstige fixe Kosten	DM/Jahr	5.000			4.000	
Fixe Kosten	DM/Jahr		16.000			18.670
Variable Kosten	DM/Jahr		72.000			70.000
Gesamte Kosten	DM/Jahr		88.000			88.670
Gewinn	DM/Jahr		24.300	5.000		25.560

$$R = \frac{E - K}{D} \cdot 100$$

$$R_I = \frac{(112.300 - 88.000) + 5.000}{44.010} \cdot 100 = \underline{\underline{66{,}58\,\%}}$$

$$R_{II} = \frac{114.230 - 88.670}{44.010} \cdot 100 = 58,08\,\%$$

Nach der revidierten Rentabilitätsvergleichsrechnung ist das Investitionsobjekt I — einschließlich der vorgesehenen Differenzinvestition — die bessere Investitionsalternative.

⑪ ⑫

3.3 Ersatzproblem

Das Ersatzproblem tritt vor allem bei Ersatzinvestitionen und Rationalisierungsinvestitionen auf. Dabei geht es um die Frage der **zusätzlichen Kostenersparnis**.

Zu diesem Zwecke muß die Gleichung zur Berechnung der Rentabilität entsprechend abgewandelt werden. Es gilt unter der Voraussetzung konstanter Erträge:

$$\boxed{R = \frac{K_A - K_N}{D_N} \cdot 100}$$

R = Rentabilität
K = Kosten pro Periode
D = Durchschnittlicher Kapitaleinsatz
A = Altes Investitionsobjekt
N = Neues Investitionsobjekt

Beispiel: Ein altes Investitionsobjekt verursacht durchschnittliche jährliche Kosten von 35.000 DM; für ein neues Investitionsobjekt würden dagegen nur jährliche Kosten von 28.000 DM anfallen. Die Anschaffungskosten des neuen Investitionsobjektes betragen 70.000 DM.

$$R = \frac{K_A - K_N}{D_N} \cdot 100$$

$$R = \frac{35.000 - 28.000}{35.000} \cdot 100 = \underline{\underline{20\,\%}}$$

Die durchschnittliche Rentabilität beträgt 20 %.

Fällt für das alte Investitionsobjekt ein Resterlös an, dann ist dieser vom durchschnittlichen Kapitaleinsatz abzuziehen.

⑬

3.4 Eignung

Die Rentabilitätsvergleichsrechnung wird in der betrieblichen Praxis häufig eingesetzt, wenn auch nicht immer genau in der zuvor dargestellten Form. *Grabbe* berichtet, daß sich rund 29 % befragter Unternehmen der Rentabilitätsvergleichsrechnung bedienen, um die Vorteilhaftigkeit von Investitionen zu beurteilen.

Mit der Rentabilitätsvergleichsrechnung lassen sich aussagekräftigere Informationen gewinnen als mit der Kostenvergleichsrechnung und der Gewinnvergleichsrechnung, weil sie es ermöglicht, eine **absolute Vorteilhaftigkeit** — durch Einbeziehung des Kapitaleinsatzes — erkennen zu lassen.

Da die Rentabilitätsvergleichsrechnung auf der Kostenvergleichsrechnung und der Gewinnvergleichsrechnung aufbaut, gelten teilweise die dort genannten Kritikpunkte.

Insgesamt sind als **Nachteile** der Rentabilitätsvergleichsrechnung zu nennen:

- **Kurzfristigkeit des Rentabilitätsvergleiches**, der üblicherweise für ein Jahr erfolgt und damit Entwicklungen im Zeitablauf unberücksichtigt läßt. Besonders problematisch wäre es, wenn er sich auf das erste Jahr der Nutzung des Investitionsobjektes beziehen würde. Bezieht er sich auf eine Durchschnittsperiode, verbessert sich seine Aussagekraft.

- **Zurechenbarkeit der Erträge**, die hinsichtlich eines einzelnen Investitionsobjektes problematisch sein kann, beispielsweise wenn das zu erstellende Produkt auf mehreren Maschinen zu fertigen ist. Ein Ertragsanteil ist dann häufig nur mit Hilfe von Hilfskonstruktionen zurechenbar.

- **Notwendigkeit von Differenzinvestitionen**, die gegeben ist, wenn sich die zu vergleichenden Investitionsobjekte in ihren Anschaffungskosten oder/und in ihren Nutzungsdauern unterscheiden. Durch die Differenzinvestitionen wird eine Vergleichbarkeit hergestellt, die praktischen Gegebenheiten nicht entsprechen muß.

4. Amortisationsvergleichsrechnung

Die Amortisationsvergleichsrechnung* geht von den Ergebnissen der Kostenvergleichsrechnung und Gewinnvergleichsrechnung aus und dient den Unternehmen zur Einschätzung des Risikos, das sie finanzwirtschaftlich mit der Investition eingehen.

Die Vorteilhaftigkeit einer Investition wird an der **Amortisationszeit**** gemessen, das ist der Zeitraum, innerhalb dessen das für ein Investitionsobjekt eingesetzte Kapital wieder in das Unternehmen zurückgeflossen ist.

---

* Sie wird auch als Kapitalrückfluß-Methode, Pay-off-Methode, Pay-back-Methode, Pay-out-Methode bezeichnet.
** Sie wird auch als Wiedergewinnungszeit bezeichnet.

Die Amortisationszeit kann wie folgt berechnet werden:

$$t_w = \frac{A - RW}{\emptyset \text{ Rückfluß}}$$

t_w = Amortisationszeit
A = Kapitaleinsatz
RW = Restwert

Als **Kapitaleinsatz** sind die ursprünglichen Anschaffungskosten für das Investitionsobjekt anzusehen, gegebenenfalls um den Restwert vermindert, der nicht amortisiert werden muß. Wird durch die Investition zusätzliches Umlaufvermögen gebunden, ist es den Anschaffungskosten zuzurechnen.

Der **durchschnittliche Rückfluß** wäre eigentlich als Differenz zwischen den durchschnittlichen jährlichen Einnahmen und den durchschnittlichen jährlichen Ausgaben zu ermitteln. Dies ist aber bei einer statischen Investitionsrechnung nicht möglich, die lediglich mit Kosten und Erträgen rechnet. Näherungsweise kann der durchschnittliche jährliche Rückfluß als

$$\text{Durchschnittlicher jährlicher Gewinn} + \text{Jährliche Abschreibungen}$$

erfaßt werden. Bei Rationalisierungsinvestitionen tritt der durchschnittliche jährliche Gewinn als durchschnittliche Kostenersparnis in Erscheinung.

Die Amortisationsvergleichsrechnung ist für eine Beurteilung der Wirtschaftlichkeit von Investitionsobjekten grundsätzlich nicht geeignet, es sei denn, die Nutzungsdauer des Investitionsobjektes liegt unter der Amortisationszeit des Investitionsobjektes. Hier wäre der Ausnahmefall gegeben, mangelnde Wirtschaftlichkeit des Investitionsobjektes erkennen zu können.

Mit Hilfe der Amortisationsvergleichsrechnung ist es möglich, die Vorteilhaftigkeit eines **einzelnen Investitionsobjektes** festzustellen. Voraussetzung ist, daß die maximal vertretbare Amortisationszeit von Unternehmen festgelegt ist, über welche das Investitionsobjekt nicht hinausgehen darf:

$$t_w \leq t_{w\,max}$$

Bei mehreren **alternativen Investitionsobjekten** ist das Investitionsobjekt das vorteilhaftere bzw. vorteilhafteste, welches die geringere bzw. geringste Amortisationszeit aufweist:

$$t_{wI} \leq t_{wII}$$

4. Amortisationsvergleichsrechnung

Schließlich ist es mit Hilfe der Amortisationsvergleichsrechnung möglich, Aussagen über die Vorteilhaftigkeit von **Ersatzinvestitionen** zu vermitteln. Dementsprechend kann die Amortisationsvergleichsrechnung eingesetzt werden für:

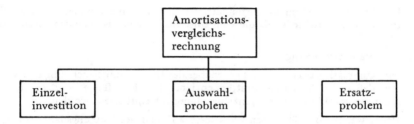

4.1 Einzelinvestition

Die Amortisationsvergleichsrechnung ist geeignet, ein einzelnes Investitionsobjekt danach zu beurteilen, ob es vorteilhaft ist. Davon kann ausgegangen werden, wenn seine Amortisationszeit gleich oder kleiner als die vom Unternehmen festgelegte maximale Amortisationszeit ist.

Die Ermittlung der Amortisationszeit kann auf zweifache Weise erfolgen:

(1) **Durchschnittsrechnung**

Die oben allgemein dargestellte Gleichung zur Errechnung der Amortisationszeit lautet hier:

$$\text{Amortisationszeit} = \frac{\text{Kapitaleinsatz}}{\text{Zusätzlicher Gewinn} + \text{Zusätzliche Abschreibungen}}$$

Beispiel: Ein 8 Jahre nutzbares Investionsobjekt weist die in der Tabelle genannten Daten auf. Die vom Unternehmen geforderte Amortisationszeit beträgt 3 Jahre.

	DM
Anschaffungskosten	100.000
Restwert	0
Abschreibungen	12.500
Gewinn	20.000
Rückfluß	32.500

$$t_w = \frac{100.000}{20.000 + 12.500}$$

$$t_w = 3{,}08 \text{ Jahre}$$

Die Investition ist nicht vorteilhaft, da die Amortisationszeit des Investitionsobjektes größer ist als die vom Unternehmen zugelassene Amortisationszeit.

(2) **Kumulationsrechnung**

Die Kumulationsrechnung hat gegenüber der Durchschnittsrechnung den Vorteil, daß nicht die durchschnittlichen jährlichen Rückflüsse, sondern die geschätzten Rückflüsse für die einzelnen Jahre getrennt erfaßt werden.

Dabei werden die jährlichen Rückflüsse während der Nutzungsdauer solange kumuliert, bis der Wert des Kapitaleinsatzes erreicht ist.

Beispiel: Das bei der Durchschnittsrechnung betrachtete Investitionsobjekt hat folgende Rückflüsse:

	DM	
	Jährlich	Kumuliert
Rückfluß 1. Jahr	26.000	
Rückfluß 2. Jahr	28.000	54.000
Rückfluß 3. Jahr	24.000	78.000
Rückfluß 4. Jahr	25.000	**103.000**
Rückfluß 5. Jahr	36.000	139.000
Rückfluß 6. Jahr	44.000	183.000
Rückfluß 7. Jahr	40.000	223.000
Rückfluß 8. Jahr	37.000	260.000

Es ist festzustellen, daß die Amortisationszeit bei differenzierter Erfassung der Rückflüsse nicht — wie bei der Durchschnittsrechnung — bei 3,08 Jahren, sondern bei knapp 4 Jahren liegt.

Die Kumulationsrechnung läßt sich dadurch noch verfeinern, indem sie dynamisiert wird.

4.2 Auswahlproblem

Das Auswahlproblem tritt vor allem bei Erweiterungsinvestitionen und Diversifikationsinvestitionen auf. Dabei geht es ebenfalls um die Frage des erzielbaren zusätzlichen Gewinnes.

Die Berechnung der Vorteilhaftigkeit alternativer Investitionsobjekte kann — wie bei der Einzelinvestition — auf unterschiedliche Weise erfolgen:

4. Amortisationsvergleichsrechnung

(1) **Durchschnittsrechnung**

Die alternativen Investitionsobjekte werden einander gegenübergestellt.

Beispiel: Zwei alternative Investitionsobjekte stehen zur Auswahl. Die Daten sind der Tabelle zu entnehmen.

		Investitionsobjekt I	Investitionsobjekt II
Anschaffungskosten	DM	100.000	150.000
Restwert	DM	0	0
Nutzungsdauer	Jahre	5	5
Abschreibungen	DM/Jahr	20.000	30.000
Gewinn	DM/Jahr	28.000	36.000
Rückfluß	DM/Jahr	48.000	66.000

$$t_{wI} = \frac{100.000}{28.000 + 20.000} = 2,08 \text{ Jahre}$$

$$t_{wII} = \frac{150.000}{36.000 + 30.000} = 2,27 \text{ Jahre}$$

Das Investitionsobjekt I ist dem Investitionsobjekt II vorzuziehen, da es eine um 0,19 Jahre kürzere Amortisationszeit aufweist.

(2) **Kumulationsrechnung**

Die durchschnittlichen jährlichen Rückflüsse werden geschätzt und solange kumuliert, bis der Wert des Kapitaleinsatzes erreicht ist.

Beispiel: Zwei alternative Investitionsobjekte sollen verglichen werden. Investitionsobjekt I kostet 100.000 DM, Investitionsobjekt II kostet 150.000 DM. Die Investitionsobjekte sind 5 Jahre nutzbar.

	Investitionsobjekt I		Investitionsobjekt II	
	Jährlich	Kumuliert	Jährlich	Kumuliert
Rückfluß 1. Jahr	44.000		80.000	
Rückfluß 2. Jahr	40.000	84.000	76.000	156.000
Rückfluß 3. Jahr	46.000	130.000	58.000	214.000
Rückfluß 4. Jahr	52.000	182.000	54.000	268.000
Rückfluß 5. Jahr	58.000	240.000	62.000	330.000

Bei der kumulierten Amortisationsvergleichsrechnung ist das Investitionsobjekt II als das vorteilhaftere zu erkennen, da es sich kurz vor Ende des 2. Jahres bereits amortisiert hat, während das Investitionsobjekt I sich erst einige Zeit nach Beginn des 3. Jahres amortisiert.

Es ist festzustellen, daß die Durchschnittsrechnung — trotz des gleichen Beispiels — eine **andere Vorteilhaftigkeit** ergeben hat als die kumulierte Rechnung, die individueller und damit genauer zu sein vermag.

Eine weitere Verbesserung kann die Amortisationsvergleichsrechnung erfahren, wenn sie als **dynamische Rechnung** durchgeführt wird. Die jährlichen Rückflüsse werden dabei mit dem Abzinsungsfaktor $1/q^n$ — siehe Anhang — abgezinst, d.h. auf ihren Wert zum Investitionszeitpunkt — dem Barwert — zurückgerechnet und kumuliert, bis der Kapitaleinsatz erreicht ist.

Beispiel: Der Amortisationszeitpunkt für das Investitionsobjekt I aus dem obigen Beispiel wird bei einem kalkulatorischen Zinssatz von 10 % wie folgt errechnet:

Jahr	Rückfluß	Abzinsungs-faktor	Barwert	Rückfluß kumuliert
1	44.000	0,909091	40.000	
2	40.000	0,826446	33.058	73.058
3	46.000	0,751315	34.560	**107.618**
4	52.000	0,683013	35.517	143.135
5	58.000	0,620921	36.013	179.148

Die dynamische Amortisationsvergleichsrechnung zeigt, daß sich die Amortisationszeit bis kurz vor Ende des 3. Jahres verlängert.

14   15

4.3 Ersatzproblem

Das Ersatzproblem tritt vor allem bei Ersatzinvestitionen und Rationalisierungsinvestitionen auf. Dabei wird der durchschnittliche jährliche Gewinn als durchschnittliche jährliche **Kostenersparnis** interpretiert. Zu diesem Zweck muß die Gleichung zur Berechnung der Amortisationszeit entsprechend abgewandelt werden:

$$\text{Amortisationszeit} = \frac{\text{Zusätzlicher Kapitaleinsatz}}{\text{Ersparte Kosten} + \text{Zusätzliche Abschreibungen}}$$

4. Amortisationsvergleichsrechnung

Zu beachten ist, daß die **kalkulatorischen Zinsen** in Höhe des die Fremdkapitalzinsen übersteigenden Betrages in den Nenner des Bruches aufgenommen werden müssen, sofern sie bei der Kostenermittlung berechnet wurden:

$$\text{Amortisationszeit} = \frac{\text{Zusätzlicher Kapitaleinsatz}}{\text{Ersparte Kosten} + \text{Über Fremdkapitalzinsen hinaus verrechnete kalkulatorische Zinsen} + \text{Zusätzliche Abschreibungen}}$$

Ein Restwert ist vom zusätzlichen Kapitaleinsatz abzuziehen.

Beispiel: Die Anschaffungskosten für ein neues Investitionsobjekt betragen 160.000 DM. Das Investitionsobjekt kann 6 Jahre lang genutzt werden und führt zu einer jährlichen Kostenersparnis von 18.000 DM. Der Restwert des Investitionsobjektes beträgt 10.000 DM.

$$t_w = \frac{160.000 - 10.000}{18.000 + 25.000} = \underline{\underline{3{,}49 \text{ Jahre}}}$$

Das neue Investitionsobjekt hat sich nach 3,49 Jahren amortisiert.

4.4 Eignung

Die Amortisationsvergleichsrechnung ist das am häufigsten verwendete Verfahren bei der statischen Investitionsrechnung. *Grabbe* berichtet, daß sich rund 77 % befragter Unternehmen der Amortisationsvergleichsrechnung bedienen, um die Vorteilhaftigkeit von Investitionen zu bestimmen. Allerdings verwenden lediglich 5 % dieser Unternehmen ausschließlich die Amortisationsvergleichsrechnung.

Mit der Amortisationsvergleichsrechnung steht den Unternehmen ein **einfaches Verfahren** zur Verfügung, das es ermöglicht, das finanzwirtschaftliche Risiko von Investitionen grob abschätzen zu können. Die Amortisationsvergleichsrechnung sollte aber stets in Verbindung mit einem anderen geeigneten Verfahren der Investitionsrechnung angewendet werden, da sie mehrere **Nachteile** aufweist:

- **Kurzfristigkeit des Vergleiches,** der üblicherweise für ein Jahr erfolgt und damit Entwicklungen im Zeitablauf unberücksichtigt läßt. Besonders problematisch ist er, wenn er sich auf das erste Jahr der Nutzung des Investitionsobjektes bezieht. Wird er für eine Repräsentativperiode oder eine Durchschnittsperiode durchgeführt, verbessert sich die Aussagekraft. Eine weitere Verbesserung bietet die Kumulationsrechnung.
- **Zurechenbarkeit der Erträge,** die hinsichtlich eines einzelnen Investitionsobjektes problematisch sein kann, beispielsweise wenn das zu erstellende Produkt auf

mehreren Maschinen zu fertigen ist. Ein Ertragsanteil ist dann häufig nur mit Hilfe von Hilfskonstruktionen zurechenbar.

- **Nichtberücksichtigung des Kapitaleinsatzes**, dessen Einbeziehung erst offenlegt, inwieweit eine Investition wirklich rentabel ist. Mit dem Vergleich der Amortisationszeiten wird lediglich die relativ vorteilhafteste Investition ermittelt, ohne daß deren Rentabilität ausreichend sein muß.

- **Nichtberücksichtigung der Rückflüsse nach der Amortisationszeit**, die sich bei den zu untersuchenden Investitionsobjekten sehr unterschiedlich weiterentwickeln können, wodurch die Gefahr von Fehlentscheidungen gegeben ist.

- **Nichtberücksichtigung unterschiedlicher Nutzungsdauern**, die bei den alternativen Investitionsobjekten gegeben sein können. Damit sind die Investitionsobjekte schwer vergleichbar, kürzerfristige Investitionen scheinen vorteilhafter zu sein als längerfristige Investitionen, was nicht gerechtfertigt ist.

KONTROLLFRAGEN

(1) Nennen Sie die Merkmale statischer Investitionsrechnungen!
(2) Auf welche Periode können statische Investitionsrechnungen sich beziehen?
(3) Weshalb ist zu empfehlen, statischen Investitionsrechnungen eine Durchschnittsperiode zugrunde zu legen?
(4) Welche statischen Investitionsrechnungen können unterschieden werden?
(5) Was versteht man unter der Kostenvergleichsrechnung?
(6) Welches Investitionsobjekt wird bei der Kostenvergleichsrechnung als das vorteilhaftere angesehen?
(7) Welche Kosten sollen in die Kostenvergleichsrechnung einbezogen werden?
(8) Erläutern Sie, was unter den Kapitalkosten verstanden wird und wie ihre Ermittlung erfolgt!
(9) Was versteht man unter dem Kapitaldienst?
(10) Welche Kostenarten lassen sich als Betriebskosten erfassen?
(11) Können Einzelinvestitionen mit Hilfe der Kostenvergleichsrechnung beurteilt werden?
(12) Unter welcher Voraussetzung können alternative Investitionsobjekte bei der Kostenvergleichsrechnung durch einen Periodenvergleich beurteilt werden?
(13) Welche Arten des periodischen Kostenvergleiches können unterschieden werden?
(14) In welchen Fällen muß der Kostenvergleich pro Leistungseinheit erfolgen?
(15) Nennen Sie die Voraussetzungen, die einen Kostenvergleich pro Leistungseinheit zulässig erscheinen lassen!
(16) Kann beim Kostenvergleich pro Leistungseinheit auf eine Kostenauflösung in fixe und variable Kosten verzichtet werden?
(17) Was versteht man unter einer kritischen Auslastung?
(18) In welchen Fällen ist die Ermittlung der kritischen Auslastung besonders von Bedeutung?
(19) Welche Auffassungen gibt es über die rechnerische Vorgehensweise zur Lösung des Ersatzproblems bei der Kostenvergleichsrechnung?
(20) Womit läßt sich ein Verzicht auf den Ansatz der Kapitalkosten des alten Investitionsobjektes beim Kostenvergleich begründen?
(21) Ist ein möglicher Resterlöswert für das alte Investitionsobjekt beim Kostenvergleich zu berücksichtigen?
(22) Der Ersatz eines Investitionsobjektes erweist sich für ein bestimmtes Jahr nicht als vorteilhaft; wie kann der optimale Ersatzzeitpunkt festgestellt werden?

(23) Welche Bedeutung hat die Kostenvergleichsrechnung in der Praxis?
(24) Worin besteht der Vorteil der Kostenvergleichsrechnung?
(25) Welche Nachteile schränken die Eignung der Kostenvergleichsrechnung ein?
(26) Was versteht man unter der Gewinnvergleichsrechnung?
(27) Welches Investitionsobjekt wird bei der Gewinnvergleichsrechnung als vorteilhaft bzw. das vorteilhaftere angesehen?
(28) Kann die Gewinnvergleichsrechnung zur Beurteilung einer Einzelinvestition eingesetzt werden?
(29) In welchen Fällen muß die Vorteilhaftigkeit von alternativen Investitionsobjekten durch einen Gewinnvergleich pro Periode vorgenommen werden?
(30) Weshalb bedingt eine gleich hohe mengenmäßig genutzte Leistung der alternativen Investitionsobjekte einen Gewinnvergleich pro Leistungseinheit?
(31) Wie erfolgt die Ermittlung der kritischen Auslastung beim Gewinnvergleich?
(32) Wie lautet das Kriterium der Vorteilhaftigkeit beim Gewinnvergleich, wenn das Ersatzproblem gelöst werden soll?
(33) Auf welche Weise kann der optimale Ersatzzeitpunkt mit Hilfe des Gewinnvergleiches ermittelt werden?
(34) Welche Arten des Gewinnvergleiches lassen sich beim Ersatzproblem unterscheiden?
(35) Mit welcher Häufigkeit wird die Gewinnvergleichsrechnung in der betrieblichen Praxis eingesetzt?
(36) Wie ist die Eignung der Gewinnvergleichsrechnung zu beurteilen?
(37) Was versteht man unter der Rentabilitätsvergleichsrechnung?
(38) Worin unterscheidet sich die Rentabilitätsvergleichsrechnung wesentlich von der Kosten- und Gewinnvergleichsrechnung?
(39) Wie ist der durchschnittliche Gewinn bei der Rentabilitätsvergleichsrechnung zu interpretieren?
(40) In welcher Form tritt der durchschnittliche Gewinn bei Rationalisierungsinvestitionen bei der Rentabilitätsvergleichsrechnung in Erscheinung?
(41) Wie ist der durchschnittliche Kapitaleinsatz bei der Rentabilitätsvergleichsrechnung zu verstehen?
(42) Wie erfolgt der Ansatz des durchschnittlichen Kapitaleinsatzes bei den verschiedenen Wirtschaftsgütern in der Rentabilitätsvergleichsrechnung?
(43) Welches Investitionsobjekt ist bei der Rentabilitätsvergleichsrechnung als vorteilhaft bzw. das vorteilhaftere anzusehen?
(44) Was geschieht mit den kalkulatorischen Zinsen in der Rentabilitätsvergleichsrechnung?

Kontrollfragen

(45) Welchen Einschränkungen unterliegt der Rentabilitätsvergleich?
(46) Wie können diese Einschränkungen überbrückt werden?
(47) Welche Voraussetzung gilt für die Berechnung der Rentabilität beim Ersatzproblem?
(48) Welche Bedeutung kommt der Rentabilitätsvergleichsrechnung in der betrieblichen Praxis zu?
(49) Worin liegt der Vorteil der Rentabilitätsvergleichsrechnung?
(50) Welche Nachteile müssen der Rentabilitätsvergleichsrechnung zugeschrieben werden?
(51) Was ist unter der MAPI-Methode zu verstehen?
(52) Wie erfolgt der Einsatz der MAPI-Methode?
(53) Wie ist die MAPI-Methode zu beurteilen?
(54) Was wird unter der Amortisationsvergleichsrechnung verstanden?
(55) Wozu dient die Amortisationsvergleichsrechnung?
(56) Erläutern Sie, was unter der Amortisationszeit zu verstehen ist!
(57) Was wird bei der Amortisationsvergleichsrechnung unter dem Kapitaleinsatz verstanden?
(58) Woraus besteht der durchschnittliche Rückfluß bei der Amortisationsvergleichsrechnung?
(59) Welches Investitionsobjekt ist bei der Amortisationsvergleichsrechnung als vorteilhaft bzw. das vorteilhaftere anzusehen?
(60) Erläutern Sie, wie die Amortisationszeit ermittelt werden kann!
(61) Welchen Vorteil weist die Kumulationsrechnung gegenüber der Durchschnittsrechnung auf?
(62) Wie kann die Kumulationsrechnung verfeinert werden?
(63) Wie wird die dynamische Amortisationsvergleichsrechnung durchgeführt?
(64) Bei welchen Arten von Investitionen ergibt sich das Auswahlproblem?
(65) Welche Frage steht beim Auswahlproblem im Rahmen der Amortisationsvergleichsrechnung im Vordergrund?
(66) Wie wird der durchschnittliche jährliche Gewinn beim Ersatzproblem der Amortisationsvergleichsrechnung interpretiert?
(67) Wie häufig nutzt die Praxis Amortisationsvergleichsrechnungen?
(68) Worin besteht der Vorteil der Amortisationsvergleichsrechnung?
(69) Ist die Amortisationsvergleichsrechnung für eine Beurteilung der Wirtschaftlichkeit von Investitionsobjekten geeignet?
(70) Diskutieren Sie die Nachteile der Amortisationsvergleichsrechnung!

LÖSUNGSHINWEISE

Frage	Seite	Frage	Seite	Frage	Seite
(1)	99	(25)	117	(49)	135
(2)	99	(26)	117	(50)	135
(3)	99	(27)	118	(51)	128
(4)	100	(28)	118	(52)	129
(5)	101	(29)	119 f.	(53)	129
(6)	101	(30)	121	(54)	135
(7)	101 ff.	(31)	122	(55)	135
(8)	101 f.	(32)	124	(56)	135
(9)	102	(33)	124	(57)	136
(10)	102 f.	(34)	124	(58)	136
(11)	104	(35)	127	(59)	136
(12)	104	(36)	127 f.	(60)	137 f.
(13)	104 ff.	(37)	128	(61)	138
(14)	107	(38)	128	(62)	138
(15)	107	(39)	130	(63)	140
(16)	108	(40)	130	(64)	138
(17)	109	(41)	130	(65)	138
(18)	109	(42)	130	(66)	140
(19)	111 f.	(43)	130	(67)	141
(20)	112	(44)	130	(68)	141
(21)	112	(45)	133	(69)	141
(22)	113	(46)	133	(70)	141 f.
(23)	116	(47)	134		
(24)	117	(48)	135		

D. Dynamische Investitionsrechnungen zur Beurteilung von Sachinvestitionen

Die dynamischen Investitionsrechnungen werden in der betrieblichen Praxis weniger häufig eingesetzt als die statischen Investitionsrechnungen, da sie schwerer zu handhaben sind als diese. Ihre Eignung, Informationen über die Vorteilhaftigkeit von Investitionen zu vermitteln, ist indessen zweifellos positiver zu beurteilen als bei den statischen Investitionsrechnungen. Die Gründe hierfür sind in den besonderen **Merkmalen** der dynamischen Investitionsrechnungen zu sehen:

- Sie basieren auf Einnahmen und Ausgaben.
- Sie beziehen sich auf alle Nutzungsperioden.
- Sie bedienen sich finanzmathematischer Methoden.

Investitionen führen zu Zahlungsströmen. Das sind kapitalbindende **Ausgaben**, die aus den Ausgaben der Anschaffung oder der Herstellung einschließlich der damit verbundenen Nebenausgaben sowie aus den laufenden Ausgaben für die Nutzung der Investitionsobjekte bestehen; Zinsen bleiben dabei unberücksichtigt, da eine Abzinsung bereits durch die dynamischen Investitionsrechnungen erfolgt.

Den kapitalbindenden Ausgaben stehen die kapitalfreisetzenden **Einnahmen** gegenüber, die aus Erlösen für die Leistungen des Unternehmens – die Erzeugnisse – und Erlösen der Liquidation von Investitionsobjekten bestehen.

Einnahmen und Ausgaben, die zeitpunktbezogen – gegebenenfalls an jedem einzelnen Tag der Betrachtungsperiode mehrfach – anfallen, werden aus Gründen der Praktikabilität in den dynamischen Investitionsrechnungen nicht als Zahlungsströme berücksichtigt, sondern als **Zahlungsreihen**, d.h. als Summe der Einnahmen bzw. Ausgaben einer Betrachtungsperiode.

Die Verwendung der Zahlungsströme erscheint für die Prüfung der Vorteilhaftigkeit von Investitionen vorteilhafter als die kostenrechnungsorientierte Betrachtung, wie sie bei den statischen Investitionsrechnungen erfolgt, da beispielsweise Kosten erst dann entstehen, wenn Rohstoffe in den Fertigungsprozeß gelangen, betriebliche Leistungen aber bereits gegeben sind, wenn Mehrbestände an Halb- und Fertigfabrikaten vorliegen. Die Ausgaben für die Rohstoffe entstehen für das Unternehmen – finanzwirtschaftlich gesehen – aber bereits beim Kauf, die Einnahmen lassen sich erst durch einen Verkauf der Fertigfabrikate erzielen.

Die Einnahmen und Ausgaben, welche die Investitionsobjekte bewirken, werden für **alle** Nutzungsperioden der Investitionsobjekte vorhergesagt. Die Schätzungen sind indes nicht einfach, denn es ist nicht nur die Höhe der Zahlungsreihen zu erfassen, sondern auch ihre zeitliche Verteilung auf die einzelnen Nutzungsperioden vorzunehmen. In der betrieblichen Praxis macht dies erhebliche Schwierigkeiten, weil die – theoretisch unterstellte – Voraussicht nicht hinreichend gegeben ist. Man versucht, die mangelnde Voraussicht durch korrigierende oder analysierende Maßnahmen – wie sie auf Seite 67 ff. beschrieben wurden – zu überbrücken.

148 D. Dynamische Investitionsrechnungen zur Beurteilung von Sachinvestitionen

Die dynamischen Investitionsrechnungen bedienen sich **finanzmathematischer Methoden**, wodurch die Bedeutung der Daten im Zeitablauf berücksichtigt wird. Dies geschieht durch Verzinsung, mit deren Hilfe eine Vergleichbarkeit der Zahlungsreihen herbeigeführt wird. Dazu ist vom Unternehmen der **Kalkulationszinssatz** festzulegen, wie bereits auf Seite 66 f. beschrieben.

1. Finanzwirtschaftliche Begriffe

Den dynamischen Investitionsrechnungen liegen insbesondere die folgenden finanzwirtschaftlichen Begriffe zugrunde:

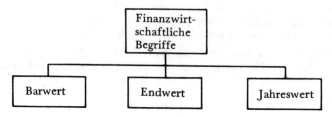

Neben diesen Werten ist noch der **Zeitwert** zu nennen. Der Zeitwert einer Einnahme oder Ausgabe ist der Wert, den diese zum Zeitpunkt ihres Anfallens hat. Er berücksichtigt — bei zeitlich unterschiedlichem Anfall von Einnahmen oder Ausgaben — den Zeitfaktor nicht.

1.1 Barwert

Der Barwert — auch Gegenwartswert genannt — einer Einnahme oder Ausgabe ist der Wert, der sich durch **Abzinsung** ergibt. Mit seiner Hilfe kann festgestellt werden, welchen Wert eine oder mehrere während einer Betrachtungsperiode geleistete Zahlungen zu Beginn der Betrachtungsperiode haben.

- Bei **einmaliger Zahlung** zu Ende der Betrachtungsperiode

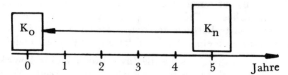

ergibt sich der Barwert durch Multiplikation des Zeitwertes der Zahlung mit dem Abzinsungsfaktor, dessen Wert einer entsprechenden finanzmathematischen Tabelle — siehe Anhang — entnommen werden kann:

$$K_o = K_n \cdot \frac{1}{q^n}$$

1. Finanzwirtschaftliche Begriffe

oder

$$K_o = K_n \cdot \frac{1}{(1 + i)^n}$$

K_o = Barwert

K_n = Kapital am Ende des n-ten Jahres

$\frac{1}{q^n}$ = Abzinsungsfaktor

i = Kalkulationszinssatz

Beispiel: Ein Betrag von 10.000 DM, der am Ende des fünften Jahres zur Verfügung steht, hat bei einem Zinssatz von 5 % zu Beginn der Vergleichsperiode folgenden Wert:

K_o = 10.000 · 0,783526 = 7.835 DM

- Bei mehrmaliger Zahlung

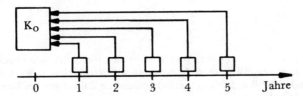

gleich hoher Zahlungsbeträge am Ende jeder Periode (= 1 Jahr) des Betrachtungszeitraumes ergibt sich der Barwert durch Multiplikation des Zeitwertes der einzelnen Zahlung mit dem Barwertfaktor*, dessen Wert einer entsprechenden finanzmathematischen Tabelle — siehe Anhang — entnommen werden kann:

$$K_o = e \cdot \frac{q^n - 1}{q^n (q - 1)}$$

---

* Der Barwertfaktor wird auch bezeichnet als
- Diskontierungssummenfaktor
- Abzinsungssummenfaktor
- Kapitalisierungsfaktor

oder

$$K_o = e \cdot \frac{(1+i)^n - 1}{i(1+i)^n}$$

K_o = Barwert
e = Jährliche Einnahmen
$\dfrac{q^n - 1}{q^n(q-1)}$ = Barwertfaktor
  = Kalkulationszinssatz

Beispiel: Auf Grund eines Pachtvertrages werden 10 Jahre lang 1.200 DM pro Jahr für ein Grundstück gezahlt. Würde die gesamte Pacht zu Beginn der Pachtdauer auf einmal entrichtet, wäre bei einem Zinssatz von 8 % folgender Betrag zu zahlen:

K_o = 1.200 · 6,710081 = 8.052 DM

1.2 Endwert

Der Endwert von Einnahmen oder Ausgaben ist der Wert, der sich durch **Aufzinsung** ergibt. Mit seiner Hilfe kann festgestellt werden, welchen Wert eine oder mehrere während einer Betrachtungsperiode geleistete Zahlungen am Ende der Betrachtungsperiode haben.

- **Bei einer einmaligen Zahlung**

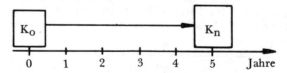

ergibt sich der Endwert durch Multiplikation des Zeitwertes der Zahlung mit dem Aufzinsungsfaktor, dessen Wert einer entsprechenden finanzmathematischen Tabelle — siehe Anhang — entnommen werden kann:

$$K_n = K_o \cdot q^n$$

1. Finanzwirtschaftliche Begriffe

oder

$$K_n = K_0 \cdot (1 + i)^n$$

K_n = Endwert
K_0 = Wert im Zeitpunkt t_0
q^n = Aufzinsungsfaktor
i = Kalkulationszinssatz

Beispiel: Der Gesellschafter einer GmbH stellt dem Unternehmen einen Kredit von 20.000 DM zu einem Zinssatz von 8 % zur Verfügung. Kreditbetrag und Zinsen werden dem Gesellschafter zum Ende des 5. Jahres ausgezahlt.

Der Gesellschafter erhält am Ende des 5. Jahres:

K_5 = 20.000 . 1,469328 = 29.387 DM

- **Bei mehrmaliger Zahlung**

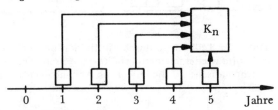

gleich hoher Zahlungsbeträge am Ende jeder Periode (= 1 Jahr) des Betrachtungszeitraumes ergibt sich der Endwert durch Multiplikation des Zeitwertes der einzelnen Zahlung mit dem Endwertfaktor, dessen Wert einer entsprechenden finanzmathematischen Tabelle — siehe Anhang — entnommen werden kann:

$$K_n = e \cdot \frac{q^n - 1}{q - 1}$$ oder $$K_n = e \cdot \frac{(1 + i)^n - 1}{i}$$

K_n = Endwert
e = Jährliche Einnahmen
$\dfrac{q^n - 1}{q - 1}$ = Endwertfaktor
i = Kalkulationszinssatz

152 D. Dynamische Investitionsrechnungen zur Beurteilung von Sachinvestitionen

Beispiel: Es werden zum Ende eines jeden Jahres 1.000 DM bereitgestellt. Der Zinssatz beträgt 5 %. Am Ende des 10. Jahres beträgt das Kapital:

$K_{10} = 1.000 \cdot 12,577893 = 12.578$ DM

1.3 Jahreswert

Finanzmathematisch läßt sich nicht nur der Wert einer Zahlung zu Beginn oder zum Ende einer Vergleichsperiode ermitteln, sondern auch die jährlich in gleicher Höhe anfallenden Werte, die sich aus einem bestimmten auf den Beginn oder das Ende der Vergleichsperiode bezogenen Wert ergeben. Man unterscheidet:

- Bei Zahlung eines jetzt fälligen Betrages in mehreren Teilbeträgen, die jeweils gleich hoch sind und am Ende jeder Periode (= 1 Jahr) geleistet werden,

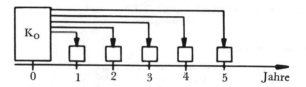

ergibt sich die Höhe der Teilbeträge durch Multiplikation des jetzt fälligen Betrages mit dem Kapitalwiedergewinnungsfaktor*, dessen Wert einer entsprechenden finanzmathematischen Tabelle — siehe Anhang — entnommen werden kann:

$$e = K_o \cdot \frac{q^n (q - 1)}{q^n - 1}$$

oder

$$e = K_o \cdot \frac{i (1 + i)^n}{(1 + i)^n - 1}$$

e = Jährliche Einnahmen
K_o = Wert im Zeitpunkt t_o
$\frac{q^n(q-1)}{q^n - 1}$ = Kapitalwiedergewinnungsfaktor
i = Kalkulationszinssatz

---

* Der Kapitalwiedergewinnungsfaktor wird auch bezeichnet als:
- Verrechnungsfaktor
- Annuitätenfaktor

1. Finanzwirtschaftliche Begriffe

Beispiel: Ein Versicherungsnehmer will sich die fällige Versicherungssumme von 80.000 DM in 10 jährlichen Raten auszahlen lassen; als Zinssatz sind 8 % anzusetzen. Danach erhält er jährlich:

e = 80.000 · 0,149029 = 11.922 DM

- Bei Zahlung eines zu einem späteren Zeitpunkt fälligen Betrages in mehreren davor liegenden Teilbeträgen, die jeweils gleich hoch sind und am Ende jeder Periode (= 1 Jahr) geleistet werden,

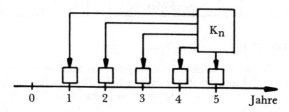

ergibt sich die Höhe der Teilbeträge durch Multiplikation des zu dem späteren Zeitpunkt fälligen Betrages mit dem Restwertverteilungsfaktor, dessen Wert einer entsprechenden finanzmathematischen Tabelle — siehe Anhang — entnommen werden kann:

$$e = K_n \cdot \frac{q-1}{q^n - 1} \qquad \text{oder} \qquad e = K_n \cdot \frac{i}{(1+i)^n - 1}$$

e = Jährliche Einnahmen
K_n = Wert im Zeitpunkt t_n
$\frac{q-1}{q^n-1}$ = Restwertverteilungsfaktor
i = Kalkulationszinssatz

Beispiel: Ein am Ende des 5. Jahres von einem Unternehmen bereitzustellender Geldbetrag von 20.000 DM wird auf Wunsch des Berechtigten zuvor in 5 gleichen Raten zum Jahresende ausgezahlt. Als jährliche Rate erhält der Berechtigte bei einem Zinssatz von 8 %:

e = 20.000 · 0,170457 = 3.409 DM

154 D. Dynamische Investitionsrechnungen zur Beurteilung von Sachinvestitionen

Die dynamischen Investitionsrechnungen können vor allem durchgeführt werden als:

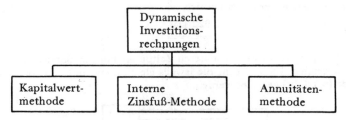

2. Kapitalwertmethode

Die Kapitalwertmethode, die auch als **Bar-Kapitalwert-Methode*** bezeichnet werden kann, ist ein Verfahren der dynamischen Investitionsrechnung, bei dem der Kapitalwert zum Beginn der Nutzungsdauer von Investitionsobjekten als Maßstab der Vorteilhaftigkeit dient.

Als **Kapitalwert** einer Investition ist die Differenz zwischen dem Barwert der investitionsbedingten Einnahmen und dem Barwert der investitionsbedingten Ausgaben zu verstehen:

$$C_o = C_e - C_a$$

C_o = Kapitalwert
C_e = Abgezinste Einnahmen (einschließlich Liquidationserlös)
C_a = Abgezinste Ausgaben (einschließlich Anschaffungswert)

Ein Liquidationserlös des Investitionsobjektes wird abgezinst und den Überschüssen des Investitionsobjektes zugerechnet.

Mit Hilfe der Kapitalwertmethode läßt sich ein **einzelnes Investitionsobjekt** im Hinblick auf seine Vorteilhaftigkeit beurteilen. Diese ist gegeben, wenn der Kapitalwert größer oder gleich Null ist:

$$C_o \geq 0$$

---

* Von der (Bar-)Kapitalwert-Methode ist die weniger gebräuchliche **End-Kapitalwert-Methode** zu unterscheiden, bei welcher die Zahlungsreihen von Investitionsobjekten auf das Ende des Betrachtungszeitraumes bezogen werden.

2. Kapitalwertmethode

Außerdem kann die Vorteilhaftigkeit **alternativer Investitionsobjekte** mit Hilfe der Kapitalwertmethode festgestellt werden, wobei das Investitionsobjekt das vorteilhaftere bzw. vorteilhafteste ist, das den größeren bzw. größten Kapitalwert aufweist:

$$C_{oI} \gtreqless C_{oII}$$

Schließlich ist es möglich, den **optimalen Ersatzzeitpunkt** eines Investitionsobjektes mit Hilfe der Kapitalwertmethode zu ermitteln.

Dementsprechend kann die Kapitalwertmethode eingesetzt werden für:

Ein **positiver Kapitalwert** zeigt, daß ein Investitionsobjekt über die investitionsbedingten Ausgaben und die erwartete Verzinsung hinaus einen Investitionsgewinn in Höhe des positiven Kapitalwertes erwirtschaftet.

Ergibt sich ein **Kapitalwert von Null**, dann decken die Einnahmen lediglich die investitionsbedingten Ausgaben und die erwartete Verzinsung. Obwohl ein Investitionsgewinn nicht gegeben ist, kann die Investition immer noch positiv beurteilt werden — es sei denn, es stünde eine Investitionsalternative zur Auswahl, die einen höheren Kapitalwert aufweist.

Ein **negativer Kapitalwert** deutet darauf hin, daß die Investition unvorteilhaft ist.

2.1 Einzelinvestition

Die Kapitalwertmethode ist geeignet, ein einzelnes Investitionsobjekt danach zu beurteilen, ob es vorteilhaft ist. Wenn die jährlichen Überschüsse unterschiedlich hoch sind, was in der betrieblichen Praxis meist zu unterstellen ist, gilt die oben genannte Gleichung in folgender Form:

$$C_o = \frac{e_1 - a_1}{q} + \frac{e_2 - a_2}{q^2} + \ldots + \frac{e_n - a_n}{q^n} - a_o$$

oder

156 D. Dynamische Investitionsrechnungen zur Beurteilung von Sachinvestitionen

$$C_o = \frac{ü_1}{q} + \frac{ü_2}{q^2} + \ldots + \frac{ü_n}{q^n} - a_o$$

Ein Liquidationserlös des Investitionsobjektes wird abgezinst und den Überschüssen aus dem Investitionsobjekt zugerechnet:

$$C_o = \frac{e_1 - a_1}{q} + \frac{e_2 - a_2}{q^2} + \ldots + \frac{e_n - a_n}{q^n} + \frac{L}{q^n} - a_o$$

C_o = Kapitalwert
e = Einnahmen in den Nutzungsjahren 1 ... n
a = Ausgaben in den Nutzungsjahren 1 ... n
q = Aufzinsungsfaktor
a_o = Anschaffungswert
ü = Überschüsse in den Nutzungsjahren 1 ... n
L = Liquidationserlös

Die Berechnung des Kapitalwertes erfolgt zweckmäßigerweise tabellarisch.

Beispiel: Es soll entschieden werden, ob ein bestimmtes Investitionsobjekt beschafft werden soll oder nicht. Das Investitionsobjekt kostet 100.000 DM und ist 5 Jahre nutzbar. Der Kalkulationszinssatz wird mit 8 % angesetzt. Die Zahlungsreihen werden geschätzt:

Jahr	Ein-nahmen	Aus-gaben	Über-schüsse	Abzinsungs-faktor	Barwert
1	110.000	85.000	25.000	0,925926	23.148
2	95.000	70.000	25.000	0,857339	21.433
3	105.000	70.000	35.000	0,793832	27.784
4	100.000	65.000	35.000	0,735030	25.726
5	90.000	80.000	10.000	0,680583	6.806
= Summe − Anschaffungswert					104.897 100.000
= Kapitalwert					4.897

Die Investition ist als vorteilhaft zu betrachten, weil der Kapitalwert positiv ist.

1. Kapitalwertmethode

Im weniger praxisbedeutsamen Fall, daß die jährlichen **Überschüsse gleichbleibend** sind, kann auf eine differenzierte tabellarische Ermittlung des Kapitalwertes verzichtet werden und die Berechnung mit Hilfe des Barwertfaktors erfolgen:

$$C_0 = ü \cdot \frac{q^n - 1}{q^n (q - 1)} - a_0$$

C_0 = Kapitalwert
ü = Jährlicher Überschuß
$\frac{q^n - 1}{q^n (q - 1)}$ = Barwertfaktor
a_0 = Anschaffungswert

Ein Liquidationserlös des Investitionsobjektes wird abgezinst und dem Barwert der Überschüsse aus dem Investitionsobjekt zugerechnet:

$$C_0 = ü \cdot \frac{q^n - 1}{q^n(q - 1)} + \frac{L}{q^n} - a_0$$

Beispiel: Ein Investitionsobjekt kostet 150.000 DM und ist 10 Jahre nutzbar. Der Kalkulationszinssatz beträgt 8 % und die jährlichen Überschüsse 22.200 DM.

C_0 = 22.200 · 6,710081 − 150.000
C_0 = 148.964 − 150.000
C_0 = − 1.036 DM

Die Investition ist nicht vorteilhaft, da sie einen negativen Kapitalwert aufweist.

In der betrieblichen Praxis kann der Fall auftreten, daß die **Nutzungsdauer** eines Investitionsobjektes **nicht bestimmbar** ist, beispielsweise beim Kauf eines Grundstückes. Bei gleichbleibenden jährlichen Überschüssen erfährt die Gleichung zur Berechnung des Kapitalwertes — unter Annahme unendlich langer Nutzung — folgende Änderung:

$$C_0 = ü \cdot \frac{1}{i} - a_0$$

C_0 = Kapitalwert
ü = Jährlicher Überschuß
i = Kalkulationszinssatz
a_0 = Anschaffungswert

158 D. Dynamische Investitionsrechnungen zur Beurteilung von Sachinvestitionen

Beispiel: Ein Investitionsobjekt hat einen Anschaffungswert von 80.000 DM. Die jährlichen Überschüsse betragen 6.600 DM, der Kalkulationszinssatz liegt bei 8 %. Die Nutzungsdauer ist unbestimmt.

$$C_0 = 6.600 \cdot \frac{1}{0,08} - 80.000$$
$$C_0 = 82.500 - 80.000$$
$$C_0 = 2.500 \text{ DM}$$

Die Investition ist vorteilhaft, da der Kapitalwert positiv ist.

2.2 Auswahlproblem

Häufiger als die Beurteilung einer Einzelinvestition ist in der betrieblichen Praxis die Notwendigkeit, unter mehreren alternativen Investitionsobjekten das günstigere bzw. günstigste auszuwählen. Dabei ist dasjenige Investitionsobjekt das vorteilhaftere bzw. vorteilhafteste, das den höheren bzw. höchsten positiven Kapitalwert aufweist.

Der tabellarische Vergleich der alternativen Investitionsobjekte ist — bei Kenntnis der Einnahmen und Ausgaben — problemlos möglich, wenn die **Anschaffungswerte** und **Nutzungsdauern** der alternativen Investitionsobjekte **gleich** sind.

Beispiel: Zwei alternative Investitionsobjekte sind zu vergleichen. Beide haben Anschaffungswerte von 100.000 DM und eine Nutzungsdauer von 5 Jahren. Der Kalkulationszinssatz beträgt 8 %. Die jährlichen Einnahmen und Ausgaben sind der Tabelle zu entnehmen.

Jahr	Abzinsungs-faktor	Investitionsobjekt I				Investitionsobjekt II			
		Einnahmen	Ausgaben	Überschüsse	Barwert	Einnahmen	Ausgaben	Überschüsse	Barwert
1	0,925926	110.000	85.000	25.000	23.148	130.000	105.000	25.000	23.148
2	0,857339	95.000	70.000	25.000	21.433	140.000	110.000	30.000	25.720
3	0,793832	105.000	70.000	35.000	27.784	135.000	110.000	25.000	19.846
4	0,735030	100.000	65.000	35.000	25.726	125.000	105.000	20.000	14.701
5	0,680583	90.000	80.000	10.000	6.806	130.000	100.000	30.000	20.417
= Summe					104.897				103.832
− Anschaffungswert					100.000				100.000
= Kapitalwert					4.897				3.832

Das Investitionsobjekt I ist positiver zu beurteilen, da es einen um 1.065 DM höheren Kapitalwert aufweist als das Investitionsobjekt II.

Unterscheiden sich die alternativen Investitionsobjekte in ihrem Anschaffungswert oder/und ihrer Nutzungsdauer, wird es notwendig, sie mit Hilfe einer **Differenzinvestition** vergleichbar zu machen.

1. Kapitalwertmethode

Beispiel: Für die Fertigung stehen zwei alternative Investitionsobjekte zur Auswahl. Investitionsobjekt I hat einen Anschaffungswert von 120.000 DM, eine Nutzungsdauer von 5 Jahren und einen Liquidationserlös von 12.000 DM. Investitionsobjekt II weist einen Anschaffungswert von 80.000 DM und eine Nutzungsdauer von 5 Jahren auf; ein Liquidationserlös ist nicht zu erwarten. Der Kalkulationszinssatz beträgt 10 %.

Zur Ermittlung der Vorteilhaftigkeit ist es notwendig, für die Differenz zwischen den Anschaffungswerten der Investitionsobjekte I und II eine Differenzinvestition zu berücksichtigen. Diese soll in einem (kleineren) Investitionsobjekt bestehen, dessen Anschaffungswert der Differenz von 40.000 DM entspricht und das ebenfalls 5 Jahre nutzbar sein wird. Das Investitionsobjekt wird einen Liquidationserlös von 5.000 DM haben.

Jahr	Abzinsungs-faktor	Investitions-alternative I		Investitions-alternative II		Differenz-investition	
		Über-schüsse	Bar-wert	Über-schüsse	Bar-wert	Über-schüsse	Bar-wert
1	0,909091	30.000	27.273	20.000	18.182	8.000	7.273
2	0,826446	45.000	37.190	25.000	20.661	10.000	8.264
3	0,751315	40.000	30.053	25.000	18.783	15.000	11.270
4	0,683013	45.000	30.736	25.000	17.075	20.000	13.660
5	0,620921	35.000	21.732	20.000	12.418	20.000	12.418
+ Liquidations-erlös	0,620921	12.000	7.451	—		5.000	3.105
= Summe			154.435		87.119		55.990
− Anschaffungs-wert			120.000		80.000		40.000
= Kapital-wert			34.435		7.119 23.109		15.990

Es ist für das Unternehmen vorteilhafter, das Investitionsobjekt I zu wählen, weil es einen um 11.326 DM höheren Kapitalwert aufweist als das Investitionsobjekt II einschließlich der Differenzinvestition.

Das Auswahlproblem kann in geeigneter Weise nicht nur für alternative Investitionsobjekte mit jährlich unterschiedlich hohen Überschüssen, sondern auch — mit Hilfe der bei den Einzelinvestitionen dargestellten Gleichungen — für alternative Investitionsobjekte mit jährlich gleich hohen Überschüssen bei einer begrenzten bzw. unbegrenzten Nutzungsdauer erfolgen.

20 21 22

2.3 Ersatzproblem

Die Kapitalwertmethode kann zur Lösung des Ersatzproblems eingesetzt werden, wenn es um die Frage geht, ob eine Ersatzinvestition sofort oder in der nächsten Periode durchzuführen vorteilhaft ist.

Die Lösung des Ersatzproblems mit Hilfe der Kapitalwertmethode ist **nicht ohne Probleme**, da die Restnutzungsdauer des alten Investitionsobjektes und die Nutzungsdauer des neuen Investitionsobjektes beträchtlich auseinanderfallen. Beim Auswahlproblem ist gezeigt worden, daß in solchen Situationen Differenzinvestitionen gebildet werden, die eine Vergleichbarkeit herstellen.

160 D. Dynamische Investitionsrechnungen zur Beurteilung von Sachinvestitionen

Differenzinvestitionen, die beim Ersatzproblem anzusetzen wären, würden den Vergleich erheblich beeinflussen und damit die Gefahr fehlerhafter Ergebnisse und — daraus resultierend — falscher Entscheidungen in sich bergen.

Beispiel: Es soll geprüft werden, ob ein altes Investitionsobjekt sofort oder in der folgenden Periode ausscheiden soll, um durch ein neues, 10 Jahre nutzbares Investitionsobjekt ersetzt zu werden. Die Differenzinvestition müßte eine vieljährige Nutzungsdauer aufweisen, was nicht sinnvoll sein kann.

Man versucht deshalb, das Problem anders zu lösen, indem man zur Überbrückung der Zeitdifferenz unterstellt, das neue Investitionsobjekt werde nach Ablauf seiner Nutzungsdauer jeweils identisch, d.h. unter Fortschreibung der Kapitalwerte der Investition, ersetzt.

Durch die Annahme der identischen Wiederholung der Investition ist der Kapitalwert durch den Faktor $\dfrac{q^n}{q^n - 1}$ zu ergänzen. Damit ergibt sich — in Anlehnung an *ter Horst* — für die sofortige, d.h. im **Zeitpunkt t_0** erfolgte Investition die Gleichung:

$$\boxed{C_0^{t_0} = L_A + C_{0N} \cdot \frac{q^n}{q^n - 1}}$$

Bei unterschiedlich hohen jährlichen Überschüssen des neuen Investitionsobjektes kann — ohne Berücksichtigung eines Liquidationserlöses beim neuen Investitionsobjekt — die Gleichung wie folgt aufgelöst werden:

$$\boxed{C_0^{t_0} = L_A + \left(\frac{e_1 - a_1}{q} + \frac{e_2 - a_2}{q^2} + \ldots + \frac{e_n - a_n}{q^n} - a_{0N}\right) \cdot \frac{q^n}{q^n - 1}}$$

Ein Liquidationserlös des neuen Investitionsobjektes wird abgezinst und den Überschüssen zugerechnet.

Sind die jährlichen Überschüsse des neuen Investitionsobjektes gleich hoch, hat die aufgelöste Gleichung — ohne Berücksichtigung eines Liquidationserlöses beim neuen Investitionsobjekt — folgendes Aussehen:

$$\boxed{C_0^{t_0} = L_A + \left(ü_N \cdot \frac{q^n - 1}{q^n (q - 1)} - a_{0N}\right) \cdot \frac{q^n}{q^n - 1}}$$

$C_0^{t_0}$ = Kapitalwert zum Zeitpunkt t_0
L_A = Liquidationserlös des alten Investitionsobjektes
$ü_N$ = Jährlicher Überschuß des neuen Investitionsobjektes
a_{0N} = Anschaffungswert des neuen Investitionsobjektes
e = Einnahmen

1. Kapitalwertmethode

a = Ausgaben

$\dfrac{q^n - 1}{q^n(q-1)}$ = Barwertfaktor

Ein Liquidationserlös des neuen Investitionsobjektes wird abgezinst und dem Barwert der Überschüsse aus dem neuen Investitionsobjekt zugerechnet.

Für die Investition in der nächsten Periode, d.h. im Zeitpunkt t_1, errechnet sich der Kapitalwert wie folgt:

$$C_o^{t_1} = (ü_A + L_A + C_{oN}^{t_1} \cdot \frac{q^n}{q^n - 1}) \cdot \frac{1}{q}$$

Bei unterschiedlich hohen jährlichen Überschüssen des neuen Investitionsobjektes kann die Gleichung — ohne Berücksichtigung eines Investitionserlöses beim neuen Investitionsobjekt — wie folgt aufgelöst werden:

$$C_o^{t_1} = [ü_A + L_A + (\frac{e_1 - a_1}{q} + \frac{e_2 - a_2}{q^n} + \ldots + \frac{e_n - a_n}{q^n} - a_o) \cdot \frac{q^n}{q^n - 1}] \cdot \frac{1}{q}$$

Ein Liquidationserlös des neuen Investitionsobjektes wird abgezinst und den Überschüssen aus dem neuen Investitionsobjekt zugerechnet.

Sind die jährlichen Überschüsse des Investitionsobjektes gleich hoch, hat die aufgelöste Gleichung — ohne Berücksichtigung eines Investitionserlöses beim neuen Investitionsobjekt — folgendes Aussehen:

$$C_o^{t_1} = [ü_A + L_A + (ü_N \cdot \frac{q^n - 1}{q^n(q-1)} - a_{oN}) \cdot \frac{q^n}{q^n - 1}] \cdot \frac{1}{q}$$

$C_o^{t_1}$ = Kapitalwert zum Zeitpunkt t_1
L_A = Liquidationserlös des alten Investitionsobjektes
$ü_N$ = Jährlicher Überschuß des neuen Investitionsobjektes
a_{oN} = Anschaffungswert des neuen Investitionsobjektes
e = Einnahmen
a = Ausgaben

$\dfrac{q^n - 1}{q^n(q-1)}$ = Barwertfaktor

$\dfrac{1}{q^n}$ = Abzinsungsfaktor

162 D. Dynamische Investitionsrechnungen zur Beurteilung von Sachinvestitionen

Ein Liquidationserlös des neuen Investitionsobjektes wird abgezinst und dem Barwert der Überschüsse aus dem neuen Investitionsobjekt zugerechnet.

Beispiel: Ein in Betrieb befindliches Investitionsobjekt hat einen Anschaffungswert von 150.000 DM und erbringt jährliche Überschüsse von 20.000 DM. Bei sofortigem Ersatz beträgt der Liquidationserlös 8.000 DM, bei Ersatz in der nächsten Periode 5.000 DM. Ein neues Investitionsobjekt mit einem Anschaffungswert von 165.000 DM würde jährliche Überschüsse von 30.000 DM erbringen können; als Liquidationserlös nach einer Nutzungsdauer von 8 Jahren werden 3.000 DM erwartet. Der Kalkulationszinssatz ist 8 %.

$$C_0^{t_0} = 8.000 + (30.000 \cdot 5{,}746639 + 3.000 \cdot 0{,}540269 - 165.000) \cdot \frac{1{,}850930}{1{,}850930 - 1}$$

$$C_0^{t_0} = 8.000 + 9.020 \cdot 2{,}175$$

$$C_0^{t_0} = 27.619 \text{ DM}$$

$$C_0^{t_1} = [20.000 + 5.000 + (30.000 \cdot 5{,}746639 + 3.000 \cdot 0{,}540269 - 165.000) \cdot \frac{1{,}850930}{1{,}850930 - 1}] \cdot \frac{1}{1{,}08}$$

$$C_0^{t_1} = [25.000 + 9.020 \cdot 2{,}175] \cdot 0{,}925926$$

$$C_0^{t_1} = 41.313 \text{ DM}$$

Es ist vorteilhafter, das alte Investitionsobjekt erst in der nächsten Periode durch das neue Investitionsobjekt zu ersetzen, da der Kapitalwert dann um 13.694 DM höher liegt.

Wichtig ist, darauf hinzuweisen, daß die dargestellte Ermittlung der Vorteilhaftigkeit einer Ersatzinvestition unter folgenden **Voraussetzungen** erfolgt:

- Die jährlichen Überschüsse und die Restwerte des alten Investitionsobjektes nehmen im Zeitablauf ab.

- Das neue Investitionsobjekt wird nach Ablauf seiner Nutzungsdauer unendlich oft identisch wiederholt.

- Die Identität zwischen altem und neuem Investitionsobjekt läßt technischen Fortschritt unberücksichtigt.

2.4 Eignung

Die Kapitalwertmethode ist ein Verfahren der dynamischen Investitionsrechnung, das — nach einer Untersuchung von *Grabbe* — von rund 20 % befragter Großunter-

3. Interne Zinsfuß-Methode

nehmen verwendet wird, um die Vorteilhaftigkeit von Investitionen zu bestimmen. Allerdings setzen nur knapp 4 % der befragten Unternehmen ausschließlich die Kapitalwertmethode ein, die übrigen Unternehmen bedienen sich zusätzlich anderer — meist statischer — Verfahren der Investitionsrechnung.

Gegenüber den statischen Investitionsrechnung weist die Kapitalwertmethode erhebliche **Vorteile** auf, die insbesondere in der Möglichkeit liegen, Zahlungsreihen zeitlich und betragsmäßig differenziert erfassen zu können. Ob diese Möglichkeit allerdings in entsprechender Weise genutzt werden kann, ist fraglich.

Nachteile der Kapitalwertmethode sind:

- **Zurechenbarkeit der Zahlungsreihen**, die vielfach nicht ohne weiteres möglich ist, wenn das Investitionsobjekt nicht im Rahmen eines isolierten einstufigen Fertigungsprozesses genutzt wird.
- **Ungewißheit der Zahlungsreihen**, die nach ihrer Höhe und ihrem zeitlichen Anfall prognostiziert werden müssen, was aber in der betrieblichen Praxis — trotz korrigierender und analysierender Hilfsverfahren — Schwierigkeiten bereitet.
- **Vergleichbarkeit der Investitionen**, die unterschiedliche Anschaffungswerte oder/und unterschiedliche Nutzungsdauern haben können, wobei in diesen Fällen grundsätzlich versucht wird, eine Vergleichbarkeit durch den Ansatz realer oder fiktiver Differenzinvestitionen herbeizuführen, die aber um so problematischer ist, je höher die Differenzinvestition angesetzt werden muß.

3. Interne Zinsfuß-Methode

Die Interne Zinsfuß-Methode ist ein Verfahren der dynamischen Investitionsrechnung, bei dem der interne Zinsfuß als Maßstab der Vorteilhaftigkeit von Investitionen dient. Der interne Zinsfuß ist der Zinssatz, der beim Diskontieren der Einnahmenreihe und Ausgabenreihe zu einem Kapitalwert von Null führt:

$$C_0 = \frac{e_1 - a_1}{q} + \frac{e_2 - a_2}{q^2} + \ldots + \frac{e_n - a_n}{q^n} - a_0$$

wobei

$$C_0 = 0$$

und

$$q = (1 + i)$$

ergibt

164 D. Dynamische Investitionsrechnungen zur Beurteilung von Sachinvestitionen

$$0 = \frac{e_1 - a_1}{(1 + i)} + \frac{e_2 - a_2}{(1 + i)^2} + \ldots + \frac{e_n - a_n}{(1 + i)^n} - a_0$$

C_o = Kapitalwert
e = Jährliche Einnahmen
a = Jährliche Ausgaben
i = Kalkulationszinssatz

Ein Liquidationserlös des Investitionsobjektes wird abgezinst und den Überschüssen aus dem Investitionsobjekt zugerechnet.

Der **interne Zinsfuß** läßt sich auf zweifache Weise ermitteln:

- Es werden zwei unterschiedliche Zinssätze – als Versuchszinssätze – frei gewählt, für welche die Kapitalwerte der Investition(en) **tabellarisch** ermittelt werden. Die Feststellung des internen Zinsfußes erfolgt dann durch eine **graphische Darstellung**, wobei die beiden Kapitalwerte durch eine Gerade miteinander verbunden werden. Der Schnittpunkt der Geraden mit der Ordinaten zeigt den internen Zinsfuß.

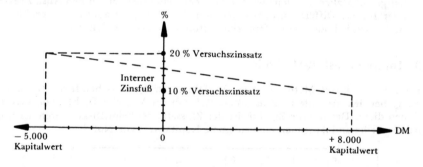

- Es werden – wie zuvor – zwei unterschiedliche Zinssätze – als Versuchszinssätze – frei gewählt, für welche die Kapitalwerte der Investition(en) **tabellarisch** ermittelt werden. Die Feststellung des internen Zinsfußes erfolgt dann **rechnerisch**:

$$r = i_1 - C_{o1} \cdot \frac{i_2 - i_1}{C_{o2} - C_{o1}}$$

r = Interner Zinsfuß
i = (Versuchs-)Zinssatz 1 bzw. 2
C_o = Kapitalwert bei i_1 bzw. i_2

3. Interne Zinsfuß-Methode

Nach der Internen Zinsfuß-Methode ist ein einzelnes Investitionsobjekt vorteilhaft, wenn der interne Zinsfuß der vom Unternehmen festgelegten Mindestverzinsung entspricht oder über ihr liegt:

$$r \geq i_{min}$$

Bei mehreren alternativen Investitionsobjekten ist das Investitionsobjekt das vorteilhaftere bzw. vorteilhafteste, das den größeren bzw. größten internen Zinsfuß aufweist:

$$r_I \leq r_{II}$$

Schließlich ist es grundsätzlich möglich, den **optimalen Ersatzzeitpunkt** eines Investitionsobjektes mit Hilfe der Internen Zinsfuß-Methode zu ermitteln.
Dementsprechend kann die Interne Zinsfuß-Methode* eingesetzt werden für:

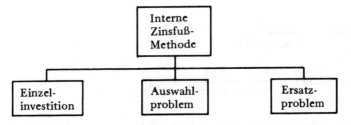

3.1 Einzelinvestition

Eine Einzelinvestition kann unter Verwendung der Internen Zinsfuß-Methode auf ihre Vorteilhaftigkeit hin überprüft werden. Diese ist gegeben, wenn der interne Zinsfuß größer oder gleich der von Unternehmen festgelegten Mindestverzinsung ist.

Weist das Investitionsobjekt, wie es meist in der betrieblichen Praxis der Fall ist, im Zeitablauf **unterschiedlich hohe** Überschüsse auf, wird die Ermittlung des internen Zinsfußes — wie oben beschrieben — tabellarisch-rechnerisch oder tabellarisch-graphisch vorgenommen.

Beispiel: Es soll geprüft werden, ob die Anschaffung eines Investitionsobjektes vorteilhaft ist, dessen Anschaffungswert 100.000 DM beträgt und das 5 Jahre nutzbar ist. Die jährlichen Überschüsse sind der Tabelle entnehmbar. Der Kalkulationszinssatz beträgt 9 %. Als Versuchszinssätze werden 8 % und 16 % gewählt.

---

* Siehe auch die Ausführungen des Kapitels E, Seite 220 f.

166 D. Dynamische Investitionsrechnungen zur Beurteilung von Sachinvestitionen

		i = 0,08		i = 0,16	
Jahr	Überschüsse	Abzinsungsfaktor	Barwert	Abzinsungsfaktor	Barwert
1	10.000	0,925926	9.259	0,862069	8.621
2	35.000	0,857339	30.007	0,743163	26.011
3	25.000	0,793832	19.846	0,640658	16.016
4	35.000	0,735030	25.726	0,552291	19.330
5	30.000	0,680583	20.417	0,476113	14.283
=	Summe		105.255		84.261
−	Anschaffungswert		100.000		100.000
=	Kapitalwert		5.255		− 15.739

Rechnerisch ergibt sich der interne Zinsfuß:

$$r = i_1 - C_{o1} \cdot \frac{i_2 - i_1}{C_{o2} - C_{o1}}$$

$$r = 0{,}08 - 5.255 \cdot \frac{0{,}16 - 0{,}08}{-15.739 - 5.255} = \underline{\underline{0{,}10}}$$

Graphisch kann der interne Zinsfuß ermittelt werden:

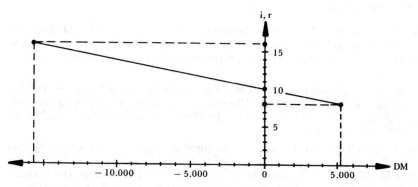

3. Interne Zinsfuß-Methode 167

Die Anschaffung des Investitionsobjektes ist vorteilhaft, weil der interne Zinsfuß um ein Prozent über dem Kalkulationszinssatz liegt.

Der interne Zinsfuß eines **zeitlich begrenzt** nutzbaren Investitionsobjektes, bei welchem die jährlichen Überschüsse gleichbleibend sind, läßt sich auf vereinfachte Weise ermitteln. Es gilt — ohne Berücksichtigung eines Liquidationserlöses — die Gleichung

$$0 = ü \cdot \frac{(1 + i)^n - 1}{i(1 + i)^n} - a_0$$

ü = Jährlicher Überschuß
a_0 = Anschaffungswert
$\frac{(1 + i)^n - 1}{i(1 + i)^n}$ = Barwertfaktor

die nach dem Barwertfaktor aufgelöst wird, so daß sich ergibt:

$$\frac{(1 + i)^n - 1}{i(1 + i)^n} = \frac{a_0}{ü}$$

Der somit errechenbare Barwertfaktor wird in entsprechenden finanzmathematischen Tabellen — siehe Anhang — gesucht. Der interne Zinsfuß läßt sich, gegebenenfalls nach Interpolation, feststellen.

Ein Liquidationserlös des Investitionsobjektes ist entsprechend zu berücksichtigen.

Beispiel: Ein Investitionsobjekt hat einen Anschaffungswert von 100.000 DM. Die jährlichen Überschüsse betragen 18.000 DM. Es wird mit einer Lebensdauer von 8 Jahren gerechnet. Der Kalkulationszinssatz beträgt 10 %.

$$\frac{(1 + i)^n - 1}{i(1 + i)^n} = \frac{a_0}{ü}$$

$$\frac{(1 + i)^8 - 1}{i(1 + i)^8} = \frac{100.000}{18.000}$$

$$\frac{(1 + i)^8 - 1}{i(1 + i)^8} = 5{,}555556$$

In der entsprechenden finanzmathematischen Tabelle — siehe Anhang — findet sich bei einem Zinssatz von 9 % der Wert 5,534819. Der interne Zinsfuß liegt damit unbedeutend unter 9 %.

168 D. Dynamische Investitionsrechnungen zur Beurteilung von Sachinvestitionen

Bei einem Kalkulationszinssatz von 10 % erscheint das Investitionsobjekt nicht vorteilhaft.

Der Fall, daß ein Investitionsobjekt gleichbleibend hohe jährliche Überschüsse erzielt, wobei seine Nutzungsdauer — wie im Beispiel — begrenzt ist, kann nicht als praxistypisch angesehen werden. Von größerer praktischer Bedeutung ist, wenn ein Investitionsobjekt über **gleichbleibende jährliche Überschüsse bei unbestimmter Nutzungsdauer** verfügt, beispielsweise bei der Investition in ein Grundstück oder Gebäude.

Dem Investitionsobjekt werden unendlich fließende, gleichbleibend hohe Überschüsse unterstellt, was zu folgender Vereinfachung bei der Berechnung des internen Zinsfußes führt:

$$r = \frac{ü}{a_0}$$

r = Interner Zinsfuß
$ü$ = Jährlicher Überschuß
a_0 = Anschaffungswert

Beispiel: Ein Investitionsobjekt hat einen Anschaffungswert von 100.000 DM. Die jährlichen Überschüsse betragen 12.000 DM. Der Kalkulationszinssatz liegt bei 10 %.

$$r = \frac{12.000}{100.000}$$

$$r = 0{,}12$$

Der interne Zinsfuß weist einen um 2 % höheren Wert auf als der Kalkulationszinssatz. Das Investitionsobjekt ist vorteilhaft.

3.2 Auswahlproblem

Häufiger als die Beurteilung einer Einzelinvestition ist in der betrieblichen Praxis die Notwendigkeit, unter mehreren alternativen Investitionsobjekten das günstigere bzw. das günstigste auszuwählen. Dabei ist dasjenige Investitionsobjekt das vorteilhaftere bzw. vorteilhafteste, das den höheren bzw. höchsten internen Zinsfuß aufweist.

Es soll zunächst davon ausgegangen werden, daß die alternativen Investitionsobjekte den **gleichen Anschaffungswert** und die **gleiche Nutzungsdauer** haben. Die Berechnung des internen Zinsfußes erfolgt in gleicher Weise, wie bei der Einzelinvestition dargestellt. Es werden lediglich mehrere Investitionsobjekte vergleichend nebeneinander gestellt.

3. Interne Zinsfuß-Methode

Beispiel: Zwei alternative Investitionsobjekte sind zu vergleichen. Ihre Anschaffungswerte liegen bei 95.000 DM, sie sind 5 Jahre nutzbar, Liquidationserlöse sind nicht gegeben. Der Kalkulationszinssatz beträgt 10 %. Die jährlichen Überschüsse können der Tabelle entnommen werden.

		Investitionsobjekt I				Investitionsobjekt II			
		i = 0,06		i = 0,14			i = 0,06		i = 0,14	
Jahr	Über-schuß	Abzinsungs-faktor	Bar-wert	Abzinsungs-faktor	Bar-wert	Über-schuß	Abzinsungs-faktor	Bar-wert	Abzinsungs-faktor	Bar-wert
1	15.000	0,943396	14.151	0,877193	13.158	20.000	0,943396	18.868	0,877193	17.544
2	30.000	0,889996	26.700	0,769468	23.084	35.000	0,889996	31.150	0,769468	26.931
3	20.000	0,839619	16.792	0,674972	13.499	25.000	0,839619	20.990	0,674972	16.874
4	40.000	0,792094	31.684	0,592080	23.683	20.000	0,792094	15.842	0,592080	11.842
5	30.000	0,747258	22.418	0,519369	15.581	25.000	0,747258	18.681	0,519369	12.984
− Anschaffungswert			111.745 95.000		89.005 95.000			105.531 95.000		86.175 95.000
= Kapitalwert			16.745		− 5.995			10.531		− 8.825

$$r = i_1 - C_{o1} \frac{i_2 - i_1}{C_{o2} - C_{o1}}$$

$$r_I = 0{,}06 - 16.745 \cdot \frac{0{,}14 - 0{,}06}{-5.995 - 16.745}$$

$$\underline{\underline{r_I = 0{,}119}}$$

$$r_{II} = 0{,}06 - 10.531 \cdot \frac{0{,}14 - 0{,}06}{-8.825 - 10.531}$$

$$\underline{\underline{r_{II} = 0{,}104}}$$

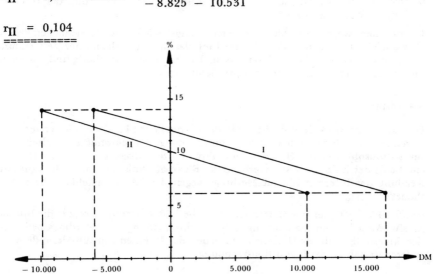

Das Investitionsobjekt I ist mit einem internen Zinsfuß von 11,9 % dem Investitionsobjekt II vorzuziehen.

Stimmen bei den alternativen Investitionsobjekten die Anschaffungswerte oder/und Nutzungsdauern nicht überein, sind **Differenzinvestitionen** zu bilden, um eine Vergleichbarkeit herzustellen.

Das Auswahlproblem kann in geeigneter Weise nicht nur für alternative Investitionsobjekte mit jährlich unterschiedlich hohen Überschüssen, sondern auch — mit Hilfe der vereinfachten Gleichungen — für alternative Investitionsobjekte mit jährlich gleich hohen Überschüssen bei einer begrenzten bzw. unbegrenzten Nutzungsdauer erfolgen.

3.3 Ersatzproblem

Die Lösung des Ersatzproblems mit Hilfe der Internen Zinsfuß-Methode ist grundsätzlich möglich. Sie wirft aber zwei **Probleme** auf:

- Wie bei der Kapitalwertmethode, ist das **Auseinanderfallen** der Restnutzungsdauer des alten Investitionsobjektes und der Nutzungsdauer des neuen Investitionsobjektes auch durch den Ansatz von Differenzinvestitionen nicht zu überbrücken. Die zeitliche Differenz kann durch die Annahme, das neue Investitionsobjekt werde nach Ablauf seiner Nutzungsdauer jeweils identisch ersetzt, in ihrer Bedeutung gemindert werden.

- Der **Rechenaufwand** zur Lösung des Ersatzproblems mit Hilfe der Internen Zinsfuß-Methode ist sehr groß.

Insbesondere wegen des hohen Rechenaufwandes wird in der betrieblichen Praxis, aber auch in der Literatur darauf verzichtet, das Ersatzproblem unter Verwendung der Internen Zinsfuß-Methode zu lösen. Die Kapitalwertmethode und vor allem die Annuitätenmethode finden entsprechende Anwendung.

3.4 Eignung

Die Interne Zinsfuß-Methode ist ein in der betrieblichen Praxis häufig verwendetes Verfahren der dynamischen Investitionsrechnung, um einzelne oder alternative Investitionsobjekte im Hinblick auf ihre Vorteilhaftigkeit zu beurteilen. So empfiehlt der ZVEI — Zentralverband der Elektrotechnischen Industrie — die Anwendung der Internen Zinsfuß-Methode wegen der „Anschaulichkeit dieser Methode".

Rund 40 % befragter Großunternehmen — berichtet *Grabbe* — setzen die Interne Zinsfuß-Methode im Rahmen ihrer Investitionsplanung ein, allerdings bedienen sich knapp 38 % dieser Unternehmen neben der Internen Zinsfuß-Methode noch anderer Verfahren der Investitionsrechnung.

4. Annuitätenmethode

Gegenüber den statischen Investitionsrechnungen weist die Interne Zinsfuß-Methode erhebliche **Vorteile** auf, die insbesondere in der Möglichkeit liegen, Zeitreihen zeitlich und betragsmäßig differenziert erfassen zu können. Ob diese Möglichkeit allerdings in entsprechender Weise genutzt werden kann, ist fraglich.

Nachteile der Internen Zinsfuß-Methode sind:

- **Zurechenbarkeit der Zahlungsreihen,** die vielfach nicht ohne weiteres möglich ist, wenn das Investitionsobjekt nicht im Rahmen eines isolierten einstufigen Fertigungsprozesses genutzt wird.

- **Ungewißheit der Zahlungsreihen,** die nach ihrer Höhe und ihrem zeitlichen Anfall genau prognostiziert werden müssen, was aber in der betrieblichen Praxis — trotz korrigierender und analysierender Hilfsverfahren — Schwierigkeiten bereitet.

- **Vergleichbarkeit der Investitionen,** die unterschiedliche Anschaffungswerte oder/und unterschiedliche Nutzungsdauern haben können, wobei in diesen Fällen grundsätzlich versucht wird, eine Vergleichbarkeit durch den Ansatz realer oder fiktiver Differenzinvestitionen herbeizuführen, die aber um so problematischer ist, je höher die Differenzinvestition angesetzt werden muß.

- **Eindeutigkeit der Ergebnisse,** die nur dann gegeben ist, wenn die Investitionsobjekte über ihre gesamte Nutzungsdauer hinweg (positive) Überschüsse erwirtschaften, was nicht immer unterstellt werden kann, beispielsweise in der Anlaufphase oder gegen Ende der Nutzungsdauer.

Bei fehlenden Überschüssen in einzelnen Perioden werden diese durch den Ansatz von Supplementinvestitionen künstlich herbeigeführt.

4. Annuitätenmethode

Die Annuitätenmethode ist ein Verfahren der dynamischen Investitionsrechnung, bei dem die Annuität von Investitionen als Maßstab der Vorteilhaftigkeit dient.

Die Annuitätenmethode ist eng mit der Kapitalwertmethode verwandt, im Grunde genommen ist sie eine Umkehrung der Kapitalwertmethode. Während die Kapitalwertmethode den **Totalerfolg** von Investitionsobjekten aufzeigt, bezieht sich die Annuitätenmethode auf den **Periodenerfolg,** indem sie die durchschnittlichen jährlichen Einnahmen den durchschnittlichen jährlichen Ausgaben gegenüberstellt.

Die Einnahmen und Ausgaben aus Investitionsobjekten werden in zwei äquivalente und uniforme Reihen umgerechnet, wobei — wie bei der Kapitalwertmethode — eine Diskontierung auf den Bezugszeitpunkt vorgenommen wird.

Die auf diese Weise ermittelten Barwerte werden danach in gleiche jährliche Überschüsse — die **Annuitäten** — aufgeteilt, indem sie mit dem Kapitalwiedergewinnungsfaktor multipliziert werden:

$$d = C_o \cdot \frac{q^n (q-1)}{q^n - 1}$$

d = Annuität
C_o = Kapitalwert
$\frac{q^n (q-1)}{q^n - 1}$ = Kapitalwiedergewinnungsfaktor

Nach der Annuitätenmethode ist eine einzelne Investition vorteilhaft, wenn ihre Annuität größer oder gleich Null ist:

$$d \geq 0$$

Bei mehreren alternativen Investitionsobjekten ist das Investitionsobjekt das vorteilhaftere bzw. vorteilhafteste, das die größere bzw. größte Annuität aufweist:

$$d_I \lesseqgtr d_{II}$$

Schließlich ist es möglich, den **optimalen Ersatzzeitpunkt** eines Investitionsobjektes mit Hilfe der Annuitätenmethode zu ermitteln.
Die Annuitätenmethode kann dementsprechend eingesetzt werden für:

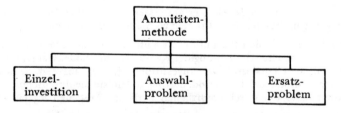

4.1 Einzelinvestition

Eine Einzelinvestition kann unter Verwendung der Annuitätenmethode auf ihre Vorteilhaftigkeit hin überprüft werden. Diese ist gegeben, wenn die Annuität der Einzelinvestition größer oder gleich Null ist.

Weist das Investitionsobjekt, wie in der Mehrzahl der praktischen Fälle, im Zeitablauf **unterschiedlich hohe Überschüsse** auf, wird die Ermittlung der Annuität mit Hilfe der oben genannten Gleichung

4. Annuitätenmethode

$$d = C_o \cdot \frac{q^n (q - 1)}{q^n - 1}$$

vorgenommen.

Beispiel: Ein Investitionsobjekt hat einen Anschaffungswert von 80.000 DM und Überschüsse von 25.000 DM im 1. Jahr, 30.000 DM im 2. Jahr, 40.000 DM im 3. Jahr, 20.000 DM im 4. Jahr und 10.000 DM im 5. Jahr. Der Kalkulationszinssatz beträgt 10 %. Ein Liquidationserlös fällt nicht an.

Jahr	Überschuß	Abzinsungsfaktor	Barwert
1	25.000	0,909091	22.727
2	30.000	0,826446	24.793
3	40.000	0,751315	30.053
4	20.000	0,683013	13.660
5	10.000	0,620921	6.209
=	Summe		97.442
−	Anschaffungswert		80.000
=	Kapitalwert		17.442

$$d = C_o \cdot \frac{q^n (q - 1)}{q^n - 1}$$

$d = 17.442 \cdot 0{,}263797$

$d = \underline{\underline{4.601 \text{ DM}}}$

Das Investitionsobjekt erscheint vorteilhaft, da es zu einer positiven Annuität führt.

Im weniger praxisbedeutsamen Fall eines **zeitlich begrenzt** nutzbaren Investitionsobjektes mit jährlich **gleichbleibenden Überschüssen** kann − wie bei der Kapitalwertmethode bereits dargelegt − auf eine differenzierte tabellarische Ermittlung des Kapitalwertes verzichtet werden und eine Berechnung auf der Grundlage des Kapitalwiedergewinnungsfaktors erfolgen.

174 D. Dynamische Investitionsrechnungen zur Beurteilung von Sachinvestitionen

Ohne Berücksichtigung eines Liquidationserlöses gilt die Gleichung:

$$d = ü - a_0 \cdot \frac{q^n (q - 1)}{q^n - 1}$$

Ein Liquidationserös des Investitionsobjektes wird abgezinst und vom Anschaffungswert des Investitionsobjektes abgezogen:

$$d = ü - (a_0 - \frac{L}{q^n}) \cdot \frac{q^n (q - 1)}{q^n - 1}$$

d	=	Annuität
ü	=	Jährlicher Überschuß
a_0	=	Anschaffungswert
$\frac{q^n (q-1)}{q^n - 1}$	=	Kapitalwiedergewinnungsfaktor
L	=	Liquidationserlös
q^n	=	Aufzinsungsfaktor

Beispiel: Ein Investitionsobjekt ist 8 Jahre nutzbar und erbringt jährliche Überschüsse von 8.000 DM. Der Anschaffungswert beträgt 40.000 DM und der Kalkulationszinssatz 10 %. Ein Liquidationserlös fällt nicht an.

$$d = ü - a_0 \cdot \frac{q^n (q - 1)}{q^n - 1}$$

d = 8.000 − 40.000 · 0,187444

d = 502 DM

Das Investitionsobjekt erscheint vorteilhaft, da es eine positive Annuität erwirtschaftet.

Größere praktische Bedeutung hat die Ermittlung der Annuitäten bei zeitlich **unbegrenzt nutzbaren** Investitionsobjekten mit jährlich **gleichbleibenden Überschüssen**, beispielsweise bei Grundstücken und Gebäuden.

4. Annuitätenmethode

Die Gleichung vereinfacht sich weiter:

$$d = ü - a_0 \cdot i$$

d = Annuität
$ü$ = Jährlicher Überschuß
a_0 = Anschaffungswert
i = Kalkulationszinssatz

Beispiel: Ein Investitionsobjekt mit einem Anschaffungswert von 20.000 DM führt zu einem jährlichen, unbegrenzten Überschuß von 1.900 DM. Der Kalkulationszins beträgt 10 %.

$d = ü - a_0 \cdot i$
$d = 1.900 - 20.000 \cdot 0{,}10$
$d = -100$ DM

Das Investitionsobjekt ist nicht vorteilhaft, weil die von ihm erwirtschaftete Annuität negativ ist.

4.2 Auswahlproblem

Häufiger als die Beurteilung einer Einzelinvestition ist in der betrieblichen Praxis die Notwendigkeit, unter mehreren alternativen Investitionsobjekten das günstigere bzw. das günstigste auszuwählen. Dabei ist dasjenige Investitionsobjekt das vorteilhaftere bzw. vorteilhafteste, das die höhere bzw. höchste Annuität aufweist.

Im Gegensatz zu der Kapitalwertmethode und der Internen Zinsfuß-Methode ist es bei der Annuitätenmethode nicht erforderlich, Differenzinvestitionen anzusetzen, wenn der Anschaffungswert oder/und die Nutzungsdauer der alternativen Investitionsobjekte unterschiedlich sind. Das ist durch die Umformung in gleich hohe jährliche Überschüsse der alternativen Investitionsobjekte möglich.

Beispiel: Zwei alternative Investitionsobjekte stehen zur Auswahl. Investitionsobjekt I hat einen Anschaffungswert von 60.000 DM, Investitionsobjekt II von 70.000 DM. Beide Investitionsobjekte sind 4 Jahre nutzbar, ein Liquidationserlös fällt nicht an. Der Kalkulationszinssatz beträgt 10 %. Die Überschüsse sind der Tabelle zu entnehmen.

176 D. Dynamische Investitionsrechnungen zur Beurteilung von Sachinvestitionen

Jahr	Abzinsungs-faktor	Investitionsobjekt I		Investitionsobjekt II	
		Über-schuß	Barwert	Über-schuß	Barwert
1	0,909091	18.000	16.364	18.000	16.364
2	0,826446	25.000	20.661	30.000	24.793
3	0,751315	25.000	18.783	30.000	22.539
4	0,683013	20.000	13.660	25.000	17.075
= Summe			69.468		80.771
− Anschaffungswert			60.000		70.000
= Kapitalwert			9.468		10.771

$$d = C_0 \cdot \frac{q^n (q-1)}{q^n - 1}$$

$d_I = 9.468 \cdot 0{,}315471 = \underline{\underline{2.987 \text{ DM}}}$

$d_{II} = 10.771 \cdot 0{,}315471 = \underline{\underline{3.398 \text{ DM}}}$

Das Investitionsobjekt II ist das vorteilhaftere, da es eine um 411 DM höhere Annuität erzielt.

Das Auswahlproblem kann in geeigneter Weise nicht nur für alternative Investitionsobjekte mit jährlich unterschiedlich hohen Überschüssen, sondern auch — mit Hilfe der oben dargestellten, vereinfachten Gleichungen — für alternative Investitionsobjekte mit jährlich gleich hohen Überschüssen bei einer begrenzten bzw. unbegrenzten Nutzungsdauer erfolgen.

4.3 Ersatzproblem

Die Annuitätenmethode kann zur Lösung des Ersatzproblems eingesetzt werden, wenn es um die Frage geht, ob eine Ersatzinvestition sofort oder in der nächsten Periode durchzuführen vorteilhaft ist.

Wie bei der Kapitalwertmethode, ist die Lösung des Ersatzproblems bei der Annuitätenmethode nicht ohne Probleme. So wird — um eine Berechenbarkeit möglich zu machen — unterstellt, das neue Investitionsobjekt werde nach Ablauf seiner Nutzungsdauer jeweils identisch ersetzt.

4. Annuitätenmethode

Der optimale Ersatzzeitpunkt ist nach der Annuitätenmethode — in Anlehnung an *Swoboda, ter Horst* — erreicht, wenn die Annuität des alten Investitionsobjektes — bei abnehmenden Überschüssen oder/und Restwerten — in der nächsten Periode kleiner als die Annuität des neuen Investitionsobjektes ist.

Die **Annuitäten des neuen Investitionsobjektes** werden bei jährlich unterschiedlich hohen Überschüssen wie folgt ermittelt:

$$d_N = C_{oN} \cdot \frac{q^n (q-1)}{q^n - 1}$$

d_N = Annuität des neuen Investitionsobjektes
C_{oN} = Kapitalwert des neuen Investitionsobjektes

Sind die jährlichen Überschüsse des neuen Investitionsobjektes gleich hoch, ergeben sich die Annuitäten — ohne Berücksichtigung eines Liquidationserlöses — aus der Gleichung:

$$d_N = ü_N - a_{oN} \cdot \frac{q^n (q-1)}{q^n - 1}$$

Ein Liquidationserlös des neuen Investitionsobjektes wird abgezinst und vom Anschaffungswert des Investitionsobjektes abgezogen:

$$d_N = ü_N - (a_{oN} - \frac{L}{q^n}) \cdot \frac{q^n (q-1)}{q^n - 1}$$

d_N = Annuität des neuen Investitionsobjektes
$ü_N$ = Überschüsse des neuen Investitionsobjektes
a_{oN} = Anschaffungswert des neuen Investitionsobjektes
$\frac{q^n (q-1)}{q^n - 1}$ = Kapitalwiedergewinnungsfaktor
L = Liquidationserlös
q^n = Aufzinsungsfaktor

Die **Annuitäten des alten Investitionsobjektes** ergeben sich aus folgender Gleichung:

178 D. Dynamische Investitionsrechnungen zur Beurteilung von Sachinvestitionen

$$d_A = ü_A - L_A^{t_0} \cdot i - (L_A^{t_0} - L_A^{t_1})$$

d_A = Annuität des alten Investitionsobjektes
$ü_A$ = Überschüsse des alten Investitionsobjektes
$L_A^{t_0}$ = Liquidationserlös des alten Investitionsobjektes im Zeitpunkt t_0
i = Kalkulationszinssatz
$L_A^{t_1}$ = Liquidationserlös des alten Investitionsobjektes im Zeitpunkt t_1

Das Produkt $L_A^{t_0} \cdot i$ gibt die Zinsen an, die dadurch entstehen, daß das alte Investitionsobjekt eine Periode länger genutzt und der ansonsten in t_0 erzielbare Liquidationserlös noch eine Periode länger gebunden wird.

Die Differenz $L_A^{t_0} - L_A^{t_1}$ ergibt den Betrag, um den der Liquidationserlös des alten Investitionsobjektes entwertet wird, wenn es eine Periode länger genutzt wird.

Beispiel: Ein in Betrieb befindliches Investitionsobjekt hat einen Anschaffungswert von 150.000 DM und erbringt jährliche Überschüsse von 20.000 DM. Bei sofortigem Ersatz beträgt der Liquidationserlös 8.000 DM, bei Ersatz in der nächsten Periode 5.000 DM. Ein neues Investitionsobjekt mit einem Anschaffungswert von 165.000 DM würde jährliche Überschüsse von 30.000 DM erbringen können; als Liquidationserlös werden nach einer Nutzungsdauer von 8 Jahren 3.000 DM erwartet. Der Kalkulationszinssatz ist 8 %.

$$d_N = ü_N - (a_{oN} - \frac{L}{q^n}) \cdot \frac{q^n(q-1)}{q^n - 1}$$

$$d_N = 30.000 - (165.000 - \frac{3.000}{1,85093}) \cdot 0,174015$$

$$d_N = 1.570 \text{ DM}$$

$$d_A = ü_A - L_A^{t_0} \cdot i - (L_A^{t_0} - L_A^{t_1})$$

$$d_A = 20.000 - 8.000 \cdot 0,08 - (8.000 - 5.000)$$

$$d_A = 16.360 \text{ DM}$$

Es ist vorteilhafter, das alte Investitionsobjekt in der jetzigen Periode weiterzunutzen, da es eine höhere Annuität aufweist als das neu einzusetzende Investitionsobjekt.

Wie bei der Kapitalwertmethode, gelten für die Ermittlung der Vorteilhaftigkeit einer Ersatzinvestition mit Hilfe der Annuitätenmethode folgende **Voraussetzungen**:

- Die jährlichen Überschüsse und Restwerte des alten Investitionsobjektes nehmen im Zeitablauf ab.
- Das neue Investitionsobjekt wird nach Ablauf seiner Nutzungsdauer unendlich oft identisch wiederholt.
- Die Identität zwischen altem und neuem Investitionsobjekt läßt technischen Fortschritt unberücksichtigt.

4.4 Eignung

Die Annuitätenmethode ist ein in der betrieblichen Praxis weniger verwendetes Verfahren der dynamischen Investitionsrechnung, um die Vorteilhaftigkeit von Investitionen zu bestimmen. Nach einer Untersuchung von *Grabbe* setzen lediglich rund 6 % befragter Großunternehmen die Annuitätenmethode ein, wobei sich knapp 5 % dieser Unternehmen zusätzlich noch anderer Verfahren der Investitionsrechnung bedienen.

Gegenüber den statischen Investitionsrechnungen weist die Annuitätenmethode erhebliche **Vorteile** auf, die insbesondere in der Möglichkeit liegen, Zahlungsreihen zeitlich und betragsmäßig differenziert erfassen zu können.

Die Annuitätenmethode periodiert den Erfolg eines Investitionserfolges, was dem Praktiker möglicherweise mehr sagt als die Kenntnis des Totalerfolges, wie bei der Kapitalwertmethode. Unterschiedliche Anschaffungswerte oder/und Nutzungsdauern bedingen – im Gegensatz zu den übrigen dynamischen Investitionsrechnungen – nicht den Ansatz von Differenzinvestitionen.

Wie bei der Kapitalwertmethode und der Internen Zinsfuß-Methode sind aber auch **Nachteile** zu nennen:

- **Zurechenbarkeit der Zahlungsreihen**, die vielfach nicht ohne weiteres möglich ist, wenn das Investitionsobjekt nicht im Rahmen eines isolierten, einstufigen Fertigungsprozesses genutzt wird.
- **Ungewißheit der Zahlungsreihen**, die nach ihrer Höhe und ihrem zeitlichen Anfall genau prognostiziert werden müssen, was aber in der betrieblichen Praxis – trotz korrigierender und analysierender Hilfsverfahren – Schwierigkeiten bereitet.

KONTROLLFRAGEN

(1) Nennen Sie die Merkmale dynamischer Investitionsrechnungen!
(2) Was versteht man unter kapitalbindenden Ausgaben?
(3) Erläutern Sie, was unter kapitalfreisetzenden Einnahmen zu verstehen ist!
(4) Weshalb wird in den dynamischen Investitionsrechnungen mit Zahlungsreihen gerechnet?
(5) Welche Vorteile weist der Ansatz von Ausgaben und Einnahmen gegenüber dem von Kosten und Erträgen in den statischen Investitionsrechnungen auf?
(6) Beurteilen Sie die Berücksichtigung aller Nutzungsperioden eines Investitionsobjektes bei den dynamischen Investitionsrechnungen!
(7) Was versteht man unter dem Zeitwert?
(8) Erläutern Sie, was der Barwert ist!
(9) Wie kann der Barwert bei einmaliger Zahlung, wie bei mehrfachen, gleich hohen Zahlungen ermittelt werden?
(10) Was ist unter dem Endwert zu verstehen?
(11) Wie wird der Endwert bei einmaliger Zahlung, wie bei mehrfachen, gleich hohen Zahlungen ermittelt?
(12) Wie wird ein jetzt fälliger Betrag in mehrere gleich hohe Jahresbeträge aufgeteilt?
(13) Wie wird ein später fälliger Betrag in mehrere gleich hohe Jahresbeträge aufgeteilt?
(14) Zählen Sie die dynamischen Investitionsrechnungen auf!
(15) Was versteht man unter der Kapitalwertmethode?
(16) Woraus ergibt sich der Kapitalwert?
(17) Was geschieht mit einem Liquidationserlös bei der Kapitalwertmethode?
(18) Welches Investitionsobjekt ist bei der Kapitalwertmethode als vorteilhaft bzw. als das vorteilhaftere anzusehen?
(19) Wie wird der Kapitalwert bei jährlich gleichbleibenden zeitlich begrenzten Überschüssen ermittelt?
(20) Auf welche Weise kann die Ermittlung des Kapitalwertes bei jährlich gleichbleibenden, zeitlich unbegrenzten Überschüssen vorgenommen werden?
(21) Unter welchen Voraussetzungen ist die Lösung des Auswahlproblems mit Hilfe der Kapitalwertmethode problemlos möglich?
(22) Wie werden unterschiedliche Anschaffungswerte und/oder Nutzungsdauern der alternativen Investitionsobjekte bei der Kapitalwertmethode ausgeglichen?

Kontrollfragen

(23) Kann gesagt werden, die Lösung des Ersatzproblems mit Hilfe der Kapitalwertmethode sei schwierig?

(24) Wo liegen die Probleme bei der Lösung des Ersatzproblems mit Hilfe der Kapitalwertmethode?

(25) Warum bietet es sich nicht an, mit Differenzinvestitionen zu arbeiten, um das Ersatzproblem lösbar zu machen?

(26) Wie geht man vor, um das Ersatzproblem mit Hilfe der Kapitalwertmethode zu lösen?

(27) Welche Voraussetzungen müssen erfüllt sein, wenn das Ersatzproblem mit Hilfe der Kapitalwertmethode gelöst werden soll?

(28) Wie häufig wird die Kapitalwertmethode in der betrieblichen Praxis eingesetzt?

(29) Worin liegen die Vorteile der Kapitalwertmethode?

(30) Erläutern Sie, welche Nachteile der Kapitalwertmethode zuzurechnen sind!

(31) Was versteht man unter der Internen Zinsfuß-Methode?

(32) Wie wird der interne Zinsfuß ermittelt?

(33) Zeigen Sie beispielhaft die graphische Feststellung des internen Zinsfußes!

(34) Welches Investitionsobjekt ist bei der Internen Zinsfuß-Methode als vorteilhaft bzw. das vorteilhaftere anzusehen?

(35) Zeigen Sie, wie der interne Zinsfuß bei jährlich gleichbleibenden, zeitlich begrenzten Überschüssen ermittelt wird!

(36) Wie errechnet man den internen Zinsfuß bei jährlich gleichbleibenden, zeitlich unbegrenzten Überschüssen?

(37) Unter welchen Voraussetzungen lassen sich die internen Zinsfüße beim Auswahlproblem ohne weiteres ermitteln?

(38) Wozu ist zur Lösung des Auswahlproblems bei der Internen Zinsfuß-Methode eine Differenzinvestition zu bilden?

(39) Kann die Interne Zinsfuß-Methode auch zur Lösung des Ersatzproblems herangezogen werden?

(40) Warum verzichtet man üblicherweise darauf, das Ersatzproblem mit Hilfe der Internen Zinsfuß-Methode zu lösen?

(41) Wie häufig wird die Interne Zinsfuß-Methode in der betrieblichen Praxis eingesetzt?

(42) Worin liegen die Vorteile der Internen Zinsfuß-Methode?

(43) Erläutern Sie die Nachteile der Internen Zinsfuß-Methode!

(44) In welchen Fällen müssen Supplementinvestitionen angesetzt werden?

(45) Was versteht man unter der Annuitätenmethode?

(46) Worin unterscheidet sich die Annuitätenmethode von der Kapitalwertmethode?
(47) Wie wird eine Annuität grundsätzlich ermittelt?
(48) Welches Investitionsobjekt ist bei der Annuitätenmethode als vorteilhaft bzw. als das vorteilhaftere anzusehen?
(49) Zeigen Sie, wie die Annuität bei jährlich gleichbleibenden, zeitlich begrenzten Überschüssen ermittelt wird!
(50) Wie errechnet man die Annuität bei jährlich gleichbleibenden, zeitlich unbegrenzten Überschüssen?
(51) Ist es bei der Annuitätenmethode erforderlich, unterschiedliche Anschaffungswerte und/oder Nutzungsdauern durch eine Differenzinvestition auszugleichen?
(52) Begründen Sie Ihre Antwort aus der vorigen Frage!
(53) Wie ist die Lösbarkeit des Ersatzproblems mit Hilfe der Annuitätenmethode zu beurteilen?
(54) Unter welcher Annahme ist die Lösung des Ersatzproblems bei der Annuitätenmethode möglich?
(55) Wodurch ist der optimale Ersatzzeitpunkt bei der Annuitätenmethode gekennzeichnet?
(56) Wie können die Annuitäten des neuen Investitionsobjektes ermittelt werden?
(57) Auf welche Weise kann die Feststellung der Annuitäten des alten Investitionsobjektes erfolgen?
(58) Unter welchen Voraussetzungen kann die Vorteilhaftigkeit einer Ersatzinvestition mit Hilfe der Annuitätenmethode beurteilt werden?
(59) Wie häufig wird die Annuitätenmethode in der betrieblichen Praxis eingesetzt?
(60) Wie ist die Eignung der Annuitätenmethode für die Beurteilung der Vorteilhaftigkeit von Investitionen zu beurteilen?

Lösungshinweise

LÖSUNGSHINWEISE

Frage	Seite	Frage	Seite	Frage	Seite
(1)	147	(21)	158	(41)	171
(2)	147	(22)	158 f.	(42)	171
(3)	147	(23)	159	(43)	171
(4)	147	(24)	159 f.	(44)	171
(5)	147	(25)	160	(45)	171
(6)	147	(26)	160 f.	(46)	171
(7)	148	(27)	162	(47)	172
(8)	148	(28)	162 f.	(48)	172
(9)	148 f.	(29)	163	(49)	173 f.
(10)	150	(30)	163	(50)	174 f.
(11)	150 f.	(31)	163	(51)	175
(12)	152	(32)	164	(52)	175
(13)	153	(33)	164	(53)	176
(14)	154	(34)	165	(54)	176
(15)	154	(35)	167	(55)	177
(16)	154	(36)	168	(56)	177
(17)	154	(37)	168	(57)	177 f.
(18)	154 f.	(38)	170	(58)	179
(19)	157	(39)	170	(59)	179
(20)	157	(40)	170	(60)	179

E. Investitionsrechnungen zur Beurteilung von Finanzinvestitionen

Ein Unternehmen muß seine finanziellen Mittel nicht nur in Sachinvestitionen binden, wie beispielsweise in Betriebsmitteln. Es kann für das Unternehmen auch interessant sein, Finanzinvestitionen zu bewirken. Dabei gibt es vor allem folgende Möglichkeiten:

Diesen Finanzinvestitionen ist gemeinsam, daß sie grundsätzlich — bei Aktien zwangsweise aber nicht immer — unter mittelfristigen bis langfristigen Aspekten zu sehen sind.

Weitere Möglichkeiten, Finanzinvestitionen vorzunehmen, sind die Gewährung von Darlehen und die Anlage von Festgeld.

1. Unternehmen

Unternehmen können — finanzwirtschaftlich gesehen — aus mehreren Gründen zum Gegenstand von Investitionsrechnungen werden, beispielsweise durch:
- Kauf eines Unternehmens
- Pacht eines Unternehmens
- Beteiligung an einem Unternehmen
- Fusion mit einem Unternehmen

Bei all diesen Vorgängen geht es um die Frage, welcher Wert dem Unternehmen als Investitionsobjekt zuzusprechen ist. Während es für vertretbare Güter, wie sie überall am Markt erhältlich sind, sich aus Angebot und Nachfrage ergebende, relativ leicht feststellbare Preise gibt, ist das für Unternehmen nicht der Fall.

Um den Wert eines Unternehmens erklären und bestimmen zu können, erscheint es zweckmäßig, die folgenden Gesichtspunkte zu erörtern:
- Bewertungsproblem
- Bewertungstechniken
- Bewertungsansätze
- Bewertungsverfahren

Zunächst soll auf das Bewertungsproblem eingegangen werden.

1. Unternehmen

1.1 Bewertungsproblem

Mit der Unternehmensbewertung wird der Zweck verfolgt, einen möglichst realistischen Unternehmenswert festzustellen. Dies kann nicht einfach durch die Erfassung und Bewertung der im Unternehmen befindlichen Sachgüter, wie Gebäude, Maschinen, Werkzeuge und Fertigungsstoffe erfolgen. Es sind vielmehr weitere Gesichtspunkte zu berücksichtigen. Beispielsweise ist ein umsatzträchtiges Unternehmen mit gutem Kundenstamm höher zu bewerten als ein vergleichbares Unternehmen, das über diese Vorzüge nicht oder nicht in diesem Maße verfügt.

Das *Institut der Wirtschaftsprüfer (IdW)* geht bei allen Überlegungen zur Unternehmensbewertung davon aus, daß der Unternehmenswert grundsätzlich durch seine Eigenschaft bestimmt wird, Überschüsse zu produzieren, d.h. der Barwert der zukünftigen Überschüsse bildet den theoretisch richtigen Unternehmenswert.

Die Ermittlung des Unternehmenswertes führt jedoch im praktischen Einzelfall zu **Schwierigkeiten:**

- Eine totale zahlungsstromorientierte Überschußrechnung ist meist nicht erstellbar. Als Näherungslösung bietet sich eine praktisch durchführbare ertragsbezogene Überschußrechnung an.
- Die im Zusammenhang mit der Unternehmensbewertung notwendigen Bewertungsvorgänge sind zukunftsbezogen und damit unsicher.
- Die Einschätzungen des Zukunftserfolges sind subjektiv, weshalb der Bewertende zu verschiedenen Unternehmenswerten gelangen würde, wäre er Käufer oder Verkäufer.

Moxter sieht als gemeinsames Merkmal aller Unternehmensbewertungen den **potentiellen Preis**, der für Unternehmen oder Unternehmensteile ermittelt wird. Dieser Preis kann sich in einen effektiven Preis verwandeln, in einen Preis also, der bei der Veräußerung des Unternehmens tatsächlich realisiert wird, was aber nicht zwingend der Fall sein muß.

Beim potentiellen Preis kann es sich um einen **Grenzpreis** handeln, der angibt, wieviel ein rational entscheidender Käufer eines Unternehmens − als Maximal-Kaufpreis − höchstens zu zahlen bereit ist bzw. wieviel ein rational entscheidender Verkäufer eines Unternehmens − als Mindest-Verkaufspreis − wenigstens erzielen will.

Voraussetzung für jede Unternehmensbewertung ist eine sorgfältige Prüfung, welche Art des Unternehmenswertes im konkreten Fall zu ermitteln ist.

Im folgenden sollen
- **Bewertungsprinzipien**
- **Bewertungsauffassungen**

zur Lösung des Bewertungsproblemes erörtert werden.

1.1.1 Bewertungsprinzipien

Der Unternehmensbewertung liegen mehrere Prinzipien zugrunde, die aus folgenden Überlegungen resultieren:

- Der Wert eines Unternehmens entspricht nicht der Summe seiner Einzelteile, die in der Vermögensaufstellung enthalten sind. Auch gegebenenfalls nicht bilanzierte immaterielle Werte — beispielsweise Lizenzen, Patente, Firmenwert — müssen unbeschadet ihrer schwierigen Quantifizierbarkeit berücksichtigt werden.
- Der Käufer eines Unternehmens wird sich weniger für die Anschaffungswerte, Restwerte oder Tageswerte der im zu bewertenden Unternehmen befindlichen Güter interessieren als dafür, welchen Gewinn er in Zukunft mit ihnen erwirtschaften kann.
- Der Verkäufer eines erfolgreich arbeitenden Unternehmens wird nicht damit einverstanden sein, daß er für die von ihm geschaffenen Erfolgsaussichten des Unternehmens kein Entgelt erhält.

Aus diesen Überlegungen können die **Prinzipien** der Unternehmensbewertung abgeleitet werden:

- Das Unternehmen ist ein Organismus und als solcher zu bewerten, d.h. nicht die Addition von Einzelwerten, sondern nur eine umfassende, gesamte Beurteilung des Unternehmens führt zum Wert des Unternehmens.
- Jedes Unternehmen verfügt über einen individuellen Charakter, dem Rechnung getragen werden muß. Es erscheint deshalb ungeeignet, sich darauf zu beschränken, die Eigenschaften eines Unternehmens durch vermutete branchentypische Merkmale zu beschreiben.
- Der Unternehmenswert wird nicht von vergangenen oder gegenwärtigen Entwicklungen bestimmt, sondern von den Erwartungen der Zukunft. Vergangenheit und Gegenwart haben lediglich eine Hilfsfunktion für die Abschätzung der künftigen Entwicklungen, die durch Interpolation erfolgen kann.
- Der Wert eines Unternehmens hängt von dem Nutzen ab, den es stiftet. Dieser läßt sich aber nur abschätzen, wenn bekannt ist, in welcher Weise das Unternehmen künftig fortgeführt wird.

Eine ausführliche Darstellung von Grundsätzen zur Durchführung der Unternehmensbewertung hat der Arbeitskreis Unternehmensbewertung beim *IdW* entworfen.

1.1.2 Bewertungsauffassungen

Die älteren **Auffassungen** vom Unternehmenswert verstehen den Wert eines Unternehmens als einen Normalpreis, das ist ein allgemeiner, für jedermann zutreffender Wert. Die individuelle Situation von Verkäufer und Käufer wird nicht berücksichtigt.

1. Unternehmen

Ziel bei dieser Vorgehensweise ist die Ermittlung eines objektiven Unternehmenswertes — ohne Berücksichtigung subjektiver Gesichtspunkte — auf der Grundlage nachprüfbarer Sachverhalte.

Dem objektiven Wert steht die subjektive Wertfeststellung gegenüber oder wird durch diese ergänzt, die vom Standpunkt eines potentiellen Käufers oder Verkäufers aus erfolgt.

Kritische Werte der Unternehmensbewertung — beispielsweise Grenzpreise — werden nach den älteren Auffassungen vom Unternehmenswert nicht ermittelt.

Die **neuere Auffassung** vom Unternehmenswert wendet sich dagegen, einen objektiven Wert des Unternehmens zu ermitteln. Sie sieht im Unternehmenswert stattdessen einen subjektiven Wert, der meist als Grenzpreis verstanden wird.

Busse von Colbe beispielsweise spricht davon, daß der Verkäufer sich eine Vorstellung über die Preisuntergrenze machen muß, bei der sich ein Verkauf für ihn erst zu lohnen beginnt. Umgekehrt hat der Käufer eine Vorstellung von der Preisobergrenze, deren Überschreiten für ihn nicht in Betracht kommt, zu entwickeln.

Der Unternehmenswert muß aber nicht — wie bei der neueren Auffassung vom Unternehmenswert unterstellt — in jedem Falle der Grenzpreis sein; er kann sich auch als fairer Einigungspreis ergeben, der zwischen dem Mindestpreis des potentiellen Verkäufers und dem Höchstpreis des potentiellen Käufers liegt.

Eine Übersicht über die in der Literatur vertretenen Auffassungen vom Unternehmenswert zeigt *Moxter:*

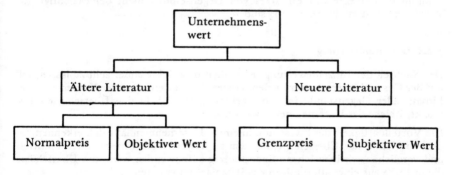

Kritik:
- Undifferenziert.
- Aufgabengerechte Trennung der verschiedenen Unternehmenswert-Konzeptionen fehlt.
- Die entscheidungsorientierte Konzeption des individuellen Grenzpreises ist unbekannt.

Kritik:
- Noch nicht differenziert genug.
- Fairer Einigungspreis ist vom Grenzpreis zu unterscheiden.
- Typisierungen sind häufig unumgänglich.

1.2 Bewertungstechniken

Für die Unternehmensbewertung gibt es grundsätzlich zwei Bewertungstechniken:
- Einzelbewertung
- Gesamtbewertung

Auf sie soll im folgenden näher eingegangen werden.

1.2.1 Einzelbewertung

Bei der Einzelbewertung wird der Unternehmenswert durch Addition der Werte aller inventurfähigen Unternehmensteile ermittelt. Die Wertermittlung der einzelnen Teile erfolgt unabhängig voneinander; Kombinationseffekte, die zu Mehr- oder Minderwerten aus dem gemeinsamen Einsatz dieser Teile führen, werden nicht berücksichtigt.

Beispiel: Zwei nebeneinanderliegende Grundstücke haben — isoliert gesehen — je einen Verkaufswert von 100.000 DM; ihr Verkehrswert als Einheit kann wegen günstigerer Nutzungsmöglichkeiten 250.000 DM betragen, was einen positiven Kombinationseffekt in Höhe von 50.000 DM ausmacht.

Der Vorteil der Einzelbewertung liegt in der einfachen Handhabung, denn für die Bewertung genügt die Kenntnis der Verkehrswerte der Gegenstände.

Nachteilig ist, daß nicht alle Gegenstände erfaßt werden. Außerdem werden die Kombinationseffekte des Einsatzes von Gegenständen nicht berücksichtigt, die aber für ein Unternehmen wichtig sind.

1.2.2 Gesamtbewertung

Der Nachteil der Einzelbewertung, Kombinationseffekte außer acht zu lassen, soll mit der Gesamtbewertung vermieden werden. Hier interessiert der Nutzen aus dem Einsatz aller Gegenstände im Unternehmen, der sich in den Überschüssen ausdrückt, welche das Unternehmen erwirtschaftet.

Die Vorteilhaftigkeit der Investition in einem Unternehmen läßt sich erkennen, indem die Höhe der Überschüsse aus dem zu bewertenden Unternehmen ermittelt und verglichen wird, welcher Mindestbetrag aufzuwenden wäre, um Überschüsse dieser Höhe aus einer alternativen Kapitalanlage zu erhalten.

Nachteilig bei der Gesamtbewertung ist, daß die Überschüsse nicht mit Sicherheit vorausgesagt werden können. Andererseits ist festzustellen, daß dieses Verfahren den Aufgaben der Unternehmensbewertung entspricht.

Zusammenfassend gibt *Moxter* einen Überblick über die Bewertungstechniken:

1. Unternehmen

	Bewertungstechniken			
	Technik	Vorzüge	Grenzen	Anwendungen
Einzelbewertung	Additiv 1. Bestimmung der vorhandenen Unternehmensteile 2. Summierung der Einzelwerte dieser Unternehmensteile	Objektivierung 1. Als Unternehmensteile gelten nur Objekte mit selbständiger Verkehrsfähigkeit 2. Bewertung mit Marktpreisen	Typisierung 1. Unvollständige Erfassung vorhandener Unternehmensteile (nur selbständig verkehrsfähige) 2. Marktpreise müssen nicht unternehmensspezifische Werte bilden	Liquidationswert Teilreproduktionswert
Gesamtbewertung	Kombinativ 1. Ermittlung der erwarteten Überschüsse des Unternehmens 2. Bestimmung des zur alternativen Realisierung der ermittelten Überschuß-Erwartungen erforderlichen Mindestbetrages	Zweckorientiert 1. Nutzenveränderung durch Kauf/Verkauf Finanziell: Überschüsse 2. Grenzpreiskalkül Finanziell: Ermittlung des Mindestbetrages	Subjektivität 1. Unsicherheit: Überschüsse sind Schätzgrößen 2. Unsicherheit Irrtumsmöglichkeiten bei der Bestimmung des Mindestbetrages	Vollreproduktionswert Alle übrigen Grenzpreise

1.3 Bewertungsansätze

Als Wertansätze können im Rahmen der Unternehmensbewertung grundsätzlich unterschieden werden:
- Liquidationswert
- Reproduktionswert
- Ertragswert
- Firmenwert

Diese Wertansätze werden im folgenden erläutert.

1.3.1 Liquidationswert

Bei der Liquidation eines Unternehmens werden die einzelnen Vermögensteile in Geld umgesetzt und die Schulden beglichen. Der Liquidationswert gibt demnach an, welcher Erlös zu erzielen wäre, wenn die vorhandenen Güter einzeln verkauft würden.

Der Liquidationswert stellt für den potentiellen Verkäufer normalerweise die **Grenzpreis-Untergrenze** dar, es sei denn, die Auflösung des Unternehmens ist ausgeschlossen. Der potentielle Verkäufer hat keinen Anlaß, dem Preisangebot eines potentiellen Käufers näherzutreten, das unter diesem Betrag liegt, denn es steht ihm frei, sein Unternehmen zu liquidieren und damit den Liquidationswert zu realisieren.

Auch für den potentiellen Käufer kann der Liquidationswert bedeutsam sein. Bei einer beabsichtigten Auflösung des Unternehmens durch den potentiellen Käufer stellt der Liquidationswert für ihn die **Grenzpreis-Obergrenze** dar.

Ein fortzuführendes Unternehmen muß einen Liquidationswert aufweisen, der kleiner ist als der Fortführungswert.

1.3.2 Reproduktionswert

Der Liquidationswert ist die Summe der einzelnen Veräußerungspreise, der Reproduktionswert die Summe der einzelnen Beschaffungspreise, die zeigt, was die Erstellung des Unternehmens kosten würde.

Die entscheidenden Fragen, die sich bei der Ermittlung des Reproduktionswertes stellen, beziehen sich auf den:

- Umfang der in die Berechnung einzubeziehenden Vermögensgüter
- Wert der in die Berechnung einzubeziehenden Vermögensgüter

In die Berechnung des Reproduktionswertes werden nur diejenigen Vermögensteile aufgenommen, die als **betriebsnotwendig** anzusehen sind, wobei erforderliche Reserven an Produktionsfaktoren berücksichtigt werden können.

Der Reproduktionswert kann materielle und immaterielle Werte beinhalten. In seiner Verknüpfung mit dem Erfordernis der Betriebsnotwendigkeit ist der Reproduktionswert eine im Zeitablauf schwankende Größe, die von der jeweiligen Wirtschaftslage des Unternehmens abhängig ist.

Wirtschaftsgüter, die nicht zum betriebsnotwendigen Vermögen gehören, sind — soweit sie ebenfalls veräußert werden sollen — mit ihrem jeweiligen Liquidationswert anzusetzen.

Als Elemente des Reproduktionswertes sind folgende **Kostenwerte** zu unterscheiden:

(1) **Produktionswert**

Der Wert eines Gutes ist von den bei seiner Erstellung verursachten Kosten abhängig. Setzt man die einzelnen Güter mit den Werten an, die sie zur Zeit ihrer Anschaffung oder Herstellung hatten, gelangt man zu dem auf Vergangenheitswerten aufgebauten Anschaffungswert oder Produktionswert.

Dieser Wert sagt nichts darüber aus, wieviel Kapital heute aufgewendet werden müßte, um das Unternehmen in seinem gegenwärtigen Zustand aufzubauen. Da der Käufer eines Unternehmens aber gerade dies wissen möchte, ist der Produktionswert für ihn kein geeigneter Wertmaßstab.

(2) **Vollreproduktionswert**

Bei der Bewertung eines Unternehmens sind demnach nicht die Anschaffungs- oder Herstellungskosten, sondern die Wiederbeschaffungskosten am Bewertungsstichtag, d.h. die Tageswerte im Zeitpunkt des Überganges oder Verkaufes des Unternehmens anzusetzen.

Werden die einzelnen Vermögensteile auf diese Weise bewertet, so müßte deren Summe theoretisch zum Vollreproduktionswert des Unternehmens führen.

Strittig ist, ob für die Bewertung des Unternehmens als Ganzes der **Reproduktionsaltwert** der Anlagen — der Tagesbeschaffungswert abzüglich angemessener Abschreibungen — oder der **Reproduktionsneuwert** — der Tagesbeschaffungswert — heranzuziehen ist.

(3) **Teilreproduktionswert**

Trotz aller Bemühungen, neben den leicht erfaßbaren materiellen Vermögensteilen auch die immateriellen Güter in die Ermittlung des Reproduktionswertes einzubeziehen, ist die wertmäßige Erfassung einiger immaterieller Güter nicht möglich, da die Aufwendungen nicht feststellbar sind, die zu ihrer Entstehung führten, und ihre Bewertung im Hinblick auf den gegenwärtigen Zeitpunkt undurchführbar ist.

Es handelt sich um immaterielle Güter, die in sich unselbständig und eng mit der Existenz des betreffenden Unternehmens verbunden sind, beispielsweise:

- Äußere Organisation
- Innere Organisation
- Stellung am Beschaffungsmarkt
- Stellung am Absatzmarkt
- Markenname
- Standort
- Betriebsklima
- Mitarbeiterstamm
- Kundenstamm

Alle diese immateriellen Güter müßten eigentlich im Reproduktionswert des Unternehmens enthalten sein. Da sie aber in der Regel wertmäßig nicht erfaßbar sind, spricht man zweckmäßigerweise vom Teilreproduktionswert und bezieht diesen auf die bewertbaren Güter.

Der Teilreproduktionswert wird in der betrieblichen Praxis als **Substanzwert** bezeichnet.

1.3.3 Ertragswert

Einen weiteren möglichen Wertansatz bei der Ermittlung des Unternehmenswertes stellt der Ertragswert dar, der als **Zukunftserfolgswert** bezeichnet wird.

Unter dem Zukunftserfolg ist der nachhaltig erzielbare zukünftige Gewinn des Unternehmens zu verstehen. Seine Ermittlung bereitet Schwierigkeiten, da die Zukunft nur durch Schätzung berücksichtigt werden kann. Diese ist möglich:

- Auf der **Grundlage des Vergangenheitserfolges**, wobei von einer Untersuchung der zukünftigen Marktlage des Unternehmens ausgegangen und auch eine Beurteilung der konjunkturellen Entwicklung sowie der Branchen- und Unternehmensentwicklung vorgenommen wird.

  Neben der Analyse der Marktlage sind weitere Faktoren zu berücksichtigen, beispielsweise:
  - Vorhandene Kapazität
  - Durchschnittlicher Beschäftigungsgrad
  - Optimaler Leistungsgrad

  In einer Analyse wird beurteilt, mit welchen Kosten der ermittelte Umsatz bei wirtschaftlicher Unternehmensführung verbunden sein dürfte. Ziel ist es, über die Schätzung von Umsatz und Kosten die zukünftigen Erfolgschancen zu ermitteln.

- Durch **Projizierung des Vergangenheitserfolges**, die in der betrieblichen Praxis häufiger erfolgt als das zuvor dargestellte Verfahren. Mit ihrer Hilfe wird von den in der Vergangenheit erzielten Gewinnen unmittelbar auf die zukünftigen Gewinne des Unternehmens geschlossen. Dieses Verfahren ist mit erheblichen Unsicherheiten behaftet.

Der Ertragswert wird unter Verwendung eines vom Entscheidungsträger festgelegten **Kapitalisierungszinsfußes** ermittelt, der in seiner Höhe wesentlich von den jeweiligen Kapitalmarktverhältnissen abhängig ist.

Ausdruck der Kapitalmarktverhältnisse ist der landesübliche Zinssatz, der den durchschnittlich im betreffenden Zeitraum zu erwartenden Gewinn aus einer risikofreien Kapitalanlage — beispielsweise in Staatsanleihen, Hypothekenpfandbriefen, erststellige Hypotheken — bezeichnet.

Eine Kapitalanlage, die nicht risikofrei ist, kann nur dann zum Nominalwert gehandelt werden, wenn sie außer dem landesüblichen Gewinn aus risikofreien Kapitalanlagen eine Prämie abwirft, die das betreffende Risiko deckt:

	Landesüblicher Zinsfuß
+	Zuschlag für die mangelnde Mobilität der Kapitalanleihe
=	Kapitalisierungszinsfuß
≙	Kalkulationszinssatz

1. Unternehmen

In der betrieblichen Praxis sind zwei Verfahren zur **Berücksichtigung des Risikos** üblich:

- **Zuschlag einer Risikoprämie** auf den landesüblichen Zinssatz, in der vor allem folgende Faktoren beim zu bewertenden Unternehmen berücksichtigt werden:
  - Unternehmensform
  - Unternehmensgröße
  - Geschäftszweig
  - Spezielle Risiken
- **Hereinnahme des Branchenzinses**, indem das arithemitische Mittel aus landesüblichem Zins und Branchenzins verwendet wird, dem gegebenenfalls noch ein den unternehmensindividuellen Verhältnissen angemessener Zuschlag hinzugefügt wird.

Es wird das arithmetische Mittel verwendet, weil sich der Landeszins aus dem Konkurrenzkampf nichtinvestierter Kapitalien, der Branchenzins aus dem Konkurrenzkampf investierter Kapitalien ergibt.

Gegen die Hereinnahme des Branchenzinses wird vorgebracht, daß der durch einen hohen Branchenzins erhöhte Kapitalisierungszinsfuß zu einer nicht gerechtfertigten Unterbewertung schlecht rentierender Unternehmen führt, da der Ertragswert um so niedriger wird, je höher der Kapitalisierungszinsfuß gewählt wird.

Ein Urteil des Bundesgerichtshofes von 1979 zeigt, daß der BGH davon abgeht, den Substanzwert in die Unternehmensbewertung mit einzubeziehen. Der Unternehmenswert wird nur als Ertragswert errechnet.

Münstermann, auf dessen Gutachten das Urteil des BGH beruht, hat die Überlegungen zum Zukunftserfolgswert in 10 **Thesen** zusammengefaßt:

- Der Unternehmenswert ist ein sich wenigstens teilweise in Zukunftserfolg widerspiegelnder Nutzwert. Er ist eine nach dem Prinzip der Bewertungseinheit gewonnene, subjektive und zukunftsbezogene Wertgröße und das Ergebnis eines Investitionskalküls.

- Jeder Investitionskalkül erfordert eine Unterscheidung zwischen dem Zahlungsstrom, der das Unternehmen mit seiner Umwelt, und dem Zahlungsstrom, der das Unternehmen mit dem Investor verbindet. Für die Unternehmensbewertung ist allein der Zahlungsstrom zwischen Unternehmen und Investor maßgebend.

- Die dem Investor zufließenden Einnahmenüberschüsse sind um alle auf sie entfallenden ertragsabhängigen Steuern zu kürzen.

- Diese um Steuern verminderten Einnahmenüberschüsse sind entsprechend ihrer Tauschwertänderung in Geldeinheiten gleicher Kaufkraft umzurechnen. Die so bereinigten und bei einzelkaufmännischen Unternehmen und Personengesellschaften noch um den Unternehmerlohn des Eigners verminderten Nettoeinnahmenüberschüsse ergeben auf den Bewertungsstichtag diskontiert den Gesamtwert des Unternehmens.

- Kapitalisierungszinsfuß ist der interne Zinsfuß der günstigsten Vergleichsinvestition. Der Kalkül, nach dem der interne Zinsfuß der Vergleichsinvestition bestimmt wird, muß die gleichen Grundsätze befolgen, die bei der Ermittlung der bereinigten Nettoeinnahmenüberschüsse des Bewertungsobjektes zu beachten sind.

- Unterliegen Bewertungsobjekt und Vergleichsobjekt einem unterschiedlichen allgemeinen Unternehmerrisiko, so ist der Kapitalisierungszinsfuß durch einen Risikozuschlag oder einen Risikoabschlag zu korrigieren, der den Unterschied in der Risikobelastung ausgleicht.

- Für den potentiellen Verkäufer gibt der als Barwert der bereinigten Nettoeinnahmenüberschüsse subjektiv ermittelte Zukunftsentnahmewert die Untergrenze des Verkaufspreises des Unternehmens, für den potentiellen Käufer gibt der als Barwert der bereinigten Nettoeinnahmenüberschüsse subjektiv ermittelte Zukunftsentnahmewert die Obergrenze des Kaufpreises des Unternehmens an. Diese Werte des Unternehmens sind nicht mit deren Preis identisch.

- Der Preis ist das Ergebnis von Verhandlungen zwischen Verkäufer und Käufer. Er spielt sich zwischen der Preisuntergrenze des Verkäufers und der Preisobergrenze des Käufers ein, sofern diese Preisobergrenze nicht die Preisuntergrenze des Verkäufers unterschreitet.

- Der Substanzwert ist für die Ermittlung des Gesamtwertes eines fortzuführenden Unternehmens ohne Bedeutung. Für den möglichen Fall der Liquidation kann er als Nettoliquidationswert zur Bestimmung der absoluten Wertuntergrenze herangezogen werden.

- Dem Goodwill im herkömmlichen Sinne der Differenz zwischen Zukunftserfolgswert und Substanzwert wird der als Entscheidungsunterlage aussagefähigere Betriebsmehrwert oder Betriebsminderwert im Sinne der Differenz zwischen Zukunftsentnahmewert und Kaufpreis des Unternehmens vorgezogen.

1.3.4 Firmenwert

Der Firmenwert ist für sich allein betrachtet zwar kein eigenständiger Unternehmenswert, jedoch kommt ihm im Rahmen der Unternehmensbewertung eine so große Bedeutung zu, daß auf grundlegende Darstellung nicht verzichtet werden soll.

Unter dem Firmenwert, der auch als **Geschäftswert** oder **Goodwill** bezeichnet wird, versteht man die Differenz zwischen dem Zukunftserfolgswert und dem Substanzwert.

$$\boxed{\text{Firmenwert} = \text{Zukunftserfolgswert} - \text{Substanzwert}}$$

Der Firmenwert kann positiver oder negativer Natur sein. Ursachen für die Existenz eines positiven Firmenwertes können sein:

1. Unternehmen

- **Immaterielle Güter**, die nur in Verbindung mit dem betreffenden Unternehmen existieren können und deren Anteil am Firmenwert stets positiv oder gleich Null ist.

- **Kapitalisierungsmehrwert**, der die Summe der Mehrwerte von Gütern ist, die zwar in der Bilanz enthalten sind, aber auf Grund der bei der Ermittlung des Substanzwertes erfolgten preisabhängigen Bewertung unter dem Wert angesetzt worden sind, der sich bei einer ertragsabhängigen Bewertung ergibt.

Der Kapitalisierungsmehrwert kann auch negativ sein und damit zum **Kapitalisierungsminderwert** werden, wodurch sich ein Firmenwert ergeben kann, der ebenfalls negativ ist.

Es lassen sich zwei Arten von Firmenwerten unterscheiden:

(1) **Originärer Firmenwert**

Der originäre Firmenwert bildet sich im Laufe des Bestehens und der Entwicklung des Unternehmens.

Eine Aufnahme des originären Firmenwertes unter die Vermögenspositionen der Bilanz ist nach § 153 Abs. 5 Satz 1 AktG nicht gestattet. Auch nach Steuerrecht ist eine Aktivierung des originären Firmenwertes nicht möglich (§ 5 EStG).

(2) **Derivativer Firmenwert**

Der derivative Firmenwert wird vom Käufer eines Unternehmens im Rahmen des Gesamtkaufpreises gezahlt:

Gesamtkaufpreis bei Übernahme eines Unternehmens
— Werte der einzelnen Vermögensgegenstände des Unternehmens im Zeitpunkt der Übernahme
= Derivativer Firmenwert

Im Gegensatz zum originären Firmenwert kann der derivative Firmenwert nach Handelsrecht aktiviert werden; nach § 153 Abs. 5 Satz 2 AktG besteht ein **Aktivierungsrecht**. Wird davon Gebrauch gemacht, dann ist der Betrag gesondert auszuweisen und in jedem folgenden Geschäftsjahr zu mindestens einem Fünftel durch Abschreibungen zu tilgen (§ 153 Abs. 5 Satz 3 AktG).

Entgegen den handelsrechtlichen Vorschriften gilt für den derivativen Firmenwert nach Steuerrecht eine **Aktivierungspflicht**. Eine regelmäßige Abschreibung ist grundsätzlich nicht gestattet. Es ist lediglich erlaubt, eine Teilwertabschreibung vorzunehmen, die aber an den Nachweis bzw. die Glaubhaftmachung einer Wertminderung gebunden ist.

1.4 Bewertungsverfahren

Die Betriebswirtschaftslehre hat eine Vielzahl verschiedener Verfahren der Unternehmensbewertung entwickelt, die erkennen läßt, daß die Unternehmensbewertung sich der genauen Berechenbarkeit entzieht und statt dessen eine mehr oder weniger genaue Schätzung vorgenommen werden muß.

In der betrieblichen Praxis verwendete **Verfahren** zur Unternehmensbewertung sind vor allem:

- **Ertragswert-Verfahren**
- **Substanzwert-Verfahren**
- **Mittelwert-Verfahren**
- **Übergewinn-Verfahren**

Es ist bisher nicht gelungen, umfassend gesicherte und allgemein verbindliche Verfahren der Gesamtbewertung zu entwickeln. Zudem sind die vorhandenen Verfahren den subjektiven Erwartungen der bewertenden Personen unterworfen.

1.4.1 Ertragswert-Verfahren

Der Unternehmensbewertung sollte eine Bewertung der nachhaltig erzielbaren Gewinne des Unternehmens zugrundeliegen, denn die Gewinnerzielung ist das Ziel der Kombination materieller und immaterieller Güter im Unternehmensprozeß. Der Grad der Zielerfüllung bestimmt den Unternehmenswert.

Dem Substanzwert kommt allerding eine Hilfsfunktion bei der Ermittlung des Unternehmenswertes zu. Während der mit Hilfe des Ertragswertverfahrens ermittelte Zukunftserfolgswert grundsätzlich die **Preisobergrenze** für den Käufer darstellt, übernimmt der Substanzwert diese Funktion, wenn dieser unter dem Zukunftserfolgswert liegt.

Zur Feststellung des Zukunftserfolgswertes werden die künftig erwarteten Gewinne auf den Bewertungsstichtag abgezinst, die langfristig bei einer normalen Unternehmensleistung erzielt werden können. Die Konkurrenzgefahr wird im Zukunftsertrag berücksichtigt. Eine bisher überdurchschnittliche Leistung des Unternehmens findet nur insoweit Beachtung, als sie in einer guten Organisation besteht und deshalb auch in Zukunft wirksam zu werden verspricht. Abschreibungen auf den Firmenwert bleiben unberücksichtigt.

Bei begrenzter Lebensdauer des betrachteten Unternehmens und jährlich **unterschiedlich hohen Gewinnen** ergibt sich als Zukunftserfolgswert:

$$ZEW = \frac{G_1}{q} + \frac{G_2}{q^2} + \ldots + \frac{G_n}{q^n}$$

ZEW = Zukunftserfolgswert
G = Jährlicher Gewinn
q = Aufzinsungsfaktor

1. Unternehmen

Beispiel: Der Zukunftserfolgswert eines Unternehmens soll festgestellt werden, dessen Lebensdauer noch mit 6 Jahren angesetzt wird. Der Kalkulationszinssatz beträgt 10 %, die jährlich erzielbaren Gewinne sind der Tabelle zu entnehmen.

Jahr	Gewinn	Abzinsungs-faktor	Bar-wert
1	30.000	0,909091	27.273
2	35.000	0,826446	28.926
3	40.000	0,751315	30.053
4	30.000	0,683013	20.490
5	20.000	0,620921	12.418
6	10.000	0,564474	5.645
Zukunftserfolgswert			124.805

Bei begrenzter Lebensdauer des betrachteten Unternehmens, aber jährlich **gleich hohen Gewinnen** kann die Gleichung vereinfacht werden:

$$ZEW = G \cdot \frac{q^n - 1}{q^n(q - 1)}$$

ZEW = Zukunftserfolgswert
G = Jährlicher Gewinn

$\dfrac{q^n - 1}{q^n (q - 1)}$ = Barwertfaktor

Beispiel: Auf Grund einer anderen Schätzung aus dem vorangegangenen Beispiel wird ein Gewinn von jährlich 27.500 DM beim betrachteten Unternehmen angenommen. Die Lebensdauer von 6 Jahren und der Kalkulationszinssatz von 10 % bleiben unverändert.

$ZEW = G \cdot \dfrac{q^n - 1}{q^n (q - 1)}$

ZEW = 27.500 · 4,355261
ZEW = 119.770 DM
==========

Fällt bei einem Unternehmen, das eine begrenzte Lebensdauer und jährlich gleich hohe Gewinne aufweist, ein **Liquidationserlös** an, muß die vorstehende Gleichung entsprechend erweitert werden:

$$\boxed{ZEW = G \cdot \frac{q^n - 1}{q^n (q - 1)} + \frac{L}{q^n}}$$

ZEW = Zukunftserfolgswert
G = Jährlicher Gewinn
L = Liquidationserlös

$\dfrac{q^n - 1}{q^n (q - 1)}$ = Barwertfaktor

q^n = Aufzinsungsfaktor

Beispiel: Die im vorangegangenen Beispiel gemachte Schätzung wird aufrechterhalten. Es soll lediglich noch berücksichtigt werden, daß zum Ende des 6. Jahres eine Liquidation des Vermögens des Unternehmens erfolgt, die 12.000 DM erbringt.

$$ZEW = G \cdot \frac{q^n - 1}{q^n (q - 1)} + \frac{L}{q^n}$$

$$ZEW = 27.500 \cdot 4{,}355261 + \frac{12.000}{1{,}771561}$$

ZEW = 126.544 DM

Wenn — wie in den meisten Fällen — eine Lebensdauer des Unternehmens nicht von vornherein begrenzt ist, kann — unter der Voraussetzung einer Nutzung des Unternehmens über viele Jahre hinweg — unterstellt werden, daß eine **unbegrenzte Lebensdauer** gegeben ist. Bei jährlich **gleich hohen Gewinnen** gilt die vereinfachte Gleichung:

$$\boxed{ZEW = \frac{G}{i}}$$

ZEW = Zukunftserfolgswert
G = Jährlicher Gewinn
i = Kalkulationszinssatz

Beispiel: Ein Unternehmen wird für 365.000 DM zum Verkauf angeboten. Es wird erwartet, daß jährlich ein Gewinn von 40.000 DM erzielt wird. Eine Lebensdauer ist nicht abschätzbar. Der Kalkulationszinssatz beträgt 10 %. Ist das Angebot vorteilhaft?

1. Unternehmen

$$ZEW = \frac{G}{i}$$

$$ZEW = \frac{40.000}{0,10}$$

$$ZEW = 400.000 \text{ DM}$$

Das Angebot erscheint vorteilhaft, da der Verkaufspreis um 35.000 DM geringer ist als der Zukunftserfolgswert.

1.4.2 Substanzwert-Verfahren

Das Substanzwert-Verfahren ist grundsätzlich kein eigenständiges Verfahren zur Unternehmensbewertung, kann aber ergänzend verwendet werden.

Der **Substanzwert** läßt sich dabei nicht nur — wie oben beschrieben — als **Tageswert** der bewertbaren Vermögensteile des Unternehmens zum Zeitpunkt des Überganges oder Verkaufes interpretieren, die betriebsnotwendig sind:

$$SW = \text{Tageswert der bewertbaren Vermögensteile} - \text{Tageswert der bewertbaren nicht betriebsnotwendigen Vermögensteile}$$

SW = Substanzwert

Beispiel:

Aktiva	Bilanz zum ...		Passiva
	DM		DM
Anlagevermögen	920.000	Eigenkapital	800.000
Umlaufvermögen	450.000	Fremdkapital	570.000
	1.370.000		1.370.000

Im Anlagevermögen sind 80.000 DM enthalten, die nicht betriebsnotwendig sind.

SW = 920.000 − 80.000 + 450.000

SW = 1.290.000 DM

Es sei darauf hingewiesen, daß in der Literatur mitunter das betriebsnotwendige Vermögen um das im Unternehmen befindliche Fremdkapital gekürzt wird, um den Substanzwert festzustellen. Diese Vorgehensweise erscheint nicht zweckmäßig.

Sieben nennt einen weiteren Substanzwert, den **zukunftsorientierten Substanzwert**, der als Differenz aus den abgezinsten Ausgaben des zu beurteilenden Unternehmens und den abgezinsten Ausgaben für ein entsprechend gleichartiges, neu zu errichtendes Unternehmen verstanden wird.

$$ZSW = A_{ON} - A_{OA}$$

ZSW = Zukunftssubstanzwert
A_{OA} = Barwert der Ausgaben des zu beurteilenden Unternehmens
A_{ON} = Barwert der Ausgaben des neu zu errichtenden Unternehmens

Ein **negativer** Zukunftssubstanzwert läßt den Kauf des zu beurteilenden Unternehmens nicht als vorteilhaft erscheinen. Es wäre für den Investor günstiger, wenn er das Unternehmen neu errichten würde.

Ein **positiver** Zukunftssubstanzwert zeigt, wie hoch die — abgezinste — Ersparnis ist, wenn das zu beurteilende Unternehmen erworben wird, anstelle es neu zu errichten. Sofern er kleiner als der Zukunftserfolgswert ist, kann er als **Preisobergrenze** des potentiellen Käufers angesehen werden; ist er jedoch größer, entspricht der Zukunftserfolgswert der Preisobergrenze des potentiellen Käufers.

Beispiel: Ein zu beurteilendes Unternehmen weist folgende Zahlungsreihen aus:

Jahr	Einnahmen	Ausgaben
1	330.000	280.000
2	340.000	300.000
3	320.000	290.000
4	370.000	350.000
5	320.000	300.000

Eine Untersuchung ergibt, daß ein neues, gleichartiges Unternehmen folgende Ausgaben verursachen würde:

Jahr	Ausgaben
1	380.000
2	250.000
3	240.000
4	270.000
5	250.000

1. Unternehmen

Der **Zukunftssubstanzwert** ergibt sich bei einem Kalkulationszinsfuß von 10 %:

Jahr	Abzinsungs-faktor	Bestehendes Unternehmen		Neues Unternehmen	
		Ausgaben	Barwert	Ausgaben	Barwert
1	0,909091	280.000	254.545	380.000	345.455
2	0,826446	300.000	247.934	250.000	206.612
3	0,751315	290.000	217.881	240.000	180.316
4	0,683013	350.000	239.055	270.000	184.414
5	0,620921	300.000	186.276	250.000	155.230
Summe			1.145.691		1.072.027
Zukunftssubstanzwert			73.664		

Als **Zukunftserfolgswert** des bestehenden Unternehmens würde sich ergeben:

Jahr	Einnahmen	Ausgaben	Gewinn	Abzinsungs-faktor	Barwert
1	330.000	280.000	50.000	0,909091	45.455
2	340.000	300.000	40.000	0,826446	33.058
3	320.000	290.000	30.000	0,751315	22.539
4	370.000	350.000	20.000	0,683013	13.660
5	320.000	300.000	20.000	0,620921	12.418
Summe					127.130

Da der Zukunftssubstanzwert (erheblich) unter dem Zukunftserfolgswert liegt, ist er als Preisobergrenze des potentiellen Käufers anzusehen.

1.4.3 Mittelwert-Verfahren

In der betrieblichen Praxis bedient man sich häufig des Mittelwert-Verfahrens, einer Kombination des Zukunftserfolgswertes und des Substanzwertes im Sinne des Tageswertes der bewertbaren Vermögensteile des Unternehmens zum Zeitpunkt des Verkaufes oder Überganges.

Der Zukunftserfolgswert wird heute zwar weithin als der für die Unternehmensbewertung richtige Wert angesehen. Er ist aber durch eine beträchtliche Ungewißheit geprägt. Insbesondere, wenn er weit über dem Substanzwert liegt, muß die Gefahr aufkommender Konkurrenz berücksichtigt werden, die aus den offensichtlich gün-

E. Investitionsrechnungen zur Beurteilung von Finanzinvestitionen

stigen Gewinnmöglichkeiten resultiert und geeignet ist, die Ertragslage und damit auch den Zukunftserfolgswert zu vermindern.

Dieser Konkurrenzgefahr soll im Mittelwertverfahren dadurch Rechnung getragen werden, daß aus dem Zukunftserfolgswert und dem Substanzwert das arithmetische Mittel gebildet wird:

$$UW = \frac{ZEW + SW}{2}$$

UW = Unternehmenswert
ZEW = Zukunftserfolgswert
SW = Substanzwert

Beispiel: Der Zukunftserfolgswert eines zu beurteilenden Unternehmens beträgt 300.000 DM, sein Substanzwert 200.000 DM. Als Verkaufspreis werden 320.000 DM genannt. Ist die Investition vorteilhaft?

$$UW = \frac{ZEW + SW}{2}$$

$$UW = \frac{300.000 + 200.000}{2}$$

$$UW = 250.000 \text{ DM}$$

Die Investition erscheint nicht vorteilhaft.

Die Notwendigkeit der gleichgewichtigen Einbeziehung des Ertragswertes und Substanzwertes in die Berechnung des Unternehmenswertes läßt sich damit begründen, daß der Preis eines Gutes durch den aus dem Gut zu ziehenden Nutzen und durch die für die Herstellung dieses Gutes erforderlichen Erzeugungskosten bestimmt werde. Ein Halbieren beider Werte wird vielfach aber als zu schematisch abgelehnt und stattdessen die Berücksichtigung der Besonderheiten des Einzelfalles durch spezielle Gewichtung beider Faktoren gefordert.

Beispiel: Es ist die Bilanz der Steiger OHG gegeben. Die Positionen des Anlage- und Umlaufvermögens sind mit ihren Wiederbeschaffungswerten angesetzt. Beim abnutzbaren Anlagevermögen sind die zeitanteilig gekürzten Wiederbeschaffungswerte angesetzt.

1. Unternehmen

AKTIVA	BILANZ DER STEIGER OHG		PASSIVA	
		DM		DM
I. **Anlagevermögen**			I. **Eigenkapital**	7.500.000
1. Bebaute Grundstücke				
a) mit Fabrikgebäuden	800.000		II. **Fremdkapital**	8.800.000
b) mit Wohngebäuden	1.400.000			
2. Unbebaute Grundstücke	1.000.000			
3. Maschinen	5.500.000			
4. Betriebs- und Geschäftsausstattung	400.000			
II. **Umlaufvermögen**				
1. Roh-, Hilfs- und Betriebsstoffe	3.000.000			
2. Fertigerzeugnisse	1.400.000			
3. Forderungen aus Lieferungen und Leistungen	2.100.000			
4. Kasse, Postscheck	100.000			
5. Bankguthaben	600.000			
	16.300.000			16.300.000

Von den in der Bilanz aufgeführten Wirtschaftsgütern gehören nicht zum betriebsnotwendigen Vermögen:

In Position	Wiederbeschaffungswert (zum Teil zeitanteilig gekürzt)	Liquidationswert
I. 1. b) Grundstücke	100.000	130.000
Gebäude	500.000	500.000
2. Unbebaute Grundstücke	700.000	800.000
II. 1. Roh-, Hilfs- und Betriebsstoffe	800.000	600.000

In den kommenden Jahren wird im Durchschnitt ein Reingewinn (G) von jährlich 2.000.000 DM erwartet.

Der Kalkulationszinssatz wird mit 10 % festgelegt.
Der Mittelwert kann in folgender Weise ermittelt werden:

(1) **Ermittlung des Substanzwertes**

	DM
Bilanzsumme	16.300.000
− Wiederbeschaffungswert der nicht betriebsnotwendigen Wirtschaftsgüter	2.100.000
+ Liquidationswert der nicht betriebsnotwendigen Wirtschaftsgüter	2.030.000
Substanzwert	16.230.000

(2) **Ermittlung des Ertragswertes**

Unter der Annahme, daß die Lebensdauer des Unternehmens zeitlich nicht begrenzt ist, ergibt sich als Ertragswert:

$$ZEW = \frac{G}{i} = \frac{2.000.000}{0,1} = 20.000.000 \text{ DM}$$

(3) **Ermittlung des Unternehmenswertes nach dem Mittelwertverfahren**

$$UW = \frac{ZEW + SW}{2}$$

$$UW = \frac{20.000.000 + 16.230.000}{2} = 18.115.000 \text{ DM}$$

1.4.4 Übergewinn-Verfahren

Mit Hilfe des Übergewinn-Verfahrens soll der Firmenwert unter Verwendung des vom Unternehmen erzielten Übergewinns, d.h. des Gewinnes, der über die Normalverzinsung des Substanzwertes hinaus erzielt wird, errechnet werden.

Zwei Verfahren sind zu unterscheiden:

(1) **Methode der Übergewinnabgeltung**

Die Methode der Übergewinnabgeltung geht von dem Grundgedanken aus, daß dem potentiellen Verkäufer eines Unternehmens nicht nur der Substanz-

1. Unternehmen

wert zusteht, sondern auch ein Betrag, der für den Verzicht auf die Übergewinne der kommenden Jahre entschädigt. Die Übergewinne werden aber nur für eine beschränkte Anzahl von Jahren abgegolten, da
- Übergewinne nach einigen Jahren dem Käufer anzurechnen sind,
- Übergewinne durch den Konkurrenzdruck allmählich verschwinden.

Die Ermittlung des Unternehmenswertes kann für den einfachsten Fall erfolgen:

$$UW = SW + m\,(G - i \cdot SW)$$

UW = Unternehmenswert
SW = Substanzwert
G = Jährlicher Gewinn
i = Kalkulationszinssatz
m = Faktor der angenommenen Flüchtigkeit des Firmenwertes
     (liegt üblicherweise zwischen 3 und 6)

Der Unternehmenswert setzt sich nach diesem Verfahren aus dem Substanzwert zuzüglich eines bestimmten Betrages zusammen, der als Abfindung für die Übergewinne gezahlt wird, die auf bereits vor dem Verkauf bestehenden Gegebenheiten beruhen und damit Leistungen des Verkäufers darstellen, die vom Käufer genutzt werden.

(2) **Methode der Übergewinnkapitalisierung**

Die Methode der Übergewinnkapitalisierung geht von dem Grundgedanken aus, daß über die Normalverzinsung des Substanzwertes hinausgehende Gewinne besonders stark risikobehaftet sind.

Die Konsequenz aus dieser Überlegung ist, den Übergewinn mit einem höheren als dem normalen Zinssatz zu kapitalisieren. Der so ermittelte Barwert ist der Firmenwert.

Der Unternehmenswert ergibt sich aus:

$$UW = SW + \frac{G - i \cdot SW}{h}$$

UW = Unternehmenswert
SW = Substanzwert
G = Jährlicher Gewinn
i = Kalkulationszinssatz
h = Zinssatz für Übergewinne

Vom Standpunkt der praktischen Anwendung ist gegen die Methode der Übergewinnkapitalisierung einzuwenden, daß keine Anhaltspunkte für die Festlegung des Zinssatzes für Übergewinne existieren.

Beispiel: Unter Verwendung der Daten aus der Bilanz der Steiger OHG und der ergänzenden Angaben aus dem vorangegangenen Beispiel soll der Unternehmenswert unter der Annahme eines Zinssatzes für die Kapitalisierung der Übergewinne von 15 % ermittelt werden.

$$UW = SW + \frac{G - i \cdot SW}{h}$$

$$UW = 7.430.000 + \frac{2.000.000 - 0{,}10 \cdot 7.430.000}{0{,}15}$$

$$UW = \underline{\underline{15.810.000 \text{ DM}}}$$

2. Aktien

Ein Unternehmen hat nicht nur die Möglichkeit, andere Unternehmen als Investitionsobjekt in Betracht zu ziehen. Es kann sich auch über die Börse an Unternehmen beteiligen, indem es Aktien erwirbt.

Aktien sind Wertpapiere, die grundsätzlich **nicht festverzinslich** sind und **Mitgliedschaftsrechte** verbriefen:

- Stimmrecht
- Recht auf Anteil am Gewinn
- Recht auf Anteil am Liquidationserlös
- Recht auf Bezug neuer Aktien

Der Preis für an der Börse gehandelte Aktien wird als **Börsenkurs** bezeichnet, der sich aus Angebot und Nachfrage ergibt. Der Börsenkurs kann sein:

- Ein **variabler Kurs**, der durch fortlaufende Notierung von Aktien mit bedeutendem Umsatz entsteht, wobei diese Vorgehensweise darauf beschränkt ist, daß mindestens 50 Stück einer 50 DM-Aktie bzw. 3.000 DM Nennwert oder ein Mehrfaches davon umgesetzt werden.

- Der **Einheitskurs**, der auch als Kassakurs bezeichnet und börsentäglich einmal für jedes amtlich notierte Wertpapier ermittelt wird. Er ist der Kurs, bei dem der größtmögliche Umsatz erfolgt.

2. Aktien

Beispiel:

Kaufaufträge	Verkaufsaufträge
100 Stück billigst 220 Stück zu 224,– DM 260 Stück zu 223,– DM 200 Stück zu 222,– DM 350 Stück zu 221,– DM 400 Stück zu 220,– DM	120 Stück bestens 80 Stück zu 220,– DM 200 Stück zu 222,– DM 340 Stück zu 223,– DM 550 Stück zu 224,– DM

Ausführbar zum Kurs	Käufe	Verkäufe	Umsatz
220,–	1 580	200	200
221,–	1 130	200	200
222,–	780	400	400
223,–	580	740	580
224,–	320	1 290	320

Zum Kurs von 223,– DM können 580 Aktien verkauft werden. 160 Aktien sind zu diesem Kurs nicht absetzbar, d.h. es liegt ein Angebotsüberhang vor.

Der Kurs wird im amtlichen Kursblatt veröffentlicht, wobei ihm Kurzzeichen hinzugefügt werden können, die auf die **Marktsituation** hinweisen:

b, bz, bez	bezahlt	Angebot und Nachfrage waren zum amtlichen Kurs ausgeglichen.
B	Brief	Dem Angebot stand zum amtlichen Kurs keine oder nur geringe Nachfrage gegenüber.
G	Geld	Der Nachfrage stand zum amtlichen Kurs kein oder ein nur geringes Angebot gegenüber.
bB, bzB, bezB	bezahlt und Brief	Das Angebot war zum amtlichen Kurs höher als die Nachfrage.
bG, bzG, bezG	bezahlt und Geld	Die Nachfrage war zum amtlichen Kurs höher als das Angebot.
etw. bB	etwas bezahlt und Brief	Das Angebot war zum amtlichen Kurs erheblich höher als die Nachfrage.
etw. bG	etwas bezahlt und Geld	Die Nachfrage war zum amtlichen Kurs erheblich höher als das Angebot.
exD, exDiv	ausschließlich Dividende	Kurszusatz am Tag der Dividendenausschüttung.
exB, exBR, exBez	ausschließlich Bezugsrecht	Kurszusatz am Tag des Bezugsrechtshandels.
–	gestrichen	Es lagen keine Aufträge vor, weshalb eine Kursbildung nicht möglich war.
T, tax	Taxkurs	Der Kurs wurde geschätzt, da keine Umsätze zustandekamen.

Im obigen Beispiel würde der Kurs mit 223 bzB angegeben.

Ein Unternehmen, das in Aktien investieren und die Vorteilhaftigkeit seiner Investition untersuchen will, muß sich befassen mit:

- Der **Dividende** auf die Aktien, die Gewinnausschüttung also. Sie hat heute keine dominierende Bedeutung mehr. Dies ist darin begründet, daß die effektive Verzinsung der Aktien nicht sehr hoch — überwiegend zwischen 4 % und 6 % — ist.

  Beispiel: Eine 50-DM-Aktie wurde für 90 DM gekauft. Es werden 10 % Gewinn — das sind 5 DM — ausgeschüttet. Für den Anleger, der mehr als den Nennwert von 50 DM für die Akie bezahlt hat, ist die effektive Verzinsung jedoch geringer:

  $$r = \frac{G}{a_0} \cdot 100$$

  $$r = \frac{5}{90} \cdot 100$$

  $$r = 5{,}56\,\%$$

- Dem **Kurs** der Aktien, der es bei richtiger Einschätzung seiner Entwicklung ermöglicht, durch gut terminierten An- und Verkauf von Aktien — gegebenenfalls erhebliche — Wertzuwachsgewinne oder Spekulationsgewinne zu erzielen.

  Beispiel: Eine 50-DM-Aktie wird für 70 DM gekauft, nach einem halben Jahr lassen sich 95 DM erlösen.

Es ist einsichtig, daß der Kurs der Aktie nicht zwangsweise — wie im letzten Beispiel — steigen muß. Er kann über einen Betrachtungszeitraum auch abnehmende Tendenz aufweisen; erfolgt in dieser Situation ein Verkauf, muß die Investition als unvorteilhaft angesehen werden. Schließlich ist es möglich, daß der Kurs mehr oder weniger starken Schwankungen unterliegt.

Deshalb muß sich das investierende Unternehmen eingehend damit beschäftigen, die in Betracht kommenden Aktien einer entsprechenden **Analyse** zu unterziehen. Praktisch ist es allerdings recht schwierig, die künftige Kurs- und Dividendenentwicklung — insbesondere über einen längeren Zeitraum — abschätzen und damit die Daten für die Berechnung der Vorteilhaftigkeit der Investition in eine Aktie bereitstellen zu können. Dazu kommt noch, daß über die Verfahrensweise, wie eine Prognose erfolgen soll, Uneinigkeit bei den Experten besteht.

Perridon/Steiner geben einen anschaulichen Überblick über die wichtigsten Ansätze zur **Aktienanalyse**, vor allem:

- **Fundamentalanalyse**
- **Technische Analyse**

Sie sollen im folgenden erörtert werden.

2. Aktien

2.1 Fundamentalanalyse

Die Fundamentalanalyse basiert auf dem Gedanken, daß der Kurs einer Aktie durch ihren **inneren Wert** bestimmt ist, der sich aus den relevanten unternehmensinternen und unternehmensexternen Daten darstellt.
Grundsätzlich sind die folgenden **Einflußfaktoren** zu nennen:
- Der **Bilanzkurs**, der sich als betriebswirtschaftliche Kennzahl ermitteln läßt:

$$\text{Bilanzkurs} = \frac{\text{Bilanziertes Eigenkapital}}{\text{Grundkapital}} \cdot 100$$

Unter Berücksichtigung der durch Unterbewertung von Vermögensteilen geschaffenen stillen Reserven gilt:

$$\text{Korrigierter Bilanzkurs} = \frac{\text{Bilanziertes Eigenkapital} + \text{Stille Reserven}}{\text{Grundkapital}} \cdot 100$$

Das bilanzierte Eigenkapital setzt sich aus den nachstehenden Positionen zusammen:

```
   Grundkapital
 + Gesetzliche Rücklagen
 + Freie Rücklagen
 + Gewinnvortrag
 − Verlustvortrag
 = Bilanziertes Eigenkapital
```

Beispiel: Die Kosmetik AG weist folgende, vereinfachte Bilanz auf:

Aktiva		Bilanz zum ...	Passiva
Anlagevermögen	750.000	Grundkapital	600.000
Umlaufvermögen	390.000	Gesetzliche Rücklage	30.000
		Freie Rücklage	65.000
		Verbindlichkeiten	440.000
		Gewinnvortrag	5.000
	1.140.000		1.140.000

Bilanzkurs $= \dfrac{600.000 + 30.000 + 65.000 + 5.000}{600.000} \cdot 100$

Bilanzkurs $= \underline{\underline{116{,}7\ \%}}$

- Der **Ertragswertkurs**, der die Ertragserwartungen ausdrückt und unter Verwendung des Zukunftserfolgswertes ermittelt wird, wie ausführlich auf Seite 196 ff. dargestellt:

$$\boxed{\text{Ertragswertkurs} = \dfrac{\text{Zukunftserfolgswert}}{\text{Grundkapital}} \cdot 100}$$

Beispiel: Die Kosmetik AG erwirtschaftet einen jährlichen Gewinn von 115.000 DM. Der Kalkulationszinssatz beträgt 10 %. Übrige Daten sind der obigen Bilanz zu entnehmen.

Ertragswertkurs $= \dfrac{115.000}{0{,}10 \cdot 600.000} \cdot 100$

Ertragswertkurs $= \underline{\underline{191{,}7\ \%}}$

- Die Situation am **Kapitalmarkt**, insbesondere das Zinsniveau, das sich dort gebildet hat.
- Die Verhaltensweisen der Aktionäre, die sich durch **Spekulation** ergeben, beispielsweise in Erwartung sich verändernder Mehrheitsverhältnisse, möglicher Fusionen, konjunktureller Veränderungen.

Die Angemessenheit des Börsenkurses wird durch den Vergleich mit dem Bilanzkurs und dem Ertragswertkurs und unter Berücksichtigung von kapitalmarktorientierten und spekulativen Gesichtspunkten für die Zukunft abgeschätzt. Dabei kommt der Untersuchung der zukünftigen Ertragskraft — wie bereits bei der Unternehmensbewertung erläutert — eine erhebliche Bedeutung zu. Überlegungen, die sich an der Substanz und den Dividenden orientieren, stehen heute nicht mehr im Vordergrund.

Als vereinfachtes, statisch orientiertes Beurteilungskriterium für die Vorteilhaftigkeit von Aktien wird in der betrieblichen Praxis häufig die **PER**-Kennziffer verwendet. Sie stellt die Price-Earning-Ratio dar, das Kurs-Gewinn-Verhältnis von Aktien:

$$\boxed{\text{PER} = \dfrac{\text{Kurs}}{\text{Gewinn}}}$$

2. Aktien

Die PER-Kennziffer zeigt, zum Wievielfachen des Gewinnes eine Aktie gehandelt bzw. bewertet wird. Sie muß immer wieder neu ermittelt werden, da der Kurs normalerweise Schwankungen unterliegt.

Der **Kauf** von Aktien ist **vorteilhaft**, wenn die PER-Kennziffern niedrig sind. Untersuchungen zeigen, daß Aktien mit niedrigen PER-Kennziffern in den darauf folgenden Jahren eine günstigere Kursentwicklung haben als Aktien mit hohen PER-Kennziffern.

Aktien mit hohen PER-Kennziffern werden dagegen keine großen Kurssteigerungen zugesprochen; im Gegenteil, es muß möglicherweise mit Kursverlusten gerechnet werden.

1971 ergaben sich beispielsweise folgende PER-Kennziffern:

BMW	18,2
VW	6,3
Thyssen	3,5
Löwenbräu	50,0

Beispiel: Die Aktien der Elektronik AG werden zur Zeit mit 125 DM gehandelt. Der Gewinn pro Aktie beträgt 25 DM. Demgegenüber beträgt der Börsenkurs der Aktien der Computer AG derzeit 180 DM bei einem Gewinn pro Aktie von 20 DM. Welches Investitionsobjekt ist auf Grund der PER-Kennziffer das vorteilhaftere?

$$PER_{\text{Elektronik AG}} = \frac{125}{25}$$

$$PER_{\text{Elektronik AG}} = \underline{\underline{5}}$$

$$PER_{\text{Computer AG}} = \frac{180}{20}$$

$$PER_{\text{Computer AG}} = \underline{\underline{9}}$$

Nach der PER-Kennziffer scheinen die Aktien der Elektronik AG das bessere Investitionsobjekt zu sein.

Die PER-Kennziffer stellt ein **brauchbares Beurteilungskriterium** für den Zeit- oder/und Unternehmensvergleich in gleichen oder vergleichbaren Branchen dar.

Kritiker der Fundamentalanalyse führen an, daß es nicht ausreicht, sich auf Dividenden, Gewinne und Kurse als Daten bei der Beurteilung der Vorteilhaftigkeit von Investitionsentscheidungen zu beschränken.

2.2 Technische Analyse

Die Kritik an der Fundamentalanalyse, auf die zuvor hingewiesen wurde, und die Tatsache, daß die Börsenkurse und die inneren Werte der Aktien häufig voneinander abweichen, hat dazu geführt, die technische Analyse zu bevorzugen, um die Entwicklung der Aktien abzuschätzen.

Bei der technischen Analyse wird darauf verzichtet, die inneren Werte der Aktien festzustellen und zu analysieren. Man beschränkt sich darauf, die Börsenkurse zu beobachten, zu registrieren und hieraus Rückschlüsse auf zukünftige Entwicklungen zu ziehen, indem Trendverläufe prognostiziert werden.

Der technischen Analyse liegen folgende Überlegungen zugrunde:

- Kurse ergeben sich aus Angebot und Nachfrage.
- Kurse sind rationalen und irrationalen Einflüssen ausgesetzt, die am Markt kontinuierlich ausgeglichen werden.
- Kurse neigen dazu, sich in abschätzbaren Trends zu entwickeln.
- Kurse lassen Änderungen der Grundrichtung erkennen, die auf grundlegenden Marktveränderungen beruhen.
- Kurse neigen dazu, wiederholt charakteristische Verläufe aufzuweisen.

Die Methoden, derer sich die technische Analyse bedient, lassen sich in zwei Gruppen einteilen:

(1) **Analyse von Einzelaktien**

Bei der Analyse von Einzelaktien bedient man sich der **Charts**. Das sind Diagramme, die in graphischer Form die Kurs- und Umsatzentwicklung börsennotierter Aktien darstellen.

In Deutschland werden vor allem folgende Charts verwendet:

- **Liniencharts**, die geeignet sind, Trendveränderungen offenzulegen, indem die periodisch eingetragenen Schlußkurse graphisch miteinander verbunden werden.

- **Balkencharts**, bei denen die Höchst- und Tiefstkurse des jeweils erfaßten Zeitraumes durch senkrechte Striche — die Kursspanne — erfaßt werden, wodurch Veränderungen der Marktstruktur sehr differenziert erkennbar werden.

2. Aktien

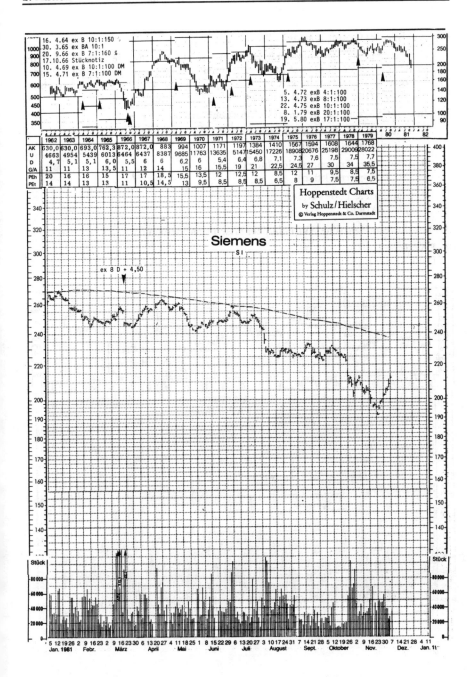

(2) Analyse des Gesamtmarktes

Für eine Investitionsentscheidung reicht es nicht aus, nur die Entwicklung der in Betracht kommenden Aktien zu untersuchen. Der Investor sollte vor einer Einzelanalyse prüfen, in welcher Situation sich der Markt befindet. Auch hierfür bieten Diagramme eine wertvolle Hilfe.

In den **USA** sind die bekanntesten **Aktienindizes**:

- Dow Jones Industrial Index
  (30 Industrie-Aktien)
- Dow Jones Transportation Index
  (20 Transport-Aktien)
- Standard & Poor's Index
  (500 Aktien)

Als bekannteste **deutsche Aktienindizes** lassen sich nennen:

- FAZ-Index
  (100 Aktien)

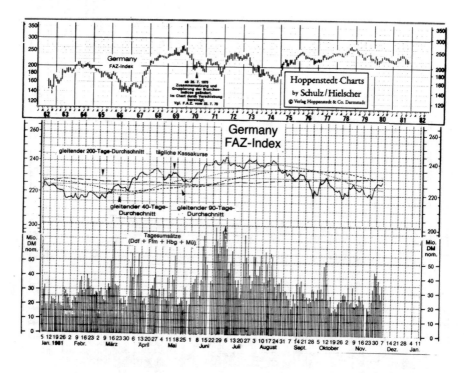

3. Festverzinsliche Wertpapiere

- Index des Statistischen Bundesamtes
  (350 Aktien)

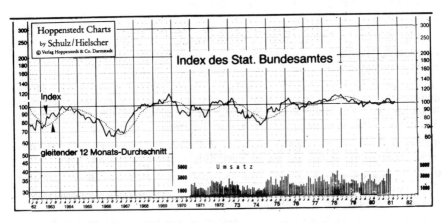

3. Festverzinsliche Wertpapiere

Als weitere Investitionsobjekte bieten sich einem Unternehmen die festverzinslichen Wertpapiere an, beispielsweise:

- **Öffentliche Anleihen**, die vom Bund, den Ländern, der Bundesbahn, der Bundespost und anderen Körperschaften des öffentlichen Rechtes ausgegeben werden.
- **Kommunalanleihen**, die von Städten und Gemeinden sowie Gemeindeverbänden ausgegeben werden.
- **Kommunalobligationen**, die von öffentlich-rechtlichen Grundkreditinstituten und privaten Hypothekenbanken ausgegeben werden.
- **Pfandbriefe**, die von öffentlich-rechtlichen Grundkreditinstituten und privaten Hypothekenbanken ausgegeben werden.
- **Industrieobligationen**, die von der gewerblichen Wirtschaft — nicht nur von der Industrie, sondern auch von Handels- und sonstigen Dienstleistungsunternehmen — ausgegeben werden.

Die — zusammenfassend als Anleihen zu bezeichnenden — festverzinslichen Wertpapiere verfügen über ein hohes Maß an **Sicherheit**. Diese wird bei den öffentlichen Anleihen und Kommunalanleihen unmittelbar durch das Vermögen und die Steuerkraft der Emittenten, bei Kommunalobligationen mittelbar durch das Vermögen und die Steuerkraft der Kommunen gewährleistet. Bei Pfandbriefen dienen Grundpfandrechte als Sicherheit.

Die Industrieobligationen können auf unterschiedliche Weise gesichert sein, die in folgenden Möglichkeiten bestehen kann:

- Grundpfandrechte ersten Ranges bis zu 40 % des Beleihungswertes.
- Negativklauseln als vertragliche Verpflichtung, künftig keine Belastungen von Vermögensteilen zugunsten anderer Gläubiger.
- Bürgschaften, die besonders von der öffentlichen Hand übernommen werden.

Außerdem verfügen die genannten festverzinslichen Wertpapiere über eine hohe **Fungibilität**, was sich darin äußert, daß sie jederzeit über die Börse an- und verkauft werden können.

Die Börsenfähigkeit ist bei festverzinslichen Wertpapieren staatlicher und öffentlich-rechtlicher Emittenten automatisch oder auf Grund von Prüfungen gegeben. Besonders streng sind die Vorschriften für die Emission und Börsenzulassung bei den Industrieobligationen und deren Sonderformen:

- Ihre Emission ist vom Bundesminister für Wirtschaft im Einvernehmen mit dem Wirtschaftsministerium des zuständigen Bundeslandes zu genehmigen.
- Ihre Emission ist mit dem zentralen Kapitalmarktausschuß — einem Gremium privater und staatlicher Banken — zu erörtern, der Empfehlungen über Zeitpunkt, Umfang und Ausstattung der Industrieobligationen gibt.
- Sollen sie an der Börse gehandelt werden, ist die Börsenzulassung zu beantragen, wozu insbesondere ein Börseneinführungsprospekt vorzulegen ist.

Das quantitative Kriterium zur Beurteilung der Vorteilhaftigkeit von festverzinslichen Wertpapieren ist deren **Verzinsung**. Die aus den Wertpapieren zustehenden Zinsen werden meist halbjährlich nachschüssig gezahlt. Wird eine Teilschuldverschreibung zwischen den Zinsterminen veräußert, dann stehen dem Verkäufer die Zinsen zu, die zwischen dem letzten Zinstermin und dem Tag der Veräußerung angefallen sind. Sie sind dem Börsenkurs hinzuzurechnen.

Als Zinssätze müssen unterschieden werden:

- **Nominalzinssatz**, der auf dem Mantel einer jeden Teilschuldverschreibung ausgedruckt ist. Der Nominalzinssatz ist zur Beurteilung der Vorteilhaftigkeit einer Investition nur dann geeignet, wenn der Ausgabekurs und der Rückzahlungskurs dem Nennwert der Teilschuldverschreibung entsprechen, wovon grundsätzlich nicht ausgegangen werden kann.
- **Effektivzinssatz**, der dann vom Nominalzinssatz abweicht, wenn sich der Ausgabekurs oder/und der Rückzahlungskurs vom Nennwert der Teilschuldverschreibung unterscheidet. Die Abweichung zwischen dem Effektivzinssatz und dem Nominalzinssatz ist um so größer, je höher die Kursdifferenz und je kürzer die Laufzeit ist.

Der Effektivzinssatz ist das geeignete Kriterium zur Beurteilung der Vorteilhaftigkeit von festverzinslichen Wertpapieren.

Der Effektivzinssatz festverzinslicher Wertpapiere läßt sich — mit unterschiedlicher Genauigkeit — auf dreifache Weise ermitteln:

3. Festverzinsliche Wertpapiere

- Einfache Effektivverzinsung
- Finanzmathematisch korrigierte Effektivverzinsung
- Finanzmathematische Effektivverzinsung

Auf alle drei Verfahren soll im folgenden eingegangen werden.

3.1 Einfache Effektivverzinsung

Als praxisübliche **Faustformel*** für die Berechnung der einfachen Effektivverzinsung von Anleihen gilt:

$$r = \frac{Z + \dfrac{RK - AK}{n}}{AK} \cdot 100$$

r = Effektivzinssatz
Z = Jährliche Zinsen
RK = Rückzahlungskurs
AK = Ausgabekurs
n = Laufzeit

Beispiel: Eine Anleihe wird mit 98 % ausgegeben und mit 102 % zurückgenommen. Die Nominalverzinsung beträgt 8 % bei einer Laufzeit von 12 Jahren, mit deren Ablauf die Tilgung erfolgt.

$$r = \frac{8 + \dfrac{102 - 98}{12}}{98} \cdot 100 = \underline{\underline{8{,}50\ \%}}$$

---

* Die Berechnung des Effektivzinssatzes kann für **Darlehen** in gleicher Weise erfolgen, wobei:

$$r = \frac{Z + \dfrac{D}{n}}{AK} \cdot 100$$

D = Damnum
AK = Auszahlungskurs

Für t_m gelten ebenfalls die gleichen Formeln.

Auch die verbesserten Berechnungen des Effektivzinssatzes, wie sie nachfolgend in den Kapiteln 3.2 und 3.3 dargestellt sind, können unmittelbar auf die Darlehen übertragen werden.

Wird die Anleihe jährlich in **gleichen Raten** getilgt, ist die mittlere Laufzeit zugrundezulegen:

$$t_m = \frac{t + 1}{2}$$

t_m = Mittlere Laufzeit
t = Gesamte Laufzeit

Bei Berücksichtigung von **tilgungsfreien Jahren**, denen sich eine Tilgung in gleichen Raten anschließt, gilt:

$$t_m = t_f + \frac{(t - t_f) + 1}{2}$$

t_m = Mittlere Laufzeit
t_f = Tilgungsfreie Laufzeit
t = Gesamte Laufzeit

Entsprechend würde sich für das obige Beispiel bei einer Tilgung in gleichen Raten eine Effektivverzinsung von

$$r = \frac{8 + \dfrac{4}{6,5}}{98} \cdot 100 = \underline{\underline{8,79\ \%}}$$

bzw. bei einer tilgungsfreien Zeit von 4 Jahren und anschließender Tilgung in gleichen Raten eine Effektivverzinsung von

$$r = \frac{8 + \dfrac{4}{4 + 4,5}}{98} \cdot 100 = \underline{\underline{8,64\ \%}}$$

ergeben.

Die Berechnung der Effektivverzinsung mit Hilfe der Faustformel führt nicht zu hinreichend genauen Ergebnissen, da die Differenz aus Rückzahlungskurs und Ausgabekurs **ohne Berücksichtigung von Zins und Zinseszins auf die Laufzeit verteilt** wird. Die Verwendung der Gleichung erscheint um so problematischer, je länger die Laufzeit der Anleihe ist.

3. Festverzinsliche Wertpapiere

3.2 Finanzmathematisch korrigierte Effektivverzinsung

Eine genauere Ermittlung des Effektivzinssatzes läßt sich mit Hilfe der nachstehenden Gleichung erreichen, wobei der durch die Faustformel ermittelte Zinssatz auf einen Wert gerundet wird, der in der finanzmathematischen Tabelle enthalten ist, um den Restwertfaktor festzustellen:

$$r = \frac{Z + (RK - AK) \cdot \frac{q-1}{q^n-1}}{AK} \cdot 100$$

r = Effektivzinssatz
Z = Jährliche Zinsen
RK = Rückzahlungskurs
AK = Ausgabekurs
$\frac{q-1}{q^n-1}$ = Restwertverteilungsfaktor

Beispiel: Für die mit Hilfe der Faustformel ermittelte einfache Effektivverzinsung einer Anleihe mit 98 % Ausgabekurs, 102 % Rückzahlungskurs, einer Nominalverzinsung von 8 %, einer Laufzeit von 12 Jahren und einer Tilgung nach deren Ablauf ergibt sich:

$$r = \frac{Z + (RK - AK) \cdot \frac{q-1}{q^n-1}}{AK} \cdot 100$$

$$r = \frac{8 + (102 - 98) \cdot 0{,}051153}{98} \cdot 100$$

$r = 8{,}37\ \%$

$\frac{q-1}{q^n-1}$ für die mit Hilfe der Faustformel ermittelte Effektivverzinsung von 8,50 % beträgt 0,051153.

Es ergibt sich — unter finanzmathematischer Verteilung des Disagios — eine geringere Effektivverzinsung der Anleihe als bei der Faustformel.

Bei einer Tilgung der Anleihe in jährlich gleichen Raten würde sich die nach der Faustformel ermittelte einfache Effektivverzinsung von 8,79 % in folgender Weise verändern:

$$r = \frac{Z + (RK - AK) \cdot \frac{q-1}{q^n - 1}}{AK} \cdot 100$$

$$r = \frac{8 + (102 - 98) \cdot (0{,}132920 + 0{,}108691) : 2}{98} \cdot 100$$

$\frac{q-1}{q^n - 1}$ ist für 9 %, die sich aus der Aufrundung von 8,79 % ergeben und (12 + 1) : 2 Jahre zu ermitteln.

$$r = 8{,}66 \%$$

Bei einer tilgungsfreien Zeit von 4 Jahren und anschließender Tilgung in jährlich gleichen Raten würde sich die mit Hilfe der Faustformel ermittelte einfache Effektivverzinsung von 8,64 % in folgender Weise verändern:

$$r = \frac{Z + (RK - AK) \cdot \frac{q-1}{q^n - 1}}{AK} \cdot 100$$

$$r = \frac{8 + (102 - 98) \cdot (0{,}092331 + 0{,}078424) : 2}{98} \cdot 100$$

$\frac{q-1}{q^n - 1}$ ist für 8,5 %, die sich aus der Abrundung von 8,64 % ergeben, und (4 + 4,5) Jahren zu ermitteln.

$$r = 8{,}51 \%$$

Es läßt sich erkennen, daß die effektiven Zinssätze bei der finanzmathematisch korrigierten Ermittlung insgesamt geringer sind als die effektiven Zinssätze, die mit Hilfe der Faustformel ermittelt wurden.

Die finanzmathematisch korrigierte Effektivverzinsung stellt zwar auch kein vollkommen genaues Verfahren dar, weist aber so geringe Abweichungen zur rein finanzmathematischen Effektivverzinsung auf, daß sie für die betriebliche Praxis ohne Bedenken empfohlen werden kann, um die Vorteilhaftigkeit von festverzinslichen Wertpapieren als Investitionsobjekte feststellen zu können.

3.3 Finanzmathematische Effektivverzinsung

Der Effektivzinssatz von Anleihen läßt sich am genauesten mit Hilfe der **Internen Zinsfuß-Methode** ermitteln, wie sie bereits bei der Beurteilung der Vorteilhaftigkeit von Sachinvestitionen erörtert wurde.

Beispiel: Für die oben bereits auf zweifache Weise ermittelte Effektivverzinsung einer Anleihe mit 98 % Ausgabekurs, 102 % Rückzahlungskurs, einer Nominalver-

3. Festverzinsliche Wertpapiere

zinsung von 8 %, einer Laufzeit von 12 Jahren und einer Tilgung nach deren Ablauf ergibt sich:

$$C_o = ü \cdot \frac{q^n - 1}{q^n(q-1)} + \frac{L}{q^n} - a_o$$

Versuchszinssatz 1: 8 %

$C_{o1} = 8 \cdot 7{,}536078 + 102 \cdot 0{,}397114 - 98$

$C_{o1} = \underline{\underline{2{,}79 \text{ DM}}}$

Versuchszinssatz 2: 9 %

$C_{o2} = 8 \cdot 7{,}160725 + 102 \cdot 0{,}355535 - 98$

$C_{o2} = \underline{\underline{-4{,}45 \text{ DM}}}$

Effektivverzinsung:

$r = i_1 - C_{o1} \cdot \dfrac{i_2 - i_1}{C_{o2} - C_{o1}}$

$r = 0{,}08 - 2{,}79 \cdot \dfrac{0{,}09 - 0{,}08}{-4{,}45 - 2{,}79}$

$r = \underline{\underline{0{,}0839}}$

Es ist festzustellen, daß der rein finanzmathematisch mit Hilfe der Internen Zinsfuß-Methode ermittelte Effektivzinssatz mit 8,39 % nur um 0,02 % von dem Effektivzinssatz abweicht, der sich auf Grund der finanzmathematisch korrigierten Berechnung ergab.

KONTROLLFRAGEN

(1) Welche Finanzinvestitionen lassen sich unterscheiden?
(2) Welche Gründe kann es dafür geben, daß Unternehmen zum Gegenstand von Investitionsrechnungen werden?
(3) Weshalb ist es nicht einfach, den Wert eines Unternehmens festzustellen?
(4) Welchen Zweck verfolgt die Unternehmensbewertung?
(5) Nennen Sie Gesichtspunkte, die bei der Ermittlung des Unternehmenswertes berücksichtigt werden müssen!
(6) Wovon geht das IdW bei seinen Überlegungen zum Unternehmenswert aus?
(7) Was versteht man unter einem potentiellen Preis?
(8) Was sagt der Grenzpreis aus?
(9) Stellen Sie die Prinzipien der Unternehmensbewertung dar!
(10) Erläutern Sie die älteren Auffassungen vom Unternehmenswert!
(11) Wodurch zeichnet sich die neuere Auffassung vom Unternehmenswert aus?
(12) Welche Kritik läßt sich an den älteren Auffassungen und der neueren Auffassung zum Unternehmenswert üben?
(13) Welche Bewertungstechniken bieten sich zur Unternehmensbewertung an?
(14) Erläutern Sie, wie die Einzelbewertung durchgeführt wird!
(15) Wie ist die Einzelbewertung zu beurteilen?
(16) Auf welche Weise erfolgt die Gesamtbewertung?
(17) Worin liegt der Nachteil der Gesamtbewertung?
(18) Nennen Sie die Wertansätze für die Unternehmensbewertung!
(19) Was ist unter dem Liquidationswert zu verstehen?
(20) Inwiefern stellt der Liquidationswert eine Grenzpreis-Untergrenze bzw. Grenzpreis-Obergrenze dar?
(21) Was versteht man unter dem Reproduktionswert?
(22) Welche Güter werden in die Ermittlung des Reproduktionswertes einbezogen?
(23) Stellen Sie die Kostenwerte als Elemente des Reproduktionswertes dar!
(24) Inwiefern stimmen der Reproduktionswert und der Substanzwert überein?
(25) Was ist unter dem Ertragswert zu verstehen?
(26) Wie kann der Ertragswert als Zukunftserfolgswert ermittelt werden?
(27) Woran kann sich der Kapitalisierungszinsfuß orientieren?
(28) Welche Überlegungen hat der BGH zum Zukunftserfolgswert angestellt?
(29) Was versteht man unter dem Firmenwert?

Kontrollfragen

(30) Nennen Sie Ursachen dafür, daß ein Firmenwert positiv ist!
(31) Erläutern Sie, welche Arten des Firmenwertes es gibt!
(32) Welche Verfahren zur Unternehmensbewertung lassen sich nennen?
(33) Wie wird der Zukunftserfolgswert grundsätzlich errechnet?
(34) Wie erfolgt die Ermittlung des Zukunftserfolgswertes bei jährlich gleich hohen Überschüssen?
(35) Erläutern Sie das Wesen des Substanzwert-Verfahrens!
(36) Was ist unter dem zukunftsorientierten Substanzwert zu verstehen?
(37) Welcher Zukunftssubstanzwert läßt den Kauf eines zu beurteilenden Unternehmens vorteilhaft erscheinen?
(38) Beschreiben Sie das Mittelwert-Verfahren!
(39) Wie ist das Mittelwert-Verfahren zu beurteilen?
(40) Welche Möglichkeiten gibt es, das Übergewinn-Verfahren durchzuführen?
(41) Was versteht man unter Aktien?
(42) Stellen Sie dar, was der Börsenkurs ist und wie er ermittelt werden kann!
(43) Was bedeuten die Kurszeichen B, bzB, exD, exB und T?
(44) Mit welchen Daten muß sich ein Interessent für eine Aktie befassen, um ihre Vorteilhaftigkeit beurteilen zu können?
(45) Welche Ansätze der Aktienanalyse lassen sich unterscheiden?
(46) Was versteht man unter der Fundamentalanalyse?
(47) Nennen Sie Einflußfaktoren auf den inneren Wert einer Aktie!
(48) Wie kann der Bilanzkurs errechnet werden?
(49) In welchem Falle sollte ein korrigierter Bilanzkurs ermittelt werden?
(50) Auf welche Weise kann der Ertragswertkurs errechnet werden?
(51) Was ist unter der PER-Kennziffer zu verstehen?
(52) Bei welchen PER-Kennziffern ist der Kauf von Aktien vorteilhaft?
(53) Wie ist die Brauchbarkeit der PER-Kennziffer zu beurteilen?
(54) Welche Überlegungen liegen der technischen Aktienanalyse zugrunde?
(55) Welcher Methoden bedient sich die technische Aktienanalyse?
(56) Welche festverzinslichen Wertpapiere können unterschieden werden?
(57) Wie sind die Sicherheit und Fungibilität bei den Wertpapieren zu beurteilen?
(58) Wie erfolgt die Verzinsung bei den festverzinslichen Wertpapieren meist?
(59) Worin unterscheiden sich der Nominalzinssatz und der Effektivzinssatz?
(60) Wie ist die Berechnung der Verzinsung von festverzinslichen Wertpapieren mit Hilfe der Faustformel zu beurteilen?

LÖSUNGSHINWEISE

Frage	Seite	Frage	Seite	Frage	Seite
(1)	184	(21)	190	(41)	206
(2)	184	(22)	190	(42)	206 f.
(3)	185	(23)	190 f.	(43)	207
(4)	185	(24)	191	(44)	208
(5)	185	(25)	192	(45)	208
(6)	185	(26)	192	(46)	209
(7)	185	(27)	192	(47)	209 f.
(8)	185	(28)	193 f.	(48)	209
(9)	186	(29)	194	(49)	209
(10)	186 f.	(30)	194 f.	(50)	210
(11)	187	(31)	195	(51)	210
(12)	187	(32)	196	(52)	211
(13)	188	(33)	196 f.	(53)	211
(14)	188	(34)	197 f.	(54)	212
(15)	188	(35)	199	(55)	212 ff.
(16)	188	(36)	200	(56)	215
(17)	188	(37)	200	(57)	215 f.
(18)	189	(38)	201	(58)	216
(19)	190	(39)	201	(59)	216
(20)	190	(40)	204 ff.	(60)	218

F. Nutzwertrechnungen zur Beurteilung von Investitionen

Die Vorteilhaftigkeit von Investitionen zu messen, ist nicht nur ein Problem der quantitativen Ermittlung von Kosten bzw. Ausgaben und Erträgen bzw. Einnahmen, die für alternative Investitionsobjekte anfallen. Sollen verschiedene Zielsetzungen des investierenden Unternehmens berücksichtigt werden, dann ist eine Quantifizierung aller Bewertungskriterien meist nicht möglich oder — wegen des damit verbundenen, beträchtlichen Aufwandes — wirtschaftlich nicht vertretbar.

In diesen Fällen können Nutzwertrechnungen eingesetzt werden. Mit ihrer Hilfe wird der **Nutzwert** für jedes alternative Investitionsobjekt ermittelt, worunter der zahlenmäßige Ausdruck für den subjektiven Wert einer Investition hinsichtlich des Erreichens vorgegebener Ziele verstanden wird.

Die Nutzwerte, die sich für die alternativen Investitionsobjekte ergeben, ermöglichen es, die Investitionsobjekte in eine **Rangordnung** zu bringen. Ein Investitionsobjekt ist um so positiver zu beurteilen, je höher sein Nutzwert liegt; das Investitionsobjekt mit dem höchsten Nutzwert kommt auf den ersten Rang, das Investitionsobjekt mit dem geringsten Nutzwert erhält den letzten Rang.

Die Nutzwertrechnungen kommen den Erwartungen entgegen, welche die betriebliche Praxis an Investitionsrechnungen richtet. *Little* faßt sie in folgenden Punkten zusammen:

- Einfachheit
- Robustheit
- Kontrollierbarkeit
- Anpassungsfähigkeit
- Vollständigkeit
- Operationalität
- Subjektbezogenheit

Die Nutzwertrechnungen können in zwei **Stufen des Planungsprozesses** von Investitionen eingesetzt werden:

(1) **Vorauswahl alternativer Investitionsobjekte**

Eine Vorauswahl von alternativen Investitionsobjekten erscheint nützlich, wenn die Vorteilhaftigkeit

- vieler Investitionsobjekte
- anhand mehrerer Bewertungskriterien
- unter relativ hoher Ungewißheit

abzuschätzen ist.

Kosten- und zeitbedingt kann eine umfassende, individuelle Abschätzung aller bedeutsamen Bewertungskriterien für die Vielzahl der Investitionsalternativen zu aufwendig sein. Die Vorauswahl, die eine rahmenmäßige Negativabgrenzung darstellt, bietet die Möglichkeit, eine grundsätzliche Vorteilhaftigkeit der alternativen Investitionsobjekte zu ermitteln und damit die Zahl der — qualitativ und quantitativ — noch genau zu untersuchenden Investitionsobjekte einzuschränken.

Beispiel: Verschiedene Untersuchungen zeigen, daß — je nach Untersuchung — zwischen 40 und 540 Projektvorschläge zu prüfen sind, um zu einem realisierungswürdigen Forschungs- und Entwicklungs-Projekt zu gelangen.

Die Bewertung der Projektvorschläge erfolgt dabei in mehreren Phasen*:

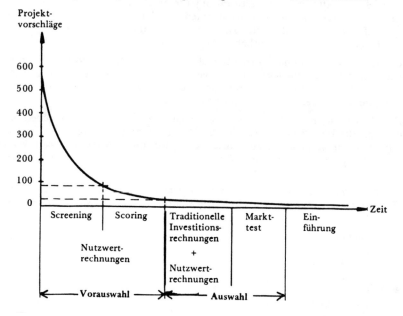

Aus dem Schaubild läßt sich erkennen:

- Zunächst werden ausschließlich die Nutzwertrechnungen eingesetzt, um die Zahl der noch genau zu untersuchenden alternativen Investitionsobjekte zu vermindern.
- Dies geschieht einmal mit Hilfe des **Screening**, bei welchem die Projektvorschläge allgemein daraufhin untersucht werden, ob sie den wirtschaftlichen und technischen, gegebenenfalls auch den sozialen und rechtlichen Gegebenheiten des Unternehmens sowie den Erfordernissen der Umwelt ent-

---

* Dem Schaubild liegt eine Untersuchung bei 20 amerikanischen Chemie-Unternehmen zugrunde, die in *Printer' Ink* veröffentlicht wurde.

1. Bewertungskriterien

sprechen. Damit lassen sich erfahrungsgemäß 60 % bis 90 % der Projektvorschläge bereits eliminieren.

- Die verbleibenden Projektvorschläge werden dem **Scoring** — das sind Verfahren der Punktbewertung — unterworfen, wobei weitere 60 % bis 90 % der verbliebenen Projektvorschläge ausscheiden.

(2) **Auswahl alternativer Investitionsobjekte**

Nicht immer ergibt sich die Notwendigkeit, eine Vorauswahl von alternativen Investitionsobjekten herbeizuführen. Dies ist insbesondere dann der Fall, wenn die Zahl der Investitionsalternativen überschaubar — und damit eingehend bewertbar — ist. Die alternativen Investitionsobjekte können aber auch — wie oben dargestellt — durch Maßnahmen der Vorauswahl überschaubar gemacht worden sein.

Die Auswahl der alternativen Investitionsobjekte erfolgt auf der Grundlage aller bedeutsamen Bewertungskriterien, gleichgültig, ob sie quantifiziert oder nicht quantifiziert sind. Das bedeutet, daß traditionelle Investitionsrechnungen und Nutzwertrechnungen gemeinsam zur Entscheidungsfindung einzusetzen sind. Dabei gibt es grundsätzlich zwei Möglichkeiten:

- Neben den traditionellen Investitionsrechnungen werden **getrennte Nutzwertrechnungen** durchgeführt.
- Die traditionellen Investitionsrechnungen werden mit **Nutzwertrechnungen integrativ verbunden.**

Im folgenden sollen betrachtet werden:

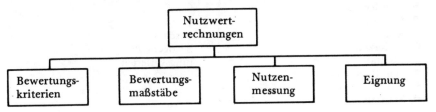

1. Bewertungskriterien

Es gibt eine Vielzahl möglicher, in den Nutzwertrechnungen verwendbarer Bewertungskriterien, die sorgfältig ausgewählt werden müssen.

Darauf soll näher eingegangen werden, wenn

- **Arten**
- **Grundsätze**

der Bewertungskriterien bzw. ihrer Auswahl erörtert werden.

1.1 Arten

Bei den Nutzwertrechnungen lassen sich besonders vier Gruppen von Bewertungskriterien unterscheiden, welche für die Beurteilung alternativer Investitionsobjekte verwendet werden können:
- Wirtschaftliche Bewertungskriterien
- Technische Bewertungskriterien
- Rechtliche Bewertungskriterien
- Soziale Bewertungskriterien

Auf sie soll beispielhaft eingegangen werden, wobei Ausführungen von *Emmert* und *Fotilas* Berücksichtigung finden.

1.1.1 Wirtschaftliche Bewertungskriterien

Wirtschaftliche Bewertungskriterien zur Beurteilung von Investitionen können beispielsweise sein:

- Marktanteil
- Marktsättigung
- Marktstrategie

⎫ Absatzbezogene Bewertungskriterien

- Distributionsfähigkeit
- Werbewirksamkeit
- Preisangemessenheit

- Fortschrittlichkeit
- Kundendienst
- Garantie
- Kulanz
- Lieferzeit
- Bonität
- Pünktlichkeit
- Zuverlässigkeit
- Elastizität

⎫ Beschaffungsbezogene Bewertungskriterien

- Qualitative Beschaffbarkeit
- Quantitative Beschaffbarkeit
- Entwicklungsfähigkeit

⎫ Personalbezogene Bewertungskriterien

- Sicherheit
- Fungibilität
- Kursrisiko
- Zinsrisiko

⎫ Finanzbezogene Bewertungskriterien

Im Einzelfall kann es sich als notwendig erweisen, die wirtschaftlichen Bewertungskriterien noch differenzierter zu formulieren.

1. Bewertungskriterien

1.1.2 Technische Bewertungskriterien

Technische Bewertungskriterien zur Beurteilung von Investitionen können unter anderem sein:

- Universalität
- Spezialisierungsgrad
- Automationsgrad
- Genauigkeitsgrad
- Kapazität(sreserve)
- Ergänzbarkeit
- Störunanfälligkeit
- Energieverbrauch
- Arbeitsgeschwindigkeit
- Arbeitsdruck
- Arbeitstemperatur
- Werkstückdimension

      Betriebsmittelbezogene Bewertungskriterien

- Unfallsicherheit
- Staubentwicklung
- Lärmentwicklung
- Bedienbarkeit
- Geistige Anforderungen
- Körperliche Anforderungen

      Arbeitsphysiologische Bewertungskriterien

- Transportmöglichkeit
- Energieversorgung
- Lagermöglichkeit
- Abfallentsorgung

      Infrastrukturelle Bewertungskriterien

Die technischen Bewertungskriterien können hier nur relativ allgemein dargestellt werden. In der betrieblichen Praxis haben sie sich im einzelnen an den spezifischen technischen Gegebenheiten zu orientieren.

1.1.3 Soziale Bewertungskriterien

Die sozialen Bewertungskriterien zur Beurteilung von Investionen stellen den Menschen in den Mittelpunkt der Betrachtung. Sie können sich insofern mit den wirtschaftlichen und technischen Bewertungskriterien überschneiden, da sie gegebenenfalls den gleichen Tatbestand — lediglich unter einem anderen Blickwinkel — betrachten.

Soziale Bewertungskriterien können zum Beispiel sein:

- Arbeitsmonotonie
- Arbeitsstreß
- Arbeitszufriedenheit
- Arbeitsinteresse
- Arbeitsautonomie
- Arbeitsplatzerhaltung

- Qualifikationssicherung
- Umweltfreundlichkeit
- Ästhetik

Die sozialen Bewertungskriterien haben in den letzten Jahren immer größere Bedeutung in der betrieblichen Praxis erlangt, was mit einer Entwicklung zusammenhängt, welche die Humanisierung der Arbeit zum Ziel hat.

1.1.4 Rechtliche Bewertungskriterien

Neben wirtschaftlichen, technischen und sozialen Bewertungskriterien kann es sich als notwendig erweisen, auch rechtliche Bewertungskriterien bei der Beurteilung von Investitionen zu berücksichtigen.

Rechtliche Bewertungskriterien unter anderem können sein:

- Unfallverhütungsvorschriften
- Umweltschutzvorschriften
- Patente
- Lizenzen
- Kartellgesetze
- Bauvorschriften

Die rechtlichen Bewertungskriterien haben vielfach eine Wirkung, die alternative Investitionsobjekte als möglich oder unmöglich erscheinen läßt, weniger als mehr oder weniger vorteilhaft.

Beispiel: Unfallverhütungsvorschriften, Umweltschutzvorschriften oder Bauvorschriften sind bei einem Investitionsobjekt entweder eingehalten oder nicht. Ein Investitionsobjekt, bei welchem diese Vorschriften nur überwiegend eingehalten werden, ist für das Unternehmen nicht tragbar.

1.2 Grundsätze

Es wurde beispielhaft gezeigt, welche Bewertungskriterien in den Nutzwertrechnungen berücksichtigt werden können. Für die Auswahl der Bewertungskriterien, die für bestimmte alternative Investitionsobjekte verwendet werden sollen, gilt es — nach *Zangemeister* — vier Grundsätze zu berücksichtigen:

- Operationalität
- Hierarchiebezogenheit
- Unterschiedlichkeit
- Nutzenunabhängigkeit

Die Beachtung dieser im folgenden näher beschriebenen Grundsätze für die Kriterienauswahl hat große Bedeutung, wenn die Nutzwertrechnungen aussagekräftig sein sollen.

1.2.1 Operationalität

Die Bewertungskriterien zur Beurteilung von Investitionsobjekten sind operational

1. Bewertungskriterien

zu formulieren. Darunter ist zu verstehen, daß die einzelnen **Bewertungskriterien**
- **genau beschrieben** sind und vermieden wird, daß darunter verschiedene Tatbestände verstanden werden können; die Bewertungskriterien dürfen weder zu allgemein noch mehrdeutig gefaßt sein.
- **meßbar** sind, d.h. daß ihnen Nutzenwerte zugeordnet werden können, denn für die qualitativen Bewertungskriterien gibt es zunächst noch keine Maßstäbe der Vorteilhaftigkeit, wie bei den quantitativen Bewertungskriterien; sie müssen erst geschaffen werden.
- mit einer **Maßskala** versehen sind, die nominal, ordinal oder kardinal sein kann; mit ihrer Hilfe wird eine konkrete Messung des Nutzens erst möglich.

Beispiel: Es wird vorgeschlagen, bei der Vorauswahl einer großen Anzahl alternativer Investitionsobjekte unter anderem das Bewertungskriterium
- Erfolg

zu verwenden. Dieses Bewertungskriterium ist **nicht operational**, weil es unter verschiedenen Gesichtspunkten gesehen werden kann, beispielsweise
- wirtschaftlicher Erfolg
- technischer Erfolg
- Marktmacht

Das Bewertungskriterium ist auf den wirtschaftlichen Erfolg einzugrenzen; dieser ist aber auch noch mehrdeutig, beispielsweise kann er interpretiert werden als
- Umsatz
- Gewinn
- Marktanteil

Die Entscheidung, welches Bewertungskriterium zugrunde gelegt werden sollte, kann sich schließlich für den
- Gewinn

ergeben, welcher auch dem Gesichtspunkt der Meßbarkeit gerecht wird.
Es müßte nun eine Maßskala festgelegt werden, mit deren Hilfe eine Nutzenmessung möglich ist. Diese könnte beispielsweise folgendes Aussehen haben:

Gewinn in DM	Punkte
0 — 799.999	1
800.000 — 1.599.999	2
1.600.000 — 2.399.999	3
2.400.000 — 3.199.999	4
3.200.000 — ∞	5

Bewertungskriterien, die nicht operational formuliert sind, können zu Fehlentscheidungen im Unternehmen führen.

1.2.2 Hierarchiebezogenheit

Der Grundsatz der Hierarchiebezogenheit ist dann zu beachten, wenn nicht nur einzelne, sondern eine Mehrzahl von Bewertungskriterien zur Beurteilung alternativer Investitionsobjekte herangezogen wird.

Die in die Nutzwertrechnungen eingehenden Bewertungskriterien dürfen nicht einfach undifferenziert nebeneinandergestellt werden. Sie sind hierarchisch zu ordnen, indem Bewertungskriterien, die ein gemeinsames Oberkriterium haben, zusammengefaßt werden.

Beispiel: Bei der Beurteilung einer Vielzahl von Investitionsobjekten im Rahmen einer Vorauswahl hat man sich entschlossen, die folgenden Bewertungskriterien zu berücksichtigen:

Marktanteil, Lieferzeit, Marktsättigung, Kundendienst, Werbewirksamkeit, Universalität, Energieverbrauch, Unfallsicherheit, Bedienbarkeit.

Es wäre **nicht** zweckmäßig, alle diese Bewertungskriterien — wie oben aufgezählt — nebeneinander aufzulisten:

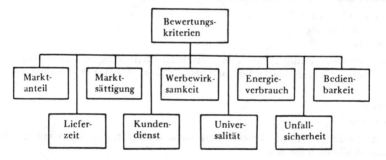

Unter Berücksichtigung der **Hierarchiebezogenheit** ergibt sich folgende Anordnung der Bewertungskriterien:

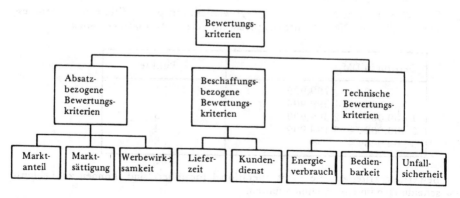

1. Bewertungskriterien

1.2.3 Unterschiedlichkeit

Bei der Festlegung der Bewertungskriterien ist darauf zu achten, daß sich nicht mehrere Bewertungskriterien nebeneinander — direkt oder indirekt — auf gleiche Objekteigenschaften beziehen. Wäre dies der Fall, würde die Gefahr bestehen, daß einseitige Beurteilung der Investitionsobjekte und damit fehlerhafte Entscheidungen die Folge wären.

Soll beispielsweise die Vorteilhaftigkeit von Personenkraftwagen der Mittelklasse mit Hilfe der Nutzwertrechnung umfassend untersucht werden und sind die Bewertungskriterien:

- Betriebskosten pro Jahr
- Fahrleistung pro Jahr
- Leistung in kW bzw. PS
- Benzinverbrauch auf 100 km

dann ist leicht zu erkennen, daß mit den genannten Bewertungskriterien kein umfassendes, ausgewogenes Bild über die zu untersuchenden Personenkraftwagen zu erreichen ist, denn die dargestellten Kriterien hängen alle eng miteinander zusammen, d.h. sie weisen eine hohe Korrelation auf.

Damit wird ein einzelner Problemkreis im wesentlichen lediglich aus vier verschiedenen Perspektiven betrachtet. Die Dominanz dieses Problemkreises bei der Gesamtbeurteilung ist erheblich, das Ergebnis entsprechend einseitig. Für die Beurteilung fehlen beispielsweise Höchstgeschwindigkeit, Kofferraumvolumen, Sitzplatzzahl, Service, Formschönheit, Repräsentativität.

Blohm/Lüder schlagen vor, traditionell quantifizierte Beurteilungskriterien nicht in die Nutzwertrechnungen einzubringen, sondern traditionelle Investitionsrechnungen und Nutzwertrechnungen nebeneinander durchzuführen.

1.2.4 Nutzenunabhängigkeit

Bei der Bestimmung der Bewertungskriterien zur Beurteilung alternativer Investitionsobjekte ist darauf zu achten, daß die Realisierbarkeit eines Bewertungskriteriums nicht das Erreichen eines anderen Bewertungskriteriums voraussetzt.

Indessen ist eine völlige Nutzenunabhängigkeit der Bewertungskriterien im praktischen Fall kaum möglich. Deswegen wird vorgeschlagen, wenigstens eine **bedingte Nutzenunabhängigkeit** anzustreben. Darunter ist eine Nutzenunabhängigkeit zu verstehen, die sich durch Beschränkung der Bewertungskriterien auf ein entscheidungsrelevantes Intervall ergibt.

Beispiel: Bei einem Vergleich alternativer Personenkraftwagen sollen unter anderem als Bewertungskriterien

- Anzahl der Sitzplätze
- Größe des Kofferraumes

dienen. Von einer (völligen) Nutzenunabhängigkeit beider Bewertungskriterien kann aber nicht ausgegangen werden. Deshalb wird eine bedingte Nutzenunabhängigkeit herbeigeführt, indem als entscheidungsrelevante Intervalle

- 4 bis 5 Sitzplätze
- Kofferraum über 400 Liter

festgelegt werden.

2. Bewertungsmaßstäbe

Um die Zielerfüllung — und damit den Nutzen — der einzelnen Bewertungskriterien beurteilen zu können, ist es erforderlich, entsprechende Maßstäbe festzulegen.

Die Nutzen können mit Hilfe einer
- nominalen
- ordinalen
- kardinalen

Skalierung gemessen werden, wie im folgenden beschrieben wird.

2.1 Nominale Skalierung

Die nominale Skalierung ermöglicht die einfachste Form der Nutzenmessung. Sie beschreibt eine Nutzengleichheit oder Nutzenverschiedenheit der einzelnen Bewertungskriterien, ohne daß die Richtung der Nutzenunterschiede erkennbar wird, beispielsweise:

- gut / schlecht
- ja / nein
- + / −

Bewertungs- kriterium	Investitions- objekt I	Investitions- objekt II	Investitions- objekt III
A	ja	nein	ja
B	ja	ja	ja
C	ja	nein	ja
D	nein	nein	ja
E	ja	ja	ja

Bewertungs- kriterium	Investitions- objekt I	Investitions- objekt II	Investitions- objekt III
A	+	−	+
B	+	+	+
C	+	−	+
D	−	−	+
E	+	+	+

2. Bewertungsmaßstäbe

Die nominale Skalierung wird vielfach im Rahmen des **Screening**, der groben Vorauswahl von alternativen Investitionsobjekten, verwendet.

2.2 Ordinale Skalierung

Die ordinale Skalierung ist anspruchsvoller als die nominale Skalierung, aber dennoch gut handhabbar. Mit ihrer Hilfe läßt sich die Richtung von Nutzenunterschieden erkennen. Diese wird aufgezeigt, indem geschätzt wird, ob einem bestimmten Bewertungskriterium bei den einzelnen Investitionsobjekten ein größerer oder kleinerer Nutzen zuzusprechen ist.

Damit ergeben sich für die einzelnen Bewertungskriterien **Rangordnungen** der alternativen Investitionsobjekte:

Bewertungs-kriterium	Investitions-objekt I	Investitions-objekt II	Investitions-objekt III
A	3	2	1
B	3	2	1
C	3	2	1
D	2	1	3
E	3	2	1

Die Zahl der Rangklassen entspricht dabei grundsätzlich der Zahl der alternativen Investitionsobjekte. Dabei ist — was im obigen Beispiel nicht berücksichtigt wurde — denkbar, daß zwei Investitionsobjekte in bezug auf ein Bewertungskriterium der gleichen Rangklasse zuzuordnen sind, da ein Nutzenunterschied nicht feststellbar ist.

2.3 Kardinale Skalierung

Die kardinale Skalierung führt zu einer weiteren Verbesserung der Nutzenmessung. Sie kann als

- Intervallskalierung
- Verhältnisskalierung

durchgeführt werden, wobei die Verhältnisskalierung für die betriebliche Praxis sehr geringe Bedeutung hat.

2.3.1 Intervallskalierung

Die Intervallskalierung ist auf zweifache Weise möglich:

- Als **direkte Intervallskalierung**, die es ermöglicht, trotz — meist erheblicher — Informationsprobleme einen relativ differenzierten Überblick über die Vorteilhaftigkeit der Investitionsalternativen zu vermitteln. Sie wird bei **Scoring-Mo-**

dellen angewendet, wobei für bestimmte qualitative oder quantitative Intervalle Punkte — im Sinne von Zensuren — verteilt werden, beispielsweise:

sehr viel	/ sehr hoch	/ sehr stark	5 Punkte
viel	/ hoch	/ stark	4 Punkte
mittel	/ mittel	/ mittel	3 Punkte
wenig	/ niedrig	/ schwach	2 Punkte
sehr wenig	/ sehr niedrig	/ sehr schwach	1 Punkt

Bewertungskriterium	Investitionsobjekt I	Investitionsobjekt II	Investitionsobjekt III
A	5	5	4
B	3	3	2
C	5	4	2
D	1	4	3
E	2	3	4
F	5	1	4

- Als **indirekte Intervallskalierung**, bei der ordinale Urteile über die Bewertungskriterien abgegeben werden, aus denen eine Rangreihe gebildet wird, die in eine Intervallskala überführt wird.

Die indirekte Intervallskalierung hat in der betrieblichen Praxis geringere Bedeutung als die direkte Intervallskalierung.

2.3.2 Verhältnisskalierung

Die Verhältnisskalierung findet in der betrieblichen Praxis kaum Verwendung. Das liegt daran, daß die Verhältnisskalierung zwar das genaueste, aber deshalb auch am schwierigsten zu handhabende Verfahren der Nutzenmessung darstellt.

Der Verhältnisskalierung können zwei **Methoden** zugrundeliegen:
- Die Methode der Verhältnisherstellung, bei welcher die Wertfunktion im Mittelpunkt steht, die geschätzt oder mathematisch exakt ermittelt wird.
- Die Methode der direkten Verhältnisschätzung, bei der auf die Erstellung der Wertfunktion verzichtet wird.

3. Nutzenmessung

Die Beurteilung der alternativen Investitionsobjekte erfordert — wie dargestellt — zunächst

3. Nutzenmessung

- die Bestimmung der Bewertungskriterien
- die Bestimmung des Bewertungsmaßstabes

Ist dies erfolgt, kann die Nutzenmessung durchgeführt werden, die in drei Schritten erfolgt:

Mit der Feststellung der Nutzwerte für die alternativen Investitionsobjekte ist es möglich, eine Rangordnung dieser Investitionsobjekte zu bilden, aus welcher ersichtlich ist, welches der alternativen Investitionsobjekte das vorteilhafteste ist.

3.1 Kriterien-Gewichtung

Eine Gewichtung der Bewertungskriterien untereinander muß nicht zwangsweise erfolgen, erweist sich aber in vielen Fällen als zweckmäßig, und zwar dann, wenn nicht alle Bewertungskriterien eine gleich hohe Bedeutung für die Investitionsentscheidung haben.

Beispiel: Eine Maschine wird unter anderem nach den Bewertungskriterien

- Genauigkeitsgrad
- Kapazitätsreserve
- Arbeitsgeschwindigkeit
- Platzbedarf

beurteilt. Es ist zu vermuten, daß der Platzbedarf der Maschine für die Kaufentscheidung keine so große Bedeutung hat wie die übrigen Bewertungskriterien, die genannt wurden.

Mit der Kriterien-Gewichtung wird angestrebt, ein möglichst zweckdienliches Verhältnis zwischen den Bewertungskriterien herzustellen. Hierfür gelten zwei **Voraussetzungen:**

- Jedes Bewertungskriterium wird bestmöglich erfüllt, so daß vergleichbare Zustände vorliegen.
- Es gilt das Transitivitätsgesetz, das besagt, das Bewertungskriterium A müsse höhergewichtig sein als das Bewertungskriterium C, wenn das Bewertungskriterium A höhergewichtig als das Bewertungskriterium B und das Bewertungskriterium B höhergewichtig als das Bewertungskriterium C ist.

Die Kriterien-Gewichtung kann auf zweifache Weise erfolgen, als
- **Paarvergleich**
- **Stufenvergleich**

wie nachfolgend beschrieben.

3.1.1 Paarvergleich

Der Paarvergleich zur Gewichtung der Bewertungskriterien wird vorgenommen, indem jedes Bewertungskriterium mit jedem anderen Bewertungskriterium verglichen wird. Dabei können sich im Einzelfall drei **Situationen** ergeben:
- Das betrachtete Bewertungskriterium ist gegenüber einem anderen Bewertungskriterium **vorrangig**.
- Das betrachtete Bewertungskriterium ist gegenüber einem anderen Bewertungskriterium **nicht vorrangig**.
- Das betrachtete Bewertungskriterium ist gegenüber einem anderen Bewertungskriterium **gleichwertig**.

Die **Vorzugshäufigkeit** eines bestimmten Bewertungskriteriums wird dadurch ermittelt, daß die Vorrangigkeiten dieses Bewertungskriteriums in ihrer Anzahl erfaßt werden, wobei Gleichwertigkeiten für jedes der gleich gewichteten Bewertungskriterien zur Hälfte zählen.

Beispiel:

Bewertungs- kriterium	Vergleich der Bewertungskriterien*	Vorzugs- häufigkeit
A	Ⓐ A A Ⓐ A B C D	2
B	Ⓑ B Ⓑ B C D	3
C	Ⓒ Ⓒ C D	4
D	Ⓓ D	1

Eine **Normierung** der einzelnen Gewichte auf den Wert 1 oder 100 kann erfolgen, indem die Summe der Vorzugshäufigkeiten gebildet und anschließend die Vorzugshäufigkeit des einzelnen Bewertungskriteriums durch die Summe der Vorzugshäufigkeiten dividiert wird.

Für das obige **Beispiel** gilt:

---

* Das vorrangige Bewertungskriterium wird durch einen Kreis gekennzeichnet:
  Gleichrangige Bewertungskriterien werden durch eine ovale Umfassungslinie gekennzeichnet:

3. Nutzenmessung

Bewertungskriterium	Vergleich der Bewertungskriterien	Vorzugshäufigkeit	Barwert	Gewicht
A	Ⓐ A A Ⓐ A B C D	2	2 : 10	0,20
B	Ⓑ B Ⓑ B C D	3	3 : 10	0,30
C	Ⓒ Ⓒ C D	4	4 : 10	0,40
D	Ⓓ D	1	1 : 10	0,10
		10		1,00

oder

Bewertungskriterium	Vergleich der Bewertungskriterien	Vorzugshäufigkeit		Gewicht
A	Ⓐ A A Ⓐ A B C	2	2 : 10 · 100	20,00
B	Ⓑ B Ⓑ B C D	3	3 : 10 · 100	30,00
C	Ⓒ Ⓒ C D	4	4 · 10 · 100	40,00
D	Ⓓ D	1	1 : 10 · 100	10,00
		10		100,00

Abschließend wird den Bewertungskriterien der ihren Gewichten entsprechende **Rangplatz** zugeordnet, wobei das Bewertungskriterium mit dem höchsten Gewicht den ersten Rang erhält.

Für das obige **Beispiel** gilt:

Bewertungskriterium	Vergleich der Bewertungskriterien	Vorzugshäufigkeit	Gewicht	Rang
A	Ⓐ A A Ⓐ A B C D	2	0,20	3
B	Ⓑ B Ⓑ B C D	3	0,30	2
C	Ⓒ Ⓒ C D	4	0,40	1
D	Ⓓ D	1	0,10	4

Die für die einzelnen Bewertungskriterien ermittelten Ränge sollten auf ihre Plausibilität hin überprüft werden, um Fehlentscheidungen zu vermeiden.

3.1.2 Stufenvergleich

Der Stufenvergleich kann vorgenommen werden, wenn mehrere Stufen von Bewertungskriterien vorhanden sind. In der ersten Stufe der Bewertungskriterien werden die **Hauptkriterien** dargestellt, welche auch als Oberziele angesehen werden können. Die zweite Stufe enthält die unter die Hauptkriterien unterzuordnenden Bewertungskriterien, die Unterziele sind.

Der Stufenvergleich erfolgt in drei **Schritten:**

- Gewichtung der Bewertungskriterien der ersten Stufe.
- Gewichtung der Bewertungskriterien der zweiten Stufe.
- Endgewichtung der Bewertungskriterien der zweiten Stufe durch Multiplikation der Gewichte von erster und zweiter Stufe.

Beispiel:

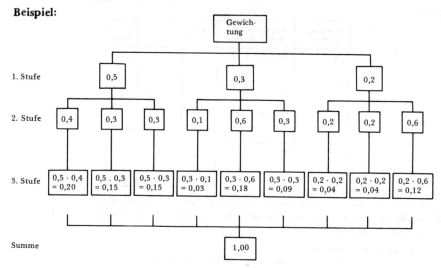

Die Feststellung der Gewichte für die Hauptkriterien bzw. für die einem Hauptkriterium zugeordneten Bewertungskriterien kann jeweils durch Paarvergleich erfolgen.

3.2 Teilnutzen-Bestimmung

Für die Bestimmung der Teilnutzen der alternativen Investitionsobjekte ist es wichtig, daß die Bewertungskriterien operational formuliert sind, das heißt, sie müssen

- beschrieben
- meßbar
- skaliert

sein, wie dies bereits dargestellt wurde.

3. Nutzenmessung

Bei **nominaler Skalierung** können die Teilnutzen für die einzelnen Bewertungskriterien dahingehend festgestellt werden, ob die jeweils vorgegebenen Ziele erreicht werden oder nicht.

Beispiel:

Bewertungs- kriterium	Investitions- objekt I	Investitions- objekt II	Investitions- objekt III
A	+	–	+
B	+	+	+
C	+	–	+
D	–	–	+
E	+	+	+

Die Bestimmung der Teilnutzen auf der Grundlage einer nominalen Skalierung ist nicht sehr aussagekräftig, kann aber erfolgen, wenn es darum geht, die **Vorauswahl** einer Vielzahl von alternativen Investitionsobjekten durchzuführen.

Sollen alternative Investitionsobjekte genauer beurteilt werden, ist es erforderlich, die Bestimmung der Teilnutzen mit Hilfe einer **Ordinalskalierung** oder **Kardinalskalierung** vorzunehmen.

3.2.1 Ordinalskalierung

Bei der Ordinalskalierung werden mehrere **Klassen der Zielerreichung** für die einzelnen Bewertungskriterien verbal beschrieben. Die Zahl der Klassen entspricht zweckmäßigerweise der Zahl der alternativen Investitionsobjekte.

Beispiel für drei Investitionsalternativen:

Bewertungskriterium A: **Bedienbarkeit der Maschine**
- Klasse 1   am besten erfüllt
- Klasse 2   am zweitbesten erfüllt
- Klasse 3   am drittbesten erfüllt

Bewertungskriterium B: **Erweiterungsfähigkeit der Maschine**
- Klasse 1   am besten erfüllt
- Klasse 2   am zweitbesten erfüllt
- Klasse 3   am drittbesten erfüllt

Bewertungskriterium C: **Reparaturfreundlichkeit der Maschine**
- Klasse 1   am besten erfüllt
- Klasse 2   am zweitbesten erfüllt
- Klasse 3   am drittbesten erfüllt

Bewertungskriterium D: **Universalität der Maschine**
- Klasse 1   am besten erfüllt
- Klasse 2   am zweitbesten erfüllt
- Klasse 3   am drittbesten erfüllt

Ermittlung der Teilnutzen (ohne Gewichtung)			
Bewertungs-kriterium	Investitions-objekt I	Investitions-objekt II	Investitions-objekt III
	Punkte	Punkte	Punkte
A	1	2	3
B	2	3	1
C	1	2	3
D	2	1	3

Aus den Klassen der Zielerreichung lassen sich die **Teilnutzen** der Bewertungskriterien ableiten, wobei eine Gleichheit der jeweiligen Nutzenabstände unterstellt wird:

Klasse 1: 3 Punkte
Klasse 2: 2 Punkte
Klasse 3: 1 Punkt

Messung der Zielerreichung			
Bewertungs-kriterium	Investitions-objekt I	Investitions-objekt II	Investitions-objekt III
	Klasse	Klasse	Klasse
A	3	2	1
B	2	1	3
C	3	2	1
D	2	3	1

Bei der Bestimmung der Teilnutzen der alternativen Investitionsobjekte kann — im Gegensatz zum Beispiel — das Problem auftreten, daß zwei oder mehr Investitionsalternativen der gleichen Zielerreichungsklasse zugeordnet worden sind. In diesem Falle ist paarweise zu untersuchen, ob zwischen den betreffenden Teilnutzen der alternativen Investitionsobjekte nicht doch ein Nutzenunterschied festzustellen ist.

Wird ein Nutzenunterschied verneint, bietet es sich an, **Zwischenwerte** zu bilden, beispielsweise:

Rang	Zielerfüllung	Punkte
1	am besten erfüllt	3
	zweimal gleichermaßen am besten erfüllt	2,5
2	am zweitbesten erfüllt	2
	zweimal gleichermaßen am schlechtesten erfüllt	1,5
3	am schlechtesten erfüllt	1

Die Feststellung der Teilnutzen erfolgt vielfach unter **Ansatz unterschiedlicher Gewichtungen** bei den einzelnen Bewertungskriterien. Die Gewichtungen können — wie oben gezeigt — durch Paarvergleich oder Stufenvergleich ermittelt werden.

3. Nutzenmessung

Die Teilnutzen für die einzelnen Bewertungskriterien ergeben sich durch die Multiplikation der jeweiligen Punktzahl mit dem zugehörigen Gewichtsfaktor.
Für das obige **Beispiel** ergibt sich:

Ermittlung der Teilnutzen (mit Gewichtung)				
Bewertungskriterium	Gewicht	Investitionsobjekt I	Investitionsobjekt II	Investitionsobjekt III
		Punkte	Punkte	Punkte
A	0,2	1 · 0,2 = 0,2	2 · 0,2 = 0,4	3 · 0,2 = 0,6
B	0,1	2 · 0,1 = 0,2	3 · 0,1 = 0,3	1 · 0,1 = 0,1
C	0,4	1 · 0,4 = 0,4	2 · 0,4 = 0,8	3 · 0,4 = 1,2
D	0,3	2 · 0,3 = 0,6	1 · 0,3 = 0,3	3 · 0,3 = 0,9
	1,0			

3.2.2 Kardinalskalierung

Die Kardinalskalierung ermöglicht es — im Gegensatz zu der Ordinalskalierung — häufig nicht, zunächst eine Messung der Zielerreichung für die einzelnen Bewertungskriterien vorzunehmen, sondern wird vielfach durchgeführt, indem die einzelnen **Nutzwerte subjektiv bestimmt** werden. Diese Bestimmung kann durch eine Einzelperson oder durch eine Personenmehrheit erfolgen.

Auch bei der Kardinalskalierung ist es notwendig, eine verbale Beschreibung von **Zielerreichungs-Klassen** vorzunehmen. Außerdem muß festgelegt werden, in welcher **Dimension** die Teilnutzen zu messen sind.

Beispiel:

Bewertungskriterium A: **Bedienbarkeit der Maschine**

    Klasse 1   sehr gut   Klasse 4   schlecht
    Klasse 2   gut   Klasse 5   sehr schlecht
    Klasse 3   befriedigend

Bewertungskriterium B: **Erweiterungsfähigkeit der Maschine**

    Klasse 1   sehr groß   Klasse 4   gering
    Klasse 2   groß   Klasse 5   sehr gering
    Klasse 3   mittel

Bewertungskriterium C: **Reparaturfreundlichkeit der Maschine**

    Klasse 1   sehr hoch   Klasse 4   gering
    Klasse 2   hoch   Klasse 5   sehr gering
    Klasse 3   mittel

Bewertungskriterium D: **Universalität der Maschine**

    Klasse 1   sehr groß   Klasse 4   gering
    Klasse 2   groß   Klasse 5   sehr gering
    Klasse 3   mittel

Messung der Zielerreichung			
Bewertungs-kriterium	Investitions-objekt I	Investitions-objekt II	Investitions-objekt III
	Klasse	Klasse	Klasse
A	4	3	3
B	3	2	1
C	4	2	2
D	2	2	1

Den einzelnen Klassen der Zielerreichung werden als **Nutzwerte** zugeordnet:

Klasse 1: 10 Klasse 4: 4
Klasse 2: 8   Klasse 5: 2
Klasse 3: 6

Ermittlung der Teilnutzen (ohne Gewichtung)			
Bewertungs-kriterium	Investitions-objekt I	Investitions-objekt II	Investitions-objekt III
	Punkte	Punkte	Punkte
A	4	6	6
B	6	8	10
C	4	8	8
D	8	8	10

Auch hier ist es — wie bei der Ordinalskalierung — vielfach üblich, die einzelnen Bewertungskriterien zu gewichten. Die **Gewichtung** kann mit Hilfe des Paarvergleiches und des Stufenvergleiches erfolgen.

Für das obige Beispiel ergibt sich:

Ermittlung der Teilnutzen (mit Gewichtung)				
Bewertungs-kriterium	Gewicht	Investitions-objekt I	Investitions-objekt II	Investitions-objekt III
		Punkte	Punkte	Punkte
A	0,2	0,8	1,2	1,2
B	0,1	0,6	0,8	1,0
C	0,3	1,2	2,4	2,4
D	0,4	3,2	3,2	4,0
	1,0			

Aus den einzelnen Teilnutzen werden im nächsten Schritt die Nutzwerte ermittelt.

3.3 Nutzwert-Ermittlung

Die Ermittlung der Nutzwerte für die alternativen Investitionsobjekte erfolgt durch Addition der ungewichteten oder gewichteten Teilnutzen der einzelnen Bewertungskriterien.

Die Nutzwerte der Investitionsalternativen ermöglichen es, eine Rangordnung der alternativen Investitionsobjekte festzustellen, welche deren Vorteilhaftigkeit offenlegt.

Bei der **Nominalskalierung** ergibt sich der Nutzwert der alternativen Investitionsobjekte aus der Addition der positiv beurteilten Bewertungskriterien.

Das **Beispiel** der Seite 241 ergibt als Nutzwerte:

Bewertungs-kriterium	Investitions-objekt I	Investitions-objekt II	Investitions-objekt III
A	+	−	+
B	+	+	+
C	+	−	+
D	−	−	+
E	+	+	+
	4	2	5

Aus den Nutzwerten läßt sich die **Rangordnung** der alternativen Investitionsobjekte ableiten.

	Investitions-objekt I	Investitions-objekt II	Investitions-objekt III
Rang	2	3	1

Das Investitionsobjekt III kann als das vorteilhafteste angesehen werden.

Die Ermittlung der Nutzwerte der alternativen Investitionsobjekte soll im folgenden für die

- Ordinalskalierung
- Kardinalskalierung

dargestellt werden.

3.3.1 Ordinalskalierung

Für das auf der Grundlage der Ordinalskalierung dargestellte **Beispiel** — Seite 242 — ergeben sich als Nutzwerte der alternativen Investitionsobjekte:

246   F. Nutzwertrechnungen zur Beuretilung von Investitionen

Ermittlung der Nutzwerte (ohne Gewichtung)			
Bewertungs-kriterium	Investitions-objekt I	Investitions-objekt II	Investitions-objekt III
	Punkte	Punkte	Punkte
A	1	2	3
B	2	3	1
C	1	2	3
D	2	1	3
	6	8	10

Daraus läßt sich die **Rangordnung** ableiten:

	Investitions-objekt I	Investitions-objekt II	Investitions-objekt III
Rang	3	2	1

Das Investitionsobjekt III ist das vorteilhafteste Investitionsobjekt.

Das **Beispiel** mit Gewichtung der Bewertungskriterien ergibt:

Ermittlung der Nutzwerte (mit Gewichtung)				
Bewertungs-kriterium	Gewicht	Investitions-objekt I	Investitions-objekt II	Investitions-objekt III
		Punkte	Punkte	Punkte
A	0,2	0,2	0,4	0,6
B	0,1	0,2	0,3	0,1
C	0,4	0,4	0,8	1,2
D	0,3	0,6	0,3	0,9
	1,0	1,4	1,8	2,8

Die Nutzwerte ergeben die **Rangordnung**:

	Investitions-objekt I	Investitions-objekt II	Investitions-objekt III
Rang	3	2	1

Das Investitionsobjekt III ist — auch bei unterschiedlicher Gewichtung der Bewertungskriterien — als das vorteilhafteste anzusehen.

3.3.2 Kardinalskalierung

Die Beurteilung der alternativen Investitionsobjekte mit Hilfe der kardinalen Skalierung ergibt — in Fortführung des **Beispieles** der Seite 244 — die folgenden Nutzwerte:

4. Eignung

Ermittlung der Nutzwerte (ohne Gewichtung)			
Bewertungs-kriterium	Investitions-objekt I	Investitions-objekt II	Investitions-objekt III
	Punkte	Punkte	Punkte
A	4	6	6
B	6	8	10
C	4	8	8
D	8	8	10
	22	30	34

Daraus läßt sich die **Rangordnung** ableiten:

	Investitions-objekt I	Investitions-objekt II	Investitions-objekt III
Rang	3	2	1

Danach ist das Investitionsobjekt III das vorteilhafteste.
Das **Beispiel** mit Gewichtung der Bewertungskriterien ergibt:

Ermittlung der Nutzwerte (mit Gewichtung)				
Bewertungs-kriterium	Gewicht	Investitions-objekt I	Investitions-objekt II	Investitions-objekt III
		Punkte	Punkte	Punkte
A	0,2	0,8	1,2	1,2
B	0,1	0,6	0,8	1,0
C	0,3	1,2	2,4	2,4
D	0,4	3,2	3,2	4,0
	1,0	5,8	7,6	8,6

Die Nutzwerte ergeben die **Rangordnung**:

	Investitions-objekt I	Investitions-objekt II	Investitions-objekt III
Rang	3	2	1

Das Investitionsobjekt III stellt sich — auch bei unterschiedlicher Gewichtung der Bewertungskriterien — als das vorteilhafteste heraus.

4. Eignung

Die Nutzwertrechnungen können geeignet sein, durch qualitative Bewertung — auch von an sich quantifizierbaren Bewertungskriterien — eine umfassende, verschiedenen Zielsetzungen des Unternehmens gerecht werdende Beurteilung von alternativen Investitionsobjekten zu gewährleisten.

Vorteile der Nutzwertrechnungen sind:
- Die Beurteilungen der Investitionsobjekte lassen sich qualitativ vornehmen.
- Die Bewertungskriterien können individuell zusammengestellt werden.
- Die Bewertungskriterien können ihrer Bedeutung nach gewichtet werden.
- Die Nutzwertrechnungen lassen sich relativ leicht handhaben.

Probleme der Nutzwertrechnungen sind:
- Die Festlegung der jeweiligen Bewertungskriterien erfolgt subjektiv.
- Die Festlegung der jeweiligen Kriterien-Gewichte erfolgt subjektiv.
- Die Messung der Zielerreichung der jeweiligen Bewertungskriterien erfolgt subjektiv.

KONTROLLFRAGEN

(1) Kann gesagt werden, daß die traditionellen Investitionsrechnungen hinreichend umfassende Aussagen über Investitionsobjekte zu liefern vermögen?
(2) Was ist unter den Nutzwerten zu verstehen?
(3) Wofür bilden die Nutzwerte die Grundlage?
(4) Welche Forderungen werden von der betrieblichen Praxis an Investitionsrechnungen gerichtet?
(5) In welchen Stufen des Planungsprozesses können Nutzwertrechnungen eingesetzt werden?
(6) Beschreiben Sie, wann es sich anbietet, die Nutzwertrechnungen im Rahmen der Vorauswahl alternativer Investitionsobjekte einzusetzen!
(7) Was versteht man unter screening und scoring?
(8) Welchen Grund gibt es, Nutzwertrechnungen bei der Auswahl von alternativen Investitionsobjekten zu verwenden?
(9) In welcher Beziehung können die Nutzwertrechnungen zu den traditionellen Investitionsrechnungen stehen?
(10) Welche Arten von Bewertungskriterien können unterschieden werden?
(11) Nennen Sie zehn wirtschaftliche Bewertungskriterien zur Beurteilung von Investitionen!
(12) Nennen Sie zehn technische Bewertungskriterien zur Beurteilung von Investitionen!
(13) Was versteht man unter sozialen Bewertungskriterien? Nennen Sie fünf Beispiele!
(14) Nennen Sie fünf rechtliche Bewertungskriterien zur Beurteilung von Investitionen!
(15) Welche Grundsätze der Gestaltung von Bewertungskriterien lassen sich nennen?
(16) Was ist unter der Operationalität von Bewertungskriterien zu verstehen?
(17) Weshalb fordert man die Hierarchiebezogenheit von Bewertungskriterien?
(18) Aus welchen Gründen ist auf die Unterschiedlichkeit der Bewertungskriterien zu achten?
(19) Wie ist die Möglichkeit zu beurteilen, eine Nutzenunabhängigkeit der Bewertungskriterien zu gewährleisten?
(20) Nennen Sie die Bewertungsmaßstäbe für die Bewertungskriterien!
(21) Worin unterscheiden sich die Nominalskalierung und die Ordinalskalierung?
(22) Beschreiben Sie die Arten der Kardinalskalierung!

(23) Wie ist die Verwendbarkeit der Intervallskalierung und Verhältnisskalierung in der betrieblichen Praxis zu beurteilen?

(24) In welchen Schritten erfolgt die Nutzenmessung?

(25) Weshalb nimmt man vielfach eine Gewichtung der Bewertungskriterien vor?

(26) Welche Voraussetzungen müssen für eine Gewichtung der Bewertungskriterien erfüllt sein?

(27) Nennen Sie die Arten der Kriterien-Gewichtung!

(28) Erläutern Sie, wie der Paarvergleich vorgenommen wird!

(29) Beschreiben Sie die Vorgehensweise beim Stufenvergleich!

(30) Wie erfolgt die Teilnutzen-Bestimmung bei der Nominal-, Ordinal- und Kardinalskalierung?

(31) Wie wird verfahren, wenn sich bei ordinaler Skalierung gleiche Rangklassen für ein Bewertungskriterium ergeben?

(32) Weshalb wird bei der Ordinalskalierung, gegebenenfalls auch bei der Kardinalskalierung, zunächst die Zielerreichung gemessen und danach die Teilnutzen-Bestimmung vorgenommen?

(33) Erläutern Sie, wie die Ermittlung der Nutzwerte für die alternativen Investitionsobjekte bei den verschiedenen Skalierungen vor sich geht!

(34) Welcher Schritt schließt sich an die Ermittlung der Nutzwerte an, um die vorteilhafteste Investitionsalternative festzustellen?

(35) Wie ist die Eignung der Nutzwertrechnungen zu beurteilen?

LÖSUNGSHINWEISE

Frage	Seite	Frage	Seite	Frage	Seite
(1)	225	(13)	229 f.	(25)	237
(2)	225	(14)	230	(26)	237
(3)	225	(15)	230	(27)	238
(4)	225	(16)	230 f.	(28)	238 f.
(5)	225 f.	(17)	232	(29)	240
(6)	225	(18)	233	(30)	240 f.
(7)	226 f.	(19)	233 f.	(31)	242
(8)	227	(20)	234	(32)	243
(9)	227	(21)	234 f.	(33)	245 ff.
(10)	228	(22)	235 f.	(34)	245 ff.
(11)	228	(23)	235 f.	(35)	247 f.
(12)	229	(24)	237		

ANHANG

q^n	$(1+i)^n$	Aufzinsungs-faktor
$\dfrac{1}{q^n}$	$\dfrac{1}{(1+i)^n}$	Abzinsungs-faktor
$\dfrac{q-1}{q^n-1}$	$\dfrac{i}{(1+i)^n-1}$	Restwert-verteilungsfaktor
$\dfrac{q^n(q-1)}{q^n-1}$	$\dfrac{i(1+i)^n}{(1+i)^n-1}$	Kapitalwieder-gewinnungsfaktor
$\dfrac{q^n-1}{q-1}$	$\dfrac{(1+i)^n-1}{i}$	Endwert-faktor
$\dfrac{q^n-1}{q^n(q-1)}$	$\dfrac{(1+i)^n-1}{i(1+i)^n}$	Barwert-faktor

Anhang 255

5,0 % n	q^n	$\frac{1}{q^n}$	$\frac{q-1}{q^n-1}$	$\frac{q^n(q-1)}{q^n-1}$	$\frac{q^n-1}{q-1}$	$\frac{q^n-1}{q^n(q-1)}$
1	1,050000	0,952381	1,000000	1,050000	1,000000	0,952381
2	1,102500	0,907029	0,487805	0,537805	2,050000	1,859410
3	1,157625	0,863838	0,317209	0,367209	3,152500	2,723248
4	1,215506	0,822702	0,232012	0,282012	4,310125	3,545951
5	1,276282	0,783526	0,180975	0,230975	5,525631	4,329477
6	1,340096	0,746215	0,147018	0,197017	6,801913	5,075692
7	1,407100	0,710681	0,122820	0,172820	8,142008	5,786373
8	1,477455	0,676839	0,104722	0,154722	9,549109	6,463213
9	1,551328	0,644609	0,090690	0,140690	11,026564	7,107822
10	1,628895	0,613913	0,079505	0,129505	12,577893	7,721735
11	1,710339	0,584679	0,070389	0,120389	14,206787	8,306414
12	1,795856	0,556837	0,062825	0,112825	15,917127	8,863252
13	1,885649	0,530321	0,056456	0,106456	17,712983	9,393573
14	1,979932	0,505068	0,051024	0,101024	19,598632	9,898641
15	2,078928	0,481017	0,046342	0,096342	21,578564	10,379658
16	2,182815	0,458112	0,042270	0,092270	23,657492	10,837970
17	2,292018	0,436297	0,038699	0,088699	25,840366	11,274066
18	2,406619	0,415521	0,035546	0,085546	28,132385	11,689587
19	2,526950	0,395734	0,032745	0,082745	30,539004	12,085321
20	2,653298	0,376889	0,030243	0,080243	33,065954	12,462210

5,5 % n	q^n	$\frac{1}{q^n}$	$\frac{q-1}{q^n-1}$	$\frac{q^n(q-1)}{q^n-1}$	$\frac{q^n-1}{q-1}$	$\frac{q^n-1}{q^n(q-1)}$
1	1,055000	0,947867	1,000000	1,055000	1,000000	0,947867
2	1,113025	0,898452	0,486618	0,541618	2,055000	1,846320
3	1,174241	0,851614	0,315654	0,370654	3,168025	2,697993
4	1,238825	0,807217	0,230295	0,285295	4,342266	3,505150
5	1,306960	0,765134	0,179176	0,234176	5,581091	4,270284
6	1,378843	0,725246	0,145179	0,200179	6,888051	4,995530
7	1,454679	0,687437	0,120964	0,175964	8,266894	5,682967
8	1,534687	0,651599	0,102864	0,157864	9,721573	6,334566
9	1,619094	0,617629	0,088840	0,143839	11,256260	6,952195
10	1,708144	0,585431	0,077668	0,132668	12,875354	7,537626
11	1,802092	0,554911	0,068571	0,123571	14,583498	8,092536
12	1,901207	0,525982	0,061029	0,116029	16,385591	8,618518
13	2,005774	0,498561	0,054684	0,109684	18,286798	9,117079
14	2,116091	0,472569	0,049279	0,104279	20,292572	9,589648
15	2,232476	0,447933	0,044626	0,099626	22,408663	10,037581
16	2,355263	0,424581	0,040583	0,095583	24,641140	10,462162
17	2,484802	0,402447	0,037042	0,092042	26,996403	10,864609
18	2,621466	0,381466	0,033920	0,088920	29,481205	11,246074
19	2,765647	0,361579	0,031150	0,086150	32,102671	11,607654
20	2,917757	0,342729	0,028679	0,083679	34,868318	11,950382

6,0 % n	q^n	$\frac{1}{q^n}$	$\frac{q-1}{q^n-1}$	$\frac{q^n(q-1)}{q^n-1}$	$\frac{q^n-1}{q-1}$	$\frac{q^n-1}{q^n(q-1)}$
1	1,060000	0,943396	1,000000	1,060000	1,000000	0,943396
2	1,123600	0,889996	0,485437	0,545437	2,060000	1,833393
3	1,191016	0,839619	0,314110	0,374110	3,183600	2,673012
4	1,262477	0,792094	0,228591	0,288591	4,374616	3,465106
5	1,338226	0,747258	0,177396	0,237396	5,637093	4,212364
6	1,418519	0,704961	0,143363	0,203363	6,975319	4,917324
7	1,503630	0,665057	0,119135	0,179135	8,393838	5,582381
8	1,593848	0,627412	0,101036	0,161036	9,897468	6,209794
9	1,689479	0,591898	0,087022	0,147022	11,491316	6,801692
10	1,790848	0,558395	0,075868	0,135868	13,180795	7,360087
11	1,898299	0,526788	0,066793	0,126793	14,971643	7,886875
12	2,012196	0,496969	0,059277	0,119277	16,869941	8,383844
13	2,132928	0,468593	0,052960	0,112960	18,882138	8,852683
14	2,260904	0,442301	0,047585	0,107585	21,015666	9,294984
15	2,396558	0,417265	0,042963	0,102963	23,275970	9,712249
16	2,540352	0,393646	0,038952	0,098952	25,672528	10,105895
17	2,692773	0,371364	0,035445	0,095445	28,212880	10,477260
18	2,854339	0,350344	0,032357	0,092357	30,905653	10,827603
19	3,025600	0,330513	0,029621	0,089621	33,759992	11,158116
20	3,207135	0,311805	0,027185	0,087185	36,785591	11,469921

6,5 % n	q^n	$\frac{1}{q^n}$	$\frac{q-1}{q^n-1}$	$\frac{q^n(q-1)}{q^n-1}$	$\frac{q^n-1}{q-1}$	$\frac{q^n-1}{q^n(q-1)}$
1	1,065000	0,938967	1,000000	1,065000	1,000000	0,938967
2	1,134225	0,881659	0,484262	0,549262	2,065000	1,820626
3	1,207950	0,827849	0,312576	0,377576	3,199225	2,648476
4	1,286466	0,777323	0,226903	0,291903	4,407175	3,425799
5	1,370087	0,729881	0,175635	0,240635	5,693641	4,155679
6	1,459142	0,685334	0,141568	0,206568	7,063728	4,841014
7	1,553987	0,643506	0,117331	0,182331	8,522870	5,484520
8	1,654996	0,604231	0,099237	0,164237	10,076856	6,088751
9	1,762570	0,567353	0,085238	0,150238	11,731852	6,656104
10	1,877137	0,532726	0,074105	0,139105	13,494423	7,188830
11	1,999151	0,500212	0,065055	0,130055	15,371560	7,689042
12	2,129096	0,469683	0,057568	0,122568	17,370711	8,158725
13	2,267487	0,441017	0,051283	0,116283	19,499808	8,599742
14	2,414874	0,414010	0,045941	0,110940	21,767295	9,013842
15	2,571841	0,388827	0,041353	0,106353	24,182169	9,402669
16	2,739011	0,365095	0,037378	0,102378	26,754010	9,767764
17	2,917046	0,342813	0,033906	0,098906	29,493021	10,117577
18	3,106644	0,321890	0,030855	0,095855	32,410067	10,432466
19	3,308587	0,302244	0,028156	0,093156	35,516722	10,734710
20	3,523645	0,283797	0,025756	0,090756	38,825309	11,018507

7,0 %

n	q^n	$\frac{1}{q^n}$	$\frac{q-1}{q^n-1}$	$\frac{q^n(q-1)}{q^n-1}$	$\frac{q^n-1}{q-1}$	$\frac{q^n-1}{q^n(q-1)}$
1	1,070000	0,934579	1,000000	1,070000	1,000000	0,934579
2	1,144900	0,873439	0,483092	0,553092	2,070000	1,808018
3	1,225043	0,816298	0,311052	0,381052	3,214900	2,624316
4	1,310796	0,762895	0,225228	0,295228	4,439943	3,387211
5	1,402552	0,712986	0,173891	0,243891	5,750739	4,100197
6	1,500730	0,666342	0,139796	0,209796	7,153291	4,766540
7	1,605781	0,622750	0,115553	0,185553	8,654021	5,389289
8	1,718186	0,582009	0,097468	0,167468	10,259803	5,971299
9	1,838459	0,543934	0,083487	0,153486	11,977989	6,515232
10	1,967151	0,508349	0,072378	0,142378	13,816448	7,023582
11	2,104852	0,475093	0,063357	0,133357	15,783599	7,498674
12	2,252192	0,444012	0,055902	0,125902	17,888451	7,942686
13	2,409845	0,414964	0,049651	0,119651	20,140643	8,357651
14	2,578534	0,387817	0,044345	0,114345	22,550488	8,745468
15	2,759032	0,362446	0,039795	0,109795	25,129022	9,107914
16	2,952164	0,338735	0,035858	0,105858	27,888054	9,446649
17	3,158815	0,316574	0,032425	0,102425	30,840217	9,763223
18	3,379932	0,295864	0,029413	0,099413	33,999033	10,059087
19	3,616528	0,276508	0,026753	0,096753	37,378965	10,335595
20	3,869684	0,258419	0,024393	0,094393	40,995492	10,594014

7,5 %

n	q^n	$\frac{1}{q^n}$	$\frac{q-1}{q^n-1}$	$\frac{q^n(q-1)}{q^n-1}$	$\frac{q^n-1}{q-1}$	$\frac{q^n-1}{q^n(q-1)}$
1	1,075000	0,930233	1,000000	1,075000	1,000000	0,930233
2	1,155625	0,865333	0,481928	0,556928	2,075000	1,795565
3	1,242297	0,804961	0,309538	0,384538	3,230625	2,600526
4	1,335469	0,748801	0,223568	0,298568	4,472922	3,349326
5	1,435636	0,696559	0,172165	0,247165	5,808391	4,045885
6	1,543302	0,647962	0,138045	0,213045	7,244020	4,693846
7	1,659049	0,602755	0,113800	0,188800	8,787322	5,296601
8	1,783478	0,560702	0,095727	0,170727	10,446371	5,857304
9	1,917239	0,521583	0,081767	0,156767	12,229849	6,378887
10	2,061032	0,485194	0,070686	0,145686	14,147087	6,864081
11	2,215609	0,451343	0,061698	0,136698	16,208119	7,315424
12	2,381780	0,419854	0,054278	0,129278	18,423728	7,735278
13	2,560413	0,395562	0,048064	0,123064	20,805508	8,125840
14	2,752444	0,363313	0,042797	0,117797	23,365921	8,489154
15	2,958877	0,337966	0,038287	0,113287	26,118365	8,827120
16	3,180793	0,314387	0,034391	0,109391	29,077242	9,141507
17	3,419353	0,292453	0,031000	0,106000	32,258035	9,433960
18	3,675804	0,272049	0,028029	0,103029	35,677388	9,706009
19	3,951489	0,253069	0,025411	0,100411	39,353192	9,959078
20	4,247851	0,235413	0,023092	0,098092	43,304681	10,194491

8,0 %

n	q^n	$\frac{1}{q^n}$	$\frac{q-1}{q^n-1}$	$\frac{q^n(q-1)}{q^n-1}$	$\frac{q^n-1}{q-1}$	$\frac{q^n-1}{q^n(q-1)}$
1	1,080000	0,925926	1,000000	1,080000	1,000000	0,925926
2	1,116640	0,857339	0,480769	0,560769	2,080000	1,783265
3	1,259712	0,793832	0,308034	0,388034	3,246400	2,577097
4	1,360489	0,735030	0,221921	0,301921	4,506112	3,312127
5	1,469328	0,680583	0,170457	0,250456	5,866601	3,992710
6	1,586874	0,630170	0,136315	0,216315	7,335929	4,622880
7	1,713824	0,583490	0,112072	0,192072	8,922803	5,206370
8	1,850930	0,540269	0,094015	0,174015	10,636628	5,746639
9	1,999005	0,500249	0,080080	0,160080	12,487558	6,246888
10	2,158925	0,463193	0,069030	0,149029	14,486562	6,710081
11	2,331639	0,428883	0,060076	0,140076	16,645487	7,138964
12	2,518170	0,397114	0,052695	0,132695	18,977126	7,536078
13	2,719624	0,367698	0,046522	0,126522	21,495297	7,903776
14	2,937194	0,340461	0,041297	0,121297	24,214920	8,244237
15	3,172169	0,315242	0,036830	0,116830	27,152114	8,559479
16	3,425943	0,291890	0,032977	0,112977	30,324283	8,851369
17	3,700018	0,270269	0,029629	0,109629	33,750226	9,121638
18	3,996419	0,250249	0,026702	0,106702	37,450244	9,371887
19	4,315701	0,231712	0,024128	0,104128	41,446263	9,603599
20	4,660957	0,214548	0,021852	0,101852	45,761964	9,818147

8,5 %

n	q^n	$\frac{1}{q^n}$	$\frac{q-1}{q^n-1}$	$\frac{q^n(q-1)}{q^n-1}$	$\frac{q^n-1}{q-1}$	$\frac{q^n-1}{q^n(q-1)}$
1	1,085000	0,921659	1,000000	1,085000	1,000000	0,921659
2	1,177225	0,849455	0,479616	0,564616	2,085000	1,771114
3	1,277289	0,782908	0,306539	0,391539	3,262225	2,554022
4	1,385859	0,721574	0,220288	0,305288	4,539574	3,275597
5	1,503657	0,665045	0,168766	0,253766	5,925373	3,940642
6	1,631468	0,612945	0,134607	0,219607	7,429030	4,553587
7	1,770142	0,564926	0,110369	0,195369	9,060497	5,118514
8	1,920604	0,520669	0,092331	0,177331	10,830639	5,639183
9	2,083856	0,479880	0,078424	0,163424	12,751244	6,119063
10	2,260983	0,442285	0,067408	0,152408	14,835099	6,561348
11	2,453167	0,407636	0,058493	0,143493	17,096083	6,968984
12	2,661686	0,375702	0,051153	0,136153	19,549250	7,344686
13	2,887930	0,346269	0,045023	0,130023	22,210936	7,690955
14	3,133404	0,319142	0,039842	0,124842	25,098866	8,010097
15	3,399743	0,294140	0,035421	0,120420	28,232269	8,304237
16	3,688721	0,271097	0,031614	0,116614	31,632012	8,575333
17	4,002262	0,249859	0,028312	0,113312	35,320733	8,825192
18	4,342455	0,230285	0,025430	0,110430	39,322995	9,055476
19	4,711563	0,212244	0,022901	0,107901	43,665450	9,267720
20	5,112046	0,195616	0,020671	0,105671	48,377013	9,463337

Anhang

13,0 %

n	q^n	$\frac{1}{q^n}$	$\frac{q-1}{q^n-1}$	$\frac{q^n(q-1)}{q^n-1}$	$\frac{q^n-1}{q-1}$	$\frac{q^n-1}{q^n(q-1)}$
1	1,130000	0,884956	1,000000	1,130000	1,000000	0,884956
2	1,276900	0,783147	0,469484	0,599484	2,130000	1,668102
3	1,442897	0,693050	0,293522	0,423522	3,406900	2,361153
4	1,630474	0,613319	0,206194	0,336194	4,849797	2,974471
5	1,842435	0,542760	0,154315	0,284315	6,480271	3,517231
6	2,081952	0,480319	0,120153	0,250153	8,322706	4,422610
7	2,352605	0,425061	0,096111	0,226111	10,404658	4,798770
8	2,658444	0,376160	0,078387	0,208387	12,757263	5,131635
9	3,004042	0,332885	0,064869	0,194869	15,415707	5,426243
10	3,394567	0,294588	0,054290	0,184290	18,419749	5,686941
11	3,835861	0,260698	0,045842	0,175842	21,814317	5,917647
12	4,334523	0,230700	0,038986	0,168986	25,650178	6,121812
13	4,898011	0,204165	0,033350	0,163350	29,984701	6,302488
14	5,534753	0,180677	0,028668	0,158667	34,882712	6,462379
15	6,254270	0,159891	0,024742	0,154742	40,417464	6,603875
16	7,067326	0,141496	0,021426	0,151426	46,671735	6,729093
17	7,986078	0,125218	0,018608	0,148608	53,739060	6,839905
18	9,024268	0,110812	0,016201	0,146201	61,725138	6,937969
19	10,197423	0,098064	0,014134	0,144134	70,749406	7,024752
20	11,523088	0,086782	0,012354	0,142354	80,946829	

14,0 %

n	q^n	$\frac{1}{q^n}$	$\frac{q-1}{q^n-1}$	$\frac{q^n(q-1)}{q^n-1}$	$\frac{q^n-1}{q-1}$	$\frac{q^n-1}{q^n(q-1)}$
1	1,140000	0,877193	1,000000	1,140000	1,000000	0,877193
2	1,299600	0,769468	0,467290	0,607290	2,140000	1,646661
3	1,481544	0,674972	0,290732	0,430732	3,439600	2,321632
4	1,688960	0,592080	0,203205	0,343205	4,921144	2,913712
5	1,925415	0,519369	0,151284	0,291284	6,610104	3,433081
6	2,194973	0,455587	0,117158	0,257157	8,535519	3,888668
7	2,502269	0,399637	0,093192	0,233192	10,730491	4,288305
8	2,852586	0,350559	0,075570	0,215570	13,232760	4,638864
9	3,251949	0,307508	0,062168	0,202168	16,085347	4,946372
10	3,707221	0,269744	0,051714	0,191714	19,337295	5,216116
11	4,226232	0,236617	0,043394	0,183394	23,044516	5,452733
12	4,817905	0,207559	0,036669	0,176669	27,270749	5,660292
13	5,492411	0,182069	0,031164	0,171164	32,088654	5,842362
14	6,261349	0,159710	0,026609	0,166609	37,581065	6,002072
15	7,137938	0,140096	0,022809	0,162809	43,842414	6,142168
16	8,137249	0,122892	0,019615	0,159615	50,980352	6,265060
17	9,276464	0,107800	0,016915	0,156915	59,117601	6,372859
18	10,575169	0,094561	0,014621	0,154621	68,394066	6,467420
19	12,055693	0,082948	0,012663	0,152663	78,969235	6,550369
20	13,743490	0,072762	0,010986	0,150986	91,024928	6,623131

13,5 %

n	q^n	$\frac{1}{q^n}$	$\frac{q-1}{q^n-1}$	$\frac{q^n(q-1)}{q^n-1}$	$\frac{q^n-1}{q-1}$	$\frac{q^n-1}{q^n(q-1)}$
1	1,135000	0,881057	1,000000	1,135000	1,000000	0,881057
2	1,288225	0,776262	0,468384	0,603384	2,135000	1,657319
3	1,462135	0,683931	0,292122	0,427122	3,423225	2,341250
4	1,659524	0,602583	0,204693	0,339693	4,885360	2,943833
5	1,883559	0,530910	0,152791	0,287791	6,544884	3,474743
6	2,137840	0,467762	0,118646	0,253646	8,428443	3,942505
7	2,426448	0,412125	0,094641	0,229641	10,566283	4,354630
8	2,754019	0,363106	0,076966	0,211966	12,992731	4,717735
9	3,125811	0,319917	0,063505	0,198505	15,746750	5,037652
10	3,547796	0,281865	0,052987	0,187987	18,872561	5,319517
11	4,026748	0,248339	0,044602	0,179602	22,420357	5,567857
12	4,570359	0,218801	0,037811	0,172811	26,447106	5,786658
13	5,187358	0,192776	0,032240	0,167240	31,017465	5,979434
14	5,887651	0,169847	0,027621	0,162621	36,204823	6,149281
15	6,682484	0,149645	0,023757	0,158757	42,092474	6,298926
16	7,584615	0,131846	0,020502	0,155502	48,774957	6,430772
17	8,608543	0,116164	0,017743	0,152743	56,359577	6,546936
18	9,770696	0,102347	0,015392	0,150392	64,968120	6,649283
19	11,089740	0,090173	0,013380	0,148380	74,738816	6,739456
20	12,586855	0,079448	0,011651	0,146651	85,828556	6,818904

14,5 %

n	q^n	$\frac{1}{q^n}$	$\frac{q-1}{q^n-1}$	$\frac{q^n(q-1)}{q^n-1}$	$\frac{q^n-1}{q-1}$	$\frac{q^n-1}{q^n(q-1)}$
1	1,145000	0,873362	1,000000	1,145000	1,000000	0,873362
2	1,311025	0,762762	0,466201	0,616000	2,145000	1,636124
3	1,501124	0,666168	0,289350	0,434350	3,456025	2,302292
4	1,718787	0,581806	0,201729	0,346729	4,957149	2,884098
5	1,968011	0,508127	0,149792	0,294792	6,675935	3,392225
6	2,253372	0,443779	0,115688	0,260688	8,643946	3,836005
7	2,580111	0,387580	0,091761	0,236766	10,897318	4,223585
8	2,954227	0,338498	0,074198	0,219198	13,477429	4,562083
9	3,382590	0,295631	0,060858	0,205858	16,431656	4,857714
10	3,873085	0,258193	0,050469	0,195469	19,814246	5,115908
11	4,434660	0,225496	0,042217	0,187217	23,687312	5,341404
12	5,077686	0,196940	0,035559	0,180559	28,121972	5,538344
13	5,813950	0,172000	0,030121	0,175121	33,199658	5,710344
14	6,656973	0,150218	0,025632	0,170632	39,013609	5,860563
15	7,622234	0,131195	0,021896	0,166896	45,670582	5,991758
16	8,727458	0,114581	0,018764	0,163764	53,292816	6,106339
17	9,992940	0,100071	0,016124	0,161124	62,020275	6,206409
18	11,441916	0,087398	0,013886	0,158886	72,013215	6,293807
19	13,100994	0,076330	0,011983	0,156982	83,455131	6,370137
20	15,000638	0,066664	0,010357	0,155357	96,556125	6,436801

258 Anhang

10,0 % n	q^n	$\frac{1}{q^n}$	$\frac{q-1}{q^n-1}$	$\frac{q^n(q-1)}{q^n-1}$	$\frac{q^n-1}{q-1}$	$\frac{q^n-1}{q^n(q-1)}$
1	1,100000	0,909091	1,000000	1,100000	1,000000	0,909091
2	1,210000	0,826446	0,476190	0,576190	2,100000	1,735537
3	1,331000	0,751315	0,302115	0,402115	3,310000	2,486852
4	1,464100	0,683013	0,215471	0,315471	4,641000	3,169865
5	1,610510	0,620921	0,163798	0,263797	6,105100	3,790787
6	1,771561	0,564474	0,129607	0,229607	7,715610	4,355261
7	1,948717	0,513158	0,105406	0,205405	9,487171	4,868419
8	2,143589	0,466507	0,087444	0,187444	11,435888	5,334926
9	2,357948	0,424098	0,073641	0,173641	13,579477	5,759024
10	2,593742	0,385543	0,062745	0,162745	15,937425	6,144567
11	2,853117	0,350494	0,053963	0,153963	18,531167	6,495061
12	3,138428	0,318631	0,046763	0,146763	21,384284	6,813692
13	3,452271	0,289664	0,040779	0,140779	24,522712	7,103356
14	3,797498	0,263331	0,035746	0,135746	27,974983	7,366687
15	4,177248	0,239392	0,031474	0,131474	31,772482	7,606080
16	4,594973	0,217629	0,027817	0,127817	35,949730	7,823709
17	5,054470	0,197845	0,024664	0,124664	40,544703	8,021553
18	5,559917	0,179859	0,021930	0,121930	45,599173	8,201412
19	6,115909	0,163508	0,019547	0,119547	51,159090	8,364920
20	6,727500	0,148644	0,017460	0,117460	57,274999	8,513564

10,5 % n	q^n	$\frac{1}{q^n}$	$\frac{q-1}{q^n-1}$	$\frac{q^n(q-1)}{q^n-1}$	$\frac{q^n-1}{q-1}$	$\frac{q^n-1}{q^n(q-1)}$
1	1,105000	0,904977	1,000000	1,105000	1,000000	0,904977
2	1,221025	0,818984	0,475059	0,580059	2,105000	1,723961
3	1,349233	0,741162	0,300659	0,405659	3,326025	2,465123
4	1,490902	0,670735	0,213892	0,318892	4,675258	3,135858
5	1,647447	0,607000	0,162176	0,267175	6,166160	3,742858
6	1,820429	0,549321	0,127982	0,232982	7,813606	4,292179
7	2,011574	0,497123	0,103799	0,208799	9,634035	4,789303
8	2,222789	0,449885	0,085869	0,190869	11,645609	5,239188
9	2,456182	0,407136	0,072106	0,177106	13,868398	5,646324
10	2,714081	0,368449	0,061257	0,166257	16,324579	6,014773
11	2,999059	0,333438	0,052525	0,157525	19,038660	6,348211
12	3,313961	0,301754	0,045377	0,150377	22,037720	6,649964
13	3,661926	0,273080	0,039445	0,144445	25,351680	6,923045
14	4,046429	0,247132	0,034467	0,139467	29,013607	7,170176
15	4,471304	0,223648	0,030248	0,135248	33,060035	7,393825
16	4,940791	0,202397	0,026644	0,131644	37,531339	7,596221
17	5,459574	0,183164	0,023545	0,128545	42,472130	7,779386
18	6,032829	0,165760	0,020863	0,125863	47,931703	7,945146
19	6,666276	0,150009	0,018531	0,123531	53,964532	8,095154
20	7,366235	0,135755	0,016493	0,121493	60,630808	8,230909

9,0 % n	q^n	$\frac{1}{q^n}$	$\frac{q-1}{q^n-1}$	$\frac{q^n(q-1)}{q^n-1}$	$\frac{q^n-1}{q-1}$	$\frac{q^n-1}{q^n(q-1)}$
1	1,090000	0,917431	1,000000	1,090000	1,000000	0,917431
2	1,188100	0,841680	0,478469	0,568469	2,090000	1,759111
3	1,295029	0,772183	0,305055	0,395055	3,278100	2,531295
4	1,411582	0,708425	0,218669	0,308669	4,573129	3,239757
5	1,538624	0,649931	0,167093	0,257092	5,984711	3,889651
6	1,677100	0,596267	0,132920	0,222920	7,523335	4,485919
7	1,828039	0,547034	0,108691	0,198691	9,200435	5,032953
8	1,992563	0,501866	0,090674	0,180674	11,028474	5,534819
9	2,171893	0,460428	0,076799	0,166799	13,021036	5,995247
10	2,367364	0,422411	0,065820	0,155820	15,192930	6,417658
11	2,580426	0,387533	0,056947	0,146947	17,560293	6,805191
12	2,812665	0,355535	0,049651	0,139651	20,140728	7,160725
13	3,065805	0,326179	0,043567	0,133567	22,953385	7,486904
14	3,341727	0,299246	0,038433	0,128433	26,019189	7,786150
15	3,642482	0,274538	0,034059	0,124059	29,360916	8,060688
16	3,970306	0,251870	0,030300	0,120300	33,003399	8,312558
17	4,327633	0,231073	0,027046	0,117046	36,973705	8,543631
18	4,717120	0,211994	0,024212	0,114212	41,301338	8,755625
19	5,141661	0,194490	0,021730	0,111730	46,018458	8,950115
20	5,604411	0,178431	0,019546	0,109546	51,160120	9,128546

9,5 % n	q^n	$\frac{1}{q^n}$	$\frac{q-1}{q^n-1}$	$\frac{q^n(q-1)}{q^n-1}$	$\frac{q^n-1}{q-1}$	$\frac{q^n-1}{q^n(q-1)}$
1	1,095000	0,913242	1,000000	1,095000	1,000000	0,913242
2	1,199025	0,834011	0,477327	0,572327	2,095000	1,747253
3	1,312932	0,761654	0,303580	0,398580	3,294025	2,508907
4	1,437661	0,695574	0,217063	0,312063	4,606957	3,204481
5	1,574239	0,635228	0,165436	0,260436	6,044618	3,839709
6	1,723791	0,580117	0,131253	0,226253	7,618857	4,419825
7	1,887552	0,529787	0,107036	0,202036	9,342648	4,949612
8	2,066869	0,483824	0,089046	0,184046	11,230200	5,433436
9	2,263222	0,441848	0,075205	0,170205	13,297069	5,875284
10	2,478228	0,403514	0,064266	0,159266	15,560291	6,278798
11	2,713659	0,368506	0,055437	0,150437	18,038518	6,647304
12	2,971457	0,336535	0,048188	0,143188	20,752178	6,983839
13	3,253745	0,307338	0,042152	0,137152	23,723634	7,291178
14	3,562851	0,280674	0,037068	0,132068	26,977380	7,571852
15	3,901322	0,256323	0,032744	0,127744	30,540231	7,828175
16	4,271948	0,234085	0,029035	0,124035	34,441553	8,062260
17	4,677783	0,213777	0,025831	0,120831	38,713500	8,276037
18	5,122172	0,195230	0,023046	0,118046	43,391283	8,471266
19	5,608778	0,178292	0,020613	0,115613	48,513454	8,649558
20	6,141612	0,162824	0,018477	0,113477	54,122233	8,812382

Anhang

11,0 %

n	q^n	$\frac{1}{q^n}$	$\frac{q-1}{q^n-1}$	$\frac{q^n(q-1)}{q^n-1}$	$\frac{q^n-1}{q-1}$	$\frac{q^n-1}{q^n(q-1)}$
1	1,110000	0,900901	1,000000	1,110000	1,000000	0,900901
2	1,232100	0,811622	0,473934	0,583934	2,110000	1,712523
3	1,367631	0,731191	0,299213	0,409213	3,342100	2,443715
4	1,518070	0,658731	0,212326	0,322326	4,709731	3,102446
5	1,685058	0,593451	0,160570	0,270570	6,227801	3,695897
6	1,870415	0,534641	0,126377	0,236377	7,912860	4,230538
7	2,076160	0,481658	0,102215	0,212215	9,783274	4,712196
8	2,304538	0,433926	0,084321	0,194321	11,859434	5,146123
9	2,558037	0,390925	0,070602	0,180602	14,163972	5,537048
10	2,839421	0,352184	0,059801	0,169801	16,722009	5,889232
11	3,151757	0,317283	0,051121	0,161121	19,561430	6,206515
12	3,498451	0,285841	0,044027	0,154027	22,713187	6,492356
13	3,883280	0,257514	0,038151	0,148151	26,211638	6,749870
14	4,310441	0,231995	0,033228	0,143228	30,094918	6,981865
15	4,784589	0,209004	0,029065	0,139065	34,405359	7,190870
16	5,310894	0,188292	0,025517	0,135517	39,189948	7,379162
17	5,895093	0,169633	0,022471	0,132471	44,500843	7,548794
18	6,543553	0,152822	0,019843	0,129843	50,395936	7,701617
19	7,263344	0,137678	0,017563	0,127563	56,939488	7,839294
20	8,062312	0,124034	0,015576	0,125576	64,202832	7,963328

12,0 %

n	q^n	$\frac{1}{q^n}$	$\frac{q-1}{q^n-1}$	$\frac{q^n(q-1)}{q^n-1}$	$\frac{q^n-1}{q-1}$	$\frac{q^n-1}{q^n(q-1)}$
1	1,120000	0,892857	1,000000	1,120000	1,000000	0,892857
2	1,254400	0,797194	0,471698	0,591698	2,120000	1,690051
3	1,404928	0,711780	0,296349	0,416349	3,374400	2,401831
4	1,573519	0,635518	0,209234	0,329234	4,779328	3,037349
5	1,762342	0,567427	0,157410	0,277410	6,352847	3,604776
6	1,973823	0,506631	0,123226	0,243226	8,115189	4,111407
7	2,210681	0,452349	0,099118	0,219118	10,089012	4,563757
8	2,475963	0,403883	0,081303	0,201303	12,299693	4,967640
9	2,773079	0,360610	0,067679	0,187679	14,775656	5,328250
10	3,105848	0,321973	0,056984	0,176984	17,548735	5,650223
11	3,478550	0,287476	0,048415	0,168415	20,654583	5,937699
12	3,895976	0,256655	0,041437	0,161437	24,133133	6,194374
13	4,363493	0,229144	0,035548	0,155677	28,029109	6,423548
14	4,887112	0,204620	0,030871	0,150871	32,392602	6,628168
15	5,473566	0,182696	0,026824	0,146824	37,279715	6,810864
16	6,130394	0,163122	0,023390	0,143390	42,753280	6,973986
17	6,866041	0,145644	0,020457	0,140457	48,883674	7,119630
18	7,689966	0,130040	0,017937	0,137937	55,749715	7,249670
19	8,612762	0,116107	0,015763	0,135763	63,439681	7,365777
20	9,646293	0,103667	0,013879	0,133879	72,052442	7,469444

11,5 %

n	q^n	$\frac{1}{q^n}$	$\frac{q-1}{q^n-1}$	$\frac{q^n(q-1)}{q^n-1}$	$\frac{q^n-1}{q-1}$	$\frac{q^n-1}{q^n(q-1)}$
1	1,115000	0,896861	1,000000	1,115000	1,000000	0,896861
2	1,243225	0,804360	0,472813	0,587813	2,115000	1,701221
3	1,386196	0,721399	0,297776	0,412776	3,358225	2,422619
4	1,545608	0,646994	0,210772	0,325774	4,744421	3,069614
5	1,723353	0,580264	0,158982	0,273982	6,290029	3,649878
6	1,921539	0,520416	0,124791	0,239791	8,013383	4,170294
7	2,142516	0,466741	0,100655	0,215655	9,934922	4,637035
8	2,388905	0,418602	0,082799	0,197799	12,077438	5,055637
9	2,663629	0,375428	0,069126	0,184126	14,466343	5,431064
10	2,969947	0,336706	0,058377	0,173377	17,129972	5,767771
11	3,311491	0,301979	0,049751	0,164751	20,099919	6,069750
12	3,692312	0,270833	0,042714	0,157714	23,411410	6,340583
13	4,116928	0,242900	0,036895	0,151895	27,103722	6,583482
14	4,590375	0,217847	0,032030	0,147030	31,220650	6,801329
15	5,118268	0,195379	0,027924	0,142924	35,811025	6,996708
16	5,706869	0,175227	0,024432	0,139432	40,929293	7,171935
17	6,363159	0,157155	0,021443	0,136443	46,636161	7,329090
18	7,094922	0,140946	0,018868	0,133868	52,999320	7,470036
19	7,910838	0,126409	0,016641	0,131641	60,094242	7,596445
20	8,820584	0,113371	0,014705	0,129705	68,005080	7,709816

12,5 %

n	q^n	$\frac{1}{q^n}$	$\frac{q-1}{q^n-1}$	$\frac{q^n(q-1)}{q^n-1}$	$\frac{q^n-1}{q-1}$	$\frac{q^n-1}{q^n(q-1)}$
1	1,125000	0,888889	1,000000	1,125000	1,000000	0,888889
2	1,265625	0,790123	0,470588	0,595588	2,125000	1,679012
3	1,423828	0,702332	0,294931	0,419931	3,390625	2,381344
4	1,601807	0,624295	0,207708	0,332708	4,814453	3,005639
5	1,802032	0,554929	0,155854	0,280854	6,416260	3,560568
6	2,027287	0,493270	0,121680	0,246680	8,218292	4,053839
7	2,280697	0,438462	0,097603	0,222603	10,245579	4,492301
8	2,565785	0,389744	0,079832	0,204832	12,526276	4,882045
9	2,886508	0,346439	0,066260	0,191260	15,092061	5,228485
10	3,247301	0,307946	0,055622	0,180622	17,978568	5,536431
11	3,653236	0,273730	0,047112	0,172112	21,225889	5,810161
12	4,109891	0,243315	0,040194	0,165194	24,879125	6,053476
13	4,623627	0,216280	0,034496	0,159496	28,989016	6,269757
14	5,201580	0,192249	0,029751	0,154751	33,612643	6,462006
15	5,851778	0,170888	0,025764	0,150764	38,814223	6,632894
16	6,583250	0,151901	0,022388	0,147388	44,666001	6,784795
17	7,406156	0,135023	0,019513	0,144512	51,249252	6,919818
18	8,331926	0,120020	0,017049	0,142049	58,655408	7,039838
19	9,373417	0,106685	0,014928	0,139928	66,987334	7,146523
20	10,545094	0,094831	0,013096	0,138096	76,360751	7,241353

Gesamtliteraturverzeichnis

Literatur zum Kapitel A

Adelberger/Günther, Fall- und Projektstudien zur Investitionsrechnung, München 1982

Alleskamp, F., Tilgungsplanung, Frankfurt 1983

Albach, H., Investition und Liquidität, Wiesbaden 1962

Biehler, R., Methoden der Investitionsrechnung, Stuttgart 1976

Biergans, E., Investitionsrechnung, Nürnberg 1973

Bischoff, S., Investitionsmanagement, München 1980

Blohm/Lüder, Investition, 5. Auflage, München 1983

Brandt, H., Investitionspolitik des Industriebetriebs, 3. Auflage, Wiesbaden 1970

Bronner, A., Vereinfachte Wirtschaftlichkeitsrechnung, Berlin/Köln/Frankfurt 1964

Däumler, K.-D., Grundlagen der Investitions- und Wirtschaftlichkeitsrechnungen, 4. Auflage, Herne/Berlin 1984

Frischmuth, G., Daten als Grundlage für Investitionsentscheidungen, Berlin 1969

Golas, H., 35 Fälle und Lösungen zur Investitionsrechnung und Finanzierung, Herne/Berlin 1976

Grabbe, H.-W., Investitionsrechnung in der Praxis, Köln 1976

Hahn, O., Finanzwirtschaft, München 1975

Hartmann, R., Optimale Liquiditätsvorsorge durch Planung liquider Reservemittel in industriellen Unternehmen, Zürich 1969

Heinen, E., Industriebetriebslehre, 7. Auflage, Wiesbaden 1983

Heinold, M., Arbeitsbuch zur Investitionsrechnung, München 1980

Heister, M., Rentabilitätsanalyse von Investitionen, Köln/Opladen 1962

Jacob, H., Investitionsrechnung, Wiesbaden 1977

Käfer, K., Investitionsrechnungen, Zürich 1966

Kern, W., Grundzüge der Investitionsrechnung, Stuttgart 1976

Kern, W., Investitionsrechnung, Stuttgart 1974

Köhler/Zöller, Arbeitsbuch zu „Finanzierung", Berlin/Heidelberg/New York 1971

Krause, W., Investitionsrechnungen und unternehmerische Entscheidungen, Berlin 1973

Kruschwitz, L., Investitionsrechnung, 2. Auflage, Berlin/New York 1985

Lücke, W., Investitionslexikon, München 1975

Massé, P., Investitionskriterien, München 1968

Meißner, W., Investitionslenkung, Frankfurt/M. 1974

Müller-Hedrich, B., Betriebliche Investitionswirtschaft, 3. Auflage, Stuttgart 1983

Olfert, K., Finanzierung, 4. Auflage, Ludwigshafen (Rhein) 1983

Olfert/Ehreiser/Welter, Bilanzen, 4. Auflage, Ludwigshafen (Rhein) 1982

Pack, L., Betriebliche Investition, Wiesbaden 1966

Perridon/Steiner, Finanzwirtschaft der Unternehmung, 3. Auflage, München 1984

Priewasser, E., Betriebliche Investitionsentscheidungen, Berlin/New York 1972

Scheffler, H.E., Investitionen und ihre Wirtschaftlichkeit, Bremen 1961

Schmidt, R.B., Unternehmungsinvestitionen, Reinbek 1970

Schneider, D., Investition und Finanzierung, 5. Auflage, Opladen 1980

Schneider, E., Wirtschaftlichkeitsrechnung, 8. Auflage, Tübingen/Zürich 1973

Schulte, K.W., Wirtschaftlichkeitsrechnung, Würzburg/Wien 1978

Schwarz, H., Optimale Investitionsentscheidungen, München 1967

Seicht, G., Investitionsentscheidungen richtig treffen, Wien 1973

ter Horst, K.W., Investitionsplanung, Stuttgart 1980

Trechsel, F., Investitionsplanung und Investitionsrechnung, Bern 1966

Literatur zum Kapitel B

Albach, H., Investition und Liquidität, Wiesbaden 1962

Bamberg/Coenenberg, Betriebswirtschaftliche Entscheidungslehre, 2. Auflage, München 1977

Berthel, J., Zielorientierte Unternehmenssteuerung, Stuttgart 1973

Biehler, R., Methoden der Investitionsrechnung, Stuttgart 1976

Biergans, E., Investitionsrechnung, Nürnberg 1973

Bircher, B., Langfristige Unternehmensplanung, Bern 1976

Blohm/Lüder, Investition, 5. Auflage, München 1983

Blumentrath, U., Investitions- und Finanzplanung mit dem Ziel der Endwertmaximierung, Wiesbaden 1969

Brandt, H., Investitionspolitik des Industriebetriebs, 3. Auflage, Wiesbaden 1970

Bronner, A., Vereinfachte Wirtschaftlichkeitsrechnung, Berlin/Köln/Frankfurt 1964

Däumler, K.-D., Investitions- und Wirtschaftlichkeitsrechnung, 2. Auflage, Herne/Berlin 1978

Däumler, K.-D., Sonderprobleme der Investitions- und Wirtschaftlichkeitsrechnung, Herne/Berlin 1981

Dinkelbach, W., Sensitivitätsanalysen und parametrische Programmierung, Berlin/Heidelberg/New York 1969

Förstner/Henn, Dynamische Produktionstheorie und lineare Programmierung, Meisenheim 1957

Frischmuth, G., Daten als Grundlage für Investitionsentscheidungen, Berlin 1969

Grabbe, H.-W., Investitionsrechnung in der Praxis, Köln 1976

Gutenberg, E., Grundlagen der Betriebswirtschaftslehre, Bd. 3, Die Finanzen, 2. Auflage, Berlin/Heidelberg/New York 1969

Hax, H., Investitionstheorie, Würzburg/Wien 1972

Hax, H., Investitions- und Finanzplanung mit Hilfe der linearen Programmierung, in: ZfhF, 1964

Hederer, G., Die Motivation von Investitionsentscheidungen in der Unternehmung, Meisenheim 1971

Heinen, E., Das Zielsystem der Unternehmung, 3. Auflage, Wiesbaden 1976

Heinen, E., Industriebetriebslehre, 7. Auflage, Wiesbaden 1983

Heister, M., Rentabilitätsanalyse von Investitionen, Köln/Opladen 1962

Hertz, D.B., Risk Analysis in Capital Investment, in: HBR 1, 1964

Hill, W., Unternehmensplanung, Stuttgart 1966

Hillier, F.S., Derivation of Probabilistic Information for the Evaluation of Risky Investments, in: M.Sc. 3, 1963

Hoffmann, R.R., Beziehungen zwischen Investition und Finanzierung im Bereich des Betriebes, Berlin 1962

Jacob, H., Investitionsplanung und Investitionsentscheidung mit Hilfe der Linearprogrammierung, 2. Auflage, Wiesbaden

Jacob, H., Neuere Entwicklungen in der Investitionsrechnung, Wiesbaden 1964

Jonas, H., Investitionsrechnung, Berlin 1964

Käfer, K., Investitionsrechnungen, Zürich 1966

Kern, W., Grundzüge der Investitionsrechnung, Stuttgart 1976

Kern, W., Investitionsrechnung, Stuttgart 1974

Knappmann, G., Betriebliche Investitionswirtschaft, Köln/Opladen 1970

Koch, H., Betriebliche Planung, Wiesbaden 1961

Köhler/Zöller, Arbeitsbuch zu „Finanzierung", Berlin/Heidelberg/New York 1971

Kolb, H.W., Investitionsplanung und Investitionsentscheidung, in: H. Jacob (Hrsg.), Schriften zur Unternehmensführung, Bd. 4, Wiesbaden 1968

Krause, W., Investitionsrechnungen und unternehmerische Entscheidungen, Berlin 1973

Kruschwitz, L., Investitionsrechnung, Berlin/New York 1978

Lahrmann, W., Rationale unternehmerische Entscheidungen bei unvollkommener Information, Frankfurt/Zürich 1973

Laux, H., Flexible Investitionsplanung, Opladen 1971

Lehneis, A., Langfristige Unternehmensplanung bei unsicheren Erwartungen, Neuwied/Berlin 1971

Lücke, W., Finanzplanung und Finanzkontrolle in der Industrie, Wiesbaden 1965

Lücke, W., Investitionslexikon, München 1975

Lüder, K., Investitionskontrolle, Wiesbaden 1969

Mag, W., Entscheidung und Information, München 1977

Magee, J.F., Decision Tree for Decision Making, in: HBR 4, 1964

Magee, J.F., How to use Decision Trees in Capital Investment, in: HBR 5, 1964

Menges, G., Grundmodelle wirtschaftlicher Entscheidungen, 2. Auflage, Köln 1969

Mertens, P., Simulation, Stuttgart 1969

Michel, R., Optimale Investitionspolitik, Heidelberg 1979

Mirani/Schmidt, Investitionsrechnung bei unsicheren Erwartungen, in: W. Busse von Colbe (Hrsg.), Das Rechnungswesen als Instrument der Unternehmensführung.

Möser, H.D., Praktisches Lehrbuch der betrieblichen Finanz- und Investitionspolitik, München 1977

Müller-Hederich, B., Betriebliche Investitionswirtschaft, 3. Auflage, Stuttgart 1983

Müller-Merbach, H., Operations Research, 2. Auflage, München 1971

Munz, M., Investitionsrechnung, 2. Auflage, Wiesbaden 1974

Murdick/Deming, Investitions-Management, Zürich 1973

Oeldorf/Olfert, Materialwirtschaft, 4. Auflage, Ludwigshafen (Rhein) 1985

Olfert, K., Finanzierung, 4. Auflage, Ludwigshafen (Rhein) 1983

Perridon/Steiner, Finanzwirtschaft der Unternehmung, 3. Auflage, München 1984

Philipp, F., Risiko und Risikopolitik, Stuttgart 1967

Priewasser, E., Betriebliche Investitionsentscheidungen, Berlin/New York 1972

Sabel, H., Die Grundlagen der Wirtschaftlichkeit, Berlin 1965

Scheffler, H.E., Investitionen und ihre Wirtschaftlichkeit, Bremen 1961

Schindler, H., Investitionsrechnungen in Theorie und Praxis, 3. Auflage, Meisenheim 1966

Schmidt, R.-B., Wirtschaftslehre der Unternehmung, Bd. 2, Stuttgart 1973

Schneeweis, H., Entscheidungskriterien bei Risiko, Berlin/Heidelberg/New York 1967

Schneider, D., Die wirtschaftliche Nutzungsdauer von Anlagegütern, Köln/Opladen 1961

Schneider, D., Investition und Finanzierung, 4. Auflage, Opladen 1975

Schneider, E., Wirtschaftlichkeitsrechnung, 8. Auflage, Tübingen/Zürich 1973

Schwarz, H., Optimale Investitionsentscheidungen, München 1967

Schweim, J., Integrierte Unternehmensplanung, Bielefeld 1969

Schwerna, W., Untersuchungen zur Theorie der Investition, Tübingen 1971

Seelbach, H., Planungsmodelle in der Investitionsrechnung, Würzburg/Wien 1967

Seicht, G., Investitionsentscheidungen richtig treffen, Wien 1973

Sieben/Schildbach, Betriebswirtschaftliche Entscheidungstheorie, Tübingen/Düsseldorf 1975

Swoboda, P., Investition und Finanzierung, Göttingen 1977

Swoboda, P., Die simultane Planung von Rationalisierungs- und Erweiterungsinvestitionen und von Produktionsprogrammen, in: ZfB, 1965

Teichmann, H., Die Investitionsentscheidung bei Unsicherheit, Berlin 1970

ter Horst, K., Investitionsplanung, Stuttgart 1980

Trechsel, F., Investitionsplanung und Investitionsrechnung, Bern 1966

Wild, J., Grundlagen der Unternehemensplanung, Reinbek 1974

Wildenmann, H., Investitionsentscheidungsprozeß, Wiesbaden 1977

Zangemeister, C., Nutzwertanalyse in der Systemtechnik, 2. Auflage, München 1971

Zangemeister, C., Nutzwertanalyse von Projektalternativen, Grafenau 1976

Literatur zum Kapitel C

Biehler, R., Methoden der Investitionsrechnung, Stuttgart 1976

Biergans, E., Investitionsrechnung, Nürnberg 1973

Blohm/Lüder, Investition, 5. Auflage, München 1983

Borchard, K.-H., Wirtschaftsplanung, Wiesbaden 1962

Brandt, H., Investitionspolitik des Industriebetriebes, 3. Auflage, Wiesbaden 1970

Bronner, A., Vereinfachte Wirtschaftlichkeitsrechnung, Berlin/Köln/Frankfurt 1964

Däumler, K.-D., Investitions- und Wirtschaftlichkeitsrechnung, 2. Auflage, Herne/Berlin 1980

Frischmuth, G., Daten als Grundlagen für Investitionsentscheidungen, Berlin 1969

Grabbe, H.-W., Investitionsrechnung in der Praxis, Köln 1976

Hahn, O., Finanzwirtschaft, München 1975

Heinen, E., Industriebetriebslehre, 7. Auflage, Wiesbaden 1983

Hoffmann, R.R., Beziehungen zwischen Investition und Finanzierung im Bereich des Betriebes, Berlin 1962

Jonas, H., Investitionsrechnung, Berlin 1964

Käfer, K., Investitionsrechnungen, Zürich 1966

Kahl, H.P., Die Methoden der Wirtschaftlichkeitsrechnung und ihre Bedeutung für die praktische Investitionspolitik, in: H. Jacob (Hrsg.), Schriften zur Unternehmensführung, Bd. 4, Wiesbaden 1968

Kern, W., Grundzüge der Investitionsrechnung, Stuttgart 1976

Kern, W., Investitionsrechnung, Stuttgart 1974

Knappmann, G., Betriebliche Investitionswirtschaft, Köln/Opladen 1970

Krause, W., Investitionsrechnungen und unternehmerische Entscheidungen, Berlin 1973

Kupper, W., Planung der Instandhaltung, Wiesbaden 1974

Lücke, W., Investitionslexikon, München 1975

Masse, P., Investitionskriterien, München 1968

Michel, R., Optimale Investitionspolitik, Heidelberg 1979

Möser, H.D., Praktisches Lehrbuch der betrieblichen Finanz- und Investitionspolitik, München 1977

Müller-Hederich, B., Betriebliche Investitionswirtschaft, 3. Auflage, Stuttgart 1983

Munz, M., Investitionsrecnnung, 2. Auflage, Wiesbaden 1974

Murdick/Deming, Investitions-Management, Zürich 1973

Olfert, K., Kostenrechnung, 5. Auflage, Ludwigshafen (Rhein) 1983

Ordelheide, D., Instandhaltungsplanung, Wiesbaden 1973

Perridon/Steiner, Finanzwirtschaft der Unternehmung, 2. Auflage, München 1980

REFA, Methodenlehre der Planung und Steuerung, Teil 2, München 1974

Scheer, A.-W., Instandhaltungspolitik, Wiesbaden 1974

Schindler, H., Investitionsrechungen in Theorie und Praxis, 3. Auflage, Meisenheim 1966

Schmidt, R.-B., Unternehmungsinvestitionen, Reinbek 1970

Schneider, D., Investition und Finanzierung, 4. Auflage, Opladen 1975

Schneider, E., Wirtschaftlichkeitsrechnung, 8. Auflage, Tübingen/Zürich 1973

Schwarz, H., Optimale Investitionsentscheidungen, München 1967

Schwerna, W., Untersuchungen zur Theorie der Investition, Tübingen 1971

Seicht, G., Investitionsentscheidungen richtig treffen, Wien 1973

Terborgh, G., Leitfaden der betrieblichen Investitionspolitik, Wiesbaden 1962

Trechsel, F., Investitionsplanung und Investitionsrechnung, 2. Auflage, Bern 1973

Veit/Straub, Investitions- und Finanzplanung, 2. Auflage, Heidelberg 1983

ZVEI, Leitfaden für die Beurteilung von Investitionen, Frankfurt/Main 1971

Literatur zum Kapitel D

Ahlsdorff, M., Zum Problem der Differenzinvestition, in: ZfB, 1964

Albach, H., Investitionstheorie, Köln 1975

Albach, H., Investition und Liquidität, Wiesbaden 1962

Biehler, R., Methoden der Investitionsrechnung, Stuttgart 1976

Biergans, E., Investitionsrechnung, Nürnberg 1973

Blohm/Lüder, Investition, 5. Auflage, München 1983

Blumentrath, U., Investitions- und Finanzplanung mit dem Ziel der Endwertmaximierung, Wiesbaden 1969

Brandt, H., Investitionspolitik des Industriebetriebs, 3. Auflage, Wiesbaden 1970

Bronner, A., Vereinfachte Wirtschaftlichkeitsrechnung, Berlin/Köln/Frankfurt 1964

Caprano, E., Finanzmathematik, 2. Auflage, München 1981

Däumler, K.-D., Finanzmathematisches Tabellenwerk für Praktiker und Studierende, Herne/Berlin 1978

Däumler, K.-D., Sonderprobleme der Investitions- und Wirtschaftlichkeitsrechnung, Herne/Berlin 1981

Frischmuth, G., Daten als Grundlage für Investitionsentscheidungen, Berlin 1969

Gans/Loos/Zickler, Investitions- und Finanzierungstheorie, München 1977

Grabbe, H.-W., Investitionsrechnung in der Praxis, Köln 1976

Haberstock, L., Einige kritische Bemerkungen zur Kapitalwertmethode, in: ZfB, 1971

Haberstock, L., Kapitalwert oder Interner Zinsfuß?, in: ZfB, 1972

Hahn, O., Finanzwirtschaft, München 1975

Hax, H., Investitionstheorie, 3. Auflage, Würzburg/Wien 1976

Heinen, E., Industriebetriebslehre, 7. Auflage, Wiesbaden 1983

Heister, M., Rentabilitätsanalyse von Investitionen, Köln/Opladen 1962

Hoffmann, R.R., Beziehungen zwischen Investition und Finanzierung im Bereich des Betriebes, Berlin 1962

Hosterbach/Seifert, Zur Mehrdeutigkeit des internen Zinsfußes, in: ZfB, 1971

Jacob, H., Neuere Entwicklungen in der Investitionsrechnung, Wiesbaden 1964

Jobmann, W., Die optimale Investitionsentscheidung bei identischer Wiederholung mehrerer unabhängiger Anlagen und begrenzter Finanzierbarkeit, in: ZfB, 1974

Jonas, H., Investitionsrechnung, Berlin 1964

Käfer, K., Investitionsrechnungen, Zürich 1966

Kahl, H.P., Die Methoden der Wirtschaftlichkeitsrechnung und ihre Bedeutung für praktische Investitionsuntersuchungen, in: H. Jacob (Hrsg.), Schriften zur Unternehmensführung, Bd. 4, Wiesbaden 1968

Kern, W., Grundzüge der Investitionsrechnung, Stuttgart 1976

Kern, W., Investitionsrechnung, Stuttgart 1974

Kilger, W., Kritische Werte der Investitions- und Wirtschaftlichkeitsrechnung, in: ZfB, 1965

Kilger, W., Zur Kritik am internen Zinsfuß, in: ZfB, 1965

Köhler/Zöller, Arbeitsbuch zu „Finanzierung", Berlin/Heidelberg/New York 1971

Kosiol, E., Finanzmathematik, Wiesbaden 1973

Krause, W., Investitionsrechnungen und unternehmerische Entscheidungen, Berlin 1973

Kruschwitz, L., Investitionsrechnung, Berlin 1978

Leffson, U., Programmiertes Lehrbuch der Investitionsrechnung, Wiesbaden 1973

Lücke, W., Investitionslexikon, München 1975

Lüder, K., (Hrsg.), Investitionsplanung, München 1977

Michel, R., Optimale Investitionspolitik, Heidelberg 1979

Möser, H.D., Praktisches Lehrbuch der betrieblichen Finanz- und Investitionspolitik, München 1977

Müller-Hederich, B., Betriebliche Investitionswirtschaft, 3. Auflage, Stuttgart 1983

Munz, M., Investitionsrechnung, 2. Auflage, Wiesbaden 1974

Pack, L., Betriebliche Investition, Wiesbaden 1966

Perridon/Steiner, Finanzwirtschaft der Unternehmung, 3. Auflage, München 1984

Sabel, H., Die Grundlagen der Wirtschaftlichkeitsrechnungen, Berlin 1965

Scheer, A.-W., Die industrielle Investitionsentscheidung, Wiesbaden 1969

Scheffler, H.E., Investitionen und ihre Wirtschaftlichkeit, Bremen 1961

Schindler, H., Investitionsrechnung in Theorie und Praxis, 3. Auflage, Meisenheim 1966

Schmidt, R.-B., Unternehmensinvestitionen, Reinbek 1970

Schneider, D., Investition und Finanzierung, 4. Auflage, Opladen 1975

Schneider, E., Wirtschaftlichkeitsrechnung, 8. Auflage, Tübingen 1973

Schulte, K.-W., Wirtschaftlichkeitsrechnung, Würzburg/Wien 1978

Schwarz, H., Optimale Investitionsentscheidungen, München 1967

Schwerna, W., Untersuchungen zur Theorie der Investition, Tübingen 1971

Seelbach, H., Planungsmodelle in der Investitionsrechnung, Würzburg/Wien 1967

Seicht, G., Investitionsentscheidungen richtig treffen, Wien 1973

Swoboda, P., Entscheidungen über Ersatzinvestitionen, in: wisu 1973

Swoboda, P., Investition und Finanzierung, Göttingen 1977

ter Horst, Klaus W., Investitionsplanung, Stuttgart 1980

Trechsel, F., Investitionsplanung und Investitionsrechnung, 2. Auflage, Bern/Stuttgart 1973

Veit/Straub, Investitions- und Finanzplanung, Heidelberg 1978

Zimmermann, W., Planungsrechnung, Braunschweig 1968

ZVEI, Leitfaden für die Beurteilung von Investitionen, Frankfurt/Main 1971

Literatur zum Kapitel E

Bartke, G., Grundsätze ordnungsmäßiger Unternehmensbewertung, in: ZfbF, Blockade

Beyer, H.-T., Finanzlexikon, München 1971

Brombach/Olfert/Ehreiser, Sonderbilanzen, 2. Auflage, Ludwigshafen (Rhein) 1981

Büschgen, H.E., Wertpapieranalyse, Stuttgart 1966

Busse von Colbe, W., Der Zukunftserfolg, Wiesbaden 1957

Cohen/Zinbarg/Zeikel, Investment Analysis and Portfolios Management, 2. Auflage, Homewood 1973

Däumler, K.-D., Finanzmathematisches Tabellenwerk für Praktiker und Studierende, 2. Auflage, Herne/Berlin 1983

Däumler, K.-D., Sonderprobleme der Investitions- und Wirtschaftlichkeitsrechnung, Herne/Berlin 1981

Engels, W., Betriebswirtschaftliche Bewertungslehre im Licht der Entscheidungstheorie, Köln/Opladen 1962

Falterbaum/Bartel, Bewertungsrecht und Vermögensteuer, 7. Auflage, Bonn 1980

Hecker, G., Aktienanalyse zur Portfolio-Selection, Meisenheim 1974

Hielscher, U., Das optimale Aktienportefeuille, Frankfurt/Main 1969

Jacob, H., Die Methoden zur Ermittlung des Gesamtwertes einer Untersuchung, in: H. Janberg (Hrsg.), Finanzierungs-Handbuch, 2. Auflage, Wiesbaden 1970

Jacobs, O.H., Die Bedeutung der Unternehmenssubstanz und die Bedeutung der anderweitigen Kapitalanlage- und Kapitalaufnahmemöglichkeiten für den Wert eines Unternehmens, Köln/Berlin/Bonn/München 1972

Jaensch, G., Wert und Preis der ganzen Unternehmung, Köln/Opladen 1966

Kolbe, K., Theorie und Praxis des Gesamtwertes der Unternehmung, 3. Auflage, Düsseldorf 1976

Larcier, R., Kauf und Verkauf von Unternehmen, München 1973

Lücke, W., Investitionslexikon, München 1975

Matschke, M.J., Der Entscheidungswert der Unternehmung, Wiesbaden 1975

Mellerowicz, K., Der Wert des Unternehmens als Ganzes, Essen 1952

Moxter, A., Grundsätze ordnungsmäßiger Unternehmensbewertung, 2. Auflage, Wiesbaden 1983

Münstermann, H., Wert und Bewertung der Unternehmung, 3. Auflage, Wiesbaden 1970

Olfert/Ehreiser/Welter, Bilanzen, 4. Auflage, Ludwigshafen (Rhein) 1982

Olfert, K., Finanzierung, 4. Auflage, Ludwigshafen (Rhein) 1983

Perridon/Steiner, Finanzwirtschaft der Unternehmung, 3. Auflage, München 1984

Schiller, W., Technische Aktienanalyse — Chart Reading, München 1971

Schmidt, R.H., Aktienkursprognose, Wiesbaden 1976

Schneider, E., Wirtschaftlichkeitsrechnung, 8. Auflage, Tübingen/Zürich 1973

Sieben, G., Der Substanzwert der Unternehmung, Wiesbaden 1963

Siebert, G., Beiträge zur Aktienanalyse, Frankfurt 1972

Süchting, J., Finanzmanagement, 4. Auflage, Wiesbaden 1984

ter Horst, K.W., Investitionsplanung, Stuttgart 1980

Viel/Bredt/Renard, Die Bewertung von Unternehmungen und Unternehmensanteilen, 5. Auflage, Stuttgart 1975

Waschkowski, H., Prognose von Aktienkursen, Frankfurt/Main 1971

Literatur zum Kapitel F

Bischoff, M., Multivariable Zielsysteme in der Unternehmung, Meisenheim 1973

Blohm/Lüder, Investition, 5. Auflage, München 1983

Brandt, H., Investitionspolitik des Industriebetriebes, 3. Auflage, Wiesbaden 1970

Brockhoff, K., Forschungsobjekte und Forschungsprogramme: ihre Bewertung und Auswahl, 2. Auflage, Wiesbaden 1973

Busse von Colbe/Meyer-Dohm, Unternehmerische Planung und Entscheidung, Bielefeld 1969

Dathe, H.M., Moderne Projektplanung in Technik und Wissenschaft, Wiesbaden 1971

Dreyer, A., Scoring-Modelle bei Mehrfachzielsetzungen, in: ZfB, 1974

Emmert, P.H., Die Planung und Beurteilung von Investitionsvorhaben in einem Mensch-Maschine-Kommunikationssystem, Diss. Erlangen-Nürnberg 1974

Fandel, G., Optimale Entscheidungen bei mehrfacher Zielsetzung, Berlin/Heidelberg/New York 1972

Fotilas, P., Die Berücksichtigung von Imponderabilien im Rahmen eines integralen, entscheidungsorientierten Investitionskalküls, in: BFuP, 1981

Frischmuth, G., Daten als Grundlagen der Investitionsentscheidung, Berlin 1969

Gäfgen, G., Theorie der wirtschaftlichen Entscheidung, 3. Auflage, Tübingen 1974

Gas, B., Wirtschaftlichkeitsrechnung bei immateriellen Investitionen, Frankfurt/Zürich 1972

Haedrich, G., Operationale Entscheidungshilfen für die Marketingplanung, Berlin/New York 1977

Kern, W., Investitionsrechnung, Stuttgart 1974

Kruschwitz, L., Investitionsrechnung, Berlin 1978

Little, J.D.G., Models and Managers, The Concept of Decision Calculus, in: M.C., 1970

Lücke, W., Investitionslexikon, München 1975

REFA, Methodenlehre der Planung und Steuerung, Teil 2, München 1974

Schröder, H.-H., Forschung und Entwicklung in der Unternehmung, Reinbek 1977

Schwarz, H., Optimale Investitionsentscheidungen, München 1967

Schwarz, H., Zur Bedeutung und Berücksichtigung nicht oder schwer quantifizierbarer Faktoren im Rahmen des investitionspolitischen Entscheidungsprozesses, in: BFuP, 1960

Seicht, G., Investitionsentscheidung richtig treffen, Wien 1976

Sieben/Goetzke, Investitionskalküle unter Berücksichtigung pluralistischer Interessen, in: BFuP, 1976

Strebel, H., Forschungsplanung mit Scoring-Modellen, Baden-Baden 1975

Strebel, H., Scoring-Modelle im Lichte neuer Gesichtspunkte zur Konstruktion praxisorientierter Entscheidungsmodelle, in: DB, 1978

Strebel, H., Zur Gewichtung von Urteilskriterien bei mehrdimensionalen Zielsystemen, in: ZfB, 1972

ter Horst, K.W., Investitionsplanung, Stuttgart 1980

Wolff, H., Die Bestimmung der Investitionstätigkeit unter Berücksichtigung mehrwertiger Zielfunktionen der Unternehmer, Meisenheim 1971

Zangemeister, C., Nutzwertanalyse in der Systemtechnik, 4. Auflage, München 1976

Zangemeister, C., Nutzwertanalyse von Projektalternativen, Grafenau 1976

Stichwortverzeichnis

Absatzplan . . . . 77 f.
Absatzwirtschaft 40, 41, 44
Abschreibung 102
Abzinsung 148
Abzinsungsfaktor 148
Abzinsungssummenfaktor 149
Aktie . . . . 184, 206 ff.
Aktienindex 214
Akzeptkredit 35
Amortisationsvergleichsrechnung . . 29, 100, 135 ff.
—, Eignung . . . . 141 f.
Amortisationszeit . . . . . 48, 49, 56, 135 f.
Anfangsinvestition 27
Anfangsperiode 99
Analyse, technische . . . . 208, 212 ff.
Anlagenkapitalbedarf 87
Anleihe, öffentliche 215
Annuität . . . . 48, 49, 171 f., 177 f.
Annuitätenfaktor 152
Annuitätenmethode . . . . 30, 154, 171 ff.
—, Eignung 179
Anpassung, intensitätsmäßig 84
—, quantitativ . . . . 83 f.
—, zeitlich 84
Anregungsphase 40, 42
Ansatz, kapitaltheoretischer 75, 76
—, produktionstheoretischer 75, 76
Anschaffungsausgaben 63, 64
Anschaffungskosten 63, 64
Aufzinsung 150
Aufzinsungsfaktor 150
Ausgaben . . . . 79 f.
Auslastung, kritische . . . . . 109 ff., 122 f.
Auswahlproblem . . . . . 31 f., 104 ff., 110, 119 ff., 131 ff., 137 ff., 155, 158 f., 165, 168 ff., 172 ff.
Avalkredit 35

Balkenchart 212
Bar-Kapitalwert-Methode 154
Barwert . . . . 148 ff.
Barwertfaktor 149
Begrenzungsfaktor . . . . 50 f., 54
Beschäftigung . . . . 81, 83 f.
Beteiligungsfinanzierung . . . . 34 f.
Betriebskosten . . . . 102 f.
Bewegungsbilanz . . . . 23 f.
Bewertung . . . . 42, 55 f.
Bewertungsansatz . . . . 184, 189 ff.

Bewertungsauffassung . . . . 185 ff.
Bewertungskriterium . . . . 42, 47 ff., 55 f., 227 ff.
—, qualitativ . . . . 48, 49 f.
—, quantitativ . . . . 48 f.
—, soziales 30, 50, 230
—, technisches 30, 50, 229
—, wirtschaftliches 30, 49, 228
Bewertungsmaßstab . . . . 227, 234 ff.
—, Nutzenmessung 227
Bewertungsprinzip . . . . 185 f.
Bewertungsproblem . . . . 184 ff.
Bewertungstechnik . . . . 184, 188 f.
Bewertungsverfahren 184
Bilanzkurs 209
Bilanzregel, goldene 34
Börsenkurs 206
Brainstorming 52
Bruttoinvestition 26, 28
Bürgschaft 35

Cash Flow . . . . 22 f.
Controller 16

Darlehen 35, 184, 217
Desinvestition 18
Differenzinvestition . . . . . 133, 158 f., 160, 163, 170, 171, 175
Diskontierungssummenfaktor 149
Diskontkredit 35
Diversifizierungsinvestition . . . . . . 26 ff.
Dividende 208
Durchschnittsperiode 99
Durchschnittsrechnung . . . . 137 f.

Effektivverzinsung, einfache . . . . . 217 ff.
—, finanzmathematische . . . . . 217, 220 f.
—, finanzmathematisch korrigierte . . . 217, 219 f.
Effektivzinssatz 216
Eigenkapital . . . . 32 f.
Eigenkapital-Fremdkapital-Struktur . . 33 f.
Eigentumsvorbehalt 35
Einheitskurs 206
Einnahmen . . . . 80 f.
Einperioden-Modell 76
Einzelbewertung 188
Einzelinvestition 28, 31, 104, 118 f., 131 f., 137 f., 155 ff., 165 ff., 172 ff.
Einzelplanung . . . . 41 ff.

End-Kapitalwert-Methode 154
Endvermögen 75
Endwert . . . . 148, 150 f.
Endwertfaktor. 151
Energiekosten 103
Entscheidungsbaum-Verfahren . . 67, 71 ff.
Entscheidungsphase. 40
Entwicklung. . . . . 43 f.
Erfolgskomponente. 19
Erfolgsrisiko 24, 29
Ergebnis-Änderungs-Rechnung 70
Errichtungsinvestition 27
Ersatzinvestition 26, 27
Ersatzproblem. . .31, 32, 104, 111 ff., 118, 123 ff., 131, 134, 137, 140 f., 155, 159 ff., 165, 170, 172, 176 ff.
Erstinvestition. 27
Ertragswert . . . . .189, 192 ff.
Ertragswertkurs 210
Ertragswert-Verfahren . . . . .196 ff.
Erweiterungsinvestition 26, 27

Factoring. 35
Fertigungswirtschaft 15, 40, 41, 43
Festgeld 184
Finanzierung. . . . . 32 ff.
— aus Abschreibungsgegenwerten . . 34, 36
— aus Rückstellungsgegenwerten. . .34, 36
— aus zurückbehaltenen Gewinnen . 34, 36
— durch Eigenkapital 34
— durch Fremdkapital. 34
— durch Rationalisierung 34, 36
— durch Vermögensumschichtung . . 34, 36
Finanzierungsprogramm 76
Finanzierungsregel, goldene 34
—, horizontale. 34
—, vertikale 33
Finanzinvestition . . . . . . 25 f., 78, 184 ff.
Finanzplan. . . . . .87 ff., 92, 93
Finanzwirtschaft . . . . .15 f., 41
Firmenwert . . . . .189, 194 ff.
—, derivativer 195
—, originärer. 195
Forfaiting 35
Formalziel 47
Formular. . . . . 59 ff.
Forschung . . . . .43 f.
Franchising 35
Fremdfinanzierung 34, 35
Fremdkapital 33

Fundamentalanalyse . . . . .208 ff.
Fungibilität 216

Gehalt 103
Gesamtbewertung. . . . . 188 f.
Gesamtplanung . . . . 41, 74 ff.
Geschäftswert 194
Gewichtung . . . . 237 f., 244
Gewinn. 48, 49, 63, 65, 69
—, durchschnittlicher. 130
—, gleichbleibender. 197
—, unterschiedlich hoher. 196
Gewinnschuldverschreibung 35
Gewinnvergleich
— pro Leistungseinheit . .119 ff., 124, 126
— pro Periode . . . . 119 f., 124 ff.
Gewinnvergleichsrechnung. 29, 100, 117 ff.
—, Eignung . . . . 127 f.
Goodwill. 194
Grenzpreis . . . . 186 f., 190
Grundpfandrecht 35
Gründungsinvestition. 26, 27

Herstellungskosten 64
Hierarchiebezogenheit 230, 232

Industrieobligation 35, 215
Innenfinanzierung. . . . . .34, 35 f.
Intervallskalierung . . . . 235 f.
Investition, abhängigkeitsbezogene 29
—, Arten. . . . . 17, 25 ff.
—, Begriff . . . . 16 f.
—, erwünschte. 91
—, finanzwirtschaftliche 26
—, häufigkeitsbezogene 28
—, immaterielle 26
—, interdependente. 29
—, investorbezogene 28
—, isolierte. 29
—, leistungswirtschaftliche. 25
—, notwendige 91
—, objektbezogene . . . . .25 f.
—, produktionswirtschaftliche 25
—, realisierbare 91
—, umfangbezogene 28
—, umschlagsbezogene 28
—, wirkungsbezogene. . . . . .25 f.
Investitionsausschuß 41, 57
Investitionsentscheidung. . . . . . .17, 31 f.
Investitionsfolge. 28

Stichwortverzeichnis

Investitionskette 28
Investitionsplanung. . . . . 40 ff.
Investitionsproblem. . . . . .42, 45 f.
Investitionsprogramm 75, 76, 91
Investitionsprozeß . . . . .17 f.
Investitionsrechnung, dynamische . 29, 30, 147 ff.
—, statische . . . . 29, 99 ff.

Jahreswert . . . . 148, 152 f.

Kalkulationszinssatz . . . . . 63, 66 ff., 148
Kapazitätserweiterungseffekt 36
Kapitalbedarf . . . . 78 ff.
—, Einflußfaktoren. . . . . 81 ff.
—, Ermittlung. . . . . 87 ff.
Kapitalbedarfsrechnung . . . . 87 ff.
Kapitalbeschaffung 15, 32
Kapitaldeckung . . . . 89 ff.
Kapitaldienst 102
Kapitaleinsatz, durchschnittlicher. . . . 130
Kapitalflußrechnung . . . . 23 f.
Kapitalfreisetzungseffekt. 36
Kapitalisierungsfaktor 149
Kapitalisierungszinsfuß. 192
Kapitalkosten . . . . 101 f.
Kapitalmarktzins 66
Kapitalrückfluß-Methode. 135
Kapitalverwaltung. . . . . 15 f.
Kapitalwert 48, 49, 75, 155
Kapitalwertmethode . . . . 30, 154 ff.
—, Eignung . . . . 162 f.
Kapitalwiedergewinnungsfaktor. 152
Kardinalskalierung . . .236 f., 243 f., 246 f.
Kommunalanleihe. 215
Kommunalobligation. 215
Kontokorrentkredit. 35
Kontrolle. . . . . 40, 42, 57 f.
—, individuelle 58
—, summarische. 58
Kontrollphase 40
Korrekturverfahren. . . . . 67 ff.
Kosten 48, 49, 103
Kostenvergleich, mathematisch . . . . 106 f.
— pro Leistungseinheit 104, 107 ff., 113 ff.
— pro Periode . . . . 104 ff., 113 f.
—, tabellarisch. . . . . .104 ff.
Kostenvergleichsrechnung . . . . 29, 100 ff.
—, Eignung . . . . 116 f.
Kritische Werte-Rechnung 70

Kumulationsrechnung . . . . .138 ff.
Kundenkredit 35
Kurs, variabler. 206

Leasing. 35
Leistungsprogramm. 81, 84
Lieferantenkredit 35
Linienchart 212
Liquidationserlös . . . . 63 ff., 68 f., 112 f., 130, 156, 160—162, 167, 174, 177, 178, 197 f.
Liquidationswert . . . . 189 f.
Liquidierbarkeit. 19
Liquidität, absolute. . . . . .19 f.
—, Begriff 22
—, dynamische . . . . 22 ff.
—, relative . . . . 20 ff.
—, statische . . . . 20 ff.
Liquiditätsgrad . . . . .21 f.
Liquiditätskomponente . . . . 19 ff.
Liquiditätsrisiko. . . . . .24 f., 29
Lohn 103
Lombardkredit 35

MAPI-Methode . . . . 100, 128 f.
Materialkosten. 103
Materialwirtschaft. 15, 40, 41
Methode
— der Übergewinnabgeltung . . . . . 204 f.
— der Übergewinnkapitalisierung . . 205 f.
—, elektive. 89
—, kumulative. . . . . .88 f.
—, morphologische . . . . .53 f.
— 635 53
Mittelwert-Verfahren . . . . . . .196, 201 ff.

Negoziationskredit 35
Nettoinvestition. 26, 27
Neuinvestition. 27
Nominalinvestition 26
Nominalskalierung . . . . . 234 f., 241, 245
Nominalzinssatz. 216
Normalpreis 187
Normierung 238
Nutzenmessung . . . . .236 ff.
Nutzenunabhängigkeit . . . . . 230, 233 f.
Nutzungsdauer . . . . 63, 65 f., 68
—, unendlich lange . . . 157, 168, 174, 198
Nutzwert. 225, 245
Nutzwertrechnung . . . . .29 ff., 225 ff.

—, Eignung .... 247 f.

Operationalität .... 230 f.
Optionsanleihe 35
Ordinalskalierung .... 235, 241 ff., 245 f.

Paarvergleich............... 238 ff.
Pay-back-Methode 135
Pay-out-Methode 135
Periodenerfolg............... 171
PER-Kennziffer............. 210 f.
Personalkosten .... 102 f.
Personalwirtschaft 15, 40
Pfandbrief 215
Pfandrecht................... 35
Phasenschema................ 40
Planung..................... 40 f.
Primärbedarf................ 77
Produktionsplan............. 76
Produktionsprogramm 78
Produktionswert .... 190 f.
Prognose, extrapolierende 79
—, kausale.................. 79
—, pragmatische.............. 79
Prozeß, betrieblicher .... 81 ff.
—, finanzwirtschaftlicher 15, 86
—, güterwirtschaftlicher ...... 15, 85 f.
Prozeßanordnung............ 81 ff.
Prozeßgeschwindigkeit .... 81, 85 f.

Rangordnung 56, 225, 239, 246, 247
Rationalisierungsinvestition 26, 27
Raumkosten................. 103
Realisierung 40, 42, 57
Realinvestition 25
Realisationsphase 40
Rechnungswesen 40, 44
Reinvestition 26, 27
Rembourskredit.............. 35
Rentabilität 48, 49
Rentabilitätsvergleichsrechnung ... 29, 100, 128 ff.
—, Eignung 135
Repräsentativperiode........... 99
Reproduktionswert........ 189, 190 f.
Resterlöswert ...... .63 ff., 68 f., 112 f.
Restwert .. .63 ff., 68 f., 102, 106, 136, 141
Restwertverteilungsfaktor 153
Risiko 63, 193
Risikoanalyse .... .67, 70 f.

Risikokomponente .... .19, 24 f.
rollback-Verfahren 71
Routineinvestition 28
Rückfluß, durchschnittlicher 136

Sachinvestition 25
Sachziel 47
Schuldscheindarlehen............ 35
Scoring................. 226, 227
Screening................. 226 f.
Sekundärbedarf................ 78
Sensitivitätsanalyse .... .67, 69 f.
Sicherheit 35, 63, 215
Sicherungsabtretung 35
Sicherungsinvestition.......... 26, 28
Sicherungsübereignung.......... 35
Simultanplanung .... 75 f.
Skalierung .... 234 ff., 241 ff.
—, kardinale..... .236 f., 343 f., 346 f.
—, nominale........ 234 f., 241, 245
—, ordinale ...... 235, 241 ff., 245 f.
Sozialkosten................. 103
Stufenvergleich 238, 240
Substanzwert 191
Substanzwert-Verfahren ..... .196, 199 ff.
Suchphase.................. 40
Sukzessivplanung .... .75, 77 f.
Supplementinvestition 171

Tageswert 199
Teilnutzen .... .237, 240 ff.
Teilreproduktionswert 191
Tertiärbedarf................ 78
Totalerfolg................. 171
Treasurer................... 16

Übergewinn-Verfahren ...... .196, 204 ff.
Überschuldung 22
Überschuß................ .63, 65, 69
—, gleichbleibender..... 157, 167, 173 f.
—, unterschiedlich hoher... 155 f., 165 f., 172 f.
Umlaufkapitalbedarf .... 87 ff.
Umstellungsinvestition 26, 27
Ungewißheit................. 63
Unsicherheit................ 63
Unternehmen .... 184 ff.
Unternehmensgröße 81, 84
Unternehmenswert 185

Stichwortverzeichnis

Verhältnisskalierung 236
Vermögen-Kapital-Struktur 34
Verrechnungsfaktor. 152
Verzinsung. 216
Vollreproduktionswert. 191
Vorauswahl . . . . . 42, 54 f., 225 f., 241
Vorschlagswesen 44
Vorzugshäufigkeit. 238

Wandelschuldverschreibung 35
Werkzeugkosten. 103
Wert, objektiver. 187
—, subjektiver. 187

Wertpapier, festverzinsliches. . .184, 215 ff.
Wiedergewinnungszeit 135

Zahlungsunfähigkeit 22
Zeitwert 148
Zielerreichungs-Klasse 243
Zinsen . . . . 102, 112 f.
Zinsfuß, interner 48, 49, 56, 164
Zinsfuß-Methode, interne . . .30, 154, 163, 220
—, Eignung . . . . 170 f.
Zukunftserfolgswert 49, 192
Zukunftssubstanzwert . . . . . . .49, 200 f.

ÜBUNGSTEIL

Aufgaben/Fälle

1 : Planung einer Investition

Ergänzen Sie das nachfolgende Schema, welches den stufenweisen Ablauf der Planung einer Investition darstellt!

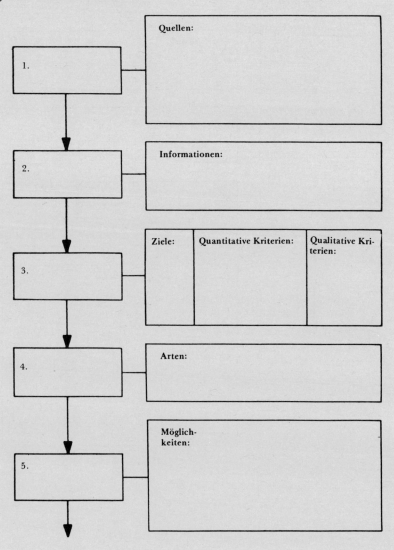

Aufgaben/Fälle

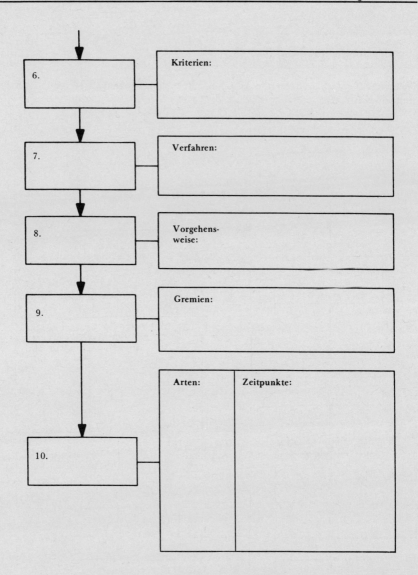

② : Probleme der Investitionsplanung

Die Metall GmbH beabsichtigt, eine neue Fräsmaschine anzuschaffen. Es handelt sich dabei um eine Neuentwicklung, die computergesteuert ist. Hierüber liegen im Unternehmen noch keine Erfahrungen vor.

Die Firma Peter Schmidtke OHG bietet die Maschine zu folgenden Bedingungen an:

Listenpreis (netto)	148.000 DM
Rabatt	5 %
Skonto (bei Zahlung innerhalb von 14 Tagen)	2 %
Verpackung	114 DM
Fracht	52 DM
Lieferzeit	10 Wochen

Bei der Metall GmbH wird damit gerechnet, daß Kosten für die Installation der Fräsmaschine von 419 DM und Kosten für Probeläufe von 669 DM anfallen. Bei der Nutzungsdauer gehen die Schätzungen auseinander; sie liegen zwischen 7 und 9 Jahren. Der Schrottwert der Fräsmaschine wird mit 4.500 DM, die Abbruchkosten mit 980 DM veranschlagt.

Die Maschine wird fremdfinanziert. Der bei der Metall GmbH verrechnete Zinssatz betrug im letzten Jahr allgemein 10 %. Der Kapitalmarktzins wird für absehbare Zeit auf 12 % bis 14 % geschätzt.

(1) Ermitteln Sie den Nettopreis der Fräsmaschine!

(2) Stimmt der Nettopreis mit den Anschaffungskosten bzw. Anschaffungsausgaben überein?

(3) Welche Nutzungsdauer empfehlen Sie für die Fräsmaschine anzusetzen?

(4) Würden Sie einen Rest(erlös)wert bzw. Liquidationserlös der Fräsmaschine berücksichtigen, gegebenenfalls welchen?

(5) Schlagen Sie den zu verwendenden Kalkulationszinssatz vor!

③ : Einflußfaktoren des Kapitalbedarfes

Die Firma Peter Schmidtke OHG fertigt gleichartige Maschinen. Dabei können die folgenden Zahlungsreihen für jede Maschine als typisch angesehen werden:

1. Dekade	7.500 DM	Ausgaben für Fertigungsstufe 1
2. Dekade	10.500 DM	Ausgaben für Fertigungsstufe 2
3. Dekade	2.500 DM	Ausgaben für Fertigungsstufe 3
4. Dekade	0 DM	Lagerung der gefertigten Maschine

5. Dekade   0 DM   Verkauf auf Ziel
6. Dekade 20.500 DM   Einnahmen aus dem Verkauf

(1) Wie entwickelt sich der Kapitalbedarf des Unternehmens, wenn mit Abschluß der Fertigung einer Maschine die Fertigung der nächsten Maschine jeweils begonnen wird?
    Stellen Sie die Entwicklung tabellarisch und graphisch für 15 Dekaden dar!
(2) In welcher Weise entwickelt sich der Kapitalbedarf des Unternehmens, wenn durch Rationalisierungsmaßnahmen erreicht wird, daß die Lagerzeiten der gefertigten Maschinen sowie die Zahlungsziele eine Verminderung um 50 % erfahren?
    Stellen Sie dies tabellarisch und graphisch für 15 Dekaden dar!
(3) Stellen Sie tabellarisch und graphisch dar, inwieweit sich der Kapitalbedarf durch die Rationalisierungsmaßnahmen vermindert!

| 4 : Ermittlung des Kapitalbedarfes |

Eine Firma, die Küchengeräte herstellt, soll errichtet werden. Bei der Planung der Ausgaben ist zu berücksichtigen, daß

- ein Fabrikgebäude im Werte von 750.000 DM gekauft wird,
- Maschinen im Werte von 550.000 DM benötigt werden,
- Betriebs- und Geschäftsausstattung im Werte von 350.000 DM erforderlich ist,
- Ausgaben für Roh-, Hilfs- und Betriebsstoffe von täglich 4.000 DM anfallen,
- Ausgaben für Löhne und Gehälter von täglich 7.000 DM entstehen,
- sonstige Ausgaben von täglich 1.000 DM anfallen.

Die Roh-, Hilfs- und Betriebsstoffe lagern 20 Tage, die Fertigerzeugnisse 10 Tage.
Der Fertigungsprozeß umfaßt 6 Tage.
Die Gründung und Ingangsetzung des Geschäftsbetriebes verursacht Ausgaben von 10.000 DM.

(1) Ermitteln Sie den Kapitalbedarf der Firma, wenn für die Roh-, Hilfs- und Betriebsstoffe von den Lieferanten ein Ziel von 15 Tagen eingeräumt wird und die Fertigerzeugnisse binnen 5 Tagen bezahlt werden.
(2) Wie verändert sich der Kapitalbedarf der Firma, wenn die Roh-, Hilfs- und Betriebsstoffe binnen 5 Tagen zu bezahlen sind, den Kunden aber aus Wettbewerbsgründen ein Zahlungsziel von 30 Tagen eingeräumt werden muß?
(3) In welcher Weise verändert sich der Kapitalbedarf aus (2), wenn es sich als möglich erweist, die Lagerdauer der Roh-, Hilfs- und Betriebsstoffe sowie der Fertigerzeugnisse zu halbieren?

Aufgaben/Fälle 285

5 : Kostenvergleichsrechnung

Die Stahlbau GmbH plant die Anschaffung einer Maschine zwecks Erweiterung der Kapazität.

Es liegt ein Angebot vor, das folgende Daten aufweist:

Anschaffungskosten	140.000 DM
Nutzungsdauer	7 Jahre
Auslastung	28.000 Stück/Jahr
Fixe Kosten	
ohne Abschreibungen und Zinsen	15.000 DM/Jahr
Variable Kosten	180.000 DM/Jahr

Der Kalkulationszinssatz beträgt 10 %.

(1) Ermitteln Sie den Kapitaldienst für die Maschine!
(2) Ermitteln Sie die Betriebskosten, die für die Maschine jährlich anfallen!
(3) Kann die Maschine als vorteilhafte Investition angesehen werden?
(4) Es liegt ein zweites Angebot mit folgenden Daten vor:

Anschaffungskosten	161.000 DM
Nutzungsdauer	7 Jahre
Auslastung	28.000 Stück/Jahr
Fixe Kosten	
ohne Abschreibungen und Zinsen	14.000 DM/Jahr
Variable Kosten	165.000 DM/Jahr

Vergleichen Sie beide Angebote

- mathematisch
- tabellarisch

miteinander und stellen Sie fest, welches alternative Investitionsobjekt vorteilhafter ist.

6 : Kostenvergleichsrechnung

Ein Unternehmen, das Zulieferteile herstellt, benötigt eine Maschine. Drei Alternativen stehen zur Auswahl:

		Investitions-objekt I	Investitions-objekt II	Investitions-objekt III
Anschaffungskosten	DM	80.000	85.000	90.000
Restwert	DM	4.000	5.000	6.000
Nutzungsdauer	Jahre	8	8	8
Kapazität	Stück/Jahr	10.000	10.000	9.000
Abschreibungen	DM/Jahr	?	?	?
Zinsen	DM/Jahr	?	?	?
Gehälter	DM/Jahr	54.000	52.000	58.000
Sonstige fixe Kosten	DM/Jahr	14.000	14.000	15.000
Löhne	DM/Jahr	143.750	136.250	110.250
Materialkosten	DM/Jahr	122.500	122.500	109.125
Sonstige variable Kosten	DM/Jahr	11.250	11.250	10.125

(1) Die Auftragslage des Unternehmens läßt erwarten, daß jährlich 8.000 Stück abgesetzt werden können. Welcher Maschine ist der Vorzug zu geben, wenn der Kalkulationszinssatz im Unternehmen 12 % beträgt? Nehmen Sie einen Kostenvergleich pro Periode und pro Leistungseinheit vor!

(2) Ermitteln Sie die kritischen Ausbringungsmengen mathematisch und graphisch!

(3) Die Marketing-Abteilung des Unternehmens teilt mit, daß ein neuer, zusätzlicher Abnehmer der Produkte gefunden sei. Es ließen sich künftig um 10.000 Stück pro Jahr absetzen. Welche Maschine ist — bei gleichbleibendem Kalkulationszinssatz — die vorteilhafteste?

7 : Kostenvergleichsrechnung

Ein metallverarbeitendes Unternehmen benötigt für seine Fertigung bestimmte Drehteile. Diese können selbst hergestellt oder von außen bezogen werden. Im einzelnen bieten sich folgende Alternativen an:

Alternative I: Kauf einer Drehmaschine traditioneller Bauart

Anschaffungskosten	48.000 DM
Nutzungsdauer	6 Jahre
Kapazität	8.000 Stück/Jahr
Abschreibungen	? DM
Zinsen	? DM
Gehälter	10.000 DM
Sonstige fixe Kosten	8.000 DM
Löhne	44.000 DM
Material	80.000 DM
Sonstige variable Kosten	6.000 DM

Alternative II: Kauf einer halbautomatischen Drehmaschine

Anschaffungskosten	120.000 DM
Nutzungsdauer	6 Jahre
Kapazität	10.000 Stück/Jahr
Abschreibungen	? DM
Zinsen	? DM
Gehälter	10.000 DM
Sonstige fixe Kosten	10.000 DM
Löhne	29.000 DM
Material	96.000 DM
Sonstige variable Kosten	5.000 DM

Alternative III: Fremdbezug der Drehteile

Preis: 21,00 DM/Stück

Der Kalkulationszinssatz beträgt 8 %.

Ermitteln Sie die vorteilhafteste der Alternativen:

(1) bei einer Produktions-/Beschaffungsmenge von 5.000 Drehteilen;
(2) bei einer Produktions-/Beschaffungsmenge von 6.000 Drehteilen.
(3) Ermitteln Sie die kritischen Mengen mathematisch und graphisch!
(4) Welche der beiden Maschinen wäre die vorteilhaftere, wenn Sie mit ihrer vollen Kapazität produzieren würden?

---

8 : Kostenvergleichsrechnung

Die Speditions GmbH verfügt über 10 Lastkraftwagen. Sie sollen prüfen, ob es vorteilhaft ist, den Lastkraftwagen Nr. 7 durch einen neuen Lastkraftwagen zu ersetzen.

Der Lastkraftwagen Nr. 7 hat bei seiner Anschaffung 80.000 DM gekostet und ist seit 5 Jahren in Betrieb. Seine Nutzungsdauer wird auf 8 Jahre geschätzt. Derzeit hat er einen Restbuchwert von 40.000 DM; nach seiner Gesamtnutzungsdauer von 8 Jahren wird er einen Restbuchwert von 10.000 DM besitzen. Zur Zeit könnte man aus dem Verkauf des Lastkraftwagens einen Erlös von 30.000 DM, mit Ende der Gesamtnutzungsdauer von 6.000 DM erzielen.

Ein neuer Lastkraftwagen würde 100.000 DM kosten und ebenfalls 8 Jahre lang nutzbar sein; sein Restwert würde mit 8.000 DM anzusetzen sein.

Folgende Daten sind außerdem bekannt:

		Alter LKW	Neuer LKW
Kapazität	Std./Jahr	3.000	3.000
Zinssatz	%	10	10
Fixe Kosten			
ohne Abschreibungen und Zinsen	DM/Jahr	15.000	13.000
Löhne	DM/Jahr	28.000	28.000
Energiekosten	DM/Jahr	58.000	55.500
Sonstige variable Kosten	DM/Jahr	16.000	15.000

(1) Stellen Sie fest, ob es zweckmäßig ist, den alten Lastkraftwagen zum Ende des 5. Jahres durch den neuen Lastkraftwagen zu ersetzen!

(2) Wie sieht der Vergleich aus, wenn ein konkurrierendes Fabrikat einbezogen würde, das sich gegenüber dem zuvor betrachteten neuen Lastkraftwagen dadurch unterscheidet, daß die Reparatur- und Inspektionszeiten sowie der Energieverbrauch auf Grund verbesserter Technik geringer sind?
Damit kann die Auslastung von 3.000 auf 3.200 Std./Jahr erhöht werden; die Energiekosten vermindern sich um 10 % im Vergleich zu dem zuvor betrachteten neuen Lastkraftwagen.

⑨ : Gewinnvergleichsrechnung

Ein Unternehmen benötigt zwecks Kapazitätserweiterung eine Maschine.

(1) Es liegt nur ein Angebot vor, das folgende Daten aufweist:

Anschaffungskosten	80.000 DM
Nutzungsdauer	8 Jahre
Kapazität	12.000 Stück/Jahr
Kapitaldienst	14.000 DM/Jahr
Betriebskosten	62.000 DM/Jahr

Ist das vorliegende Angebot vorteilhaft, wenn jährlich 12.000 Stück zum Preis von je 8 DM abgesetzt werden können?

(2) Die Beschaffungs-Abteilung legt noch ein weiteres Angebot vor:

Anschaffungskosten	70.000 DM
Nutzungsdauer	8 Jahre
Kapazität	12.000 Stück/Jahr
Kapitaldienst	12.250 DM/Jahr
Betriebskosten	66.000 DM/Jahr

Vergleichen Sie das vorliegende Angebot mit dem Angebot aus (1) und ermitteln Sie, welches der Angebote vorteilhafter ist!

(3) Welche Gewinne werden von den alternativen Investitionsobjekten erzielt, wenn die Auslastung 8.000 Stück/Jahr beträgt und die gefertigte Menge zum Preis von 8 DM/Stück abgesetzt wird?

(4) Ermitteln Sie mathematisch und graphisch die kritische Menge für die Investitionsobjekte aus (1) und (2), wenn in den Betriebskosten des Investitionsobjektes I 3.400 DM/Jahr, des Investitionsobjektes II 1.600 DM/Jahr an fixen Kosten enthalten sind!

10 : Gewinnvergleichsrechnung

Bei der Werkzeug GmbH wird überlegt, ob eine 5 Jahre in Betrieb befindliche Maschine durch eine neue Maschine ersetzt werden soll, die mit verbesserter Qualität fertigt. Durch die gesteigerte Oberflächengüte der zu fertigenden Produkte ist es möglich, einen um 5 % höheren Preis zu erzielen.

Folgende Daten liegen vor:

		Altes Investitionsobjekt	Neues Investitionsobjekt
Anschaffungskosten	DM	120.000	140.000
Restwert	DM	10.000	12.000
Nutzungsdauer	Jahre	8	8
Kapazität	Stück/Jahr	20.000	25.000
Fixe Kosten	DM/Jahr	31.000	46.000
Variable Kosten	DM/Jahr	147.000	186.250
Erträge	DM/Stück	10	10,50

Die alte Maschine erbringt zum Ende des 5. Jahres einen Resterlös von 60.000 DM, zum Ende des 8. Jahres von 16.000 DM.

Der Kalkulationszinssatz beträgt 8 %.

(1) Es wird davon ausgegangen, daß die Auslastung der Investitionsobjekte künftig bei 20.000 Stück/Jahr liegen wird.

In welcher Form kann der Gewinnvergleich vorgenommen werden?

Ermitteln Sie, ob es zweckmäßig ist, das alte Investitionsobjekt durch das neue Investitionsobjekt zu ersetzen!

(2) Wie fällt der Gewinnvergleich aus, wenn die Auslastung absatzbedingt auf 22.000 Stück/Jahr erhöht werden könnte?

11 : Rentabilitätsvergleichsrechnung

Die Chemie AG plant die Anschaffung einer neuen Maschine. Eine Investition kommt für die Chemie AG grundsätzlich nur dann in Betracht, wenn die Rentabilität des Investitionsobjektes mindestens 20 % beträgt.

Es liegt folgendes Angebot vor:

Anschaffungskosten	DM	100.000
Nutzungsdauer	Jahre	8
Kapazität	Stück/Jahr	15.000
Fixe Kosten ohne Abschreibungen und Zinsen	DM/Jahr	19.000
Variable Kosten	DM/Jahr	90.000

Die Kapazität des Investitionsobjektes kann voll ausgeschöpft werden; die mit der Maschine gefertigten Erzeugnisse lassen sich für 8,50 DM/Stück absetzen.

Als Kalkulationszinssatz sind 10 % anzusetzen.

(1) Ermitteln Sie die von dem Investitionsobjekt zu erzielende Rentabilität und beurteilen Sie die Vorteilhaftigkeit der Maschine!

(2) Für ein früher der Chemie AG abgegebenes Angebot, das für die Investition ebenfalls in Betracht kommen könnte, liegt die folgende Gewinnvergleichsrechnung vor:

Anschaffungskosten	DM	98.000
Restwert	DM	0
Nutzungsdauer	Jahre	8
Auslastung	Stück/Jahr	15.000
Zinssatz	%	10
Erträge	DM/Jahr	127.500
Kosten	DM/Jahr	124.000
Gewinn	DM/Jahr	3.500

Ermitteln Sie, ob dieses Angebot als vorteilhaft anzusehen ist!

12 : Rentabilitätsvergleichsrechnung

Einem Unternehmen der Metallbranche stehen drei Angebote für eine Investition zur Verfügung:

		Investitions-objekt I	Investitions-objekt II	Investitions-objekt III
Anschaffungskosten	DM	80.000	120.000	160.000
Restwert	DM	5.000	7.000	9.000
Nutzungsdauer	Jahre	8	8	8
Auslastung	Stück/Jahr	18.000	20.000	22.000
Zinssatz	%	8	8	8
Erträge	DM/Jahr	190.950	212.100	233.020
Fixe Kosten ohne Zinsen	DM/Jahr	18.200	28.300	39.650
Variable Kosten	DM/Jahr	168.700	176.620	184.360

(1) Ermitteln Sie unter Verwendung der obigen Daten die Rentabilität der alternativen Investitionsobjekte!
(2) Wie sind die ermittelten Rentabilitäten zu beurteilen?
(3) Rechnen Sie die Rentabilitäten der alternativen Investitionsobjekte nochmals durch und berücksichtigen Sie dabei, daß finanzielle Mittel, die nicht durch eine Investition gebunden werden, mit einem Zinssatz von 14 % angelegt werden könnten!
(4) Stellen Sie die Ergebnisse aller Rentabilitätsberechnungen zusammen und interpretieren Sie diese!

13 : Rentabilitätsvergleichsrechnung

Die Chemie AG will eine Maschine im Rahmen einer Rationalisierungsinvestition ersetzen. Als Daten liegen vor:

Kosten der alten Maschine pro Jahr   60.000 DM
Kosten der neuen Maschine pro Jahr   42.000 DM
Anschaffungskosten der neuen Maschine   150.000 DM

Die von der Chemie AG grundsätzlich zu erzielende Mindestrentabilität beträgt 20 %.

(1) Ermitteln Sie die Rentabilität der Investition und beurteilen Sie ihre Vorteilhaftigkeit!

(2) Wie verändert sich die Rentabilität der Investition, wenn in Verbindung mit der Investition zusätzliches Umlaufvermögen von 15.000 DM erforderlich wird?

(3) Hat ein Resterlös der alten Maschine von 7.000 DM Einfluß auf die Höhe der Rentabilität?

14 : Amortisationsvergleichsrechnung

Für eine Investition stehen zwei alternative Objekte zur Verfügung, die folgende Daten aufweisen:

		Investitionsobjekt I	Investitionsobjekt II
Anschaffungskosten	DM	138.000	132.000
Restwert	DM	0	0
Nutzungsdauer	Jahre	6	6
Gewinn 1. Jahr	DM	24.000	19.000
Gewinn 2. Jahr	DM	28.000	24.000
Gewinn 3. Jahr	DM	32.000	24.000
Gewinn 4. Jahr	DM	28.000	32.000
Gewinn 5. Jahr	DM	20.000	38.000
Gewinn 6. Jahr	DM	30.000	25.000

(1) Ermitteln Sie die Amortisationszeit mit Hilfe der Durchschnittsrechnung!

(2) Welche Amortisationszeit ergibt sich bei Anwendung der Kumulationsrechnung?

(3) Interpretieren Sie die unterschiedlichen Ergebnisse!

(4) Wie ist es zu beurteilen, wenn Unternehmen eine maximal zulässige Amortisationszeit generell festlegen, anhand derer die Vorteilhaftigkeit eines Investitionsobjektes gemessen wird?

15 : Amortisationsvergleichsrechnung

Bei einem Unternehmen der Textilbranche liegt die maximal zulässige Amorisationszeit bei 4 Jahren. Folgende Daten sind gegeben:

Aufgaben/Fälle

		Investitions-objekt I	Investitions-objekt II
Anschaffungskosten	DM	84.000	96.000
Restwert	DM	4.000	6.000
Nutzungsdauer	Jahre	5	5
Gewinn 1. Jahr	DM	6.000	15.000
Gewinn 2. Jahr	DM	10.000	13.000
Gewinn 3. Jahr	DM	16.000	8.000
Gewinn 4. Jahr	DM	20.000	8.000
Gewinn 5. Jahr	DM	24.000	8.000

(1) Ermitteln Sie die Amortisationszeiten der alternativen Investitionsobjekte mit Hilfe der Kumulationsrechnung!
(2) Beurteilen Sie die errechneten Amortisationszeiten!
(3) Verbessern Sie den Amortisationsvergleich; der Kalkulationszinssatz beträgt 10 %!
(4) Wie ist das nunmehr ermittelte Ergebnis zu beurteilen?

16 : Amortisationsvergleichsrechnung

Eine mehrere Jahre in Gebrauch befindliche Maschine, die einen Resterlöswert von 10.000 DM hat, soll gegebenenfalls durch eine neue Maschine ersetzt werden, die folgende Daten aufweist:

Anschaffungskosten	DM	120.000
Restwert	DM	0
Nutzungsdauer	Jahre	6
Kosten der alten Maschine	DM/Jahr	168.000
Kosten der neuen Maschine	DM/Jahr	153.000

Die Ersatzinvestition soll nur dann vorgenommen werden, wenn die Amortisationszeit nicht über 4 Jahren liegt.

(1) Ermitteln Sie die Amortisationszeit bei Durchführung der Ersatzinvestition und stellen Sie deren Vorteilhaftigkeit fest!
(2) Inwieweit gibt die errechnete Amortisationszeit Auskunft über die Wirtschaftlichkeit des Investitionsobjektes?

17 : Barwert

(1) Welchen Barwert weist eine Zahlung auf, die am Ende des 8. Jahres in Höhe von 124.500 DM geleistet wird? Der Kalkulationszinssatz beträgt 8 %.

(2) Ermitteln Sie den Barwert von drei zu leistenden Zahlungen, wenn der Kalkulationszinssatz 10 % beträgt:

Ende des 3. Jahres	70.000 DM
Ende des 5. Jahres	150.000 DM
Ende des 7. Jahres	150.000 DM

(3) Es wird über 10 Jahre hinweg eine Rente von 6.800 DM gezahlt. Die Zahlungen erfolgen jeweils zum Ende des Jahres, der Kalkulationszinssatz beträgt 9 %. Ermitteln Sie den Barwert der Rente!

(4) Herr Müller schuldet Herrn Meier einen bestimmten Geldbetrag. Herr Müller bietet an, Herrn Meier 5 jährliche Raten von 12.000 DM zu zahlen; die Zahlungen sollen jeweils am Jahresende erfolgen.

Herr Meier ist grundsätzlich bereit, auf den Vorschlag einzugehen, macht aber doch einen Gegenvorschlag: Herr Müller könne ihm das Geld in 15 Jahresraten in Höhe von 6.000 DM zurückzahlen; er geht ebenfalls davon aus, daß die Zahlungen am Jahresende erfolgen.

Welche der beiden Alternativen würden Sie Herrn Müller empfehlen, wenn der Kalkulationszinssatz 10 % beträgt?

(5) Zu welchem Barwert führen die folgenden Zahlungen bei einem Zinssatz von 12 %:

1. Jahr:	5.000 DM
2. Jahr:	10.000 DM
3. Jahr:	15.000 DM
4. Jahr:	20.000 DM

Wie hoch ist der Barwert bei gleichem Zinssatz und folgendem Verlauf der Zahlungen:

1. Jahr:	20.000 DM
2. Jahr:	15.000 DM
3. Jahr:	10.000 DM
4. Jahr:	5.000 DM

Weshalb sind die Barwerte unterschiedlich hoch?

Aufgaben/Fälle

18 : Endwert

(1) Welcher Betrag ergibt sich, wenn 5.000 DM über 10 Jahre hinweg mit 8 % verzinst werden, am Ende des 10. Jahres?

(2) Ermitteln Sie den Wert, der sich nach 5 Jahren ergibt, wenn jährlich 2.500 DM auf ein Sparbuch eingezahlt werden. Der Zinssatz beträgt 6 %.

(3) Ist es bei einem Zinssatz von 10 % vorteilhafter, jetzt 10.000 DM oder über 6 Jahre hinweg eine jährliche Rate von 2.300 DM oder zum Ende des 6. Jahres 18.000 DM zu zahlen?

(4) Wie sieht der Vorteilsvergleich von (3) aus, wenn der Zinssatz 6 % bzw. 14 % beträgt?

19 : Jahreswert

(1) Ein jetzt fälliger Betrag von 50.000 DM soll in 5 gleich hohen Jahresraten ausgezahlt werden. Wie hoch sind die Jahresraten bei einem Kalkulationszinssatz von 10 %?

(2) Eine Zahlung ist nach 10 Jahren fällig. Sie beträgt 100.000 DM. Die Vertragspartner kommen überein, den Betrag nicht einmalig nach 10 Jahren, sondern in gleich hohen Jahresbeträgen über die 10 Jahre hinweg zu zahlen. Wie hoch ist der Jahresbetrag, wenn von einem Kalkulationszinssatz von 8 % ausgegangen wird?

(3) Eine Zahlung von 10.000 DM ist jetzt fällig. Es wird angeboten, anstelle der einmaligen Zahlung in 5 jährlichen Raten von 1.600 DM zu zahlen. Der Kalkulationszinssatz beträgt 10 %.

Ist das Angebot für den Schuldner vorteilhaft?

20 : Kapitalwertmethode

Ein Investitionsobjekt kostet 200.000 DM und erwirtschaftet jährliche Überschüsse von 35.000 DM.

(1) Ist die Investition vorteilhaft, wenn der Kalkulationszinssatz 6 %, 10 %, 14 % beträgt und die Nutzung auf 8 Jahre begrenzt ist?

(2) Berücksichtigen Sie zusätzlich, daß ein Liquidationserlös von 28.500 DM anfallen wird! Gibt es eine Veränderung in der Vorteilhaftigkeit der Investition?

(3) Nehmen Sie an, die Investition sei unbestimmte Zeit nutzbar. Ermitteln Sie die Vorteilhaftigkeit der Investition für die gleichen Kalkulationszinssätze wie in (1).

21 : Kapitalwertmethode

(1.) Die Beteiligungs AG will ein Grundstück für 400.000 DM kaufen und rechnet damit, es nach 4 Jahren zum Preise von 540.000 DM wieder verkaufen zu können.

Ist diese Investition vorteilhaft, wenn mit einem Kalkulationszinssatz von 10 % gerechnet wird?

(2) Die Chemie AG beabsichtigt, eine Investition vorzunehmen. Zwei Alternativen stehen zur Auswahl:

Maschine I kostet 90.000 DM und ist 6 Jahre nutzbar. Ihr Liquidationserlös wird mit 15.000 DM angesetzt. Als Zahlungsströme werden angenommen:

	Einnahmen	Ausgaben
1. Jahr:	52.000 DM	38.000 DM
2. Jahr:	56.000 DM	35.000 DM
3. Jahr:	65.000 DM	39.000 DM
4. Jahr:	62.000 DM	38.000 DM
5. Jahr:	55.000 DM	40.000 DM
6. Jahr	48.000 DM	37.000 DM

Maschine II kostet ebenfalls 90.000 DM und ist 6 Jahre nutzbar. Mit einem Liquidationserlös wird in Höhe von 5.000 DM gerechnet. Die folgenden Zahlungsströme werden erwartet:

	Einnahmen	Ausgaben
1. Jahr	60.000 DM	41.000 DM
2. Jahr:	68.000 DM	42.000 DM
3. Jahr:	67.000 DM	40.000 DM
4. Jahr:	55.000 DM	35.000 DM
5. Jahr:	48.000 DM	36.000 DM
6. Jahr:	40.000 DM	32.000 DM

Ermitteln Sie die Vorteilhaftigkeit der Maschine und berücksichtigen Sie dabei einen Kalkulationszinssatz von 8 %!

: **Kapitalwertmethode**

Ein Unternehmen plant mehrere Investitionen:

Investition A

Es liegen zwei Angebote vor, die folgende Daten aufweisen:

		Investitions-objekt I	Investitions-objekt II
Anschaffungswert	DM	140.000	180.000
Liquidationserlös	DM	10.000	20.000
Nutzungsdauer	Jahre	6	6
Überschüsse			
1. Jahr	DM	23.000	30.000
2. Jahr	DM	28.000	38.000
3. Jahr	DM	38.000	42.000
4. Jahr	DM	39.000	46.000
5. Jahr	DM	34.000	39.000
6. Jahr	DM	29.000	32.000

Investition B

Es liegt ein Angebot vor, das als Daten aufweist:

Anschaffungswert	DM	20.000
Liquidationserlös	DM	0
Nutzungsdauer	Jahre	6
Überschüsse		
jährlich	DM	5.100

Investition C

Es liegt ein Angebot vor, das folgende Daten aufweist:

Anschaffungswert	DM	60.000
Liquidationserlös	DM	5.000
Nutzungsdauer	Jahre	6
Überschüsse		
jährlich	DM	5.650

Investition D

Es liegen zwei Angebote vor, die folgende Daten aufweisen:

		Investitions-objekt I	Investitions-objekt II
Anschaffungswert	DM	20.000	20.000
Liquidationserlös	DM	0	3.000
Nutzungsdauer	Jahre	6	6
Überschüsse jährlich	DM	4.400	3.900

Beurteilen Sie die Investitionen unter Verwendung eines Kalkulationszinssatzes von 8 % auf ihre Vorteilhaftigkeit hin!

 : Kapitalwertmethode

Die Metall GmbH will überprüfen, ob es vorteilhaft ist, eine in Betrieb befindliche Maschine jetzt oder später zu ersetzen.

Folgende Daten liegen vor:

		Alte Maschine	Neue Maschine
Anschaffungswert	DM	–	200.000
Liquidationserlös			
bei sofortigem Ersatz	DM	10.000	
bei Ersatz nächste Periode	DM	5.000	
nach Nutzungsdauer	DM	–	
Nutzungsdauer	Jahre	–	10

Der Kalkulationszinssatz beträgt 10 %.

(1) An welche Voraussetzungen ist die mathematische Ermittlung des Ersatzzeitpunktes geknüpft?

(2) Ermitteln Sie den Ersatzzeitpunkt, wenn die jährlichen Überschüsse der alten Maschine 30.000 DM, die jährlichen Überschüsse der neuen Maschine 50.000 DM betragen.

(3) Verändert sich der Ersatzzeitpunkt, wenn die jährlichen Überschüsse der alten Maschine mit 30.000 DM angesetzt werden, die Überschüsse der neuen Maschine aber folgenden Verlauf nehmen:

1. Jahr	63.000 DM		6. Jahr	58.000 DM
2. Jahr	63.000 DM		7. Jahr	56.000 DM
3. Jahr	65.000 DM		8. Jahr	57.000 DM
4. Jahr	63.000 DM		9. Jahr	52.000 DM
5. Jahr	61.000 DM		10. Jahr	50.000 DM

24 : Interne Zinsfuß-Methode

Ein Investitionsobjekt hat einen Anschaffungswert von 140.000 DM und erzielt jährliche Überschüsse von 21.650 DM.

Die im Unternehmen festgelegte Mindestverzinsung beträgt 14 %.

(1) Das Investitionsobjekt ist 15 Jahre nutzbar. Ermitteln Sie, ob es vorteilhaft ist!

(2) Das Investitionsobjekt ist unbestimmte Zeit nutzbar. Wie ist seine Vorteilhaftigkeit zu beurteilen?

(3) Erläutern Sie, weshalb es sich als notwendig erweisen kann, Supplementinvestitionen zu bilden.

25 : Interne Zinsfuß-Methode

Ein Unternehmen, das Zubehörteile für Kraftfahrzeuge fertigt, plant eine Investition. Zwei Möglichkeiten sind gegeben:

		Investitionsobjekt I	Investitionsobjekt II
Anschaffungswert	DM	98.000	98.000
Liquidationserlös	DM	6.000	8.000
Nutzungsdauer	Jahre	6	6
Überschüsse			
1. Jahr	DM	18.000	23.000
2. Jahr	DM	22.000	25.000
3. Jahr	DM	20.000	23.000
4. Jahr	DM	26.000	23.000
5. Jahr	DM	25.000	21.000
6. Jahr	DM	24.000	20.000

(1) Ermitteln Sie rechnerisch, welches Investitionsobjekt das vorteilhaftere ist! Der Kalkulationszinssatz beträgt 10 %.

(2) Stellen Sie das Ergebnis graphisch dar!

(3) Wie ist die Vorteilhaftigkeit der Investition bei einem Kalkulationszinssatz von 12 % zu beurteilen?

26 : Annuitätenmethode

Die Beteiligungs AG beabsichtigt, ein Grundstück zu kaufen. Der Preis beträgt 1.650.000 DM.

(1) Prüfen Sie die Vorteilhaftigkeit der Investition, wenn das Grundstück 5 Jahre lang für 112.000 DM/Jahr verpachtet und danach für 1.850.000 DM verkauft wird. Der Kalkulationszinssatz soll 8 % betragen.

(2) Es wird der Vorschlag gemacht, das Grundstück nicht wieder zu veräußern, sondern unbegrenzt zu nutzen. Es ließe sich eine jährliche Pacht von 127.000 DM erzielen. Errechnen Sie unter Zugrundelegung des Kalkulationszinssatzes von 8 %, ob dieser Vorschlag vorteilhafter ist als die in (1) beschriebene Vorgehensweise.

(3) Ein Baustoffgroßhändler bietet der Beteiligungs AG an, einen 20jährigen Pachtvertrag abzuschließen und das Grundstück danach für 3.528.000 DM zu erwerben. Die jährliche Pacht würde 90.000 DM betragen. Wie ist die Vorteilhaftigkeit bei dem Kalkulationszinssatz von 8 % zu beurteilen?

(4) Kann die vorteilhafteste der Alternativen auch dann noch positiv beurteilt werden, wenn der Kalkulationszinssatz auf 9 % erhöht wird?

27 : Annuitätenmethode

Für eine Investition kommen zwei Objekte in Betracht:

Maschine I kostet 100.000 DM und ist 5 Jahre nutzbar; die jährlichen Überschüsse betragen

28.000 DM
36.000 DM
35.000 DM
32.000 DM
30.000 DM

Der Liquidationserlös wird mit 5.000 DM veranschlagt.

Maschine II kostet 80.000 DM und ist ebenfalls 5 Jahre nutzbar; die jährlichen Überschüsse betragen

> 22.000 DM
> 30.000 DM
> 28.000 DM
> 28.000 DM
> 20.000 DM

Ein Liquidationserlös fällt nicht an.

(1) Ermitteln Sie unter Verwendung eines Kalkulationszinssatzes von 8 %, welches Investitionsobjekt vorteilhafter ist.

(2) Weshalb ist es bei der Anniutätenmethode nicht erforderlich, bei unterschiedlichen Anschaffungswerten und/oder Nutzungsdauern Differenzinvestitionen vorzunehmen?

28 : Annuitätenmethode

Es soll geprüft werden, ob es vorteilhaft ist, eine in Betrieb befindliche Maschine jetzt oder später zu ersetzen.

Daten sind:

		Alte Maschine	Neue Maschine
Anschaffungswert	DM	—	200.000
Liquidationserlös			
bei sofortigem Ersatz	DM	10.000	
bei Ersatz nächste Periode	DM	5.000	
nach Nutzungsdauer	DM	—	2.000
Nutzungsdauer	Jahre		10

Der Kalkulationszinssatz beträgt 10 %.

(1) Ermitteln Sie den Ersatzzeitpunkt, wenn die jährlichen Überschüsse der alten Maschine 30.000 DM, die jährlichen Überschüsse der neuen Maschine 50.000 DM betragen.

(2) Verändert sich der Ersatzzeitpunkt, wenn die jährlichen Überschüsse der alten Maschine mit 30.000 DM angesetzt werden, die Überschüsse der neuen Maschine aber folgenden Verlauf nehmen:

> 1. Jahr 63.000 DM
> 2. Jahr 63.000 DM

3. Jahr	65.000 DM
4. Jahr	63.000 DM
5. Jahr	61.000 DM
6. Jahr	58.000 DM
7. Jahr	56.000 DM
8. Jahr	57.000 DM
9. Jahr	52.000 DM
10. Jahr	50.000 DM

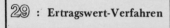

29 : Ertragswert-Verfahren

Ein Unternehmen wird für 300.000 DM zum Verkauf angeboten. Seine Lebensdauer wird noch mit 8 Jahren angesetzt. Die Gewinnerwartungen sehen folgendermaßen aus:

1. Jahr	48.000 DM
2. Jahr	52.000 DM
3. Jahr	55.000 DM
4. Jahr	55.000 DM
5. Jahr	50.000 DM
6. Jahr	49.000 DM
7. Jahr	41.000 DM
8. Jahr	34.000 DM

Der Kalkulationszinssatz beträgt 10 %.

(1) Welche Aussage ermöglicht der Zukunftserfolgswert für den Käufer und den Verkäufer?

(2) Ermitteln Sie den Zukunftserfolgswert!

(3) Würden Sie dazu raten, das Unternehmen zu kaufen?

30 : Ertragswert-Verfahren

Die Beteiligungs AG plant, einen kleinen Fertigungsbetrieb zu übernehmen, der einen durchschnittlichen jährlichen Gewinn von 93.500 DM erwirtschaftet.

(1) Ermitteln Sie den maximalen Kaufpreis für den Fertigungsbetrieb, wenn dem Investitionsobjekt noch eine Lebensdauer von 20 Jahren gegeben und ein Kalkulationszinssatz von 8 % angesetzt wird!

(2) Wie hoch liegt der maximale Kaufpreis bei gleichem Kalkulationszinssatz, jedoch unbegrenzter Lebensdauer?

(3) Die Forderung des Verkäufers beträgt bei Annahme einer 20jährigen Restnutzungsdauer 1.000.000 DM. Kann sie bei einem Kalkulationszinssatz von 6 % von der Beteiligungs AG akzeptiert werden?

31 : Substanzwert-Verfahren

(1) Welche Zusammenhänge bestehen zwischen dem Teilreproduktionswert, Substanzwert und zukunftsorientierten Substanzwert?

(2) Ermitteln Sie den Substanzwert der Peter Schmidtke KG aus der folgenden Bilanz:

Aktiva	Bilanz zum ...		Passiva
	DM		DM
I. Anlagevermögen		I. Kapital Schmidtke	120.000
Grundstücke und Gebäude	80.000	Kapital Heimann	40.000
Maschinen und Werkzeuge	60.000	II. Neubaurücklagen	60.000
Betriebs- und Geschäftsausstattung	10.000	III. Verbindlichkeiten Hypothek	50.000
II. Umlaufvermögen		Lieferschulden	100.000
Roh-, Hilfs- und Betriebsstoffe	60.000		
Halb- und Fertigerzeugnisse	90.000		
Kundenforderungen	50.000		
Bank	20.000		
	370.000		370.000

In der Bilanz ist ein Grundstück ausgewiesen, das nicht betriebsnotwendig ist und dessen Wert 15.000 DM beträgt.

(3) Ein zu bewertendes Unternehmen weist als Zahlungsreihen auf:

	Einnahmen	Ausgaben
1. Jahr	600.000 DM	490.000 DM
2. Jahr	680.000 DM	540.000 DM
3. Jahr	670.000 DM	520.000 DM
4. Jahr	600.000 DM	460.000 DM
5. Jahr	540.000 DM	390.000 DM
6. Jahr	450.000 DM	360.000 DM

Würde ein gleichartiges Unternehmen neu errichtet, ergäben sich folgende Ausgaben:

1. Jahr   540.000 DM
2. Jahr   500.000 DM
3. Jahr   500.000 DM
4. Jahr   430.000 DM
5. Jahr   340.000 DM
6. Jahr   300.000 DM

Ermitteln Sie die Preisobergrenze für den Käufer!
Der Kalkulationszinssatz soll 10 % betragen.

32 : Mittelwert-Verfahren

Ermitteln Sie den Wert eines Unternehmens nach dem Mittelwert-Verfahren.
Folgende Informationen liegen vor:

Anlagevermögen	288.000 DM
Umlaufvermögen	320.000 DM
Nicht betriebsnotwendiges Vermögen	160.000 DM
Jährlicher Gewinn	70.000 DM

Der Kalkulationszinssatz soll 8 % betragen.

(1) Dem Unternehmen wird eine 10jährige Lebensdauer unterstellt.

(2) Es wird angenommen, daß die Lebensdauer des Unternehmens unbegrenzt ist.

33 : Übergewinn-Verfahren

Wie sieht der Unternehmenswert des in Übung 32 angesprochenen Unternehmens aus, wenn er mit Hilfe der Methode der Übergewinnkapitalisierung ermittelt wird?
Die Daten sind:

Anlagevermögen	288.000 DM
Umlaufvermögen	320.000 DM
Nicht betriebsnotwendiges Vermögen	160.000 DM
Jährlicher Gewinn	70.000 DM
Kalkulationszinssatz	8 %
Zinssatz für Übergewinne	15 %

34 : Fundamentalanalyse

Zwei Unternehmen sollen verglichen werden, deren Bilanzen vorliegen:

Werkzeug AG

Aktiva	Bilanz zum ...		Passiva
	DM		DM
Anlagevermögen	580.000	Grundkapital	600.000
Umlaufvermögen	480.000	Gesetzliche Rücklage	20.000
		Freie Rücklage	50.000
		Verbindlichkeiten	390.000
	1.060.000		1.060.000

Metall AG

Aktiva	Bilanz zum...		Passiva
	DM		DM
Anlagevermögen	460.000	Grundkapital	500.000
Umlaufvermögen	610.000	Gesetzliche Rücklage	15.000
		Freie Rücklage	10.000
		Verbindlichkeiten	545.000
	1.070.000		1.070.000

Die Werkzeug AG erwirtschaftet einen jährlichen Gewinn von 118.000 DM.
Bei der Metall AG beträgt der jährliche Gewinn 107.000 DM.
Der Kalkulationszinssatz beträgt 8 %.

(1) Ermitteln Sie die Bilanzkurse beider Unternehmen und beurteilen Sie diese!
(2) Wie hoch sind die Ertragswertkurse beider Unternehmen und wie sind sie zu beurteilen?
(3) Wie verändern sich die Bilanzkurse der Unternehmen, wenn bei der Werkzeug AG stille Reserven von 40.000 DM, bei der Metall AG von 25.000 DM vermutet werden?

35 : Darlehens-Verzinsung

Die Computer GmbH hat einen finanziellen Überschuß, den sie über mehrere Jahre anlegen will. Es ist daran gedacht, 200.000 DM über 6 Jahre hinweg an ein zulieferndes Unternehmen als Darlehen zu gewähren.

(1) Ermitteln Sie, welche einfache und finanzmathematisch korrigierte Effektivverzinsung sich erzielen ließe, wenn folgende Konditionen vereinbart würden:

   Zinssatz   8 %
   Auszahlung   98 %
   Tilgung   Jährlich in gleichen Raten

(2) Wie würde die einfache und die finanzmathematisch korrigierte Effektivverzinsung bei folgenden Konditionen aussehen:

   Zinssatz   7 %
   Auszahlung   95 %
   Tilgung   Nach 2 tilgungsfreien Jahren in gleichen Raten

(3) Wie hoch würde der einfache und der finanzmathematisch korrigierte Effektivzinssatz sein, wenn das Darlehen erst mit Ende der Laufzeit getilgt würde?

36 : Wertpapier-Verzinsung

Ein Unternehmen investiert in Industrieobligationen, die zu folgenden Konditionen ausgegeben werden:

   Auszahlungskurs   96 %
   Rückzahlungskurs   100 %
   Nominalzinssatz   7 %
   Laufzeit   10 Jahre

(1) Ermitteln Sie die einfache Effektivverzinsung und die finanzmathematisch korrigierte Effektivverzinsung der Industrieobligationen, wenn sie jährlich in gleichen Raten getilgt werden!

(2) Wie entwickeln sich der einfache Effektivzinssatz und der finanzmathematisch korrigierte Effektivzinssatz, wenn die Industrieobligationen 4 Jahre tilgungsfrei sind und danach in gleichen jährlichen Raten getilgt wird.

(2) Wie hoch würden der einfache und der finanzmathematisch korrigierte Effektivzinssatz sein, wenn die Konditionen aus (2) gelten, der Rückzahlungskurs aber 104 % betragen würde?

(4) Auf welche Weise ließe sich die Effektivverzinsung noch genauer ermitteln?

37 : Qualitative Bewertungskriterien

(1) Systematisieren Sie die nachfolgenden qualitativen Bewertungskriterien anhand geeigneter Oberbegriffe:

Ästhetik, Patente, Arbeitszufriedenheit, Qualifikationssicherung, Störanfälligkeit, Garantie, Marktanteil, Kundendienst, Energieverbrauch, Lärmentwicklung, Bedienbarkeit, Transportmöglichkeit, Umweltschutzvorschriften, Abfallentsorgung, Kartellgesetze, Distributionsfähigkeit.

(2) Erläutern Sie, was unter Screening- und Scoring-Modellen zu verstehen ist und welche Bedeutung sie für die betriebliche Praxis haben!

38 : Gewichtung der Bewertungskriterien

Bewertungs-kriterium	Vergleich der Bewertungskriterien	Vorzugs-häufig-keiten	Gewich-tungs-faktor	Rang-folge
A	①1 ①1 ①1 ①1 1 1 ①1 1 ① 1 2 3 4 5 6 7 8 9 10 11 12 13 14			
B	②②②② 2 ② 2 ② 2 ② 2 2 ② 2 3 4 5 6 7 8 9 10 11 12 13 14			
C	③③ 3 3 ③ 3 3 3 3 3 3 ③ 3 4 5 6 7 8 9 10 11 12 13 14			
D	④ 4 4 ④ 4 ④ 4 4 4 4 ④ 4 5 6 7 8 9 10 11 12 13 14			
E	⑤ 5 ⑤ 5 5 5 ⑤ 5 5 ⑤ 5 6 7 8 9 10 11 12 13 14			
F	⑥⑥ 6 6 6 ⑥ 6 6 ⑥ 6 7 8 9 10 11 12 13 14			
G	⑦ 7 7 7 ⑦ 7 7 7 7 8 9 10 11 12 13 14			
H	⑧ 8 ⑧ ⑧ ⑧ 8 ⑧ 8 9 ⑩ 11 ⑫ 13 14			
I	⑨ 9 ⑨ 9 9 ⑨ 9 10 11 12 13 14			
J	⑩⑩⑩⑩⑩ 10 11 ⑫ ⑬ 14			
K	⑪ 11 11 11 11 12 13 14			
L	⑫ ⑫ ⑫ 12 ⑬ 14			
M	⑬ ⑬ 13 14			
N	⑭ 14			

(1) Ermitteln Sie durch paarweisen Vergleich die Vorzugshäufigkeiten der Bewertungskriterien!
(2) Errechnen Sie die auf 1 normierten Gewichtungsfaktoren!
(3) Geben Sie die Rangfolge der Gewichte an!

39 : Nutzenbestimmung

Drei alternative Investitionsobjekte stehen zur Auswahl, die unter Verwendung der Gewichtungsfaktoren aus der Übung 38 einer Nutzenbestimmung unterworfen werden.
Folgende Urteile liegen vor:

Bewertungs-kriterium	Investitions-objekt I	Investitions-objekt II	Investitions-objekt III
	Rangklasse	Rangklasse	Rangklasse
A	1	3	2
B	1	1	3
C	1	1	3
D	1	3	3
E	3	2	1
F	1	2	3
G	3	2	1
H	3	2	1
I	1	2	3
J	3	1	2
K	1	2	3
L	3	1	2
M	2	3	1
N	3	2	1

Rangklasse 1: 3 Punkte
Rangklasse 2: 2 Punkte
Rangklasse 3: 1 Punkt

Ermitteln Sie die Nutzwerte!

40 : Rangfolge

Stellen Sie die Rangfolge der in den Übungen 38 und 39 untersuchten Investitionsobjekte dar!

LÖSUNGEN

Lösungen

1 : Planung einer Investition

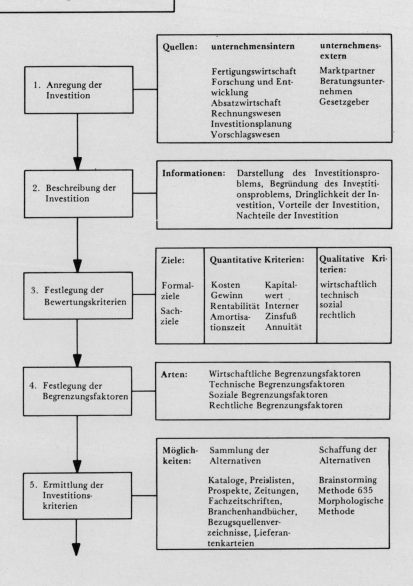

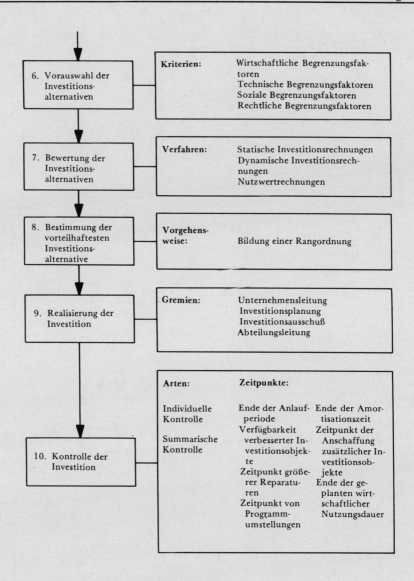

Lösungen 313

> **2** : Probleme der Investitionsplanung

(1)
Listenpreis (netto)	148.000 DM
— Rabatt (5 % von 148.000)	7.400 DM
— Skonto (2 % von 140.600)	2.812 DM
= Zieleinkaufspreis	137.788 DM
+ Verpackung	114 DM
+ Fracht	52 DM
= Nettopreis	137.954 DM

(2) Der Nettopreis stimmt nicht mit den Anschaffungskosten bzw. Anschaffungsausgaben überein, da noch weitere Kosten bzw. Ausgaben anfallen, um die Fräsmaschine nutzbar zu machen.

Für die Investitionsrechnung sind noch zu berücksichtigen:

Nettopreis	137.954 DM
+ Kosten für Installation	419 DM
+ Kosten für Probeläufe	669 DM
= Anschaffungskosten/-ausgaben	139.042 DM

(3) Aus Gründen der Vorsicht sollte die Nutzungsdauer mit dem niedrigsten Schätzwert, also mit 7 Jahren angesetzt werden, insbesondere weil Erfahrungswerte fehlen.

(4) Aus Gründen der Genauigkeit ist ein möglicher Rest(erlös)wert bzw. Liquidationserlös anzusetzen, wenngleich dieser vorsichtig geschätzt werden sollte.

Für die Fräsmaschine ergibt er sich aus der Differenz zwischen dem Schrottwert — als Einnahme bzw. Ertrag — und den zur Realisierung des Schrottwertes noch aufzuwendenden Abbruchkosten — als Ausgabe bzw. Kosten:

Schrottwert	4.500 DM
— Abbruchkosten	980 DM
= Rest(erlös)wert/Liquidationserlös	3.520 DM

(5) Aus Gründen der Vorsicht sollte der Kalkulationszinssatz für die Fräsmaschine nicht — wie im letzten Jahr allgemein — 10 %, sondern zwischen 12 % und 14 % betragen. Dies ist insbesondere deshalb gerechtfertigt, weil die Maschine fremdfinanziert wird und der Zinssatz des Kapitalmarktes eine Grundlage für den Kalkulationszinssatz darstellt.

3 : Einflußfaktoren des Kapitalbedarfes

(1) Der Kapitalbedarf der Firma Peter Schmittke OHG entwickelt sich in folgender Weise:

Dekade / Prozeß	1	2	3	4	5	6	7	8	9	10	11	12	13	14	15
1	7.500	10.500	2.500	0	0	20.500									
2				7.500	10.500	2.500	0	0	20.500						
3							7.500	10.500	2.500	0	0	20.500			
4										7.500	10.500	2.500	0	0	20.500
5													7.500	10.500	2.500
Kumulierte Ausgaben	7.500	18.000	20.500	28.000	38.500	41.000	48.500	59.000	61.500	69.000	79.500	82.000	89.500	100.000	102.500
Kumulierte Einnahmen	0	0	0	0	0	20.500	20.500	20.500	41.000	41.000	41.000	61.500	61.500	61.500	82.000
Kapitalbedarf	7.500	18.000	20.500	28.000	38.500	20.500	28.000	38.500	20.500	28.000	38.500	20.500	28.000	38.500	20.500

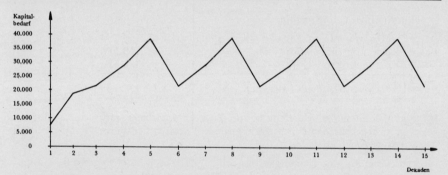

(2) Mit der Verminderung der Lagerzeiten und Zahlungsziele um 50 % ergibt sich, daß der Zahlungsmittelrückfluß bereits in der 5. Dekade erfolgt:

Dekade / Prozeß	1	2	3	4	5	6	7	8	9	10	11	12	13	14	15
1	7.500	10.500	2.500	0	20.500										
2				7.500	10.500	2.500	0	20.500							
3							7.500	10.500	2.500	0	20.500				
4										7.500	10.500	2.500	0		
5													7.500	10.500	2.500
Kumulierte Ausgaben	7.500	18.000	20.500	28.000	38.500	41.000	48.500	59.000	61.500	69.000	79.500	82.000	89.500	100.000	102.500
Kumulierte Einnahmen	0	0	0	0	20.500	20.500	20.500	41.000	41.000	41.000	61.500	61.500	61.500	82.000	82.000
Kapitalbedarf	7.500	18.000	20.500	28.000	18.000	20.500	28.000	18.000	20.500	28.000	18.000	20.500	28.000	18.000	20.500

Lösungen 315

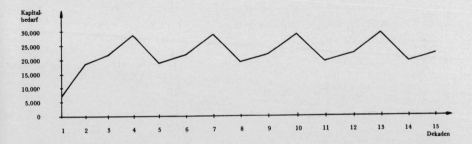

(3) Durch die getroffenen Rationalisierungsmaßnahmen vermindert sich der Kapitalbedarf der Firma Peter Schmittke OHG um:

Dekade	1	2	3	4	5	6	7	8	9	10	11	12	13	14	15
Kapitalbedarf vor Rationalisierung	7.500	18.000	20.500	28.000	38.500	20.500	28.000	38.500	20.500	28.000	38.500	20.500	28.000	38.500	20.500
Kapitalbedarf nach Rationalisierung	7.500	18.000	20.500	28.000	18.000	20.500	28.000	18.000	20.500	28.000	18.000	20.500	28.000	18.000	20.500
Verminderung des Kapitalbedarfes durch Rationalisierung	0	0	0	0	20.500	0	0	20.500	0	0	20.500	0	0	20.500	0

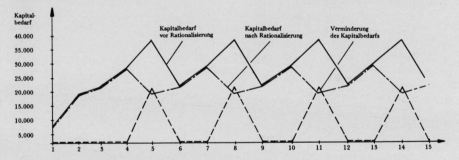

4 : Ermittlung des Kapitalbedarfes

(1) Gebäude 750.000 DM
Maschinen 550.000 DM
Betriebs- und Geschäftsausstattung 350.000 DM
Gründung und Ingangsetzung des Geschäfts-
betriebes 10.000 DM

Anlagekapitalbedarf 1.660.000 DM

Roh-, Hilfs- und Betriebsstoffe
4.000 x (20 + 6 + 10 + 5 − 15) 104.000 DM
Löhne und Gehälter
7.000 x (6 + 10 + 5) 147.000 DM
Sonstige Ausgaben
1.000 x (6 + 10 + 5) 21.000 DM

Umlaufkapitalbedarf 272.000 DM

Anlagekapitalbedarf 1.660.000 DM
Umlaufkapitalbedarf 272.000 DM

Gesamtkapitalbedarf 1.932.000 DM

(2) Anlagekapitalbedarf 1.660.000 DM

Roh-, Hilfs- und Betriebsstoffe
4.000 x (20 + 6 + 10 + 30 − 5) 244.000 DM
Löhne und Gehälter
7.000 x (6 + 10 + 30) 322.000 DM
Sonstige Ausgaben
1.000 x (6 + 10 + 30) 46.000 DM

Umlaufkapitalbedarf 612.000 DM

Anlagekapitalbedarf 1.660.000 DM
Umlaufkapitalbedarf 612.000 DM

Gesamtkapitalbedarf 2.272.000 DM

(3) Anlagekapitalbedarf 1.660.000 DM
Roh-, Hilfs- und Betriebsstoffe
4.000 x (10 + 6 + 5 + 30 − 5) 184.000 DM
Löhne und Gehälter
7.000 x (6 + 5 + 30) 287.000 DM
Sonstige Ausgaben
1.000 x (6 + 5 + 30) 41.000 DM

Umlaufkapitalbedarf 512.000 DM

Anlagekapitalbedarf	1.660.000 DM
Umlaufkapitalbedarf	512.000 DM
Gesamtkapitalbedarf	2.172.000 DM

5 : Kostenvergleichsrechnung

(1) $KD = \dfrac{A}{n} + \dfrac{A}{2} \cdot i$

$KD = \dfrac{140.000}{7} + \dfrac{140.000}{2} \cdot 0,10$

$KD = 20.000 + 7.000$

$\underline{\underline{KD = 27.000 \text{ DM}}}$

(2) $B = 15.000 + 180.000$

$\underline{\underline{B = 195.000 \text{ DM}}}$

(3) Mit Hilfe der Kostenvergleichsrechnung ist es nicht möglich, ein einzelnes Investitionsobjekt auf seine Vorteilhaftigkeit hin zu beurteilen.

Die für ein Investitionsobjekt anfallenden Kosten müßten mit den bei einem anderen alternativen Investitionsobjekt oder mit dem aus dem Investitionsobjekt zu erzielenden Gewinn verglichen werden, um eine Aussage zu ermöglichen.

(4) **Mathematischer Vergleich:**

$B_I + \dfrac{A_I}{2} \cdot i + \dfrac{A_I}{n_I} \quad \gtreqless \quad B_{II} + \dfrac{A_{II}}{2} \cdot i + \dfrac{A_{II}}{n_{II}}$

$195.000 + 7.000 + 20.000 \qquad\qquad 179.000 + 8.050 + 23.000$

$\underline{\underline{= 222.000 \text{ DM}}} \qquad\qquad\qquad\quad \underline{\underline{= 210.050 \text{ DM}}}$

$\qquad\qquad\qquad\qquad K_I \quad > \quad K_{II}$

Tabellarischer Vergleich:

		Investitions-objekt I	Investitions-objekt II
Anschaffungskosten	DM	140.000	161.000
Restwert	DM	0	0
Nutzungsdauer	Jahre	7	7
Auslastung	Stück/Jahr	28.000	28.000
Zinssatz	%	10	10
Abschreibungen	DM/Jahr	20.000	23.000
Zinsen	DM/Jahr	7.000	8.050
Sonstige fixe Kosten	DM/Jahr	15.000	14.000
Fixe Kosten	DM/Jahr	42.000	45.050
Variable Kosten	DM/Jahr	180.000	165.000
Gesamte Kosten	DM/Jahr	222.000	210.050
Kostendifferenz I – II	DM/Jahr	11.950	

Das Investitionsobjekt II ist vorteilhafter als das Investitionsobjekt I, da es jährlich um 11.950 DM geringere Kosten verursacht.

6 : Kostenvergleichsrechnung

(1) Die variablen Kosten sind von 10.000 Stück/Jahr bzw. 9.000 Stück/Jahr auf die Auslastung von 8.000 Stück/Jahr umzurechnen.

Der Kostenvergleich kann wegen der gleich hohen Auslastung der Investitionsalternativen pro Periode oder pro Leistungseinheit vorgenommen werden.

Kostenvergleich pro Periode:

		Investitions-objekt I	Investitions-objekt II	Investitions-objekt III
Anschaffungskosten	DM	80.000	85.000	90.000
Restwert	DM	4.000	5.000	6.000
Nutzungsdauer	Jahre	8	8	8
Auslastung	Stück/Jahr	8.000	8.000	8.000
Zinssatz	%	12	12	12
Abschreibungen	DM/Jahr	9.500	10.000	10.500
Zinsen	DM/Jahr	5.040	5.400	5.760
Gehälter	DM/Jahr	54.000	52.000	58.000
Sonstige fixe Kosten	DM/Jahr	14.000	14.000	15.000
Fixe Kosten	DM/Jahr	82.540	81.400	89.260
Löhne*	DM/Jahr	115.000	109.000	98.000
Materialkosten*	DM/Jahr	98.000	98.000	97.000
Sonstige variable Kosten*	DM/Jahr	9.000	9.000	9.000
Variable Kosten		222.000	216.000	204.000
Gesamte Kosten		304.540	297.400	293.260
Kostendifferenz		+ 7.140	+ 4.140	

* Löhne: $\frac{143.750 \cdot 8.000}{10.000} = 115.000 \quad \frac{136.250 \cdot 8.000}{10.000} = 109.000 \quad \frac{110.250 \cdot 8.000}{9.000} = 98.000$

Materialkosten: $\frac{122.500 \cdot 8.000}{10.000} = 98.000 \quad \frac{122.500 \cdot 8.000}{10.000} = 98.000 \quad \frac{109.125 \cdot 8.000}{9.000} = 97.000$

Sonstige variable Kosten: $\frac{11.250 \cdot 8.000}{10.000} = 9.000 \quad \frac{11.250 \cdot 8.000}{10.000} = 9.000 \quad \frac{10.125 \cdot 8.000}{9.000} = 9.000$

Lösungen

Das Investitionsobjekt III ist das vorteilhafteste, da es die geringsten Kosten verursacht.

Kostenvergleich pro Leistungseinheit:

		Investitions-objekt I	Investitions-objekt II	Investitions-objekt III
Anschaffungskosten	DM	80.000	85.000	90.000
Restwert	DM	4.000	5.000	6.000
Nutzungsdauer	Jahre	8	8	8
Auslastung	Stück/Jahr	8.000	8.000	8.000
Zinssatz	%	12	12	12
Abschreibungen	DM/Stück			
9.500 : 8.000		1,19		
10.000 : 8.000			1,25	
10.500 : 8.000				1,31
Zinsen	DM/Stück			
5.040 : 8.000		0,63		
5.400 : 8.000			0,66	
5.760 : 8.000				0,72
Gehälter	DM/Stück			
54.000 : 8.000		6,75		
52.000 : 8.000			6,50	
58.000 : 8.000				7,25
Sonstige fixe Kosten	DM/Stück			
14.000 : 8.000		1,75		
14.000 : 8.000			1,75	
15.000 : 8.000				1,88
Fixe Kosten	DM/Stück	10,32	10,16	11,16
Löhne	DM/Stück			
115.000 : 8.000		14,38		
109.000 : 8.000			13,63	
98.000 : 8.000				12,25
Materialkosten	DM/Stück			
98.000 : 8.000		12,25		
98.000 : 8.000			12,25	
97.000 : 8.000				12,13
Sonstige variable Kosten	DM/Stück			
9.000 : 8.000		1,13		
9.000 : 8.000			1,13	
9.000 : 8.000				1,13
Variable Kosten	DM/Stück	27,76	27,01	25,51
Gesamte Kosten	DM/Stück	38,08	37,17	36,67
Kostendifferenz	DM/Stück	+ 0,91	+ 0,50	

Das Investitionsobjekt III ist auch beim Kostenvergleich pro Leistungseinheit das vorteilhafteste, da es die geringsten Kosten verursacht.

(2) Ermittlung der kritischen Ausbringungsmenge:

		Investitions-objekt I	Investitions-objekt II	Investitions-objekt III
Fixe Kosten	DM/Jahr	82.540	81.400	89.260
Variable Kosten	DM/Jahr	222.000	216.000	204.000
Gesamte Kosten	DM/Jahr	304.540	297.400	293.260

$$K_{fI} + k_{vI}x = K_{fII} + k_{vII}x$$

$$82.540 + \frac{222.000}{8.000}x = 81.400 + \frac{216.000}{8.000}x$$

$$82.540 + 27{,}75\,x = 81.400 + 27{,}00\,x$$

$$x = -1.520$$

$$K_{fII} + k_{vII}x = K_{fIII} + k_{vIII}x$$

$$81.400 + \frac{216.000}{8.000}x = 89.260 + \frac{204.000}{8.000}x$$

$$81.400 + 27{,}00\,x = 89.260 + 25{,}50\,x$$

$$x = 5.240$$

$$K_{fI} + k_{vI}x = K_{fIII} + k_{vIII}x$$

$$82.540 + 27{,}75\,x = 89.260 + 25{,}50\,x$$

$$x = 2.987$$

Das Investitionsobjekt I ist für die Investitionsentscheidung völlig uninteressant. Es liegt in seiner Kostenentwicklung bei jeder Produktionsmenge über den Kosten des Investitionsobjektes II. Eine kritische Menge ergibt sich zum Investitionsobjekt II erst im Minusbereich. Zum Investitionsobjekt II gibt es eine kritische Menge, die aber ebenfalls nicht von Bedeutung ist, weil sie auf einem höheren Kostenniveau liegt als das Investitionsobjekt II.

Für die Investitionsobjekte II und III gibt es eine kritische Menge, die beachtet werden muß. Liegt die Produktionsmenge unter 5.240 Stück/Jahr, ist das Investitionsobjekt III das vorteilhaftere; bei einer Auslastung über 5.240 Stück/Jahr empfiehlt es sich, das Investitionsobjekt II anzuschaffen.

Lösungen

Graphisch läßt sich dies zeigen:

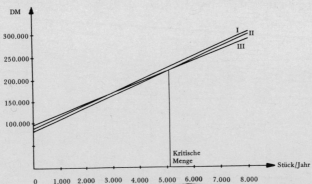

(3) Es lassen sich nach Angaben der Marketing-Abteilung künftig um 10.000 Stück absetzen. Diese Auslastung ist bei den Investitionsobjekten I und II möglich und deshalb beim Kostenvergleich anzusetzen. Mit dem Investitionsobjekt III hingegen lassen sich nur 9.000 Stück fertigen, die dem Kostenvergleich zugrundezulegen sind.

Bei unterschiedlicher Auslastung der alternativen Investitionsobjekte muß der Kostenvergleich pro Leistungseinheit vorgenommen werden:

		Investitionsobjekt I	Investitionsobjekt II	Investitionsobjekt III
Anschaffungskosten	DM	80.000	85.000	90.000
Restwert	DM	4.000	5.000	6.000
Nutzungsdauer	Jahre	8	8	8
Auslastung	Stück/Jahr	10.000	10.000	9.000
Zinssatz	%	12	12	12
Abschreibungen 9.500 : 10.000 10.000 : 10.000 10.500 : 9.000	DM/Stück	0,95		1,17
Zinsen 5.040 : 10.000 5.400 : 10.000 5.760 : 9.000	DM/Stück	0,50	0,54	0,64
Gehälter 54.000 : 10.000 52.000 : 10.000 58.000 : 9.000	DM/Stück	5,40	5,20	6,44
Sonstige fixe Kosten 14.000 : 10.000 14.000 : 10.000 15.000 : 9.000	DM/Stück	1,40	1,40	1,67
Fixe Kosten	DM/Stück		8,14	9,92
Variable Kosten*	DM/Stück	27,76	27,01	25,51
Gesamte Kosten	DM/Stück	36,01	35,15	35,43
Kostendifferenz	DM/Stück	+ 0,86	− 0,28	

Bei der Veränderung der Auslastung auf 10.000 Stück bzw. 9.000 Stück ist das Investitionsobjekt III nicht mehr das vorteilhafteste, sondern das Investitions-

---

* Die variablen Kosten pro Stück können unmittelbar aus (1) übernommen werden, da sie bei einer Veränderung der Ausbringungsmenge gleich bleiben.

objekt II, das um 0,28 DM/Stück kostengünstiger als das Investitionsobjekt III und um 0,86 DM/Stück kostengünstiger als das Investitionsobjekt I fertigt.

7 : Kostenvergleichsrechnung

(1) Produktion / Beschaffung von 5.000 Drehteilen

		Investitionsobjekt I	Investitionsobjekt II	Fremdbezug
Anschaffungskosten	DM	48.000	120.000	
Restwert	DM	0	0	
Nutzungsdauer	Jahre	6	6	
Auslastung	Stück/Jahr	5.000	5.000	
Zinssatz	%	8	8	
Abschreibungen	DM/Stück	1,60	4,00	
Zinsen	DM/Stück	0,38	0,96	
Gehälter	DM/Stück	2,00	2,00	
Sonstige fixe Kosten	DM/Stück	1,60	2,00	
Fixe Kosten	DM/Stück	5,58	8,96	
Löhne	DM/Stück	5,50	2,90	
Material	DM/Stück	10,00	9,60	
Sonstige variable Kosten	DM/Stück	0,75	0,50	
Variable Kosten	DM/Stück	16,25	13,00	
Gesamte Kosten	DM/Stück	21,83	21,96	21,00
Kostendifferenz	DM/Stück	− 0,13	+ 0,96	

Es ist vorteilhafter, die 5.000 benötigten Drehteile durch Fremdbezug zu beschaffen, da dies im Vergleich zum Investitionsobjekt I um 0,83 DM, zum Investitionsobjekt II um 0,96 DM pro Stück kostengünstiger ist.

Die Vorteilhaftigkeit könnte auch durch Periodenvergleich ermittelt werden.

(2) Produktion / Beschaffung von 6.000 Drehteilen

		Investitionsobjekt I	Investitionsobjekt II	Fremdbezug
Anschaffungskosten	DM	48.000	120.000	
Restwert	DM	0	0	
Nutzungsdauer	Jahre	6	6	
Auslastung	Stück/Jahr	6.000	6.000	
Zinssatz	%	8	8	
Abschreibungen	DM/Stück	1,33	3,33	
Zinsen	DM/Stück	0,32	0,80	
Gehälter	DM/Stück	1,67	1,67	
Sonstige fixe Kosten	DM/Stück	1,33	1,67	
Fixe Kosten	DM/Stück	4,65	7,47	
Variable Kosten	DM/Stück	16,25	13,00	
Gesamte Kosten	DM/Stück	20,90	20,47	21,00
Kostendifferenz	DM/Stück	+ 0,43	− 0,53	

Bei einem jährlichen Bedarf von 6.000 Drehteilen ist es von Vorteil, das Investitionsobjekt II anzuschaffen, da es im Vergleich zum Fremdbezug um 0,53 DM pro Stück, zum Investitionsobjekt I um 0,43 DM pro Stück kostengünstiger ist.

Die Vorteilhaftigkeit könnte auch durch Periodenvergleich ermittelt werden.

(3) **Ermittlung der kritischen Mengen**

		Investitionsobjekt I	Investitionsobjekt II	Fremdbezug
Fixe Kosten*	DM/Jahr	27.900	44.800	
Variable Kosten**	DM/Jahr	81.250	65.000	
Gesamte Kosten	DM/Jahr	109.150	109.800	
Gesamte Kosten	DM/Stück	21,83	21,96	21,00

$$K_{fI} + k_{vI} x = K_{fII} + k_{vII} x$$

$$27.900 + 16,25 x = 44.800 + 13 x$$

$$x = 5.200$$

$$K_{fI} + k_{vI} x = K_{fIII} + k_{vIII} x$$

$$27.900 + 16,25 x = 21 x$$

$$x = 5.874$$

$$K_{fII} + k_{vII} x = K_{fIII} + k_{vIII} x$$

$$44.800 + 13 x = 21 x$$

$$x = 5.600$$

Liegt der jährliche Bedarf an Drehteilen unter 5.600 Stück, ist ein Fremdbezug vorzunehmen. Bei einem jährlichen Bedarf über 5.600 Stück sollte das Investitionsobjekt II angeschafft werden.

Die kritischen Mengen 5.200 und 5.874 haben keine Bedeutung, weil es dort jeweils eine bereits kostengünstigere Alternative gibt. In der graphischen Darstellung läßt sich dies erkennen:

```
*    5,58 DM · 5.000 = 27.900 DM
     8,96 DM · 5.000 = 44.800 DM
**  16,25 DM · 5.000 = 81.250 DM
    13,00 DM · 5.000 = 65.000 DM
```

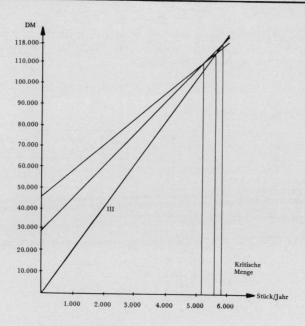

(4) **Produktion mit voller Kapazität**

		Investitionsobjekt I		Investitionsobjekt II	
Anschaffungskosten	DM	48.000		120.000	
Restwert	DM	0		0	
Nutzungsdauer	Jahre	6		6	
Auslastung	Stück/Jahr	8.000		10.000	
Zinssatz	%	8		8	
Abschreibungen	DM/Jahr	8.000		20.000	
Zinsen	DM/Jahr	1.920		4.800	
Gehälter	DM/Jahr	10.000		10.000	
Sonstige fixe Kosten	DM/Jahr	8.000		10.000	
Fixe Kosten	DM/Jahr	27.920		44.800	
27.920 : 8.000			3,49		
44.800 : 10.000	DM/Stück				4,48
Löhne	DM/Jahr	44.000		29.000	
Material	DM/Jahr	80.000		96.000	
Sonstige variable Kosten	DM/Jahr	6.000		5.000	
Variable Kosten	DM/Jahr	130.000		130.000	
130.000 : 8.000 bzw.					
130.000 : 10.000	DM/Jahr		16,25		13,00
			17,48		
Kostendifferenz	DM/Stück		+ 2,26		

Das Investitionsobjekt II ist bei einer Produktion mit voller Kapazität das um 2,26 DM pro Stück kostengünstigere.

Lösungen

8 : Kostenvergleichsrechnung

(1)

		Altes Investitionsobjekt	Neues Investitionsobjekt
Anschaffungskosten	DM	80.000	100.000
Restwert	DM	10.000	8.000
Nutzungsdauer	Jahre	8	8
Auslastung	Stück/Jahr	3.000	3.000
Zinssatz	%	10	10
Restnutzungsdauer	Jahre	3	–
Resterlöswert Ende 5. Jahr	DM	30.000	–
Resterlöswert Ende 8. Jahr	DM	6.000	–
Abschreibungen	DM/Jahr	–	11.500
Verringerung des Liquidationswertes	DM/Jahr	8.000	–
Zinsen	DM/Jahr	1.800	5.400
Sonstige fixe Kosten	DM/Jahr	15.000	13.000
Fixe Kosten	DM/Jahr	24.800	29.900
Löhne	DM/Jahr	28.000	28.000
Energiekosten	DM/Jahr	58.000	55.500
Sonstige variable Kosten	DM/Jahr	16.000	15.000
Variable Kosten	DM/Jahr	102.000	98.500
Gesamtkosten	DM/Jahr	126.800	128.400
Differenz A – N	DM/Jahr	– 1.600	

Der Kostenvergleich zeigt, daß es zum Ende des 5. Jahres nicht vorteilhaft ist, den alten Lastkraftwagen durch den neuen Lastkraftwagen zu ersetzen, weil der neue Lastkraftwagen um 1.600 DM/Jahr höhere Kosten verursacht als der alte Lastkraftwagen.

Der Kostenvergleich könnte auch durch Vergleich pro Leistungseinheit ermittelt werden.

(2)

		Altes Investitionsobjekt	Neues Investitionsobjekt
Anschaffungskosten	DM	80.000	100.000
Restwert	DM	10.000	8.000
Nutzungsdauer	Jahre	8	8
Auslastung	Stück/Jahr	3.000	3.200
Zinssatz	%	10	10
Restnutzungsdauer	Jahre	3	–
Resterlöswert Ende 5. Jahr	DM	30.000	–
Resterlöswert Ende 8. Jahr	DM	6.000	–
Abschreibungen	DM/Stück	–	3,59
Verringerung des Liquidationswertes	DM/Stück	2,67	–
Zinsen	DM/Stück	0,60	1,69
Sonstige fixe Kosten	DM/Stück	5,00	4,06
Fixe Kosten	DM/Stück	8,27	9,34
Löhne	DM/Stück	9,33	9,33
Energiekosten	DM/Stück	19,33	16,65
Sonstige variable Kosten	DM/Stück	5,33	5,00
Variable Kosten	DM/Stück	33,99	30,98
Gesamte Kosten	DM/Stück	42,26	40,32
Kostendifferenz A–N	DM/Stück	+ 1,94	

Es läßt sich erkennen, daß der neue Lastkraftwagen der konkurrierenden Marke gekauft werden sollte, da er um 1,94 DM pro Betriebsstunde kostengünstiger ist als der alte Lastkraftwagen.

9 : Gewinnvergleichsrechnung

(1)

Anschaffungskosten	DM	80.000	
Nutzungsdauer	Jahre	8	
Auslastung	Stück/Jahr	12.000	
Erträge	DM/Jahr		96.000
Kapitaldienst	DM/Jahr	14.000	
Betriebskosten	DM/Jahr	62.000	
Gesamte Kosten	DM/Jahr		76.000
Gewinn	DM/Jahr		20.000

Lösungen

Das vorliegende Angebot ist vorteilhaft, da sich ein Gewinn von 20.000 DM/Jahr mit dem Investitionsobjekt erzielen läßt.

(2)

		Investitionsobjekt I	Investitionsobjekt II
Anschaffungskosten	DM	80.000	70.000
Nutzungsdauer	Jahre	8	8
Auslastung	Stück/Jahr	12.000	12.000
Erträge	DM/Jahr	96.000	96.000
Kapitaldienst	DM/Jahr	14.000	12.250
Betriebskosten	DM/Jahr	62.000	66.000
Gesamte Kosten	DM/Jahr	76.000	78.250
Gewinn	DM/Jahr	20.000	17.750
Gewinndifferenz I – II	DM/Jahr	+ 2.250	

Das zuerst betrachtete Investitionsobjekt (I) ist das vorteilhaftere, weil es einen um 2.250 DM/Jahr höheren Gewinn erzielen läßt als das Investitionsobjekt II.

(3) Es läßt sich nicht hinreichend genau ermitteln, welche Gewinne von den alternativen Investitionsobjekten bei einer Auslastung von 8.000 Stück/Jahr erzielt werden, weil die für die Berechnung erforderliche Auflösung der Kosten in fixe und variable Teile nicht vorliegt.

(4)

		Investitionsobjekt I	Investitionsobjekt II
Auslastung	Stück/Jahr	12.000	12.000
Erträge	DM/Stück	8	8
Fixe Kosten	DM/Jahr		
14.000 + 3.400		17.400	
12.250 + 1.600			13.850
Variable Kosten	DM/Stück		
(62.000 – 3.400) : 12.000		4,88	
(66.000 – 1.600) : 12.000			5,37

$G_I = p_I \, x \; - \; k_{vI} \, x - K_{fI}$

$G_I = 8 \, x - 4,88 \, x - 17.400$

$G_{II} = p_{II} \, x \; - \; k_{vII} \, x \; - \; K_{fII}$

$G_{II} = 8 \, x \; - \; 5,37 \, x \; - \; 13.850$

$$G_I = G_{II}$$
$$8x - 4{,}88x - 17.400 = 8x - 5{,}37x - 13.850$$
$$\underline{\underline{x = 7.245}}$$

Die kritische Menge beträgt 7.245 Stück/Jahr. Liegt die Auslastung unter 7.245 Stück/Jahr, dann ist das Investitionsobjekt II das vorteilhaftere. Bei einer Auslastung über 7.245 Stück/Jahr sollte das Investitionsobjekt I angeschafft werden.

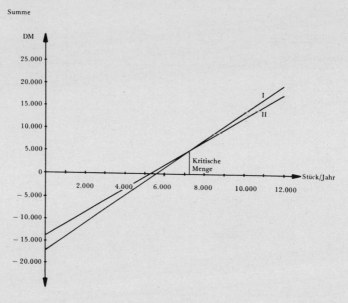

10 : Gewinnvergleichsrechnung

(1) Da von einer gleich hohen Auslastung beider Investitionsobjekte pro Jahr ausgegangen wird, kann der Gewinnvergleich als
- Vergleich pro Periode
- Vergleich pro Leistungseinheit

vorgenommen werden.

Es ist zu unterstellen, daß die Problematik der Kostenermittlung für das alte Investitionsobjekt bereits bei den im Kasten angegebenen fixen Kosten berücksichtigt wurde.

		Altes Investitionsobjekt	Neues Investitionsobjekt
Anschaffungskosten	DM	120.000	140.000
Restwert	DM	10.000	12.000
Nutzungsdauer	Jahre	8	8
Auslastung	Stück/Jahr	20.000	20.000
Zinssatz	%	8	8
Restnutzungsdauer	Jahre	3	–
Resterlöswert Ende des 5. Jahres	DM	60.000	–
Resterlöswert Ende des 8. Jahres	DM	16.000	–
Erträge	DM/Jahr	200.000	210.000
Fixe Kosten	DM/Jahr	31.000	46.000
Variable Kosten	DM/Jahr	147.000	149.000
Gesamte Kosten	DM/Jahr	178.000	195.000
Gewinn	DM/Jahr	22.000	15.000
Gewinndifferenz A–N	DM/Jahr	+ 7.000	

Es ist nicht vorteilhaft, das alte Investitionsobjekt ausscheiden zu lassen und das neue Investitionsobjekt zu beschaffen, da es einen um 7.000 DM/Jahr höheren Gewinn erwirtschaftet als das neue Investitionsobjekt.

(2) Beim alten Investitionsobjekt ist eine Erhöhung der Auslastung nicht möglich; beim neuen Investitionsobjekt kann sie vorgenommen werden. Wegen unterschiedlicher Auslastung beider Investitionsobjekte kann nur ein Periodenvergleich erfolgen.

		Altes Investitionsobjekt	Neues Investitionsobjekt
Anschaffungskosten	DM	120.000	140.000
Restwert	DM	10.000	12.000
Nutzungsdauer	Jahre	8	8
Auslastung	Stück/Jahr	20.000	22.000
Zinssatz	%		
Restnutzungsdauer	DM/Jahr	3	–
Resterlöswert Ende des 5. Jahres	DM	60.000	–
Resterlöswert Ende des 8. Jahres	DM	16.000	–
Erträge	DM/Jahr	200.000	231.000
Fixe Kosten	DM/Jahr	31.000	46.000
Variable Kosten	DM/Jahr	147.000	163.900
Gesamte Kosten	DM/Jahr	178.000	209.900
Gewinn	DM/Jahr	22.000	21.100
Gewinndifferenz A–N	DM/Jahr	+ 900	

Auch bei einer Erhöhung der Ausbringungsmenge auf 22.000 Stück/Jahr ist es nicht vorteilhaft, das alte Investitionsobjekt ausscheiden zu lassen.

11 : Rentabilitätsvergleichsrechnung

(1)

Anschaffungskosten	DM	100.000
Restwert	DM	0
Nutzungsdauer	Jahre	8
Auslastung	Stück/Jahr	15.000
Zinssatz	%	10
Erträge	DM/Jahr	127.500
Abschreibungen	DM/Jahr	12.500
Zinsen	DM/Jahr	–
Sonstige fixe Kosten	DM/Jahr	19.000
Fixe Kosten	DM/Jahr	31.500
Variable Kosten	DM/Jahr	90.000
Gesamte Kosten	DM/Jahr	121.500
Gewinn	DM/Jahr	6.000

$$R = \frac{E - K}{D} \cdot 100$$

$$R = \frac{6.000}{50.000} \cdot 100$$

$$\underline{\underline{R = 12\,\%}}$$

Die Investition ist nicht vorteilhaft, weil die von der Chemie AG festgelegte Mindestrentabilität nicht erreicht wird.

(2) Zunächst ist der sich aus der Gewinnvergleichsrechnung ergebende Gewinn zu korrigieren. Da in der Gewinnvergleichsrechnung kalkulatorische Zinsen angesetzt wurden, die den Gewinn gemindert haben, werden diese Zinsen dem Gewinn hinzugerechnet:

$$\text{Gewinn: } 3.500 + \frac{98.000}{2} \cdot 0{,}10 = \underline{\underline{8.400 \text{ DM}}}$$

$$R = \frac{G}{D}$$

$$R = \frac{8.400}{49.000} \cdot 100$$

$$\underline{\underline{R = 17{,}1\,\%}}$$

Die Rentabilität des nunmehr betrachteten Investitionsobjektes ist zwar erheblich höher als beim zuvor überprüften Investitionsobjekt, wird aber eben-

so nicht der Førderung der Chemie AG gerecht, die Rentabilität müsse mindestens 20 % betragen.
Die Investition ist nicht vorteilhaft.

12 : Rentabilitätsvergleichsrechnung

(1)

		Investitionsobjekt I	Investitionsobjekt II	Investitionsobjekt III
Anschaffungskosten	DM	80.000	120.000	160.000
Restwert	DM	5.000	7.000	9.000
Nutzungsdauer	Jahre	8	8	8
Auslastung	Stück/Jahr	18.000	20.000	22.000
Zinssatz	%	8	8	8
Erträge	DM/Jahr	190.950	212.100	233.020
Fixe Kosten ohne Zinsen	DM/Jahr	18.200	28.300	39.650
Variable Kosten	DM/Jahr	168.700	176.620	184.360
Gesamte Kosten	DM/Jahr	186.900	204.920	224.010
Gewinn	DM/Jahr	4.050	7.180	9.010

$$R_I = \frac{G_I}{D_I} \cdot 100$$

$$R_I = \frac{4.050}{(80.000 - 5.000) : 2} \cdot 100$$

$$R_I = 10,8 \%$$

$$R_{II} = \frac{G_{II}}{D_{II}} \cdot 100$$

$$R_{II} = \frac{7.180}{(120.000 - 7.000) : 2} \cdot 100$$

$$R_{II} = 12,7 \%$$

$$R_{III} = \frac{G_{III}}{D_{III}} \cdot 100$$

$$R_{III} = \frac{9.010}{(160.000 - 9.000) : 2} \cdot 100$$

$$R_{III} = 11,9 \%$$

(2) Die ermittelten Rentabilitäten sind **nicht aussagefähig**, weil die Anschaffungskosten der alternativen Investitionsobjekte erheblich auseinanderliegen.

Der vorliegende Rentabilitätsvergleich kann nur vorgenommen werden, wenn Differenzinvestitionen berücksichtigt werden, welche die Anschaffungskosten vergleichbar machen.

(3) Investitionsobjekt I:

Dieses Investitionsobjekt muß um eine Differenzinvestition erweitert werden:

$$\text{Investitionsobjekt III} - \text{Investitionsobjekt I} = \text{Differenzinvestition}$$

(160.000 − 9.000) − (80.000 − 5.000) = 76.000 DM

Gewinn aus der Differenzinvestition:

76.000 · 0,14 = 10.640 DM

$$R_I = \frac{G_I + G_{Diff.}}{(D_I + D_{Diff.}) : 2} \cdot 100$$

$$R_I = \frac{4.050 + 10.640}{(75.000 + 76.000) : 2} \cdot 100$$

$$R_I = 19,5\,\%$$

Investitionsobjekt II:

Ebenso muß dieses Investitionsobjekt um eine Differenzinvestition erweitert werden:

$$\text{Investitionsobjekt III} - \text{Investitionsobjekt II} = \text{Differenzinvestition}$$

(160.000 − 9.000) − (120.000 − 7.000) = 38.000 DM

Gewinn aus der Differenzinvestition:

38.000 · 0,14 = 5.320 DM

$$R_{II} = \frac{G_{II} + G_{Diff.}}{(D_I + D_{Diff.}) : 2} \cdot 100$$

$$R_{II} = \frac{7.180 + 5.320}{(113.000 + 38.000) : 2} \cdot 100$$

$$R_{II} = 16,6\,\%$$

Investitionsobjekt III

Hier ist die Bildung einer Diffenrenzinvestition nicht erforderlich. Die in (1) ermittelte Rentabilität ist zutreffend:

$R_{III} = 11,9\,\%$

(4) Die berechneten Rentabilitäten ergeben folgendes Bild:

	Investitionsobjekt I	Investitionsobjekt II	Investitionsobjekt III
Rentabilität ohne Differenzinvestition	10,8 %	12,7 %	11,9 %
Rentabilität mit Differenzinvestition	19,5 %	16,6 %	11,9 %

Die relativ hohe Verzinsung der Differenzinvestition läßt das in (1) am schlechtesten beurteilte Investitionsobjekt I nun am vorteilhaftesten erscheinen.

Auch beim Investitionsobjekt II führt die Differenzinvestition zu einer Erhöhung der Rentabilität, allerdings nicht im Umfang wie beim Investitionsobjekt I, weil der Umfang der Differenzinvestition erheblich geringer ist.

Das Investitionsobjekt III kann nicht an der vorteilhaften Verzinsung der Differenzinvestition partizipieren und erfährt deshalb keine Verbesserung der Rentabilität.

13 : Rentabilitätsvergleichsrechnung

(1) $R = \dfrac{K_A - K_N}{D_N} \cdot 100$

$R = \dfrac{60.000 - 42.000}{150.000 : 2} \cdot 100$

$R = 24\,\%$

Die Investition ist vorteilhaft, weil sie die von der Chemie AG geforderte Mindestrentabilität um 4 % übersteigt.

(2) $R = \dfrac{K_A - K_N}{D_N} \cdot 100$

$R = \dfrac{60.000 - 42.000}{(150.000 : 2) + 15.000} \cdot 100$

$R = 20\,\%$

Die Investition ist noch immer vorteilhaft, denn sie erzielt die von der Chemie AG geforderte Mindestrentabilität von 20 %.

(3) Ein Resterlös der alten Maschine hat Einfluß auf die Rentabilität der Investition; er ist im Nenner des Bruches zu berücksichtigen.

Ergänzung zu (1):

$R = \dfrac{60.000 - 42.000}{(150.000 : 2) - 7.000} \cdot 100$

$R = 26{,}5\,\%$

Ergänzung zu (2):

$R = \dfrac{60.000 - 42.000}{(150.000 : 2) + 15.000 - 7.000} \cdot 100$

$R = 21{,}7\,\%$

Die Rentabilität des Investitionsobjektes wird durch die Einbeziehung des Resterlöses erhöht. Die Investition ist vorteilhaft.

14 : Amortisationsvergleichsrechnung

(1) $t_{wI} = \dfrac{138.000}{(24.000 + 28.000 + 32.000 + 28.000 + 20.000 + 30.000) : 6 + (138.000 : 6)}$

$t_{wI} = 2{,}76 \text{ Jahre}$

$t_{wII} = \dfrac{132.000}{(19.000 + 24.000 + 24.000 + 32.000 + 38.000 + 25.000) : 6 + (132.000 : 6)}$

Das Investitionsobjekt II ist dem Investitionsobjekt I vorzuziehen, da es eine geringere Amortisationszeit hat.

Lösungen

(2)

		Investitions-objekt I		Investitions-objekt II	
		Jährlich	Kumuliert	Jährlich	Kumuliert
Rückfluß 1. Jahr	DM	24.000 + 23.000	47.000	19.000 + 22.000	41.000
Rückfluß 2. Jahr	DM	28.000 + 23.000	98.000	24.000 + 22.000	87.000
Rückfluß 3. Jahr	DM	32.000 + 23.000	153.000	24.000 + 22.000	133.000
Rückfluß 4. Jahr	DM	28.000 + 23.000	204.000	32.000 + 22.000	187.000
Rückfluß 5. Jahr	DM	20.000 + 23.000	247.000	38.000 + 22.000	247.000
Rückfluß 6. Jahr	DM	30.000 + 23.000	300.000	25.000 + 22.000	294.000

(3) Die Kumulationsrechnung führt zu einem genaueren Ergebnis als die Durchschnittsrechnung. Sie zeigt auch eine veränderte Vorteilhaftigkeit der Investiuonsobjekte.

Während bei der Durchschnittsrechnung das Investitionsobjekt II mit 2,69 Jahren Amortisationszeit vorteilhafter war, ergibt sich bei der Kumulationsrechnung eine Amortisationszeit von knapp 3 Jahren, die damit über der Amortisationszeit des Investitionsobjektes I liegt.

(4) Die generelle Festlegung einer maximal zulässigen Amortisationszeit kann problematisch sein, da sie sich überwiegend an mittelfristigen Investitionen orientieren wird. Längerfristige Investitionen werden damit benachteiligt, kürzerfristige Investitionen bevorzugt.

Liegt beispielsweise die maximal zulässige Amortisationszeit bei 4 Jahren, dann kann dies für Investitionen mit einer Nutzungsdauer von 5 bis 10 Jahren durchaus vertretbar sein. Ist hingegen ein Gebäude auf seine Vorteilhaftigkeit hin zu beurteilen, ist denkbar, daß eine längere Amortisationszeit durchaus noch positiv zu bewerten ist.

Es ist demnach nicht vorteilhaft, pauschal eine maximal zulässige Amortisationszeit im Unternehmen festzulegen. Vorgegebene Amortisationszeiten sollten sich an den Nutzungsdauern der Investitionsobjekte orientieren. Eine Bildung von 2 oder 3 Amortisationszeiten für entsprechende Gruppen von Investitionsobjekten kann nützlich sein.

15 : Amortisationsvergleichsrechnung

(1)

		Investitions-objekt I		Investitions-objekt II	
		Jährlich	Kumuliert	Jährlich	Kumuliert
Rückfluß 1. Jahr	DM	22.000	22.000	33.000	33.000
Rückfluß 2. Jahr	DM	26.000	48.000	31.000	64.000
Rückfluß 3. Jahr	DM	32.000	80.000	26.000	90.000
Rückfluß 4. Jahr	DM	36.000	116.000	26.000	116.000
Rückfluß 5. Jahr	DM	40.000	156.000	26.000	142.000

Die Amortisationszeit beträgt für beide Investitionsobjekte 3 Jahre und liegt damit unter der im Unternehmen zulässigen Amortisationszeit.

(2) Die Investitionsobjekte scheinen formal gleich vorteilhaft zu sein. Dies ist aber bei näherer Betrachtung nicht zutreffend:

- Die Rückflüsse der einzelnen Jahre innerhalb der Amortisationszeit verlaufen bei den Investitionsobjekten unterschiedlich. Das Investitionsobjekt I hat ansteigende jährliche Rückflüsse, das Investitionsobjekt II zeichnet sich durch fallende jährliche Rückflüsse aus.

  Da ein Investitionsobjekt grundsätzlich um so positiver zu beurteilen ist, je früher es hohe Rückflüsse zu erwirtschaften vermag, kann das Investitionsobjekt II doch als das vorteilhaftere angesehen werden.

- Die Rückflüsse der Investitionsobjekte nach der Amortisationszeit bleiben bei der Amortisationsvergleichsrechnung unberücksichtigt. Dies ist bei ähnlich hohen jährlichen Rückflüssen der Investitionsobjekte nicht problematisch. Wenn die jährlichen Rückflüsse aber — wie oben dargestellt — erheblich voneinander abweichen, möglicherweise sogar gegensätzlichen Verlauf haben, birgt eine Entscheidung, die ausschließlich auf Amortisationszeiten beruht, eine Gefahr für das Unternehmen.

(3) Eine Verbesserung des Amortisationsvergleiches kann durch Dynamisierung vorgenommen werden:

	Abzinsungsfaktor	Investitionsobjekt I			Investitionsobjekt II		
		Jährlich	Barwert	Kumuliert	Jährlich	Barwert	Kumuliert
Rückfluß 1. Jahr DM	0,909091	22.000	20.000		33.000	30.000	
Rückfluß 2. Jahr DM	0,826446	26.000	21.488	41.488	31.000	25.620	55.620
Rückfluß 3. Jahr DM	0,751315	32.000	24.042	65.530	26.000	19.534	75.154
Rückfluß 4. Jahr DM	0,683013	36.000	24.588	90.118	26.000	17.758	92.912
Rückfluß 5. Jahr DM	0,620921	40.000	24.837	114.955	26.000	16.144	109.056

Die dynamische Amortisationsvergleichsrechnung läßt das Investitionsobjekt I als das vorteilhaftere erscheinen. Seine Amortisationszeit liegt bei 3,6 Jahren.

Das Investitionsobjekt II hat eine höhere Amortisationszeit, die bei 3,8 Jahren liegt.

(4) Die mit Hilfe der dynamischen Amortisationsvergleichsrechnung ermittelten Amortisationszeiten stellen zweifellos eine Verbesserung dar, weil sie die unterschiedlichen Rückflüsse im Zeitablauf entsprechend berücksichtigt.

Allerdings erfolgt auch hier keine Einbeziehung der sich unterschiedlich gestaltenden Rückflüsse nach Ende der Amortisationszeit.

Lösungen

16 : Amortisationsvergleichsrechnung

(1) $t_W = \dfrac{120.000 - 10.000}{15.000 + 20.000}$

$t_W = 3,1$ Jahre

Die Ersatzinvestition ist vorteilhaft, da ihre Amortisationszeit um 0,9 Jahre unter der vom Unternehmen maximal festgelegten Amortisationszeit liegt.

(2) Die Wirtschaftlichkeit einer Investition läßt sich mit Hilfe der Amortisationszeit nicht ermitteln, sondern es sind lediglich Aussagen über das relativ vorteilhafte bzw. vorteilhafteste Investitionsobjekt möglich. Deshalb bietet es sich an, neben der Amortisationsvergleichsrechnung noch eine Renatbilitätsvergleichsrechnung oder — wenn möglich — ein dynamisches Verfahren der Investitionsrechnung anzuwenden.

17 : Barwert

(1) $K_o = K_8 \cdot \dfrac{1}{q^8}$

$K_o = 124.500 \cdot 0,540269$

$K_o = 67.263$ DM

(2) $K_o = K_3 \cdot \dfrac{1}{q^3} + K_5 \cdot \dfrac{1}{q^5} + K_7 \cdot \dfrac{1}{q^7}$

$K_o = 70.000 \cdot 0,751315 + 150.000 \cdot 0,620921 + 150.000 \cdot 0,513158$

$K_o = 222.704$ DM

(3) $K_o = e \cdot \dfrac{q^{10} - 1}{q^{10} (q - 1)}$

$K_o = 6.800 \cdot 6,417658$

$K_o = 43.640$ DM

(4) Angebot Müller:

$$K_0 = e \cdot \frac{q^5 - 1}{q^5 (q - 1)}$$

$K_0 = 12.000 \cdot 3,790787$

$K_0 = 45.489$ DM
==============

Angebot Meier:

$$K_0 = e \cdot \frac{q^{15} - 1}{q^{15} (q - 1)}$$

$K_0 = 6.000 \cdot 7,606080$

$K_0 = 45.636$ DM
==============

Herr Müller würde 147 DM einsparen, wenn er auf seinem Angebot bestehen würde.

(5)

	Abzinsungs-faktor	I Zahlung	I Barwert	II Zahlung	II Barwert
1. Jahr	0,892857	5.000	4.464	20.000	17.857
2. Jahr	0,797194	10.000	7.972	15.000	11.958
3. Jahr	0,711780	15.000	10.677	10.000	7.118
4. Jahr	0,635518	20.000	12.710	5.000	3.178
Summe		50.000	35.823	50.000	40.111

Die Barwerte sind unterschiedlich hoch, weil die Entwicklung der Zahlungen gegensätzlich verläuft und ein um so höherer Barwert erreicht wird, je früher hohe Zahlungen geleistet werden.

18 : Endwert

(1) $K_{10} = K_0 \cdot q^{10}$

$K_{10} = 5.000 \cdot 2,158925$

$K_{10} = 10.794$ DM
===============

(2) $K_5 = e \cdot \dfrac{q^5 - 1}{q - 1}$

$K_5 = 2.500 \cdot 5,637093$

$\underline{\underline{K_5 = 14.093 \text{ DM}}}$

(3) $K_6 = K_0 \cdot q^6$

$K_6 = 10.000 \cdot 1,771561$

$\underline{\underline{K_6 = 17.716 \text{ DM}}}$

$K_6 = e \cdot \dfrac{q^6 - 1}{q - 1}$

$K_6 = 2.300 \cdot 7,715610$

$\underline{\underline{K_6 = 17.746 \text{ DM}}}$

$\underline{\underline{K_6 = 18.000 \text{ DM}}}$

Es ist am vorteilhaftesten, jetzt 10.000 DM zu zahlen, weil diese Zahlung den geringsten Endwert ergibt.

(4) **Zinssatz 6 %**

$K_6 = K_0 \cdot q^6$

$K_6 = 10.000 \cdot 1,418519$

$\underline{\underline{K_6 = 14.185 \text{ DM}}}$

$K_6 = e \cdot \dfrac{q^6 - 1}{q - 1}$

$K_6 = 2.300 \cdot 6,975319$

$\underline{\underline{K_6 = 16.043 \text{ DM}}}$

$\underline{\underline{K_6 = 18.000 \text{ DM}}}$

Auch bei einem Zinssatz von 6 % ist es am vorteilhaftesten, jetzt 10.000 DM zu zahlen.

Zinssatz 14 %

$K_6 = K_0 \cdot q^6$

$K_6 = 10.000 \cdot 2,194973$

$\underline{\underline{K_6 = 21.950 \text{ DM}}}$

$K_6 = e \cdot \dfrac{q^6 - 1}{q - 1}$

$K_6 = 2.300 \cdot 8,535519$

$\underline{\underline{K_6 = 19.632 \text{ DM}}}$

$\underline{\underline{K_6 = 18.000 \text{ DM}}}$

Der Zinssatz von 14 % läßt die jetzige Zahlung von 10.000 DM nicht mehr vorteilhaft erscheinen. Am günstigsten ist es, zum Ende des 6. Jahres 18.000 DM zu zahlen.

19 : Jahreswert

(1) $e = K_0 \cdot \dfrac{q^5 (q - 1)}{q^5 - 1}$

$e = 50.000 \cdot 0,263797$

$\underline{\underline{e = 13.190 \text{ DM}}}$

(2) $e = K_{10} \cdot \dfrac{q - 1}{q^{10} - 1}$

$e = 100.000 \cdot 0,069030$

$\underline{\underline{e = 6.903 \text{ DM}}}$

(3) $e = K_0 \cdot \dfrac{q - 1}{q^5 - 1}$

$e = 10.000 \cdot 0,163798$

Lösungen 341

$e = 1.638 \text{ DM}$

$e = \hat{1}.600 \text{ DM}$

Das Angebot ist für den Schuldner vorteilhaft, da seine jährliche Rate geringer ist als die finanzmathematisch errechnete Rate.

20 : Kapitalwertmethode

(1) $C_O = ü \cdot \dfrac{q^8 - 1}{q^8 (q - 1)} - a_o$

Kalkulationszinssatz 6 %;

$C_O = 35.000 \cdot 6{,}209794 - 200.000$

$C_O = 17.343 \text{ DM}$

Die Investition ist vorteilhaft, da sie einen positiven Kapitalwert aufweist.

Kalkulationszinssatz 10 %;

$C_O = 35.000 \cdot 5{,}334926 - 200.000$

$C_O = -13.278 \text{ DM}$

Die Investition ist nicht vorteilhaft, da sie einen negativen Kapitalwert hat.

Kalkulationszinssatz 14 %:

$C_O = 35.000 \cdot 4{,}638864 - 200.000$

$C_O = -37.640 \text{ DM}$

Die Investition ist nicht vorteilhaft, da sie einen negativen Kapitalwert aufweist.

(2) $C_O = C_O \text{ aus (1)} + L \cdot \dfrac{1}{q^8}$

Kalkulationszinssatz 6 %:

$C_O = 17.343 + 28.500 \cdot 0,627412$

$\underline{\underline{C_O = 35.224 \text{ DM}}}$

Die Investition weist unter Berücksichtigung des Liquidationserlöses eine noch höhere Vorteilhaftigkeit auf, da ihr Kapitalwert weiter angewachsen ist.

Kalkulationszinssatz 10 %:

$C_O = -13.278 + 28.500 \cdot 0,466507$

$\underline{\underline{C_O = 17 \text{ DM}}}$

Unter Berücksichtigung des Liquidationserlöses ist die Investition (gerade noch) vorteilhaft, da der Kapitalwert positiv ist.

Kalkulationszinssatz 14 %:

$C_O = -37.640 + 28.500 \cdot 0,350559$

$\underline{\underline{C_O = -27.649 \text{ DM}}}$

Auch beim Ansatz des Liquidationserlöses ist die Investition nicht vorteilhaft, da sie einen negativen Kapitalwert aufweist.

(3) $C_O = ü \cdot \dfrac{1}{i} - a_O$

Kalkulationszinssatz 6 %:

$C_O = 35.000 \cdot \dfrac{1}{0,06} - 200.000$

$\underline{\underline{C_O = 383.333 \text{ DM}}}$

Die Investition ist vorteilhaft, da sie einen positiven Kapitalwert hat.

Kalkulationszinssatz 10 %:

$C_O = 35.000 \cdot \dfrac{1}{0,10} - 200.000$

$\underline{\underline{C_O = 150.000 \text{ DM}}}$

Die Investition ist vorteilhaft, da sie einen positiven Kapitalwert aufweist.

Lösungen

Kalkulationszinssatz 14 %:

$C_0 = 35.000 \cdot \dfrac{1}{0,14} - 200.000$

$C_0 = 50.000$ DM

Die Investition ist vorteilhaft, da sie einen positiven Kapitalwert aufweist.

21 : Kapitalwertmethode

(1) $C_0 = C_E - C_A$

$C_0 = 540.000 \cdot 0,683013 - 400.000$

$C_0 = -31.173$ DM

Da der Kapitalwert negativ ist, kann zu der Investition nicht geraten werden.

(2)

Jahr	Abzinsungs-faktor	Maschine I		Maschine II	
		Überschuß	Barwert	Überschuß	
1	0,925926	14.000	12.963	19.000	17.593
2	0,857339	21.000	18.004	26.000	22.291
3	0,793832	26.000	20.640	27.000	21.433
4	0,735030	24.000	17.641	20.000	14.701
5	0,680583	15.000	10.209	12.000	8.167
6	0,630170	11.000	6.932	8.000	5.041
+ Liquidations-erlös	0,630170		15.000	9.453		3.151
= Summe			95.842		92.377
− Anschaffungswert			90.000		90.000
= Kapitalwert			5.842		2.377

Beide Maschinen erzielen einen positiven Kapitalwert. Da die Maschine I jedoch einen um 3.465 DM höheren Kapitalwert erreicht als die Maschine II, ist ihr der Vorzug zu geben.

22 : Kapitalwertmethode

Um die Investitionen alle beurteilen zu können, ist es erforderlich, für die Investition A eine Differenzinvestition zu berücksichtigen, weil die Anschaffungswerte der alternativen Investitionsobjekte um 40.000 DM auseinanderliegen.

Investition C kommt als Differenzinvestition nicht in Betracht. Die Nutzungsdauer wäre zwar richtig, nicht aber der Anschaffungswert, der um 20.000 DM über der erforderlichen Differenzinvestition liegt.

Die Investitionen B und D ergeben zusammen den für die Differenzinvestition erforderlichen Anschaffungswert von 40.000 DM, die Nutzungsdauern entsprechen der Investition A. Um die Investitionen B und D als Differenzinvestition ansetzen zu können, ist es zunächst aber noch notwendig, bei der Investition D die günstigere Alternative zu ermitteln.

Investition D

$$C_{oI} = ü \cdot \frac{q^6 - 1}{q^6 (q - 1)} - a_o$$

$$C_{oI} = 4.400 \cdot 4,622880 - 20.000$$

$$C_{oI} = 341 \text{ DM}$$

$$C_{oII} = ü \cdot \frac{q^6 - 1}{q^6 (q - 1)} + L \cdot \frac{1}{q^6} - a_o$$

$$C_{oII} = 3.900 \cdot 4,622880 + 3.000 \cdot 0,630170 - 20.000$$

$$C_{oII} = -80 \text{ DM}$$

Die Alternative I ist vorteilhafter als die Alternative II, da sie einen positiven Kapitalwert aufweist.

Investition B

$$C_o = ü \cdot \frac{q^6 - 1}{q^6 (q - 1)} - a_o$$

$$C_o = 5.100 \cdot 4,622880 - 20.000$$

$$C_o = 3.577 \text{ DM}$$

Investition A

	Abzinsungs-faktor	Investitions-alternative I				Investitions-alternative II	
		Überschüsse AI	Barwert AI	Barwert B	Barwert D	Überschüsse A	Barwert AII
1. Jahr	0,925926	23.000	21.296			30.000	27.778
2. Jahr	0,857339	28.000	24.005			38.000	32.579
3. Jahr	0,793832	38.000	30.166			42.000	33.341
4. Jahr	0,735030	39.000	28.666			46.000	33.811
5. Jahr	0,680583	34.000	23.140			39.000	26.543
6. Jahr	0,630170	29.000	18.275			32.000	20.165
= Summe			145.548				174.217
+ Liquidationserlös	0,630170	10.000	6.302			20.000	12.603
= Barwert			151.850	23.577	20.341		186.820
− Anschaffungswert			140.000	20.000	20.000		180.000
			11.850	3.577	341		6.820
= Kapitalwert				15.768			6.820

Es ist vorteilhafter, die Investitionsalternative I der Investition A zusammen mit der Investition B und der Investitionsalternative I der Investition D zu realisieren als die Investitionsalternative II der Investition A, weil sie zu einem höheren Kapitalwert führt.

Investition C

$$C_0 = ü \cdot \frac{q^6 - 1}{q^6 (1 - 1)} + L \cdot \frac{1}{q^6} - a_0$$

$$C_0 = 5.650 \cdot 4,622880 + 5.000 \cdot 0,630170 - 20.000$$

$$C_0 = 9.270 \text{ DM}$$

Die Investition C ist vorteilhaft, da ihr Kapitalwert positiv ist.

23 : Kapitalwertmethode

(1) Die mathematische Ermittlung des Ersatzzeitpunktes ist an drei Voraussetzungen geknüpft:
- Die jährlichen Überschüsse und die Restwerte des alten Investitionsobjektes nehmen im Zeitablauf ab.

- Das neue Investitionsobjekt wird nach Ablauf seiner Nutzungsdauer unendlich oft identisch wiederholt.
- Die Identität zwischen altem und neuem Investitionsobjekt läßt technischen Fortschritt unberücksichtigt.

(2) **Ersatz in der jetzigen Periode**

$$C_o^{t_o} = L_A + \left(ü_N \cdot \frac{q^{10}-1}{q^{10}(q-1)} + \frac{L_N}{q^{10}} - a_{oN}\right) \cdot \frac{q^{10}}{q^{10}-1}$$

$$C_o^{t_o} = 10.000 + (50.000 \cdot 6{,}144567 + \frac{2.000}{2{,}593742} - 200.000) \cdot \frac{2{,}593742}{2{,}593742-1}$$

$$C_o^{t_o} = 10.000 + 107.999{,}43 \cdot 1{,}627454$$

$$C_o^{t_o} = 185.764 \text{ DM}$$

Ersatz in der nächsten Periode

$$C_o^{t_1} = \left[ü_A + L_A + \left(ü_N \cdot \frac{q^{10}-1}{q^{10}(q-1)} + \frac{L_N}{q^{10}} - a_{oN}\right) \cdot \frac{q^{10}}{q^{10}-1}\right] \cdot \frac{1}{q}$$

$$C_o^{t_1} = \left[30.000 + 5.000 + (50.000 \cdot 6{,}144567 + \frac{2.000}{2{,}593742} - 200.000) \cdot \frac{2{,}593742}{2{,}593742-1}\right] \cdot \frac{1}{1{,}1}$$

$$C_o^{t_1} = \left[35.000 + 107.999{,}43 \cdot 1{,}627454\right] \cdot \frac{1}{1{,}1}$$

$$C_o^{t_1} = \frac{210.764{,}10}{1{,}1}$$

$$C_o^{t_1} = 191.604 \text{ DM}$$

Es ist vorteilhaft, die Maschine jetzt noch nicht, sondern erst in der nächsten Periode zu ersetzen, weil der Kapitalwert dann höher ist.

(3) **Ersatz in der jetzigen Periode**

$$C_o^{t_o} = L_A + \left(\frac{ü_1}{q} + \frac{ü_2}{q^2} + \frac{ü_3}{q^3} + \frac{ü_4}{q^4} + \frac{ü_5}{q^5} + \frac{ü_6}{q^6} + \frac{ü_7}{q^7} + \frac{ü_8}{q^8} + \frac{ü_9}{q^9} + \frac{ü_{10}}{q^{10}} + \frac{L_N}{q^{10}} - a_o\right) \cdot \frac{q^{10}}{q^{10}-1}$$

$$C_o^{t_o} = 10.000 + \Big(\frac{63.000}{1{,}100000} + \frac{63.000}{1{,}210000} + \frac{65.000}{1{,}331000} + \frac{63.000}{1{,}464100} + \frac{61.000}{1{,}610510} + \frac{58.000}{1{,}771561} +$$

$$+ \frac{56.000}{1{,}948717} + \frac{57.000}{2{,}143589} + \frac{52.000}{2{,}357948} + \frac{50.000}{2{,}593742} + \frac{2.000}{2{,}593742} - 200.000\Big) \cdot \frac{2{,}593742}{2{,}593742-1}$$

Lösungen 347

$$C_o^{t_o} = 10.000 + 169.249 \cdot 1,627454$$

$$C_o^{t_o} = 285.445 \text{ DM}$$

Ersatz in der nächsten Periode

$$C_o^{t_1} = [\ddot{u}_A + L_A + (\frac{\ddot{u}_1}{q} + \frac{\ddot{u}_2}{q^2} + \frac{\ddot{u}_3}{q^3} + \frac{\ddot{u}_4}{q^4} + \frac{\ddot{u}_5}{q^5} + \frac{\ddot{u}_6}{q^6} + \frac{\ddot{u}_7}{q^7} + \frac{\ddot{u}_8}{q^8} + \frac{\ddot{u}_9}{q^9} + \frac{\ddot{u}_{10}}{q^{10}} + \frac{L_N}{q^{10}} - a_o) \cdot \frac{q^{10}}{q^{10}-1}] \cdot \frac{1}{q}$$

$$C_o^{t_1} = [30.000 + 5.000 + 169.249 \cdot 1,627454] \cdot \frac{1}{1,1}$$

$$C_o^{t_1} = 282.223 \text{ DM}$$

Es ist vorteilhaft, die Maschine bereits jetzt zu ersetzen, da sich ein höherer Kapitalwert ergibt, als wenn der Ersatz erst in der nächsten Periode erfolgen würde.

24 : Interne Zinsfuß-Methode

(1) $$0 = \ddot{u} \cdot \frac{(1+i)^{15} - 1}{i(1+i)^{15}} - a_o$$

$$\frac{(1+i)^{15} - 1}{i(1+i)^{15}} = \frac{a_o}{\ddot{u}}$$

$$\frac{(1+i)^{15} - 1}{i(1+i)^{15}} = \frac{140.000}{21.650}$$

$$\frac{(1+i)^{15} - 1}{i(1+i)^{15}} = 6,466513$$

Das Investitionsobjekt hat einen internen Zinsfuß von 13 % und liegt damit unter der Minimalforderung des Unternehmens.

(2) $r = \frac{\ddot{u}}{a_o}$

$$r = \frac{21.650}{140.000}$$

$r = \underline{\underline{0,15}}$

Das Investitionsobjekt hat einen internen Zinsfuß von 15 % und übersteigt damit den Minimalzinssatz des Unternehmens.

(3) Die Interne Zinsfuß-Methode ist darauf angelegt, daß die Investitionsobjekte keine negativen Überschüsse erwirtschaften.

Nur unter dieser Voraussetzung liefert sie geeignete Ergebnisse. Indes kann es viele Gründe dafür geben, daß die Ausgaben einer Periode über den Einnahmen liegen, beispielsweise:
- Anlaufverluste
- Geringe Kapazitätsauslastung
- Großreparaturen

Die Supplementinvestitionen werden angesetzt, um negative Überschüsse bei der Ermittlung des internen Zinsfußes nicht auftreten zu lassen.

25 : Interne Zinsfuß-Methode

(1)

Jahr	Abzinsungsfaktor '0,08	Investitionsobjekt I		Investitionsobjekt II	
		Überschuß	Barwert	Überschuß	Barwert
1	0,925926	18.000	16.667	23.000	21.296
2	0,857339	22.000	18.861	25.000	21.433
3	0,793832	20.000	15.877	23.000	18.258
4	0,735030	26.000	19.111	23.000	16.906
5	0,680583	25.000	17.015	21.000	14.292
6	0,630170	24.000	15.124	20.000	12.603
= Summe			102.655		104.788
+ Liquidationserlös	0,630170	6.000	3.781	8.000	5.041
= Barwert			106.436		109.829
− Anschaffungswert			98.000		98.000
= Kapitalwert			8.436		11.829

Jahr	Abzinsungsfaktor 0,12	Investitionsobjekt I		Investitionsobjekt II	
		Überschuß	Barwert	Überschuß	Barwert
1	0,892857	18.000	16.071	23.000	20.536
2	0,797194	22.000	17.538	25.000	19.930
3	0,711780	20.000	14.236	23.000	16.371
4	0,635518	26.000	16.523	23.000	14.617
5	0,567427	25.000	14.186	21.000	11.916
6	0,506631	24.000	12.159	20.000	10.133
= Summe			90.713		93.503
+ Liquidationserlös	0,506631	6.000	3.040	8.000	4.053
= Barwert			93.753		97.556
− Anschaffungswert			98.000		98.000
= Kapitalwert			− 4.247		− 444

$$r = i_1 - C_{o1} \cdot \frac{i_2 - i_1}{C_{o2} - C_{o1}}$$

$$r_I = 0,08 - 8.436 \cdot \frac{0,12 - 0,08}{-4.247 - 8.436}$$

$$\underline{\underline{r_I = 0,107}}$$

$$r_{II} = 0,08 - 11.829 \cdot \frac{0,12 - 0,08}{-444 - 11.829}$$

$$\underline{\underline{r_{II} = 0,119}}$$

Beide Investitionsobjekte liegen über dem Kalkulationszinssatz. Das vorteilhaftere Investitionsobjekt ist die Alternative II mit einem internen Zinsfuß von 11,9 %.

(2)

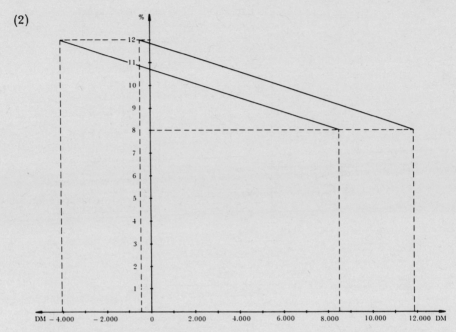

(3) Bei einem Kalkulationszinssatz von 12 % ist keines der alternativen Investitionsobjekte als vorteilhaft anzusehen.

26 : Annuitätenmethode

(1) $d = ü - (a_o - \dfrac{L}{q^5}) \cdot \dfrac{q^5(q-1)}{q^5 - 1}$

$d = 112.000 - (1.650.000 - \dfrac{1.850.000}{1,469328}) \cdot 0,250456$

$d = 14.091$ DM/Jahr

Die Investition ist vorteilhaft, da sie eine positive Annuität ergibt.

(2) $d = ü - a_o \cdot i$

$d = 127.000 - 1.650.000 \cdot 0,08$

$d = -5.000$ DM/Jahr

Lösungen

Die Investition ist in keinem Falle vorteilhaft, auch nicht im Vergleich zu (1).

(3) $d = ü - (a_0 - \frac{L}{q^{20}}) \cdot \frac{q^{20}(q-1)}{q^{20}-1}$

$d = 90.000 - (1.650.000 - \frac{3.528.000}{4,660957}) \cdot 0,101852$

$d = -961$ DM/Jahr

Auch diese Investition ist keinesfalls vorteilhaft, auch nicht im Vergleich zu (1).

(4) $d = ü - (a_0 - \frac{L}{q^5}) \cdot \frac{q^5(q-1)}{q^5-1}$

$d = 112.000 - (1.650.000 - \frac{1.850.000}{1,538624}) \cdot 0,257092$

$d = 3.081$ DM/Jahr

Die Investition ist auch noch vorteilhaft, wenn der Kalkulationszinssatz auf 9 % erhöht wird.

27 : Annuitätenmethode

(1)

Jahr	Abzinsungsfaktor	Investitionsobjekt I		Investitionsobjekt II	
		Überschuß	Barwert	Überschuß	Barwert
1	0,925926	28.000	25.926	22.000	20.370
2	0,857339	36.000	30.864	30.000	25.720
3	0,793832	35.000	27.784	28.000	22.227
4	0,735030	32.000	23.521	28.000	20.581
5	0,680583	30.000	20.417	20.000	13.612
= Summe			128.512		102.510
+ Liquidationserlös	0,680583	5.000	3.403	0	0
= Barwert			131.915		102.510
− Anschaffungswert			100.000		80.000
= Kapitalwert			31.915		22.510

$$d = C_o \cdot \frac{q^5 (q-1)}{q^5 - 1}$$

$d_I = 31.915 \cdot 0{,}250456$

$d_I = 7.993$ DM/Jahr

$d_{II} = 22.510 \cdot 0{,}250456$

$d_{II} = 5.638$ DM/Jahr

Investitionsobjekt I ist vorteilhafter als Investitionsobjekt II, da es eine um 2.355 DM höhere Annuität erzielt.

(2) Differenzinvestitionen müssen bei der Annuitätenmethode nicht vorgenommen werden, weil eine Umformung in gleich hohe jährliche Überschüsse bei den alternativen Investitionsobjekten erfolgt.

28 : Annuitätenmethode

(1) $d_N = ü_N - (a_o - \dfrac{L}{q^{10}}) \cdot \dfrac{q^{10}(q-1)}{q^{10} - 1}$

$d_N = 50.000 - (200.000 - \dfrac{2.000}{2{,}593742}) \cdot 0{,}162745$

$d_N = 17.576$ DM/Jahr

$d_A = ü_A - L_A^{t_o} \cdot i - (L_A^{t_o} - L_A^{t_1})$

$d_A = 30.000 - 10.000 \cdot 0{,}10 - (10.000 - 5.000)$

$d_A = 24.000$ DM/Jahr

Es ist vorteilhaft, die alte Maschine noch nicht jetzt, sondern erst in der nächsten Periode zu ersetzen, weil der Kapitalwert dann höher ist.

(2) $d_N = C_{oN} \cdot \dfrac{q^{10}(q-1)}{q^{10} - 1}$

Lösungen

$$d_N = (\frac{63.000}{1,100000} + \frac{63.000}{1,210000} + \frac{65.000}{1,331000} + \frac{63.000}{1,464100} + \frac{61.000}{1,610510} +$$
$$+ \frac{58.000}{1,771561} + \frac{56.000}{1,948717} + \frac{57.000}{2,143589} + \frac{52.000}{2,357948} + \frac{50.000}{2,593742} + \frac{2.000}{2,593742} - 200.000) \cdot 0,162745$$

$d_N = 169.249 \cdot 0,162745$

$d_N = 27.544$ DM
================

$d_A = ü_A - L_A^{t_o} \cdot i - (L_A^{t_o} - L_A^{t_1})$

$d_A = 30.000 - 10.000 \cdot 0,1 - (10.000 - 5.000)$

$d_A = 24.000$ DM
================

Es ist vorteilhaft, die Maschine bereits jetzt zu ersetzen, da sich für das neue Investitionsobjekt eine höhere Annuität ergibt als für das alte Investitionsobjekt.

29 : Ertragswert-Verfahren

(1) Der Zukunftserfolgswert ist ein kritischer Wert. Für den Käufer stellt er eine Obergrenze dar, die zu einem negativen Kapitalwert führt, wenn sie überschritten wird. Damit wird die Investition investitionsrechnerisch uninteressant; hingegen können aber andere Bewertungskriterien vorliegen, beispielsweise die Stärkung der Marktmacht, die ein Überschreiten dieser Obergrenze dennoch rechtfertigen.

(2)

Jahr	Gewinn	Abzinsungsfaktor	Barwert
1	48.000	0,909091	43.636
2	52.000	0,826446	42.975
3	55.000	0,751315	41.322
4	55.000	0,683013	37.566
5	50.000	0,620921	31.046
6	49.000	0,564474	27.659
7	41.000	0,513158	21.039
8	34.000	0,466507	15.861
Zukunftserfolgswert			261.104

(3) Es ist davon abzuraten, das Unternehmen für 300.000 DM zu kaufen, weil der Zukunftserfolgswert lediglich 261.104 DM beträgt.

30 : Ertragswert-Verfahren

(1) $ZEW = G \cdot \dfrac{q^{20} - 1}{q^{20}(q-1)}$

$ZEW = 93.500 \cdot 9,818147$

$\underline{\underline{ZEW = 917.997 \text{ DM}}}$

Der maximale Kaufpreis sollte 917.997 DM nicht überschreiten.

(2) $ZEW = \dfrac{G}{i}$

$ZEW = \dfrac{93.500}{0,08}$

$\underline{\underline{ZEW = 1.168.750 \text{ DM}}}$

Der maximale Kaufpreis sollte nicht über 1.168.750 DM liegen.

(3) $ZEW = G \cdot \dfrac{q^{20} - 1}{q^{20}(q-1)}$

$ZEW = 93.500 \cdot 11,469921$

$\underline{\underline{ZEW = 1.072.438 \text{ DM}}}$

Es ist der Beteiligungs-AG zu empfehlen, das Angebot zu akzeptieren, da es um 72.438 DM niedriger liegt als der Zukunftserfolgswert.

31 : Substanzwert-Verfahren

(1) Der Substanzwert und Teilreproduktionswert sind identisch; beide sind gegenwartsbezogen. Im Gegensatz dazu bezieht sich der zukunftsorientierte Substanzwert nicht auf die Gegenwart, sondern auf die künftige Entwicklung des Unternehmens.

(2) Substanzwert = Gesamtvermögen − Nicht betriebsnotwendiges Vermögen
Substanzwert = 370.000 − 15.000
Substanzwert = $\underline{355.000 \text{ DM}}$

Lösungen

(3) Um die Preisobergrenze für den Käufer ermitteln zu können, ist es erforderlich, den Zukunftssubstanzwert und den Zukunftserfolgswert zu ermitteln.

Jahr	Abzinsungs-faktor	Bestehendes Unternehmen		Zu errichtendes Unternehmen	
		Ausgaben	Barwert	Ausgaben	Barwert
1	0,909091	490.000	445.455	540.000	490.909
2	0,826446	540.000	446.281	500.000	413.223
3	0,751315	520.000	390.684	500.000	375.658
4	0,683013	460.000	314.186	430.000	293.696
5	0,620921	390.000	242.159	340.000	211.113
6	0,564474	360.000	203.211	300.000	169.342
Summe			2.041.976		1.953.941
Zukunftssubstanzwert			88.035		

Jahr	Abzinsungs-faktor	Gewinn	Barwert
1	0,909091	110.000	100.000
2	0,826446	140.000	115.702
3	0,751315	150.000	112.697
4	0,683013	140.000	95.622
5	0,620921	150.000	93.138
6	0,564474	90.000	50.803
Zukunftserfolgswert			567.962

Da der Zukunftssubstanzwert kleiner ist als der Zukunftserfolgswert, beträgt die Preisobergrenze für den Käufer 88.035 DM.

32 : Mittelwert-Verfahren

(1) $UW = \dfrac{ZEW + SW}{2}$

$UW = \dfrac{G \cdot \dfrac{q^{10} - 1}{q^{10}(q-1)} + AV + UV - NBV}{2}$

$UW = \dfrac{70.000 \cdot 6,710081 + 288.000 + 320.000 - 160.000}{2}$

$UW = 458.853$ DM

(2) $UW = \dfrac{ZEW + SW}{2}$

$UW = \dfrac{\dfrac{G}{i} + AV + UV - NBV}{2}$

$UW = \dfrac{\dfrac{70.000}{0,08} + 288.000 + 320.000 - 160.000}{2}$

$UW = 661.500$ DM

33 : Übergewinn-Verfahren

$UW = SW + \dfrac{G - i \cdot SW}{h}$

$UW = (288.000 + 320.000 - 160.000) + \dfrac{70.000 - 0,08\,(288.000 + 320.000 - 160.000)}{0,15}$

$UW = 448.000 + 227.733$

$UW = 675.733$ DM

34 : Fundamentalanalyse

(1) $\text{Bilanzkurs} = \dfrac{\text{Bilanziertes Eigenkapital}}{\text{Grundkapital}} \cdot 100$

$\text{Bilanzkurs}_{W\,AG} = \dfrac{670.000}{600.000} \cdot 100$

$\text{Bilanzkurs}_{W\,AG} = 111{,}67\,\%$

$\text{Bilanzkurs}_{M\,AG} = \dfrac{525.000}{500.000} \cdot 100$

$\text{Bilanzkurs}_{M\,AG} = 105{,}00\,\%$

Der Bilanzkurs der Werkzeug AG ist höher als der Bilanzkurs der Metall AG. Die Werkzeug AG ist damit positiver zu beurteilen als die Metall AG.

(2) Ertragswertkurs $= \dfrac{\text{Zukunftserfolgswert}}{\text{Grundkapital}} \cdot 100$

$\text{Ertragswertkurs}_{W\ AG} = \dfrac{\dfrac{118.000}{0,08}}{600.000} \cdot 100$

$\text{Ertragswertkurs}_{W\ AG} = \underline{\underline{245,83\ \%}}$

$\text{Ertragswertkurs}_{W\ AG} = \dfrac{\dfrac{107.000}{0,08}}{500.000} \cdot 100$

$\text{Ertragswertkurs}_{W\ AG} = \underline{\underline{267,50\ \%}}$

Im Gegensatz zu dem Bilanzkurs ist die Metall AG beim Ertragswertkurs besser zu beurteilen. Ihr Ertragswertkurs liegt höher als der Ertragswertkurs der Werkzeug AG.

(3) Korrigierter Bilanzkurs $= \dfrac{\text{Bilanziertes Eigenkapital} + \text{Stille Reserven}}{\text{Grundkapital}} \cdot 100$

$\text{Korrigierter Bilanzkurs}_{W\ AG} = \dfrac{670.000 + 40.000}{600.000} \cdot 100$

$\text{Korrigierter Bilanzkurs}_{W\ AG} = \underline{\underline{118,33\ \%}}$

$\text{Korrigierter Bilanzkurs}_{M\ AG} = \dfrac{525.000 + 25.000}{500.000} \cdot 100$

$\text{Korrigierter Bilanzkurs}_{M\ AG} = \underline{\underline{110,00\ \%}}$

Die Einbeziehung der stillen Reserven führt bei beiden Unternehmen zu einer Erhöhung des Bilanzkurses. Die Werkzeug AG ist dabei wiederum besser zu bewerten als die Metall AG.

35 : Darlehens-Verzinsung

(1) Einfache Effektivverzinsung

$$r = \frac{Z + \frac{D}{n}}{K} \cdot 100$$

$$r = \frac{8 + \frac{2}{3,5}}{98} \cdot 100$$

$$\underline{\underline{r = 8,75\,\%}}$$

Finanzmathematisch korrigierte Effektivverzinsung

Hier wird der oben ermittelte Zinssatz von 8,75 % auf 9 % aufgerundet, um in der Formel verwendet werden zu können.

$$r = \frac{Z + D \cdot \frac{q-1}{q^n - 1}}{K} \cdot 100$$

$$r = \frac{8 + 2 \cdot (0,3080 + 0,2219) : 2}{98} \cdot 100$$

$$\underline{\underline{r = 8,70\,\%}}$$

(2) Einfache Effektivverzinsung

$$r = \frac{Z + \frac{D}{t_f + \frac{(t - t_f) + 1}{2}}}{K} \cdot 100$$

$$r = \frac{7 + \frac{5}{2 + 2,5}}{95} \cdot 100$$

$$\underline{\underline{r = 8,54\,\%}}$$

Finanzmathematisch korrigierte Effektivverzinsung

Hier wird der oben ermittelte Zinssatz von 8,54 % auf 8,5 % abgerundet, um in der Formel verwendet werden zu können.

$$r = \frac{Z + D \cdot \dfrac{q-1}{q^n - 1}}{K} \cdot 100$$

$$r = \frac{7 + 5 \cdot (0{,}2252 + 0{,}1739) : 2}{95} \cdot 100$$

$\underline{\underline{r = 8{,}42\ \%}}$

Die in (1) genannten Konditionen sind für die Computer GmbH vorteilhafter als die in (2) genannten Konditionen.

(3) **Einfache Effektivverzinsung**

Zinssatz   8 %
Auszahlung   98 %

$$r = \frac{8 + \dfrac{2}{6}}{98} \cdot 100$$

$\underline{\underline{r = 8{,}50\ \%}}$

Zinssatz   7 %
Auszahlung   95 %

$$r = \frac{7 + \dfrac{5}{6}}{95} \cdot 100$$

$\underline{\underline{r = 8{,}25\ \%}}$

Finanzmathematisch korrigierte Effektivverzinsung

Zinssatz   8 %
Auszahlung   98 %

Hier kann der oben ermittelte Zinssatz von 8,50 % ohne Rundung in die Formel übernommen werden.

$$r = \frac{Z + D \cdot \dfrac{q-1}{q^n - 1}}{K} \cdot 100$$

$$r = \frac{8 + 2 \cdot 0{,}1363}{98} \cdot 100$$

$r = 8,44 \%$

Zinssatz 7 %
Auszahlung 95 %

Hier wird der oben ermittelte Zinssatz von 8,25 % auf 8,50 % aufgerundet, um in der Formel verwendet werden zu können.

$$r = \frac{Z + D \cdot \dfrac{q - 1}{q^n - 1}}{K} \cdot 100$$

$$r = \frac{7 + 5 \cdot 0,1398}{95} \cdot 100$$

$r = 8,10 \%$

Die in (1) genannten Konditionen sind für die Computer AG vorteilhafter als die in (3) zugrundegelegten Konditionen.

36 : Wertpapier-Verzinsung

(1) **Einfache Effektivverzinsung**

$$r = \frac{Z + \dfrac{R - K}{n}}{K} \cdot 100$$

$$r = \frac{7 + \dfrac{4}{(10 + 1) : 2}}{96} \cdot 100$$

$r = 8,05 \%$

Finanzmathematisch korrigierte Effektivverzinsung

Hier wird der oben ermittelte Zinssatz von 8,05 % auf 8,00 % abgerundet, um in der Formel verwendet werden zu können.

$$r = \frac{Z + (R - K) \dfrac{q - 1}{q^n - 1}}{K} \cdot 100$$

Lösungen

$$r = \frac{7 + 4 \cdot (0{,}1739 + 0{,}1398) : 2}{96} \cdot 100$$

$$\underline{\underline{r = 7{,}95\,\%}}$$

(2) **Einfache Effektivverzinsung**

$$r = \frac{7 + \dfrac{4}{4 + 3{,}5}}{96} \cdot 100$$

$$\underline{\underline{r = 7{,}85\,\%}}$$

Finanzmathematisch korrigierte Effektivverzinsung

Hier wird der oben ermittelte Zinssatz von 7,85 % auf 8,00 % aufgerundet, um in der Formel verwendet werden zu können.

$$r = \frac{Z + (R - K)\,\dfrac{q - 1}{q^n - 1}}{K} \cdot 100$$

$$r = \frac{7 + 4 \cdot (0{,}1156 + 0{,}0975) : 2}{96} \cdot 100$$

$$\underline{\underline{r = 7{,}74\,\%}}$$

(3) **Einfache Effektivverzinsung**

$$r = \frac{7 + \dfrac{8}{4 + 3{,}5}}{96} \cdot 100$$

$$\underline{\underline{r = 8{,}40\,\%}}$$

Finanzmathematisch korrigierte Effektivverzinsung

Hier wird der oben ermittelte Zinssatz von 8,40 % auf 8,50 % aufgerundet, um in der Formel verwendet werden zu können.

$$r = \frac{Z + (R - K)\,\dfrac{q - 1}{q^n - 1}}{K} \cdot 100$$

$$r = \frac{7 + 8 \cdot (0{,}1156 + 0{,}0975) : 2}{96} \cdot 100$$

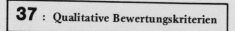

(4) Die Effektivverzinsung könnte mit Hilfe der Internen Zinsfuß-Methode ganz genau ermittelt werden.

37 : Qualitative Bewertungskriterien

(1)

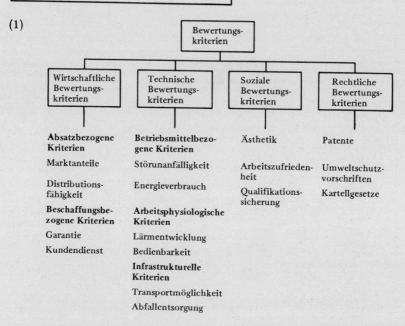

(2) Screening-Modelle sind Bewertungsverfahren mit nominaler Skalierung, die dazu dienen, Investitionsalternativen rasch offenzulegen, welche grundlegenden Anforderungen des Unternehmens nicht gerecht werden.

Scoring-Modelle sind Bewertungsverfahren mit ordinaler oder kardinaler Skalierung; sie ermöglichen es, eine Bewertung von Investitionsalternativen trotz Informations- und Quantifizierungsproblemen vornehmen zu können.

38 : Gewichtung der Bewertungskriterien

Bewertungs-kriterium	Vergleich der Bewertungskriterien	Vorzugs-häufig-keiten	Gewich-tungs-faktor	Rang-folge
A	①1 ①1 ①1 ①1 1 1 ①1 1 ① 1 2 3 4 5 6 7 8 9 10 11 12 13 14	6	0,057	8
B	②②②② 2 ② 2 ② 2 ② 2 2 ② 2 3 4 5 6 7 8 9 10 11 12 13 14	9	0,085	5
C	③③ 3 3 ③ 3 3 3 3 3 3 ③ 3 4 5 6 7 8 9 10 11 12 13 14	4	0,038	11
D	④ 4 ④ 4 ④ 4 4 4 ④ 4 5 6 7 8 9 10 11 12 13 14	5	0,048	10
E	⑤ 5 ⑤ 5 5 5 ⑤ 5 5 ⑤ 5 6 7 8 9 10 11 12 13 14	6	0,057	8
F	⑥⑥ 6 6 6 ⑥ 6 6 ⑥ 6 7 8 9 10 11 12 13 14	9	0,085	5
G	⑦ 7 7 7 ⑦ 7 7 7 7 8 9 10 11 12 13 14	2	0,019	14
H	⑧ 8 ⑧ ⑧ ⑧ 8 ⑧ 8 9 10 11 12 13 14	11	0,105	4
I	⑨ 9 ⑨ 9 9 ⑨ 9 10 11 12 13 14	9	0,085	5
J	⑩ ⑩ ⑩ ⑩ ⑩ 10 11 12 13 14	12,5	0,119	2
K	⑪ 11 11 11 11 12 13 14	3	0,029	12
L	⑫ ⑫ ⑫ 12 13 14	12,5	0,119	2
M	⑬ ⑬ 13 14	13	0,125	1
N	⑭ 14	3	0,029	12
		105	1,000	

39 : Nutzenbestimmung

Bewertungskriterium	Gewichtungsfaktoren	Investitionsobjekt I		Investitionsobjekt II		Investitionsobjekt III	
		Punkte	Teilnutzwerte	Punkte	Teilnutzwerte	Punkte	Teilnutzwerte
A	0,057	3	0,171	1	0,057	2	0,114
B	0,085	2,5	0,213	2,5	0,213	1	0,085
C	0,038	2,5	0,095	2,5	0,095	1	0,038
D	0,048	3	0,144	1,5	0,072	1,5	0,072
E	0,057	1	0,057	2	0,114	3	0,171
F	0,085	3	0,255	2	0,170	1	0,085
G	0,019	1	0,019	2	0,038	3	0,057
H	0,105	1	0,105	2	0,210	3	0,315
I	0,085	3	0,255	2	0,170	1	0,085
J	0,119	1	0,119	3	0,357	2	0,238
K	0,029	3	0,087	2	0,058	1	0,029
L	0,119	1	0,119	3	0,357	2	0,238
M	0,125	2	0,250	1	0,125	3	0,375
N	0,029	1	0,029	2	0,058	3	0,087
Nutzwert			1,918		2,094		1,989

40 : Rangfolge

Rangfolge	Investitionsobjekt	Nutzwert
1	II	2,094
2	III	1,989
3	I	1,918

Das Investitionsobjekt II ist als das vorteilhafteste anzusehen.